大學用書

統計學(下)

張素梅 著

三民書局 印行

國家圖書館出版品預行編目資料

統計學／張素梅著.－－初版五刷.－－臺北市：三
民，2009
　　冊；　公分
　　參考書目：面
　　ISBN 978-957-14-2514-6　（上冊:平裝）
　　ISBN 978-957-14-2515-3　（下冊:平裝）
　　1.統計學

510   85012253

© 統 計 學 （下）

著作人　張素梅
發行人　劉振強
著作財
產權人　三民書局股份有限公司
　　　　臺北市復興北路386號
發行所　三民書局股份有限公司
　　　　地址／臺北市復興北路386號
　　　　電話／(02)25006600
　　　　郵撥／0009998-5
印刷所　三民書局股份有限公司
門市部　復北店／臺北市復興北路386號
　　　　重南店／臺北市重慶南路一段61號
初版一刷　1997年2月
初版五刷　2009年10月
編　號　S 510390
行政院新聞局登記證局版臺業字第○二○○號

有著作權‧不准侵害

ISBN　978-957-14-2515-3　（下冊:平裝）
http://www.sanmin.com.tw　三民網路書店

自　序

緣　起

　　本書從訂約到付梓歷時十二年以上。十二年前在教學與研究之外，我還有未上小學的孩子需要撫育，因此剩餘的時間與精力十分有限。另一方面，凡事求善求美的性格，使得自己的勞動生產力也難於提高。雖然明知在這些主客觀因素限制之下，要完成一本令自己滿意的書，實非易事，然而由於一群學生殷切的期盼，三民書局劉董事長再三誠摯的邀約，與自己社會責任感的驅策，才誠惶誠恐地接下本書之撰寫工作。

　　十多年來，這些學生有的已經變成我的同事，有的任職於其他學術機構，有的則成為各機關或公司的決策者，而我的小孩也已經進入大學。由於持續使用統計分析工具，他們更加體認統計學的重要，也就愈加催促我及早完書。而我卻因諸事的分心，以及數易其稿，拖延至今才將本書付梓。所幸，統計學的重要性並未隨著時間的流逝而稍減，我的知識也未因年歲的增高而退化。相反地，由於社會的發展，統計學日益重要；而我也因教學與研究的關係，一直掌握著統計學的發展脈動。因此本書之問世雖然延宕多年，但自信絕非過時之物。

期　望

　　身為統計學的教學者，作者希望本書能夠幫助讀者習得一套有系統的研究方法，並引導讀者培養嚴謹推理的習慣。統計學教我們如何針對某一個問題，收集、整理、分類、呈現資料，分析解釋這些整理好的資料，並從分

析結果推論問題發生的可能原因。要從一群雜亂的資料，找到論證的依據，難免要利用許多公式。因此，我們經常聽到學生抱怨統計學好像由一堆散亂的公式組成，更常聽到有人譏諷統計學是為既定結論尋求論據的工具。事實上，統計學是一套有系統的研究方法，不只是一堆公式；是一門嚴謹的學科，絕非一種供人玩數字遊戲的工具。作為一個統計學的教學者，我們有責任扭轉這些誤解。此外，任教多年以來，深感學生們雖然多具有嚴謹推理的能力，但卻缺乏此種思考的習慣。因此在解答問題或分析事理時，經常從原因（或問題）直接跳躍到結果（或解答），忽略中間的推理過程。除了傳授專業知識之外，引導學生培養嚴謹的推理習慣，也是為人師者之天職。作者期望本書能夠幫助讀者學得一套完整有系統的研究方法，並引導讀者逐漸培養嚴謹推理的習慣。

特色

為了達到上述的預期目標，本書在撰寫與排版上，特別注重以下三個原則：

1. 強調公式的基本觀念。統計學之所以被誤解為是一堆散亂的公式，或是一套玩數字遊戲的工具，多半是因為修習者只記誦公式的定義（亦即是什麼），而不完全明白為何要有這些公式（亦即為什麼），也不徹底了解公式的限制與適用性（亦即如何）。因此，本書特別著重於為什麼有各公式以及如何使用各公式等基本觀念的說明。

2. 著重推理的過程。一般在分析問題或事理時，之所以未能提出嚴謹的推理過程，乃是因為平常已經習慣於跳躍式的思考，缺乏循序漸進推理的習慣。為幫助學生培養嚴謹推理的習慣，本書公式的推演力求步驟完整，而習題的解答也盡量呈現詳盡的步驟。

3. 力求版面的生動。統計學既然包含有許多數學公式，其中有不少看似繁複而且枯燥，學生常望而卻步或半途而廢。為了幫助讀者克服這些障礙，

本書除了行文盡量簡易明確，舉例盡量生活化之外，也力求版面的生動。例如行距加寬，定義與例子的四邊鑲框且底面著色，重要觀念的底面也著色。這些雖然看來微不足道，但卻是作者以及三民書局的一番心意。

感 謝

本書的完成有賴於諸多親朋好友的協助，在此要對這些人致上無比的謝意。在時間與精力有限的情況下，若非外子長年以來一直分擔著許多家事，我怎能於努力教書、研究、撫育小孩之外，仍有餘力完成本書？我是一個十分重視家庭生活的人，我的喜樂若非有外子與女兒共享，煩憂若非有他們分解，生活必定黯然不少，工作必然很不起勁，本書之完成必定遙遙無期。從小我的父母兄姊便一直呵護著我，給我自由的想像空間，使我身處威權主義瀰漫的時代，能不隨波逐流，也未曾迷失自我。教授統計學的二十年來，歷任助教幫我累積了無數的練習題目，這些題目經由徐倩蘭小姐與劉懷立先生的進一步增減刪補，才整理成為本書的習題。修課學生所提的種種疑問，促使我更深入地思考某些問題，提升了本書的周延性。研究助理曾惠寬小姐與古慧文小姐在打字及校稿上的悉心協助，加速了後期改稿工作的進行。而師長的教誨與同事的鼓勵，則是完成本書的一股無形推動力。其中，先師林霖教授的教誨是我一生所沒齒難忘的；而同事劉鶯釧教授與昔日之學生今日的同事葉淑貞教授的鞭策與鼓勵，更是本書能於今日問世的重要因素。最後要感謝三民書局董事長劉振強先生、以及編輯部投入本書出版工作的人士。十多年來劉董事長從未向我催稿，讓我能夠從容地數易草稿。編輯部同仁細心的校稿，精心的封面與版面設計，讓我看到這個社會竟有這麼多不只為了薪水，更是為了理想，而兢兢業業努力工作的人。這些為理想而奮鬥不懈的人，是我們社會的希望所在。

雜　感

　　本書終於完稿了，十多年來如縷不絕的牽掛終於可以消散。曾有多少個
午夜為未能履約完稿所驚醒，更有多少個長夜因未能完書而徹夜難眠；又有
多少個假日當許多人在休息或與家人共度時，我卻獨自在研究室為本書而
絞盡腦汁；還有多少個身體微恙的日子，我仍要趕緊勉勵自己為了本書而振
作。如今當所有的牽掛即將結束時，我似乎可以開始感受到無比的喜樂。然
而相信成書之喜悅才沈浸不久，我又要迫不及待地投入另一個研究工作，再
度將自己推入無限牽掛的深淵。苦樂真是相隨而生嗎？難道唯有苦到極至，
方生真正的快樂嗎？本書雖然未能成一家之言，更不是曠世鉅著，但卻是自
己嘔心瀝血之作，但願能帶給讀者預期的收穫。然而由於自己知識有限，書
中必定還有不少疏漏，誠摯地希望讀者指正與賜教。

張素梅

國立臺灣大學經濟學系

1996 年 10 月 24 日

統 計 學

全 書 目 次

第一章　　緒　論

第二章　　敘述統計學

第三章　　機　率

第四章　　隨機變數及其機率分配

第五章　　特殊間斷隨機變數及其機率分配

第六章　　特殊連續隨機變數及其機率分配

第七章　　抽樣及抽樣分配

第八章　　估計──點估計

第九章　　區間估計

第十章　　統計假設的檢定 (I)

第十一章　統計假設的檢定 (II)

第十二章　變異數分析

第十三章　簡單直線型迴歸分析

第十四章　多元迴歸分析

第十五章　相關分析

第十六章　迴歸、相關分析之問題的探討

第十七章　卡方檢定

統 計 學 （下）

目 次

自 序

第十章　統計假設的檢定 (I)

第一節　假設檢定的幾個基本概念 ……………………………………… 1

第二節　假設的檢定 ……………………………………………………… 7

第三節　檢力函數與作業特性函數 …………………………………… 23

第四節　α、β 的關聯及 α、β 數值組合的選擇 ………………… 35

練習題 …………………………………………………………………… 46

第十一章　統計假設的檢定 (II)

第一節　母體平均數 (μ_X) 的假設檢定 …………………………… 51

第二節　兩母體平均數之差的假設檢定 …………………………… 59

第三節　母體比例的假設檢定 ………………………………………… 72

第四節　兩母體比例之差的假設檢定 ……………………………… 79

第五節　母體變異數 (σ_X^2) 的假設檢定 ………………………… 86

第六節　兩母體變異數之比 $\left(\dfrac{\sigma_X^2}{\sigma_Y^2}\right)$ 的假設檢定 …………… 93

練習題 …………………………………………………………………… 97

第十二章　變異數分析

第一節　一因素變異數分析 ⋯⋯⋯⋯⋯⋯⋯⋯⋯⋯⋯⋯⋯⋯ 101

第二節　變異數齊一性假設的檢定 ⋯⋯⋯⋯⋯⋯⋯⋯⋯⋯ 118

第三節　信任區間 ⋯⋯⋯⋯⋯⋯⋯⋯⋯⋯⋯⋯⋯⋯⋯⋯⋯ 120

第四節　完全隨機試驗與集區隨機試驗 ⋯⋯⋯⋯⋯⋯⋯⋯ 126

第五節　二因素變異數分析——完全隨機試驗 ⋯⋯⋯⋯⋯ 145

練習題 ⋯⋯⋯⋯⋯⋯⋯⋯⋯⋯⋯⋯⋯⋯⋯⋯⋯⋯⋯⋯⋯ 164

第十三章　簡單直線型迴歸分析

第一節　前言 ⋯⋯⋯⋯⋯⋯⋯⋯⋯⋯⋯⋯⋯⋯⋯⋯⋯⋯⋯ 169

第二節　簡單直線型迴歸模型及假設 ⋯⋯⋯⋯⋯⋯⋯⋯⋯ 171

第三節　母體迴歸線的估計 ⋯⋯⋯⋯⋯⋯⋯⋯⋯⋯⋯⋯⋯ 177

第四節　母體迴歸參數的統計推論 ⋯⋯⋯⋯⋯⋯⋯⋯⋯⋯ 193

第五節　已知 $X = X_0$ 之下，Y 之條件平均數 $(\mu_{Y|X_0})$ 的統計推論 · 202

第六節　已知 $X = X_0$ 之下，個別 Y 值 (Y_0) 的區間估計 ⋯⋯⋯ 207

第七節　內插與外推 ⋯⋯⋯⋯⋯⋯⋯⋯⋯⋯⋯⋯⋯⋯⋯⋯ 212

第八節　簡單迴歸分析幾個值得注意的問題 ⋯⋯⋯⋯⋯⋯ 214

練習題 ⋯⋯⋯⋯⋯⋯⋯⋯⋯⋯⋯⋯⋯⋯⋯⋯⋯⋯⋯⋯⋯ 225

第十四章　多元迴歸分析

第一節　前言 ⋯⋯⋯⋯⋯⋯⋯⋯⋯⋯⋯⋯⋯⋯⋯⋯⋯⋯⋯ 229

第二節　多元直線型迴歸模型及假設 ⋯⋯⋯⋯⋯⋯⋯⋯⋯ 230

第三節　母體迴歸參數的估計方法——最小平方法 ⋯⋯⋯ 234

第四節　母體迴歸參數的統計推論 ⋯⋯⋯⋯⋯⋯⋯⋯⋯⋯ 239

第五節　已知 $X = X_0$, $Z = Z_0$ 之下，Y 之條件平均數 $(\mu_{Y|X_0, Z_0})$

　　　　　的區間估計 ………………………………………… 249

第六節　已知 $X = X_0$, $Z = Z_0$ 之下，個別 Y 值 (Y_0) 的區間估計 · 251

第七節　多元迴歸分析與簡單迴歸分析的比較 ………………… 254

練習題 ……………………………………………………… 263

第十五章　相關分析

第一節　前言 ……………………………………………… 267

第二節　二元常態隨機變數之相關分析 ………………………… 268

第三節　相關分析與簡單直線型迴歸分析 ……………………… 278

第四節　多元迴歸分析與多元相關分析 ………………………… 292

第五節　等級相關分析 …………………………………… 303

練習題 ……………………………………………………… 319

第十六章　迴歸、相關分析之問題的探討

第一節　前言 ……………………………………………… 325

第二節　母體迴歸模型設定錯誤的問題 ………………………… 326

第三節　自變數對被解釋變數之邊際影響的相對重要性 ……… 336

第四節　線性重合的問題 …………………………………… 340

第五節　非直線型迴歸模型的估計 ……………………………… 349

第六節　虛擬變數 (Dummy Variable) ……………………… 356

第七節　迴歸模型配適度的比較 ………………………………… 361

第八節　干擾項常態分配的假設 ………………………………… 364

第九節　變異數齊一性的檢定 …………………………………… 367

第十節　自我相關的問題 …………………………………… 370

練習題 ……………………………………………………… 395

第十七章 卡方檢定

第一節 前言 ……………………………………………… 399

第二節 配適度的檢定 …………………………………… 399

第三節 獨立性的檢定 …………………………………… 416

第四節 總結 ……………………………………………… 433

練習題 …………………………………………………… 437

附 錄 …………………………………………………… 439

參考書目 ………………………………………………… 507

漢文索引 ………………………………………………… 511

英漢對照索引 …………………………………………… 521

練習題解答 ……………………………………………… 533

第十章　統計假設的檢定(I)

　　統計假設的檢定（Statistical Hypothesis Testing，簡稱為「假設的檢定」）與**估計**都是利用樣本訊息對母體進行**推論**的統計方法。估計是利用樣本資料對未知的母體參數 (θ) 猜測。而假設的檢定則是利用樣本資料對有關母體參數的**陳述**、**宣稱**或**假設** (Statement, Claim, or Assumption): **例如「θ 等於某一特定值 θ_0」**（即 "$\theta = \theta_0$"），檢定是否要被拒絕或被接受。因此，估計與假設的檢定兩者的差別在於: 前者事前未對母體參數情況（母體參數數值）加以陳述，而後者事前對母體參數數值加以陳述。

　　估計與假設的檢定兩者雖有上述的差異，但兩者都是利用樣本資料，運用前面各章所介紹的**敘述統計**、**隨機變數**、**抽樣分配**，並透過**機率理論**而後對母體參數進行**推論**。因此，從這個角度言，估計與假設的檢定兩者是相通的。本章擬先對假設的檢定有關的幾個**基本概念**加以界定，而後說明如何進行關於母體參數之假設的檢定及其有關的問題。

第一節　假設檢定的幾個基本概念

　　統計假設（Statistical Hypothesis，簡稱為「假設」）是指關於母體參數情況或數值的陳述、宣稱或假設。為簡單化起見，我們通常將它**數學化**，並以數學式子表示之。例如:

　　(1)消費者基金會宣稱: 某牌 6 公斤裝水晶米平均重量等於或少於（不超過）5.8 公斤。若我們令 X 為某牌6 公斤裝水晶米之重量，則消

費者基金會的宣稱，我們可以數學式子表示為：

$$\mu_X \leq 5.8 \text{ 公斤}$$

(2)某牌燈泡之老闆認為其所生產之燈泡壽命變異數小於（5 小時）^{2}。我們若令 X 為某牌燈泡之壽命，則該牌燈泡之老闆的看法，以數學式子表示應為：

$$\sigma_X^2 < （5 \text{ 小時}）^2$$

(3)某市場研究人員認為某牌洗髮精之顧客中，偏愛茉莉花香味的至少占百分之六十以上。若我們令 p 為某牌洗髮精之顧客中偏愛茉莉花香味者所占比例，則該市場研究人員的看法，以數學式子表示應為：

$$p \geq 0.60$$

(4)「生產 A 產品之某機器於正常運作情況下，每小時平均產量為 100 件」。若我們令 X 為生產 A 產品之某機器於正常運作情況下每小時之產量，則該敘述若以數學式子表示應為：

$$\mu_X = 100 \text{ 件}$$

(5)某牌燈泡以往採用 A 機器所生產之燈泡壽命平均數為 600 小時。今 A 機器經過維護後，我們懷疑或假設其生產之燈泡壽命平均數大於 600 小時。若令 X 為 A 機器經過維護後所生產之燈泡的壽命，則我們的懷疑或假設以數學式子表示應為：

$$\mu_X > 600 \text{ 小時}$$

上面所舉的都是統計假設的例子。這些假設中，關於母體參數的數值，有的是**單一的數值**，如 $\mu_X = 100$件，有的不是單一的數值，而是一個區間 （無限多個數值），如 $\mu_X \leq 5.8$公斤，$\sigma_X^2 < （5 \text{ 小時}）^2$，$p \geq 0.60$及 $\mu_X > 600$小時。若從關於「母體參數之假設是單一的數值或

是一個區間」這個角度區分，假設可以分為**簡單假設** (Simple Hypothesis)
及**複合假設** (Composite Hypothesis) 兩種。

定義 10–1　簡單假設、複合假設

　　簡單假設是關於母體參數 (θ) 只假設一個**單一的特定值**(θ_0)，即
$\theta = \theta_0$，而關於母體參數 (θ) 若不只假設一個單一的特定值，而是假
設於**一個區間**，即 $\theta > \theta_0$，$\theta \geq \theta_0$，$\theta < \theta_0$，$\theta \leq \theta_0$ 或 $\theta \neq \theta_0$，此種情況
則稱為**複合假設**。

　　我們根據有關母體參數數值的陳述、宣稱或假設建立了統計假設之
後，乃收集樣本資料以檢定所建立之假設。而如果我們所建立的假設為
不合理而要**被拒絕**，則一定是另外與它相互斥的情況為**合理**而要**被接
受**。因此，我們也把相互斥於「關於母體參數之數值的假設」的情況，
以數學式子表達出來。就前面的例子言，整理如下：

	(A)	(B)
	關於母體參數之數值的假設	與它互斥的情況
(1)	$\mu_X \leq 5.8$ 公斤	$\mu_X > 5.8$ 公斤
(2)	$\sigma_X^2 < （5 小時）^2$	$\sigma_X^2 \geq （5 小時）^2$
(3)	$p \geq 0.60$	$p < 0.60$
(4)	$\mu_X = 100$ 件	$\mu_X \neq 100$ 件
(5)	$\mu_X > 600$ 小時	$\mu_X = 600$ 小時

事實上，(A)欄或(B)欄都稱為「**假設**」。而為了能夠區別起見，我們必
須給予不同的名稱。基於簡單及方便，於(A)、(B)兩欄中，含有「等號」
(Equal Sign) 的假設，我們稱之為「**虛無假設**」(**Null Hypothesis**)，並以

H_0 表示之，而不含有「等號」的假設，稱之為「**對立假設**」(**Alternative Hypothesis**)，並以 H_1 表示之。(註 1)

定義 10-2　虛無假設、對立假設

關於母體參數 (θ) 之數值的兩個彼此互斥（但其中一個含有等號）的假設當中，例如 $\theta = \theta_0$ 及 $\theta \neq \theta_0$，對於**含有等號的假設**（即 $\theta = \theta_0$），稱之為**虛無假設**（以 H_0 表示之），而**不含有等號的假設**（即 $\theta \neq \theta_0$），稱之為**對立假設**（以 H_1 表示之）。

因此，就前面的例子言，其虛無假設及對立假設分別如下：

	虛無假設 H_0	對立假設 H_1
(1)	$H_0 : \mu_X \leq 5.8$ 公斤	$H_1 : \mu_X > 5.8$ 公斤
(2)	$H_0 : \sigma_X^2 \geq (\,5\,小時\,)^2$	$H_1 : \sigma_X^2 < (\,5\,小時\,)^2$
(3)	$H_0 : p \geq 0.60$	$H_1 : p < 0.60$
(4)	$H_0 : \mu_X = 100$ 件	$H_1 : \mu_X \neq 100$ 件
(5)	$H_0 : \mu_X = 600$ 小時	$H_1 : \mu_X > 600$ 小時

當收集到樣本資料後，我們應如何利用樣本資料去檢定假設？如何做決策 (Decision)？何種情況下虛無假設要被拒絕（即對立假設被接受）？何種情況下虛無假設不被拒絕（即對立假設被拒絕）？關於這些問題，我們將在下一節詳加說明。

無論如何，我們所做的決策只有兩種：不是「虛無假設 H_0 被拒絕」，就是「虛無假設 H_0 不被拒絕」。而關於母體參數數值的真實情況 (True Situation or State of Nature) 也只有兩種可能：不是「虛無假設 H_0 為真」（即 H_1 為假），就是「虛無假設 H_0 為假」（即 H_1 為真），因

此，進行假設檢定時，我們就「決策」與「母體參數數值的真實情況」交叉分類時，我們只有四種可能的組合，如表 10-1 所示。而如果虛無

表10-1　假設檢定的四種可能決策成果

關於母體參數數值的真實情況　　　決策	H_0為真（H_1為假）	H_0為假（H_1為真）
H_0不被拒絕 （A_0）	正確決策	錯誤決策 （型 II 錯誤）
拒絕 H_0 （A_1）	錯誤決策 （型 I 錯誤）	正確決策

假設 H_0為真，我們根據樣本資料，不是採「H_0不被拒絕」的決策，就是採「拒絕 H_0」的決策。此時，如果我們採「拒絕 H_0」的決策，則做了錯誤的決策，統計學上將這種錯誤稱為「**型 I 錯誤**」(**Type I Error**)，並把「**犯型 I 錯誤的機率**」稱為「**Alpha 風險**」(Alpha Risk)或「**顯著水準**」(Significant Level)，且以 α 表示之。又如果虛無假設 H_0為假，我們根據樣本資料，不是採「H_0不被拒絕」的決策，就是採「拒絕 H_0」的決策。如果我們採「拒絕 H_0」的決策，則是做了正確的決策，若我們採「H_0不被拒絕」的決策，則是做了錯誤的決策，在統計學上我們稱這種錯誤為「**型 II 錯誤**」(**Type II Error**)，並把「**犯型 II 錯誤的機率**」稱為「**Beta 風險**」(Beta Risk)，且以 β 表示之。

> ### 定義 10-3　型 I 錯誤及 Alpha 風險
>
> 　　**型 I 錯誤**是指檢定假設時，當虛無假設 H_0 為真，而我們根據樣本資料卻採取「拒絕 H_0」之決策所犯的錯誤。統計學上把**犯型 I 錯誤的機率稱為Alpha 風險或顯著水準**，並以 α 表示之。即
>
> $$\alpha = P_r\,(\text{型 I 錯誤})$$
>
> $$\alpha = P_r\,(\text{拒絕 } H_0 | H_0 \text{為真})$$

> ### 定義 10-4　型 II 錯誤及 Beta 風險
>
> 　　**型 II 錯誤**是指檢定假設時，當虛無假設 H_0 為假，而我們根據樣本資料卻採取「H_0 不被拒絕」之決策所犯的錯誤。統計學上把**犯型 II 錯誤的機率稱為Beta 風險**，並以 β 表示之。即
>
> $$\beta = P_r\,(\text{型 II 錯誤})$$
>
> $$\beta = P_r\,(H_0 \text{不被拒絕} | H_0 \text{為假})$$
>
> $$= P_r\,(\text{拒絕 } H_1 | H_1 \text{為真})$$

　　從上面的定義，我們知道 α 風險及 β 風險，基本上，都是條件機率的概念。 α 風險是在「H_0 為真」的條件下，採取「拒絕 H_0」之決策的機率。然而，因為「H_0 不被拒絕」之決策與「拒絕 H_0」之決策彼此為**互補事件**，因此在「H_0 為真」的條件下，採取「H_0 不被拒絕之決策」的機率是 $1-\alpha$，即

$$1-\alpha = 1 - P_r\,(\text{型 I 錯誤}) = P_r\,(H_0 \text{不被拒絕} | H_0 \text{為真})$$

事實上，"$1-\alpha$" 即相當於第九章區間估計的信任水準。至於 β 風險，則是在「H_0 為假」的條件下，採取「H_0 不被拒絕」之決策的條件機率。

而 $1-\beta$ 則是在「H_0 為假」的條件下，採取「拒絕 H_0」之正確決策的機率，即

$$1 - \beta = 1 - P_r（型 II 錯誤）$$

$$= P_r（\ H_0 被拒絕|H_0為假）$$

"$1-\beta$" 事實上也是指假設檢定時，能夠正確地辨認「虛無假設 H_0 為假」的能力 (Ability or Power)，因此在統計學上稱 "$1 - \beta$" 為檢定能力（Power of the Test，或簡稱為「檢力」）。進行假設檢定時，無庸置疑的一點是我們不但希望 α 越小，我們也希望 β 越小（即 $1 - \beta$ 越大）。但是在樣本數維持不變的情況下，α 若減小，β 必增大。而樣本數若增大，α 及 β 有可能同時都減小，但樣本數的增大，必帶來收集樣本資料之成本增加，這些錯綜複雜的關係及問題，將於本章第四節再予說明。

第二節 假設的檢定

從第八、第九兩章，我們知道母體參數有很多，例如一個母體情況下的母體平均數 μ_X、母體變異數 σ_X^2、母體比例 p，兩個母體情況下的兩母體平均數之差 $\mu_X - \mu_Y$、兩母體變異數之比 $\frac{\sigma_X^2}{\sigma_Y^2}$、兩母體比例之差 $p_1 - p_2$ 等等，都是所謂的母體參數。對於任一母體參數數值之假設的檢定而言，基本上，檢定步驟完全一樣，因此，本節將以一個母體情況下的母體平均數 (μ_X) 為例，說明如何進行假設檢定（亦即**假設檢定的步驟**）及其有關的問題。

一、假設檢定的步驟

對於母體參數數值之假設（或宣稱）的檢定，一般而言，檢定的步驟如下：

(1)**建立假設**：根據有關母體參數數值之陳述、宣稱或假設，建立兩個彼此互斥的虛無假設 H_0 及對立假設 H_1。

(2)**選擇檢定假設之統計量**：例如有關母體平均數 μ_X 之假設，我們選擇以樣本平均數 $\bar{X}$ 檢定之；有關母體變異數 σ_X^2 之假設，我們通常選擇以樣本變異數 s_X^2 檢定之；至於有關母體比例 p 之假設，我們則選擇以樣本比例 p' 檢定之。舉凡這些用來檢定假設之統計量，我們都稱它為「**檢定統計量**」(Test Statistic)。

(3)**建立決策規則** (Decision Rule) 或行動規則 (Action Rule)：當我們觀察隨機樣本並計算檢定統計量之數值前，基本上，我們應先決定「檢定統計量」數值落在哪一個區間時，我們將採取「拒絕 H_0」的決策，而落在另外的區間時，我們則採「H_0 不被拒絕」（H_0 被接受）的決策。前者的區間（導致我們採取「拒絕 H_0」之決策的區間）稱為拒絕區間 (Rejection Region) 或判定區間 (Critical Region)，而後者的區間（導致我們採取「H_0 被接受」之決策的區間）稱為接受區間 (Acceptance Region)。

(4)**觀察隨機樣本**，並根據所觀察之樣本計算「檢定統計量」之數值。

(5)**做成決策或結論**：根據樣本計算而得之「檢定統計量」的數值，若落在判定區間，則採取「拒絕 H_0」的決策；反之，若落在接受區間，則採取「H_0 不被拒絕」的決策。

為熟悉假設檢定的五個步驟、並了解有關的問題，茲以本章第一節中的第(5)例為例子，說明假設檢定的五個步驟。

【例 10-1】

某牌燈泡以往採用 A 機器所生產之燈泡壽命平均數為 600 小時。今 A 機器經過維護後，我們懷疑或假設其生產之燈泡壽命平均數大於 600 小時。若已知 A 機器維護後所生產之燈泡的壽命（以 X 表示之）呈常態分配，且標準差（σ_X）為 10 小時。今隨機觀察 25 個燈泡，發現其壽命的平均數為 605 小時，則假設檢定的五個步驟如下：

步驟㈠　建立假設：根據題意，首先我們建立有關母體平均數 μ_X 之虛無假設及對立假設為：

$$\begin{cases} H_0: \mu_X = 600 \text{ 小時} \\ H_1: \mu_X > 600 \text{ 小時} \end{cases}$$

或　　$$\begin{cases} H_0: \mu_X = \mu_0 (= 600) \\ H_1: \mu_X > \mu_0 \end{cases}$$

步驟㈡　選擇檢定假設之統計量：對於母體平均數 μ_X 之假設的檢定，我們通常選擇具有不偏、最佳直線不偏、一致性等性質的樣本平均數 $\overline{X}$ 做為檢定統計量。又因為母體 X 呈常態分配，所以 $\overline{X}$ 經過標準化後必呈標準常態分配，即

$$Z = \frac{\overline{X} - \mu_X}{\frac{\sigma_X}{\sqrt{n}}} \sim N(0,1) \tag{10-1}$$

而在虛無假設為真的情況下：

$$Z = \frac{\overline{X} - \mu_0}{\frac{\sigma_X}{\sqrt{n}}} \sim N(0,1) \tag{10-2}$$

上式中，μ_0 表示虛無假設之下 μ_X 的值（於本例中，即 600 小時）。Z 也被稱為「標準化檢定統計量」。一般而言，檢定統計量必須具備下面的條件：

　　(1)它是隨機變數，且其機率密度函數（或機率函數）為已知（本例中，即已知 Z 呈標準常態分配）。

(2)它包含被檢定之母體參數（本例中為 μ_X）。

(3)於 H_0 為真情況下，它的值可以根據觀察的一組樣本計算而得。例如本例中除了 $\overline{X}$ 必須根據觀察之樣本計算而得外，其他像 σ_X 之值及樣本數 n 必須為已知。

步驟㈢　建立決策規則：實際觀察一組隨機樣本之前，我們必須先建立決策規則或行動規則。於本例中，我們必須先決定 $\overline{X}$ 之值落在哪一個區間內，我們採「拒絕 H_0」的決策，否則採「H_0 不被拒絕」的決策。根據普通常識，若 $\overline{X}$ 之值越靠近 μ_0（即 Z 之值越靠近 "0"），我們將採「H_0 不被拒絕」，即「接受 H_0」的決策（以 A_0 表示之）；反之，若 $\overline{X}$ 之值越遠離 μ_0（即 Z 之值越遠離 "0"），我們則採「拒絕 H_0」的決策（以 A_1 表示之）。但重要的是我們將以 $\overline{X}$ 的哪一個數值（或 Z 的哪一個數值）做為 A_0 及 A_1 的**分界點**或**判定點** (Critical Point)，進而決定接受區間與拒絕區間呢？傳統的方法是我們先決定**容許**犯型 I 錯誤的機率 **(α) 是多少**（通常 $\alpha = 0.01, 0.025, 0.05, 0.10$），而後**選擇能使 β 為最小的決策** 做為我們的決策規則。統計學上將上述這種方式建立的決策規則稱為**最適決策規則** (The Optimum Decision Rule)。

於本例中，假如我們設定 $\alpha = 0.05$，且樣本數 $n = 25$，則在虛無假設 H_0 為真的情況下，隨機變數 $\overline{X}$ 的機率分配如圖 10–1。我們把 α 全部置於 $\overline{X}$ 之機率分配的右端，即把判定點（以 $\overline{X}_*$ 表示之）置於 $\overline{X}$ 機率分配的右邊（理由容後說明），即

$$P_r(\overline{X} \geq \overline{X}_* | H_0 為真) = P_r(Z \geq Z_* | H_0 為真) = 0.05$$

因為

$$Z_* = \frac{\overline{X}_* - \mu_0}{\frac{\sigma_X}{\sqrt{n}}} = \frac{\overline{X}_* - 600}{\frac{10}{\sqrt{25}}} = 1.64$$

解上式，得

$$\overline{X}_* = 603.28$$

因此，我們建立決策規則如下：

$\left[\begin{array}{l} \text{若觀察之樣本平均數的數值}(\overline{X}_0)\text{小於或等於}\ \overline{X}_* = 603.28,\ \text{則採} \\ A_0\ (\text{接受}\ H_0)\ \text{的決策。} \end{array}\right.$

$\left[\begin{array}{l} \text{若觀察之樣本平均數的數值}\ (\overline{X}_0)\text{大於}\ \overline{X}_* = 603.28,\ \text{則採}\ A_1\ (\text{拒絕} \\ H_0)\ \text{的決策。} \end{array}\right.$

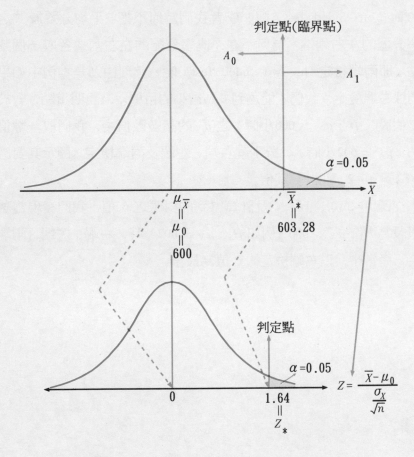

圖 10-1　H_0 為真情況下, $\overline{X}$ 的機率分配

亦即,

若 $\quad \overline{X}_0 \leq \overline{X}_* \longrightarrow A_0$

$\quad\quad \overline{X}_0 > \overline{X}_* \longrightarrow A_1$

而像上面這種把判定點置於右端的檢定方法稱為**右端檢定**(The Right-Sided Test)。

本例中,為何我們採右端檢定?為何我們不把 α 置於 $\overline{X}$ 之機率分配的左端?為何不把判定點置於 $\overline{X}$ 之機率分配的左邊(即**左端檢定** The Left- Sided Test)呢?或者我們為何不把 α 平均分置於 $\overline{X}$ 之機率分配的左右兩端?為何不在 $\overline{X}$ 機率分配的左右兩邊各取一個判定點(即**兩端檢定**The Two- Sided Test)呢?其理由乃是本例中如果我們採右端檢定,我們才能達到 β 為最小的目標。為說明這點,對於對立假設($H_1 : \mu_X > 600$ 小時)之 μ_X 的諸多數值中,我們取一數值($H_1 : \mu_X = 602$ 小時),分別就右端、左端及兩端檢定,圖示其對應的 β 於圖 10–2,並計算其值。

從圖 10–2 (a)、(b)、(c)及計算得到的對應之 β 值,我們發現當對立假設為 $H_1 : \mu_X > 600$ (例如 $H_1 : \mu_X = 602$)時,右端、左端、兩端檢定三者當中,以右端檢定的 β 值為最小。

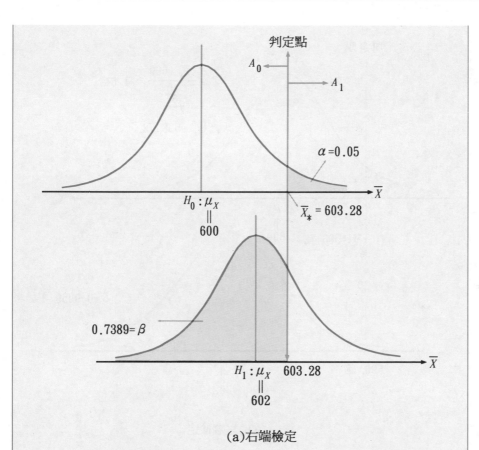

（a）右端檢定

圖 10-2 (a)　$H_0 : \mu_X = 600,\ H_1 : \mu_X = 602$ 的檢定

$$\beta = P_r(A_0 | H_1 為真)$$

$$= P_r(\overline{X} \le \overline{X}_* | H_1 為真)$$

$$= P_r \left(\frac{\overline{X} - 602}{\frac{10}{\sqrt{25}}} \le \frac{603.28 - 602}{\frac{10}{\sqrt{25}}} \right)$$

$$= P_r(Z \le 0.64)$$

$$= 0.7389$$

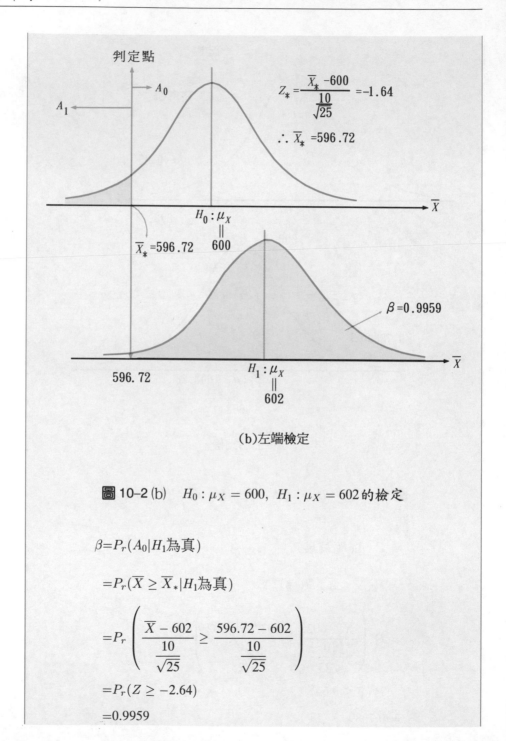

(b)左端檢定

圖 10-2 (b)　$H_0 : \mu_X = 600, \ H_1 : \mu_X = 602$ 的檢定

$\beta = P_r(A_0 | H_1 為真)$

$= P_r(\overline{X} \geq \overline{X}_* | H_1 為真)$

$= P_r\left(\dfrac{\overline{X} - 602}{\dfrac{10}{\sqrt{25}}} \geq \dfrac{596.72 - 602}{\dfrac{10}{\sqrt{25}}} \right)$

$= P_r(Z \geq -2.64)$

$= 0.9959$

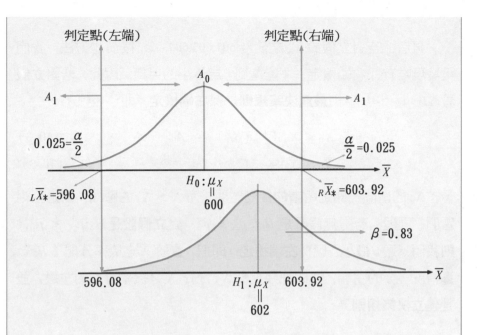

(c)兩端檢定

圖 10-2 (c)　$H_0 : \mu_X = 600, \ H_1 : \mu_X = 602$ 的檢定

$$_R Z_* = \frac{_R \overline{X}_* - 600}{\dfrac{10}{\sqrt{25}}} = 1.96, \quad \therefore {_R} \overline{X}_* = 603.92$$

$$_L Z_* = \frac{_L \overline{X}_* - 600}{\dfrac{10}{\sqrt{25}}} = -1.96, \quad \therefore {_L} \overline{X}_* = 596.08$$

$$\beta = P_r(A_0 | H_1 為真)$$

$$= P_r(_L \overline{X}_* \leq \overline{X} \leq {_R} \overline{X}_* | H_1 為真)$$

$$= P_r\left(\frac{596.08 - 602}{\dfrac{10}{\sqrt{25}}} \leq \frac{\overline{X} - 602}{\dfrac{10}{\sqrt{25}}} \leq \frac{603.92 - 602}{\dfrac{10}{\sqrt{25}}} \right)$$

$$= P_r(-2.96 \leq Z \leq 0.96)$$

$$= 0.83$$

再者，若對立假設 μ_X 之值為 601,603,604,…，按前述方法，我們可發現唯有採右端檢定，才能達到 β 為最小的目標。因此，若**對立假設 $H_1: \mu_X > \mu_0$**，則**最適決策規則**是採**右端檢定**，即：

$$若 \qquad \overline{X}_0 \leq \overline{X}_* （判定點）\longrightarrow A_0 \qquad\qquad (10\text{--}3)$$

$$\overline{X}_0 > \overline{X}_* \longrightarrow A_1 \qquad\qquad\qquad (10\text{--}3)'$$

$\overline{X} \leq \overline{X}_*$ 的區間，即是所謂的接受區間，而 $\overline{X} > \overline{X}_*$ 的區間，則是拒絕區間。同理，若虛無假設是 $H_0: \mu_X = \mu_0$，**對立假設是 $H_1: \mu_X < \mu_0$**，則我們為達 β 最小，應採**左端檢定**，即把 α 置於 $\overline{X}$ 之機率分配（ H_0 為真情況下）的左端，亦即把判定點 $\overline{X}_*$ 置於 $\overline{X}$ 之機率分配的左邊，並且**建立決策規則**為：

$$若 \qquad \overline{X}_0 \geq \overline{X}_* \longrightarrow A_0 \qquad\qquad\qquad (10\text{--}4)$$

$$\overline{X}_0 < \overline{X}_* \longrightarrow A_1 \qquad\qquad\qquad (10\text{--}4)'$$

但若虛無假設為 $H_0: \mu_X = \mu_0$，**對立假設為 $H_1: \mu_X \neq \mu_0$**，則我們應採**兩端檢定**（理由將於本章第三節說明），而把 α 平均分置於 $\overline{X}$ 之機率分配（ H_0 為真情況下）的左右兩端，亦即在 $\overline{X}$ 之機率分配的左右兩邊各取一個判定點，並且**建立決策規則**為：

$$若 \qquad {}_L\overline{X}_* \leq \overline{X}_0 \leq {}_R\overline{X}_* \longrightarrow A_0 \qquad\qquad (10\text{--}5)$$

$$\overline{X}_0 > {}_R\overline{X}_* \quad 或 \quad \overline{X}_0 < {}_L\overline{X}_* \longrightarrow A_1 \qquad (10\text{--}5)'$$

事實上，我們也可採用 $\overline{X}$ 之標準化隨機變數 (Z) 去建立有關 μ_X 假設檢定的決策規則。茲摘要如下：

$$(1) \quad \begin{cases} H_0: \mu_X = \mu_0 \\ H_1: \mu_X > \mu_0 \end{cases}$$

$$若 \qquad Z_0 \leq Z_* (= Z_\alpha) \longrightarrow A_0 \qquad\qquad (10\text{--}6)$$

$$Z_0 > Z_* \longrightarrow A_1 \qquad\qquad\qquad (10\text{--}6)'$$

其中　　$Z_0 = \dfrac{\overline{X}_0 - \mu_0}{\dfrac{\sigma_X}{\sqrt{n}}}$

而 $\overline{X}_0$ 是觀察一組隨機樣本其樣本平均數之值。

(2)　$\begin{cases} H_0 : \mu_X = \mu_0 \\ H_1 : \mu_X < \mu_0 \end{cases}$

若　　　$Z_0 \geq Z_*(= -Z_\alpha) \longrightarrow A_0$　　　　　　　　　　$(10\text{--}7)$

$\qquad\qquad Z_0 < Z_* \longrightarrow A_1$　　　　　　　　　　　　　$(10\text{--}7)'$

(3)　$\begin{cases} H_0 : \mu_X = \mu_0 \\ H_1 : \mu_X \neq \mu_0 \end{cases}$

若　　　$(-Z_{\frac{\alpha}{2}} =)_L Z_* \leq Z_0 \leq {_R}Z_*(= Z_{\frac{\alpha}{2}}) \longrightarrow A_0$　　　$(10\text{--}8)$

$\qquad\qquad Z_0 >_R Z_*$　或　$Z_0 <_L Z_* \longrightarrow A_1$　　　　　$(10\text{--}8)'$

步驟㈣　觀察樣本並計算檢定統計量之數值：我們建立了決策規則之後，進一步以簡單隨機抽樣法，觀察維護後之 A 機器所生產的燈泡25 個，發現其壽命的平均數為 605 小時，即 $\overline{X}_0 = 605$，其對應的 Z 值為：

$$Z_0 = \frac{605 - 600}{\dfrac{10}{\sqrt{25}}} = 2.5$$

我們發現 $\overline{X}_0$（或 Z_0）係落於拒絕區間，我們據此樣本資料進而做決策。

步驟㈤　做成決策或結論：由於根據樣本計算而得之檢定統計量的數值，係落在我們所建立之決策規則的判定區間（拒絕區間）內，即

$$605 = \overline{X}_0 > \overline{X}_* = 603.28$$

因此，我們採 A_1 的決策。雖然我們承認該決策也有可能是錯誤的決策（其機率為 0.05），但我們仍然做成「A 機器經過維護後，其生產之燈泡壽命平均數大於 600 小時」的結論。

上面的例子是虛無假設為**簡單假設**的檢定方法，而若**虛無假設是複**
合假設，例如

$$\begin{cases} H_0 : \mu_X \leq 600 \\ H_1 : \mu_X > 600 \end{cases}$$

則我們不可能像上面例子的步驟㈢，計算出**單一的**一個判定點。於此情
況下，普遍被採用的方法乃是以虛無假設**母體參數之諸多可能數值中**，
以**最保守的數值**進行檢定。而虛無假設母體參數之諸多數值中，最保守
的數值就是指在 α **值固定下，使** β **值最大**的那個母體參數數值。例
如 $\alpha = 0.05$，在虛無假設($H_0 : \mu_X \leq 600$)之 μ_X 的諸多數值下，其對應的
β值（設若 $H_1 : \mu_X = 602$）如下：

$H_0 : \mu_X =$	β	判定點 $(\overline{X}_*)$
600	0.7389	603.28
599	0.5557	602.28
598	0.3594	601.28
597	0.1949	600.28
$\vdots$	$\vdots$	$\vdots$

從上面的數據，我們發現，當 $H_0 : \mu_X = 600$時，對應的 β值為最大，因
此，我們於虛無假設之母體參數諸多數值中，**取最接近對立假設之數值**
進行檢定。換句話說，就是把複合假設的虛無假設當成簡單假設，如下
所示：

$$\begin{cases} H_0 : \mu_X \leq 600 \\ H_1 : \mu_X > 600 \end{cases} \xrightarrow{\text{當成}} \begin{cases} H_0 : \mu_X = 600 \\ H_1 : \mu_X > 600 \end{cases}$$

而後再進行檢定。

二、信任區間檢定法

假設的檢定，除了本章第二節所介紹的**古典的假設檢定方法** (Classical Method of Hypothesis Testing) 外，尚可利用**信任區間檢定法** (Confidence Interval Method of Hypothesis Testing)。信任區間檢定法與古典的假設檢定方法事實上是相通的。其檢定步驟㈠及㈡與本章第二節所介紹的內容完全相同。步驟㈢，則是根據檢定統計量對被檢定之母體參數構成**信任區間**（信任水準 $1-\alpha$，而 α 是犯型 I 錯誤的機率），以建立決策規則。就本章第二節的例子（例 10–1）言，因為對立假設是 $\mu_X > \mu_0(=600)$，因此以 $\overline{X}$ 對 μ_X 構成**只有下限的一端信任區間**（$\mu_X \geq \overline{X} - Z_\alpha \dfrac{\sigma_X}{\sqrt{n}}$），進而建立決策規則如下：（註 2）

> 根據觀察之樣本平均數數值 $(\overline{X}_0)$ 構成母體平均數之信任區間為 $\mu_X \geq \overline{X}_0 - Z_\alpha \dfrac{\sigma_X}{\sqrt{n}}$，若此區間把虛無假設 μ_X 的數值 μ_0 包含在內，則採 A_0（接受 H_0）的決策。

> 否則，則採 A_1（拒絕 H_0）的決策。

步驟㈣　觀察樣本並求 μ_X **之信任區間**：本章第二節例 10–1 中，$\overline{X}_0 = 605$. $\sigma_X = 10$，$n = 25$，$\alpha = 0.05$，因此 μ_X 的信任區間為：

$$\mu_X \geq 605 - 1.64\frac{10}{\sqrt{25}}$$

即　　　$\mu_X \geq 601.72$

步驟㈤　做成決策或結論：由於根據樣本求得之 μ_X 的信任區間，並沒有把 H_0 為真的情況下，μ_X 的數值 $\mu_0(=600)$ 包含在內，因此，我們採 A_1 的決策。但我們仍承認該決策是錯誤的機率為 0.05。

三、P 值檢定方法

　　傳統的假設檢定方法必須先設定 α 值，而後才能計算出判定點，進而建立行動規則。然而有些時候，α值很難選定。不同的α值之下，判定點的數值就跟著不同，根據同一組樣本做成的結論，也就不一定相同。再者，有些時候某一問題的研究者與決策者不是同一人，因此在這些情況下，研究者根據樣本資料計算P值 (**P-Value**)。而若α值已知，決策者可利用P值進行假設的檢定。

定義 10-5　P 值

　　當對立假設為 $H_1 : \theta > \theta_0$時，P值是指在虛無假設 H_0**為真**的條件下，**檢定統計量 $\hat{\theta}$ 大於或等於所觀察樣本之檢定統計量的數值** ($\hat{\theta}_0$) **的機率**。以數學式表示為：

$$P = P_r(\hat{\theta} \geq \hat{\theta}_0 | H_0 : \theta = \theta_0 \text{ 為真}) \qquad (10\text{--}9)$$

若對立假設為 $H_1 : \theta < \theta_0$，P值則是指：

$$P = P_r(\hat{\theta} \leq \hat{\theta}_0 | H_0 : \theta = \theta_0 \text{ 為真}) \qquad (10\text{--}10)$$

又若對立假設為 $H_1 : \theta \neq \theta_0$，$P$值是指：

$$P = 2P_r(\hat{\theta} \geq \hat{\theta}_0 | H_0 : \theta = \theta_0 \text{ 為真}), \quad \text{當} \hat{\theta}_0 > \theta_0 \qquad (10\text{--}11)$$

$$\text{或} \qquad = 2P_r(\hat{\theta} \leq \hat{\theta}_0 | H_0 : \theta = \theta_0 \text{ 為真}), \quad \text{當} \hat{\theta}_0 < \theta_0 \qquad (10\text{--}11)'$$

在本章第二節的例子中，其P值為：

$$P = P_r(\overline{X} \geq \overline{X}_0 | H_0 : \mu_X = \mu_0)$$

$$= P_r\left(\frac{\overline{X} - \mu_0}{\frac{\sigma_X}{\sqrt{n}}} \geq \frac{\overline{X}_0 - \mu_0}{\frac{\sigma_X}{\sqrt{n}}} \right)$$

$$=P_r \left(Z \geq \dfrac{605 - 600}{\dfrac{10}{\sqrt{25}}} \right)$$

$$=P_r(Z \geq 2.5)$$

$$=0.0062$$

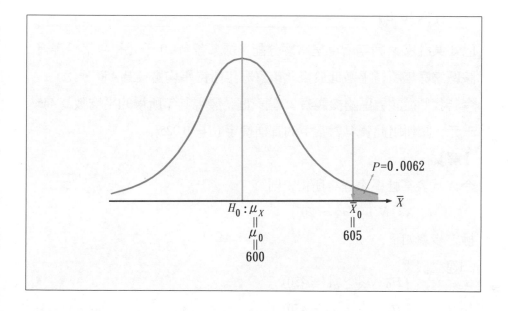

P值既是指如果 $H_0 : \mu_X = \mu_0$ 為真，則樣本平均數 $(\overline{X})$ 大於或等於我們所觀察到之一組樣本的樣本平均數數值 $(\overline{X}_0)$ 的機率，因此，如果該機率（P值）越小，表示該組樣本來自 $\mu_X = \mu_0$ 的母體的機會越小，因此我們採取 A_1（即拒絕 H_0）的決策；反之，如果該機率（P值）越大，表示該組樣本來自 $\mu_X = \mu_0$ 的母體的機會越大，因此我們採 A_0（即接受 H_0）的決策。然而，P值將以哪一個機率值做為採 A_1 或 A_0 的分界點呢？一般情況下，如果 α 值已經選定，則以 α 值做為分界點而建立決策規則如下：

$$\text{若} \qquad P \geq \alpha \longrightarrow A_0 \qquad\qquad\qquad (10\text{--}12)$$

$$P < \alpha \longrightarrow A_1 \qquad\qquad\qquad (10\text{--}12)'$$

本章第二節的例子中，因為 $P = 0.0062 < \alpha = 0.05$，因此我們採 A_1 的決策，即認為 A 機器經過維護後所生產之燈泡壽命平均數大於 600 小時。上述這種先計算 P 值，再利用 P 值對有關母體參數之假設進行檢定的方法，稱為「P 值檢定法」（P-Value Method of Hypothesis Testing）。

【例 10-2】

已知某社區家庭年所得呈常態分配，標準差為 20 千元；今某甲宣稱該區家庭年所得平數低於臺北市家庭年所得平均數（為 450 千元）。今若我們從該社區隨機觀察 25 個家庭，發現其年所得的平均數為 445 千元，試利用此資料對某甲的宣稱檢定（$\alpha = 0.025$）。

【解】

令 X 代表某社區家庭年所得，則

$$X \sim N(\mu_X, \sigma_X^2 = 20^2)$$

檢定步驟如下：

㈠建立假設：
$$\begin{cases} H_0 : \mu_X \geq \mu_0 (= 450) \\ H_1 : \mu_X < \mu_0 (= 450) \end{cases}$$

㈡選擇樣本平均數 $\overline{X}$ 為檢定統計量。

㈢採左端檢定，而 $\because \alpha = 0.025$

$$\therefore Z_* = \frac{\overline{X}_* - \mu_0}{\frac{\sigma_X}{\sqrt{n}}} = \frac{\overline{X}_* - 450}{\frac{20}{\sqrt{25}}} = -1.96$$

$$\therefore 判定點 \overline{X}_* = 442.16 （千元）$$

因此建立決策規則如下：

$$若 \qquad \overline{X}_0 \geq \overline{X}_* \longrightarrow A_0$$
$$\overline{X}_0 < \overline{X}_* \longrightarrow A_1$$

㈣隨機觀察 25 個家庭，得 $\overline{X}_0 = 445$（落在接受區間）。

㈤因為 $\overline{X}_0 = 445 > \overline{X}_* = 442.16$，$\overline{X}_0$ 落在接受區間，所以採 A_0 的決策，即 H_0 不被拒絕，亦即我們沒有足夠的證據去拒絕 H_0。因此我們採拒絕 H_1 的決策。（雖然我們承認此結論也有可能是錯誤的結論（其機率為 β））。

此問題若欲以 P 值方法檢定，則建立決策規則為：

$$\begin{cases} 若\ P \geq \alpha \longrightarrow A_0 \\ \quad P < \alpha \longrightarrow A_1 \end{cases}$$

而　　$\because \overline{X}_0 = 445$、對立假設為 $H_1 : \mu_X < \mu_0$、採左端檢定，

$$\therefore\ P = P_r(\overline{X} \leq \overline{X}_0 | H_0 : \mu_X = \mu_0 為真)$$

$$= P_r\left(\frac{\overline{X} - \mu_0}{\frac{\sigma_X}{\sqrt{n}}} \leq \frac{\overline{X}_0 - \mu_0}{\frac{\sigma_X}{\sqrt{n}}} \right)$$

$$= P_r\left(Z \leq \frac{445 - 450}{\frac{20}{\sqrt{25}}} \right)$$

$$= P_r(Z \leq -1.25)$$

$$= 0.1056$$

$$P > \alpha = 0.025$$

因此採 A_0 的決策。

第三節　檢力函數與作業特性函數

　　進行假設檢定時，不管是以傳統方法、信任區間方法或 P 值方法，我們根據樣本的資料不是採取 A_0（接受 H_0，即拒絕 H_1）的決策，就是採取 A_1（拒絕 H_0，即接受 H_1）的決策。而不管我們採取何種決策，我

們承認該決策有可能是錯誤的決策。如例 10–2，我們採 A_0 的決策，該決策有可能是錯誤的決策，而該決策如果是錯誤的決策，那麼我們一定是**犯型 II 錯誤**（犯錯的機率為 β）。再看例 10–1，我們採 A_1 的決策，該決策可能是錯誤的決策，也可能是正確的決策。而如果是錯誤的決策，那麼我們一定是**犯型 I 錯誤**（犯錯的機率為 α）。但如果是正確的決策，則正確決策的機率為 $1 - \beta$。而我們若欲知道「**檢力**」（即 $1 - \beta$）多大，必須先知道 β 的值多大。由於 $\beta = P_r$（$A_0 | H_1$ 為真），因此當對立假設 H_1 為複合假設情況下，β 的值將隨著對立假設有關母體參數之數值的不同而不同，所以 **β 是對立假設母體參數數值的函數，$1 - \beta$ 當然也是對立假設母體參數數值的函數**。

定義 10–6　檢力函數及作業特性函數

當對立假設 H_1 為真的情況下，我們若採取拒絕 H_0 的決策，此時我們做了正確的決策。而我們能夠**正確地辨認對立假設 H_1 為真**（即虛無假設 H_0 為假）之**能力的大小**（即**檢力大小**），是對立假設 H_1 有關母體**參數數值的函數**，因此稱之為**檢力函數**(Power Function, $1 - \beta$)。換句話說，檢力函數 $1 - \beta$ 是指對立假設 H_1 為真的情況下，採取接受 H_1（即拒絕 H_0）之正確決策的機率。而此機率的大小是對立假設 H_1 有關母體參數數值的函數。**作業特性函數** (Operating Characteristic Function) 則是指 **1 - 檢力** = $1 - (1 - \beta) = \beta$，亦即指對立假設 H_1 為假的情況下，採取接受 H_1 之錯誤決策的機率。

下面將運用例 10–2 的數據，針對**對立假設為 $H_1 : \mu_X > \mu_0$，$H_1 : \mu_X < \mu_0$，及 $H_1 : \mu_X \neq \mu_0$ 三種型式**，分別圖示檢力函數並計算 $1 - \beta$ 值。若我們建立的虛無假設及對立假設為：

(一)

$$\begin{cases} H_0 : \mu_X = 600 \\ H_1 : \mu_X > 600 \end{cases}$$

又若已知 $\sigma_X = 10$, $n = 25$, $\alpha = 0.05$, 則**最適決策規則**是採**右端檢定**, 並
求得判定點為 $\overline{X}_* = 603.28$。我們進而針對 $H_1 : \mu_X = 601, 602, 603, 604, \cdots$
各種情形下, 計算 $1 - \beta$ 值如下:

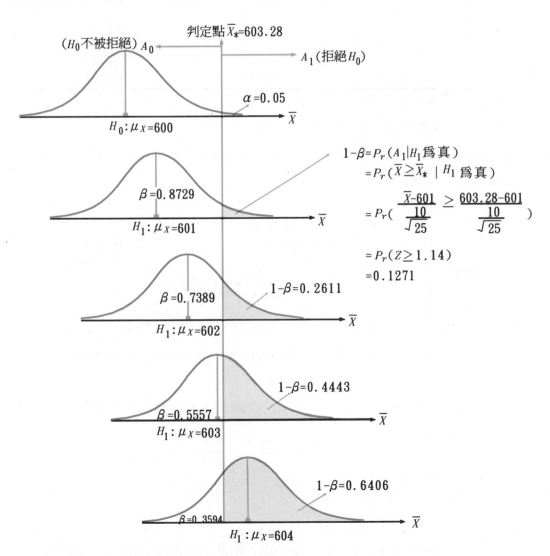

我們計算 $1 - \beta$ 值之後，我們進一步列表並圖示**檢力函數及作業特性函數**於表 10-2 及圖 10-3。

表 10-2　$H_0: \mu_X = 600,\ H_1: \mu_X > 600$ 之下的檢力函數及作業特性函數*

$H_1: \mu_X =$	檢力函數 $(1 - \beta)$	作業特性函數 (β)
601	0.1271	0.8729
602	0.2611	0.7389
603	0.4443	0.5557
604	0.6406	0.3594
605	0.8051	0.1949
606	0.9131	0.0869

註: * 已知 $\sigma_X = 10,\ n = 25,\ \alpha = 0.05$

決策規則: $\begin{cases} 若\ \overline{X}_0 \le \overline{X}_* = 603.28,\ 採\ A_0 \\ 若\ \overline{X}_0 > \overline{X}_* = 603.28,\ 採\ A_1 \end{cases}$

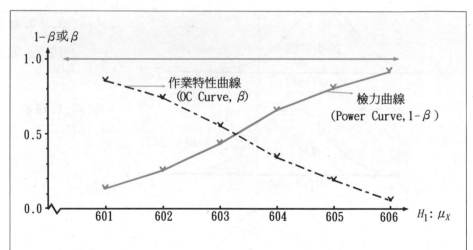

圖 10-3　$H_0: \mu_X = 600,\ H_1: \mu_X > 600$ 之下檢力函數及作業特性函數圖*

註: * 同表 10-2。

(二)

$$\begin{cases} H_0: \mu_X = 600 \\ H_1: \mu_X < 600 \end{cases}$$

若已知 $\sigma_X = 10,\ n = 25,\ \alpha = 0.05$，**則最適決策規則**是採**左端檢定**，並

求得判定點為 $\overline{X}_* = 596.72$。我們並針對 $H_1 : \mu_X = 599, 598, 597, 596, \cdots$ 各
種情形下，計算 $1 - \beta$ 值，並進而列表或圖示**檢力函數**及**作業特性函數**
如表 10–3 及圖 10–4。

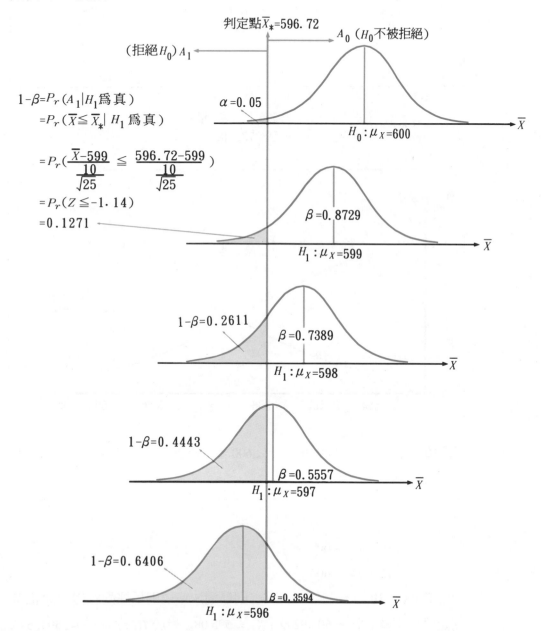

$$1-\beta = P_r(A_1 | H_1 \text{為真})$$
$$= P_r(\overline{X} \le \overline{X}_* | H_1 \text{為真})$$
$$= P_r\left(\frac{\overline{X}-599}{\frac{10}{\sqrt{25}}} \le \frac{596.72-599}{\frac{10}{\sqrt{25}}}\right)$$
$$= P_r(Z \le -1.14)$$
$$= 0.1271$$

判定點 $\overline{X}_* = 596.72$

A_0 (H_0不被拒絕)

(拒絕H_0) A_1

$\alpha = 0.05$

$H_0 : \mu_X = 600$

$\beta = 0.8729$

$H_1 : \mu_X = 599$

$1-\beta = 0.2611$

$\beta = 0.7389$

$H_1 : \mu_X = 598$

$1-\beta = 0.4443$

$\beta = 0.5557$

$H_1 : \mu_X = 597$

$1-\beta = 0.6406$

$\beta = 0.3594$

$H_1 : \mu_X = 596$

表 10-3 　$H_0 : \mu_X = 600$, $H_1 : \mu_X < 600$之下的檢力函數及作業特性函數*

$H_1 : \mu_X =$	檢力函數 $(1 - \beta)$	作業特性函數 (β)
599	0.1271	0.8729
598	0.2611	0.7389
597	0.4443	0.5557
596	0.6406	0.3594
595	0.8051	0.1949
594	0.9131	0.0869

註: * 已知 $\sigma_X = 10$, $n = 25$, $\alpha = 0.05$

決策規則: $\begin{cases} 若\ \overline{X}_0 \geq \overline{X}_* = 596.72, \ 採\ A_0 \\ 若\ \overline{X}_0 < \overline{X}_* = 596.72, \ 採\ A_1 \end{cases}$

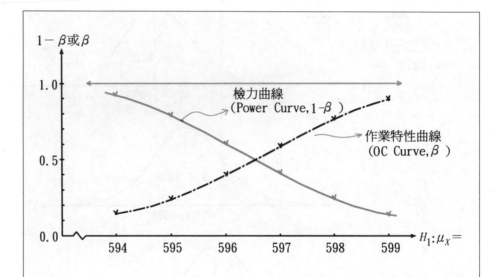

圖 10-4 　$H_0 : \mu_x = 600$, $H_1 : \mu_x < 600$之下檢力函數及作業特性函數圖*
註: * 同表10-3。

(二)

$$\begin{cases} H_0 : \mu_X = 600 \\ H_1 : \mu_X \neq 600 \end{cases}$$

若已知 $\sigma_X = 10$, $n = 25$, $\alpha = 0.05$, 則**最適決策規則是採兩端檢定**, 而其
判定點分別為 $_R\overline{X}_* = 603.92$及 $_L\overline{X}_* = 596.08$。對於 $H_1 : \mu_X = 594, 595, 596,$

597, 598, 599, 601, 602, 603, 604,…各種情形下，我們分別計算 $1-\beta$ 值，並進一步列表或圖示**檢力函數**及**作業特性函數**於表 10-4 及圖 10-5。

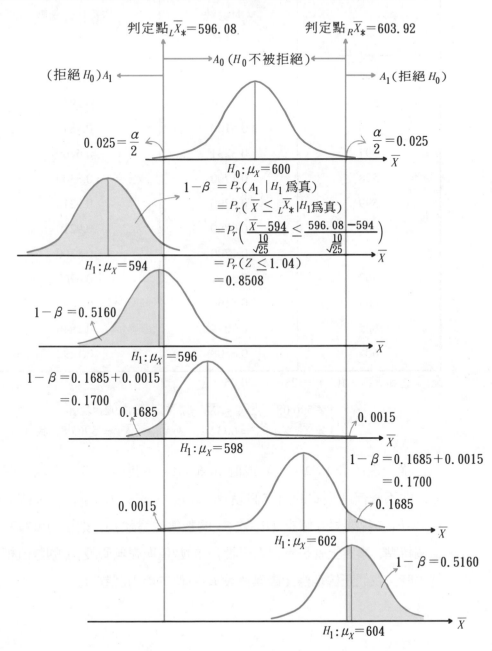

表 10-4　$H_0 : \mu_X = 600,\ H_1 : \mu_X \ne 600$ 之下的檢力函數及作業特性函數*

$H_1 : \mu_X =$	檢力函數 $(1 - \beta)$	作業特性函數 (β)
594	0.8508	0.1492
595	0.7054	0.2946
596	0.5160	0.4840
597	0.3231	0.6769
598	0.1700	0.8300
599	0.0790	0.9210
601	0.0790	0.9210
602	0.1700	0.8300
603	0.3231	0.6769
604	0.5160	0.4840
605	0.7054	0.2946
606	0.8508	0.1492

註: * 已知 $\sigma_X = 10,\ n = 25,\ \alpha = 0.05$

決策規則: $\begin{cases} \text{若}\,596.08 =_L \overline{X}_* \le \overline{X}_0 \le_R \overline{X}_* = 603.92,\ \text{採}\,A_0 \\ \text{若}\,\overline{X}_0 >_R \overline{X}_* = 603.92,\ \text{或}\,\overline{X}_0 <_L \overline{X}_* = 596.08,\ \text{採}\,A_1 \end{cases}$

　　從上面的表 10-2～10-4 或圖 10-3～10-5，我們都可以發現一個特點，即不管何種型式的對立假設 ($H_1 : \mu_X > \mu_0$, $H_1 : \mu_X < \mu_0$ 或 $H_1 : \mu_X \ne \mu_0$)，只要對立假設 (H_1) 之 μ_X 的數值越遠離 μ_0，則檢力就越高。這個特點，事實上就是當對立假設 μ_X 的數值與虛無假設 μ_X 的數值相差越大時，我們正確地辨認虛無假設 H_0 為假的能力就越高。

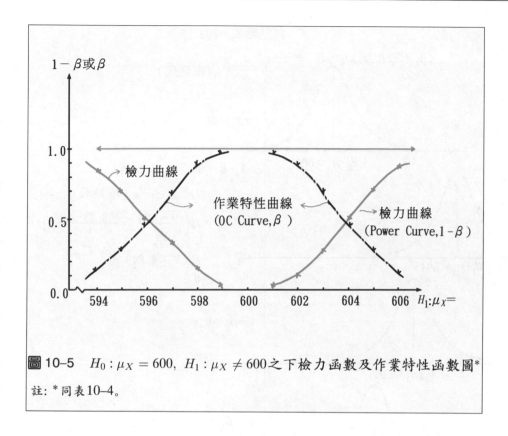

圖 10-5 　$H_0: \mu_X = 600$, $H_1: \mu_X \neq 600$ 之下檢力函數及作業特性函數圖*
註: *同表10-4。

在第㈠種假設型式 $(H_1: \mu_X > \mu_0)$ 下，最適決策規則是採右端檢定，其理由前面已加以說明。而在第㈡種假設型式 $(H_1: \mu_X < \mu_0)$ 下，最適決策規則是採左端檢定，理由與前者完全相同。至於第㈢種假設型式 $(H_1: \mu_X \neq \mu_0)$ 下，為何最適決策規則是採兩端檢定？茲以 $H_0: \mu_X = 600$, $H_1: \mu_X \neq 600$，且已知 $\sigma_X = 10$, $n = 25$, $\alpha = 0.05$ 為例說明之。於此例中，若採兩端檢定，其檢力函數如表 10-4 所示。而若採右端檢定，則判定點為 $\overline{X}_* = 603.28$。對於 $H_1: \mu_X = 594, 595, \cdots, 599, 601, 602, \cdots$ 各種情形下，其 $1 - \beta$ 的值為：

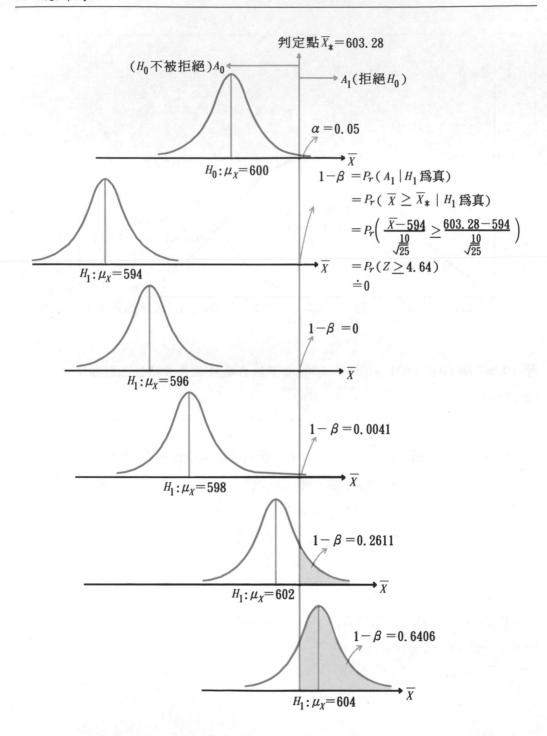

又若採左端檢定, 則判定點為 $\overline{X}_* = 596.72$。對於 $H_1 : \mu_X = 594, 595, \cdots, 599,$
$601, 602 \cdots$ 各種情形下, 其 $1 - \beta$ 的值為:

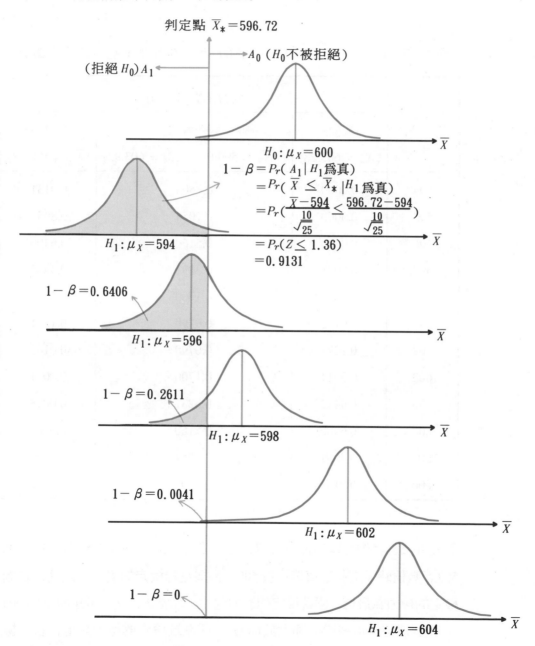

判定點 $\overline{X}_* = 596.72$

A_0 (H_0 不被拒絕)

(拒絕 H_0)A_1

$H_0 : \mu_X = 600$

$1 - \beta = P_r(A_1 | H_1 為真)$
$= P_r(\overline{X} \leq \overline{X}_* | H_1 為真)$
$= P_r(\dfrac{\overline{X} - 594}{\frac{10}{\sqrt{25}}} \leq \dfrac{596.72 - 594}{\frac{10}{\sqrt{25}}})$
$= P_r(Z \leq 1.36)$
$= 0.9131$

$H_1 : \mu_X = 594$

$1 - \beta = 0.6406$

$H_1 : \mu_X = 596$

$1 - \beta = 0.2611$

$H_1 : \mu_X = 598$

$1 - \beta = 0.0041$

$H_1 : \mu_X = 602$

$1 - \beta = 0$

$H_1 : \mu_X = 604$

我們並進一步將 $H_0 : \mu_X = 600$, $H_1 : \mu_X \neq 600$ 之假設檢定，於各種決策規則（右端、兩端或左端）下的**檢力函數**，列表於表 10-5。

表 10-5　$H_0 : \mu_X = 600$, $H_1 : \mu_X \neq 600$ 之下各種決策規則的檢力函數*

$H_1 : \mu_X =$	檢力函數 $(1 - \beta)$		
	右端檢定 $(\overline{X}_* = 603.28)$	兩端檢定 $({}_L\overline{X}_* = 596.08,\ {}_R\overline{X}_* = 603.92)$	左端檢定 $(\overline{X}_* = 596.72)$
594	0.0000	0.8508	0.9131
595	0.0000	0.7054	0.8051
596	0.0000	0.5160	0.6406
597	0.0008	0.3231	0.4443
598	0.0041	0.1700	0.2611
599	0.0162	0.0790	0.1271
601	0.1271	0.0790	0.0162
602	0.2611	0.1700	0.0041
603	0.4443	0.3231	0.0008
604	0.6406	0.5160	0.0000
605	0.8051	0.7054	0.0000
606	0.9131	0.8508	0.0000

註: * 已知 $\sigma_X = 10$, $n = 25$, $\alpha = 0.05$。

從表 10-5，我們發現三種決策規則中，當 $H_1 : \mu_X = 594, 595, 596, 597, 598,$ 599 等數值時（這些數值皆小於 600），採左端檢定的檢力為最高，右端檢定的檢力為最低，兩端檢定的檢力居中。而當 $H_1 : \mu_X = 601, 602, 603, 604,$ …等數值時（這些數值都大於600），採左端檢定的檢力最低，右端檢

定的檢力最高，兩端檢定的檢力仍然居中。然而，我們既然希望檢力越高越好，但由於對立假設為 $H_1 : \mu_X \neq 600$，我們不確定 H_1 的 μ_X 數值是大於或是小於 600，因此若採右端檢定（或左端檢定），檢力有可能為最高（最低），也有可能為最低（最高）。基於這個原因，我們既不採右端檢定，也不採左端檢定，而採兩端檢定。這就是說，**在 $H_0 : \mu_X = \mu_0$，$H_1 : \mu_X \neq \mu_0$ 之下的最適決策規則是採兩端檢定。**

第四節　α、β 的關聯及 α、β 數值組合的選擇

一、α, β 的關聯

進行假設檢定時，我們既希望犯型 I 錯誤的機率 (α) 越小，我們也希望犯型 II 錯誤的機率 (β) 越小。但 α 與 β 兩者之間互有消長的關聯，即若 α 減小，則 β 必增大。茲以前面採右端檢定 $(H_1 : \mu_X > \mu_0)$ 的例子說明 α 與 β 的關聯。

若我們所建立的假設為 $H_0 : \mu_X = 600$，$H_1 : \mu_X > 600$，且已知 $\sigma_X = 10$，$n = 25$，則當 α 選定為 0.05 時，判定點是 603.28，而 β 值為 0.8729（當 $H_1 : \mu_X = 601$），0.7389（當 $H_1 : \mu_X = 602$），……（見表 10–2）。我們既然希望 α 越小，因此若把 α 減小而設定 $\alpha = 0.025$，則**判定點**右移而為 603.92，此時 β 值在 $H_1 : \mu_X = 601$ 情況下是 0.9279。

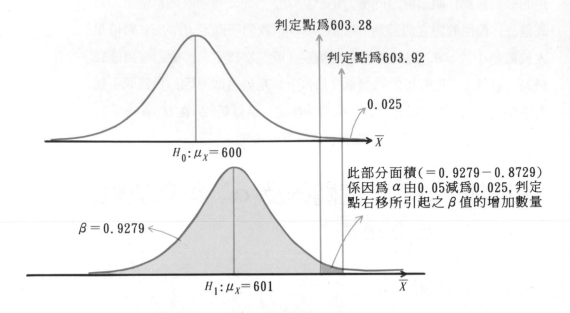

然而，隨著 α 的減小，β 值在 $H_1 : \mu_X = 601, 602, \cdots$ 分別都增大。如果我們將 $H_1 : \mu_X = 601, 602, \cdots$ 情形下對應的 β 值加以計算、並列表於表 10–6，則上述的現象，可從表 10–6 看出端倪。

表 10–6　$H_0 : \mu_X = 600$, $H_1 : \mu_X > 600$ 之下的 β 值（$\alpha = 0.05$ 及 0.025）*

$H_1 : \mu_X =$	β 值	
	$\alpha = 0.05$, $\overline{X}_* = 603.28$	$\alpha = 0.025$, $\overline{X}_* = 603.92$
601	0.8729	0.9279
602	0.7389	0.8315
603	0.5557	0.6772
604	0.3594	0.4840
605	0.1949	0.2946
606	0.0869	0.1492

註：* 已知 $\sigma_X = 10$, $n = 25$。

上面所說明的 α 與 β **互為消長**的現象，是在樣本數 (n) 固定不變的前提下，若樣本數可以改變，則我們可透過**樣本數的增加**而達到 α 及 β **同時減小**的目標。例如樣本數若增為 100，樣本平均數 $\overline{X}$ 的分配將更為集中，而若 $\alpha = 0.05$，判定點 $(\overline{X}_*)$ 是 601.64，則在 $H_1 : \mu_X = 602$ 的情況下，β 值由 0.7389 減為 0.3594，圖示如圖 10-6。

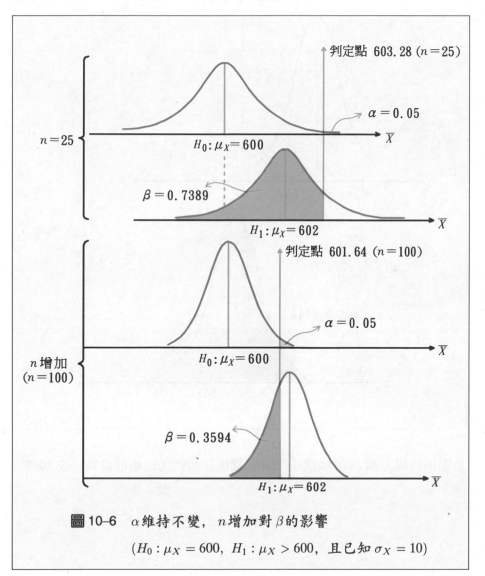

圖 10-6 α 維持不變，n 增加對 β 的影響

$(H_0 : \mu_X = 600,\ H_1 : \mu_X > 600,\ \text{且已知}\ \sigma_X = 10)$

又在樣本數增大的情況下（n由 25 增大為100），我們若將 α 由原來設定的 0.05 減為 0.025，**判定點**將右移而為 601.96，β 值在 $H_1 : \mu_X = 602$ 情況下，將變為 0.4840。

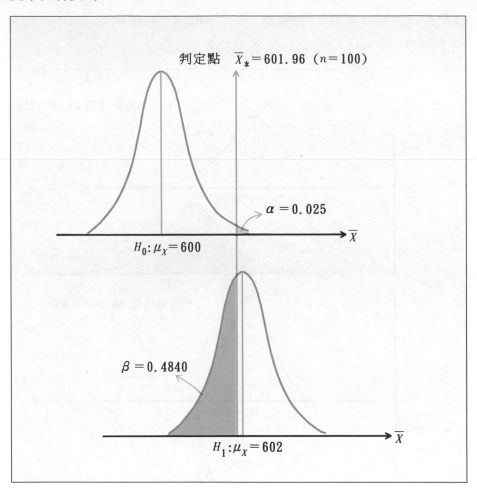

上面所述樣本數 (n) 增加與 α 及 β 的關係，我們加以整理並列於表 10–7。

表10-7　$H_0 : \mu_X = 600$, $H_1 : \mu_X > 600$之下，樣本數 (n) 增加與 α 及
β 的關係（以 $H_1 : \mu_X = 602$ 為例）*

樣本數 (n)	α	β
25	0.05	0.7389
	0.025	0.8315
100	0.05	0.3594
	0.025	0.4840

註:　* 已知 $\sigma_x = 10$。

二、α, β 數值組合的選擇

　　樣本數(n)固定的情況下，α 的減小，勢必引起 β 的增加，因此在各
種 α，β 的數值組合下（例如 $n = 25$ 之下，$\alpha = 0.05$，$\beta = 0.7389$ 或
$\alpha = 0.025$，$\beta = 0.8315$），我們應如何選擇？又樣本數 (n) 的增加，我們
可以達到 α 及 β 都減小（如表 10-7 箭頭所示）的目標，但樣本數的增
加，勢必引起收集樣本資料之成本的增加，因此以「增加樣本數」換取
「α 及 β 都減小」的策略值得嗎？這些問題都值得我們加以探討，茲
說明如下：

　　(1)α, β 數值組合的選擇，有時是因為學科領域的不同而有所不同。
例如在法律學界，若虛無假設與對立假設為：

$\begin{cases} H_0：某甲無罪 \\ H_1：某甲有罪 \end{cases}$

則法官根據收集的資料，不是採 A_0（宣判某甲無罪），就是採 A_1（宣
判某甲有罪）。由於 α 是指犯型 I 錯誤（某甲事實上無罪，但法官根據
資料誤判他有罪）的機率，β 是指犯型 II 錯誤（某甲事實上有罪，但法
官根據資料誤判他無罪）的機率。若在重視人權、寧可放掉犯罪者也不
隨便冤枉無罪者的前提下，是以 α 最小為選擇的依據，因此，我們將選
擇 α 為小，β 稍大的數值組合。又例如在醫藥衛生學界，若虛無假設與

對立假設為:

$$\begin{cases} H_0: 蔬菜無殘餘農藥 \\ H_1: 蔬菜有殘餘農藥 \end{cases}$$

則衛生主管機構根據收集的資料,不是採 A_0(蔬菜無殘餘農藥,准予銷售),就是採 A_1(蔬菜有殘餘農藥應銷毀,不准銷售)。此時若犯型 I 錯誤(蔬菜無殘餘農藥、但根據收集之資料,卻採認定蔬菜有殘餘農藥,應銷毀,不准銷售的決策),則對菜農或菜商造成損害;而若犯型 II 錯誤(蔬菜有殘餘農藥,但根據收集之資料,卻誤認定蔬菜無殘餘農藥,准予銷售),則對一般消費者造成損害。因此在重視人命及生活品質的前提下,寧可犯型 I 錯誤的機率 (α) 稍大,犯型 II 錯誤的機率 (β) 為小,也不願 α 為小而 β 稍大,亦即我們將以 β 最小做為選擇的依據。

(2)若我們所探討(進行檢定)的問題,沒有特殊的原因而要特別重視 α(如上面所舉法律學界的例子)或 β(如蔬菜殘餘農藥的例子)時,則可參考事前對虛無假設與對立假設認識的程度,並參考我們做成錯誤決策的代價或成本等訊息,而後再做 α, β **數值組合的選擇**。茲以下面的例子(例10–3)說明這些錯綜複雜的問題。

【例 10–3】

已知甲廠商使用 A 機器生產燈泡,且其燈泡的壽命呈常態分配,平均數為 1000 小時,標準差為 50 小時。今有製造機器之廠商乙推出製造燈泡之新機器(B 機器),並宣稱使用 B 機器生產之燈泡其壽命呈常態分配,平均數大於 1000 小時(若為 1010 小時),標準差為 50 小時。今若甲廠商有下面的訊息:

ⓐ根據已往的經驗,廠商乙的宣稱是正確的機率為 0.6。

ⓑ若甲廠商測試 25 個 B 機器所生產之燈泡,而決定採 A_1 的決策(即承認 B 機器所生產之燈泡的壽命平均數為 1010 小時,因此新購

B 機器以生產燈泡）。此時，若 B 機器所生產之燈泡壽命平均數事實上為 1000 小時，則甲犯了型 I 錯誤，而已知甲犯型 I 錯誤的損失為 50 萬元。

　　ⓒ若甲廠商測試 25 個 B 機器所生產之燈泡，而決定採 A_0 的決策（即認為 B 機器所生產之燈泡壽命平均數仍為 1000 小時，因此不新購 B 機器，而仍以 A 機器生產燈泡）。此時，若 B 機器所生產之燈泡壽命平均數事實上為 1010 小時，則甲犯了型 II 錯誤，而已知甲犯型 II 錯誤的損失為 20 萬元。

試問甲廠商在決定應採何種決策（即進行假設檢定）時，到底是要選定 $\alpha = 0.05$ 或 $\alpha = 0.025$ 呢?

【解】

令 X 為 B 機器生產之燈泡的壽命。則根據題意 $X \sim N(\mu_X, \sigma_X = 50)$，並建立檢定之假設為:

$$\begin{cases} H_0 : \mu_X = 1000 \\ H_1 : \mu_X > 1000 \quad (\mu_X = 1010) \end{cases}$$

且已知 $n = 25$，因此:

(1) $\alpha = 0.05$ 時，判定點 $\overline{X}_* = 1016.4$，$\beta = 0.7389$，∵ 犯型 I 錯誤或型 II 錯誤的成本分別為 50 萬元及 20 萬元，∴ 犯型 I（或型 II）錯誤的

　預期成本 (Expected Cost of Type I or Type II Error) 分別為:

　H_0 為真時:

　　　EC(I)＝（犯型 I 錯誤的成本）×（犯型 I 錯誤的機率）

　　　　　＝50 萬元 × 0.05

　　　　　＝2.5 萬元

　H_1 為真時:

　　　EC(II)＝（犯型 II 錯誤的成本）×（犯型 II 錯誤的機率）

$$=20 \text{ 萬元} \times 0.7389$$

$$=14.778 \text{ 萬元}$$

又已知 P_r（H_1 為真）$= 0.6$，P_r（H_0 為真）$= 1 - 0.6 = 0.4$，因此在 $\alpha = 0.05$，$\beta = 0.7389$ 組合下，犯型 I 或型 II 錯誤的**總預期成本** (Total Expected Cost, TEC) 為：

$$\text{TEC} = \text{EC}(\text{I}) \cdot P_r(H_0 \text{為真}) + \text{EC}(\text{II}) \cdot P_r(H_1 \text{為真})$$

$$=2.5 \text{ 萬元} \times 0.4 + 14.778 \text{ 萬元} \times 0.6$$

$$=9.8668 \text{ 萬元}$$

(2) $\alpha = 0.025$ 時，判定點 $\overline{X}_* = 1019.6$，$\beta = 0.8315$，

H_0 為真時：

$$\text{EC}(\text{I}) = 50 \text{ 萬元} \times 0.025$$

$$=1.25 \text{ 萬元}$$

H_1 為真時：

$$\text{EC}(\text{II}) = 20 \text{ 萬元} \times 0.8315$$

$$=16.63 \text{ 萬元}$$

$$\text{TEC} = 1.25 \text{ 萬元} \times 0.4 + 16.63 \text{ 萬元} \times 0.6$$

$$=10.478 \text{ 萬元}$$

由於進行假設檢定時，我們總是希望犯錯誤的總預期成本越低越好。所以，若甲廠商以「犯錯誤的總預期成本高低」，做為選擇 α, β 數值組合的標準，則甲廠商應選擇 $\alpha = 0.05$，$\beta = 0.7389$ 的組合。

　　至於運用樣本數的增加以換取 α, β 都減小的策略是否值得？我們就必須參考樣本數增加，所引起之成本增加額的訊息。茲以下面的例子（例 10–4）說明這個問題。

【例10-4】

前例中，若甲廠商採樣本數的增加（由測試 25 個燈泡增為測試 100 個燈泡），以達到 α, β 同時減小的目標。今若知測試燈泡數量的增加，導致收集樣本資料成本之增加額為 0.375 萬元，試問甲廠商值得增加樣本數為 100 嗎？

【解】

從例10-3，甲廠商在 $n = 25$ 時，選擇 $\alpha = 0.05, \beta = 0.7389$，且 TEC= 9.8668 萬元。

今樣本數 $n = 100$，若 $\alpha = 0.025$，則判定點 $\overline{X}_* = 1009.8$，$\beta = 0.4840$，此時，n 的增加使得 α, β 同時都減小，而當

H_0 為真時：

$$\text{EC}(\text{I}) = 50 \text{ 萬元} \times 0.025$$
$$= 1.25 \text{ 萬元}$$

H_1 為真時：

$$\text{EC}(\text{II}) = 20 \text{ 萬元} \times 0.4840$$
$$= 9.68 \text{ 萬元}$$

因此

$$\text{TEC} = 1.25 \text{ 萬元} \times 0.4 + 9.68 \text{ 萬元} \times 0.6$$
$$= 6.308 \text{ 萬元}$$

所以甲廠商增加樣本數，雖然收集樣本資料成本的增加額為 0.375 萬元，但卻達到 α, β 都減小的目標，且 TEC 從 9.8668 萬元降為 6.308 萬元（減少 3.5588 萬元），TEC 減少的數額遠大於收集樣本資料之成本的增加額。因此，甲廠商值得增加樣本數為 100。

　　本章介紹了統計假設的基本概念，並以關於一個母體平均數的假設檢定（母體變異數已知）為例，說明檢定假設的五個步驟。至於母體變異數未知情況下，關於母體平均數之假設的檢定，以及有關兩個母體平均數之差，或關於母體比例、母體變異數等的假設檢定，本書將於下一章詳加介紹。

附　註

註1:　假設檢定理論發展的早期，所謂虛無假設是指研究者認為不真 (not true) 或無效 (invalid) 的母體參數數值情況，對立假設則是指研究者以為真實或有效的母體參數數值情況。但今日所謂虛無假設、對立假設只是用來區別有關母體參數數值之彼此互斥的兩個假設。

註2:　若對立假設是 $\mu_X < \mu_0$，則利用 $\overline{X}$ 對 μ_X 構成只有上限的**一端信任區間**（為 $\mu_X \leq \overline{X} + Z_\alpha \dfrac{\sigma_X}{\sqrt{n}}$）。 又若對立假設是 $\mu_X \neq \mu_0$，則利用 $\overline{X}$ 對 μ_X 構成有上、下限的**兩端信任區間**（為 $\overline{X} - Z_{\frac{\alpha}{2}} \dfrac{\sigma_X}{\sqrt{n}} \leq \mu_X \leq \overline{X} + Z_{\frac{\alpha}{2}} \dfrac{\sigma_X}{\sqrt{n}}$）。

練習題

10-1 何謂假設檢定 (Hypothesis Testing)？其與估計有何異同？請簡要說明之。

10-2 何謂型 I 錯誤 (Type I Error)？何謂型 II 錯誤 (Type II Error)？並請舉例說明之。

10-3 設有一雷達監測員，當雷達上有不規則變動時，他必須在下列兩項中作一抉擇：

或 接受 H_0：一切良好，只是偶然干擾而已
接受 H_1：有敵機來襲

又當監測員選擇接受 H_1 時，他將施放警報。請答下列各題：

1.「錯誤警報」為_____ 錯誤，其機率表示為_____（填 α, β）。

2.「疏忽而未放警報」為_____ 錯誤，其機率表示為_____（填 α, β）。

3.「寧可錯放警報」為_____增加而_____減少（填 α, β）。

10-4 若已知機率密度函數 $f(X) = \dfrac{1}{\theta}$，$0 < X < \theta$，若 $H_0 : \theta = 3$，$H_1 : \theta = 2$，而 $X < 1$ 為拒絕域。試問：

1. Type I Error 及 Type II Error 發生的機率各是多少？

2. 請繪圖表達發生 Type I Error 及 Type II Error 的機率。

10-5 假如你面臨下面各小題的問題，請問你將如何建立對應的虛無假設與對立假設？

1.一農民聲稱 A 種穀類之每公畝收穫量較 B 種穀類至少多 12 公噸。

2.一工廠購進甲、乙兩部機器，隨機自甲機器生產之產品中抽樣200 個，自乙機器之產品中隨機抽樣 100 個，發現瑕疵品各為19 及 5 個。

　a.請問此二部機器之性能是否相同？

　b.若機器甲之製造廠商宣稱其產品之性能優於乙機器，則虛無假設及對立假設又應為何？

3.某城市過去之年溫度標準差為攝氏10 度；最近 15 年中利用每月十五日之平均溫度，得出年溫度之標準差為攝氏 6 度，請問能否接受「此城市的溫度差異比過去低」的宣稱？

4.已知某機器在正常狀態下，平均每100 個產品中有一個不良品；今抽查該機器之產品 150 個，發現不良品有 3 個，請問該機器之狀況是否已不佳？

10–6　已知某汽車製造廠可向甲、乙二汽車輪胎工廠購買汽車輪胎。根據以往經驗得到的有關訊息如下：甲工廠所生產之輪胎的平均行駛里程為 25000 公里，標準差為 1225 公里；乙工廠宣稱其所生產輪胎之平均行駛里程為 25500 公里，標準差為 1600 公里。該汽車製造廠的決策人員將根據測試乙廠 n 個輪胎的結果，來決定是否向乙廠購買，而他的**決策規則**如下：

$$\begin{cases} H_0 : \mu = 25000 \longrightarrow 不向乙廠購買輪胎 \\ H_1 : \mu > 25000 \quad (\mu = 25500) \longrightarrow 向乙廠購買輪胎 \end{cases}$$

但若在 H_0 為真的情況下採錯誤決策，會使公司損失 5 千萬元；若在 H_1 為真的情況下採錯誤決策，會使公司損失 4 千萬元；且該汽車公司根據過去經驗，認為乙廠的宣稱為正確的機率是 0.7。

不過，由於抽樣測試的個數愈多，會使汽車公司的成本愈多。因此他只想在乙廠抽樣測試 $n = 100$ 個，並在二種不同的顯著水準（ $\alpha = 0.05$ 與 $\alpha = 0.025$ ）下，選一種使其預期成本為最小之 α 與 β 的組合。請答下列各題：

1.試求此二種不同的 α 與 β 之組合。

2.為使預期成本儘可能減小，請問該汽車公司應採何種組合？

10–7 若已知 $\sigma^2 = 300^2$, $n = 100$, $\alpha = 5\%$，且有下列三組假設：

$$\begin{cases} H_0 : \mu = 1000 \\ H_1 : \mu \neq 1000 \end{cases} \qquad \begin{cases} H_0 : \mu \leq 1000 \\ H_1 : \mu > 1000 \end{cases} \qquad \begin{cases} H_0 : \mu \geq 1000 \\ H_1 : \mu < 1000 \end{cases}$$

試根據上述三組假設，就對立假設 $\mu = 925, 950, 975, 1005, 1025, 1050, 1075$ 情況下，選擇適當情形分別計算**左端**、**右端**、**兩端檢定**時之 β 值，而後回答下列問題：

1.比較 β 之大小來說明為何「一般對於 $H_1 : \theta \neq \theta_0$ 時，採兩端檢定， $H_1 : \theta > \theta_0$ 時，採右端檢定， $H_1 : \theta < \theta_0$ 時，採左端檢定」。

2.在虛無假設 $\mu = 1000$ 之下，並利用第 1 小題所得之 β 數值，繪製**作業特性曲線**(Operating Characteristic Curve) 及**檢力曲線** (Power Function Curve)。

3.承第 2 小題，當其他條件不變時，若樣本數改變而為 9，則此二曲線又將會如何移動？理由何在？

10–8 若有一平均數為 μ，變異數 $\sigma^2 = 25$ 的常態分配，要對 $H_0 : \mu = 5$, $H_1 : \mu > 5(\mu = 10)$ 之假設作檢定，試求能使其最有力檢定之 $\alpha = \beta = 0.023$ 的樣本大小 n 應為多少？

10–9 若已知某一國中畢業班之數學成績的平均數為 $\mu = 74$ 分，標準差為 $\sigma = 9$ 分（假設其成績分配為常態分配）。今對該校某班畢業生 50 人，給予不同之教學方法，得其數學平均成績為 $\bar{X} =$

77分。試問在 $\alpha = 0.05$ 之下，該班畢業生之數學成績是否因教學法的不同而有顯著進步？請分別以 $P-\text{Value}$ **方法**，**古典檢定法** (Classical H.T.) 及**信任區間檢定法**回答此問題。

10–10　試答下列各題：

1.何謂**檢力函數**？何謂**作業特性函數**？

2.若有一組假設如下：

$$\begin{cases} H_0 : \mu \leq 1100 \\ H_1 : \mu > 1100 \end{cases}$$

又若已知 $n = 36$，$\sigma = 300$，則在**判定點**（臨界點）$\overline{X}_* = 1125$ 情況下，請繪製其**檢力曲線**及**作業特性曲線**。

第十一章 統計假設的檢定 (II)

前面一章已對統計假設檢定的幾個基本概念、假設檢定的方法、步驟及假設檢定有關的問題詳加介紹；本章我們將對母體平均數 (μ_X)、母體比例 (p)、母體變異數 (σ_X) 等母體參數的假設檢定，逐一說明並舉例。

第一節　母體平均數 (μ_X) 的假設檢定

關於母體平均數 (μ_X) 之假設的檢定，我們選擇樣本平均數 $(\overline{X})$ 當做**檢定統計量**。其檢定步驟前面一章已詳予說明。不過前面一章所介紹的是在母體變異數 (σ_X^2) 之值已知情形下，有關母體平均數 (μ_X) 之假設的檢定。但很多情況下，母體變異數 (σ_X^2) 之值可能未知，因此，本節將以母體變異數 (σ_X^2) 之值為已知或未知兩種情形，說明母體平均數 (μ_X) 之假設的檢定。

一、母體變異數 (σ_X^2) 之值已知

在母體變異數 (σ_X^2) 之值已知情形下，若已知 X 母體呈常態分配，則不管樣本數 (n) 大小如何，被選做**檢定統計量**的樣本平均數 $(\overline{X})$ 呈常態分配，且樣本平均數 $(\overline{X})$ 經過**標準差化**後呈**標準常態分配**，即在虛無假設（$H_0: \mu_X = \mu_0$，或 $H_0: \mu_X \geq \mu_0$，或 $H_0: \mu_X \leq \mu_0$）為真的情況下，

$$\frac{\overline{X} - \mu_0}{\frac{\sigma_X}{\sqrt{n}}} \sim N(0,1) \tag{11-1}$$

因此，我們可根據式 (11–1) ⓐ找出 α 等於某特定值之下的判定點 $(\overline{X}_*)$，而以**古典的假設檢定方法**檢定 μ_X 之假設，或ⓑ計算 P 值，而以 P **值檢定方法**檢定 μ_X 之假設，或ⓒ求 μ_X 於 $1 - \alpha$ 信任水準下的信任區間，而以**信任區間檢定法**檢定 μ_X 之假設。凡此種種，我們在前面一章都已說明並舉例。而若未知 X 母體是否呈常態分配，或已知 X 母體不呈常態分配，則在樣本數足夠大 $(n \geq 30)$ 的情形下，根據**中央極限定理**，我們知道樣本平均數 $(\overline{X})$ 接近於常態分配，$\dfrac{\overline{X} - \mu_X}{\frac{\sigma_X}{\sqrt{n}}}$**接近於標準常態分配**，即

$$\frac{\overline{X} - \mu_0}{\frac{\sigma_X}{\sqrt{n}}} \overset{\cdot}{\sim} N(0,1) \tag{11–2}$$

因此，我們可根據式 (11–2) 找出 α 等於某特定值之下的判定點（或計算 P 值、或求 $1 - \alpha$ 信任水準下 μ_X 之信任區間），以檢定 μ_X 之假設。（註 1）至於 X 母體不呈常態分配，而且樣本數又小 $(n < 30)$ 的情況下，樣本平均數 $(\overline{X})$ 的分配型態未知，因此前面所介紹的母體平均數之假設檢定方法不再適用，而必須採用其他的統計方法。

二、母體變異數 (σ_X^2) 之值未知

在母體變異數 (σ_X^2) 之值未知情形下，若已知 X 母體呈常態分配，不管樣本數 (n) 大小如何，雖然樣本平均數 $(\overline{X})$ 呈常態分配，且在虛無假設為真的情況下：

$$\frac{\overline{X} - \mu_0}{\frac{\sigma_X}{\sqrt{n}}} \sim N(0,1) \tag{11–3}$$

但式 (11–3) 中，σ_X 為未知數，我們無法據該式去找出 α 等於某特定值之下的判定點（或計算 P 值、或求 $1 - \alpha$ 信任水準下 μ_X 的信任區間）以檢定 μ_X 的假設。因此我們必須以樣本變異數（或標準差）去估計母體變異數（或標準差），而後再找出判定點。然而以 s_X^2（或 s_X）去估計

σ_X^2（或 σ_X）時，統計量 $\dfrac{\overline{X} - \mu_0}{\dfrac{s_X}{\sqrt{n}}}$ 不再是標準常態分配，而是呈自由度為

$n-1$ 的 t **分配**，即

$$\frac{\overline{X} - \mu_0}{\dfrac{s_X}{\sqrt{n}}} \sim t_{n-1} \tag{11-4}$$

所以，我們於母體變異數之值未知的情況下，是以樣本變異數去估計
（代替）母體變異數，而後根據 t 分配找出判定點以檢定 μ_X 的假設。但
於樣本數非常大 $(n \geq 100)$ 時，由於 $t_{\infty} \sim N(0, 1)$，即

$$\frac{\overline{X} - \mu_0}{\dfrac{s_X}{\sqrt{n}}} \stackrel{.}{\sim} N(0, 1) \tag{11-5}$$

所以，我們仍然可根據標準常態分配找出判定點以檢定 μ_X 的假設。

【例 11-1】

已知某廠 236c.c. 盒裝柳丁汁之注裝量呈常態分配。今若隨機觀察 25
盒，發現其注裝量之平均數為 232c.c.，標準差為 2c.c.，試根據此資
料對該廠負責人之**宣稱**「本廠 236c.c. 盒裝柳丁汁平均注裝量至少有
234c.c.」加以檢定。 $(\alpha = 0.05)$

【解】

令 X 為某廠 236c.c. 盒裝柳丁汁之注裝量，且 $X \sim N(\mu_X, \sigma_X^2)$，但 σ_X^2 之
值未知。檢定步驟如下：

㈠根據題意，建立檢定之假設為：

$$\begin{cases} H_0: \mu_X \geq \mu_0 (= 234) \\ H_1: \mu_X < \mu_0 (= 234) \end{cases} \quad （左端檢定）$$

㈡選擇樣本平均數 $\overline{X}$ 為檢定統計量，而 $\because$ σ_X^2 之值未知，以樣本變異
　　數 s_X^2 估計之，

$$\therefore \frac{\overline{X} - \mu_0}{\frac{s_X}{\sqrt{n}}} \sim t_{n-1}, \ n = 25$$

㈢$\alpha = 0.05$，採左端檢定，而

$$\because t_* = \frac{\overline{X}_* - \mu_0}{\frac{s_X}{\sqrt{n}}} = \frac{\overline{X}_* - 234}{\frac{2}{\sqrt{25}}} = -1.711$$

$\therefore$判定點 $\overline{X}_* = 233.3156$

因此建立決策規則如下：

$$若 \ \overline{X}_0 \geq \overline{X}_* \longrightarrow A_0$$
$$\overline{X}_0 < \overline{X}_* \longrightarrow A_1$$

㈣$\overline{X}_0 = 232, \ s_X = 2$

㈤$\overline{X}_0 = 232 < \overline{X}_* = 233.3156$，$\overline{X}_0$落在棄卻（拒絕）區間，因此採 A_1 的決策，即拒絕 H_0，亦即拒絕該廠負責人的宣稱。

又我們也可利用 t 值建立決策規則，如本例題中，

$$若 \qquad t_0 \left(= \frac{\overline{X}_0 - \mu_0}{\frac{s_X}{\sqrt{n}}} \right) \geq t_* (= -t_{\alpha, n-1}) \longrightarrow A_0$$

$$t_0 < t_* (= -t_{\alpha, n-1}) \longrightarrow A_1$$

而在 $\qquad \alpha = 0.05$之下，$t_{\alpha, n-1} = 1.711, \ t_* = -1.7111$

因此，觀察一組樣本 $\quad \overline{X}_0 = 232, \ s_X = 2$，得

$$t_0 = \frac{232 - 234}{\frac{2}{\sqrt{25}}} = -5 < t_* = -1.7111$$

所以採 A_1 的決策，即拒絕 H_0，拒絕「236c.c.盒裝柳丁汁平均注裝量至少有234c.c.」的宣稱。

【例 11–2】

若已知臺灣全島之家庭的平均所得為 420 千元，今若已知臺灣全島夫婦都就業的家庭所得呈常態分配，並從中隨機觀察 100 個家庭，發現其所得的平均數為 430 千元，標準差為 30 千元。試據此資料以 P 值檢定法對「臺灣全島夫婦都就業之家庭平均所得高於臺灣全島之家庭的平均所得」的宣稱加以檢定 ($\alpha = 0.025$)。

【解】

令 X 為臺灣全島夫婦都就業之家庭的所得，且 $X \sim N(\mu_X, \sigma_X^2)$，但 σ_X^2 之值未知。檢定步驟如下：

㈠根據題意，建立檢定之假設為：

$$\begin{cases} H_0: \mu_X \le \mu_0(= 420) \\ H_1: \mu_X > \mu_0(= 420) \end{cases} \quad （右端檢定）$$

㈡選擇樣本平均數 $\overline{X}$ 為檢定統計量，而 $\because \sigma_X^2$ 之值未知，以 s_X^2 估計之，

$$\therefore \frac{\overline{X} - \mu_0}{\frac{s_X}{\sqrt{n}}} \sim t_{n-1}, \ n = 100$$

又 $\because n$ 大，$\therefore \dfrac{\overline{X} - \mu_0}{\frac{s_X}{\sqrt{n}}} \dot{\sim} N(0, 1)$

㈢$\alpha = 0.025$，建立決策規則為：

若　　$P \ge \alpha \longrightarrow A_0$

　　　$P < \alpha \longrightarrow A_1$

㈣隨機觀察一組樣本，得 $\overline{X}_0 = 450$, $s_X = 10$，而

　$\because$ 對立假設為 $H_1: \mu_X > \mu_0$，採右端檢定，

　$\therefore P = P_r(\overline{X} \ge \overline{X}_0 | H_0: \mu_X = \mu_0$ 為真 $)$

$$= P_r \left(\frac{\overline{X} - \mu_0}{\frac{s_X}{\sqrt{n}}} \geq \frac{\overline{X}_0 - \mu_0}{\frac{s_X}{\sqrt{n}}} \right)$$

$$= P_r \left(Z \geq \frac{430 - 420}{\frac{30}{\sqrt{100}}} \right)$$

$$= P_r(Z \geq 3.33)$$

$$= 0.0004 < \alpha(= 0.025)$$

(五)∵ $P < \alpha$，　∴採 A_1 的決策，即接受「臺灣全島夫婦都就業之家庭平均所得高於臺灣全島之家庭的平均所得」的宣稱。

　　在母體變異數 (σ_X^2) 之值未知情形下，若未知 X 母體是否呈常態分配，或已知 X 母體不呈常態分配，則只有在樣本數足夠大 $(n \geq 30)$ 時，我們才可以透過**中央極限定理**，得

$$\frac{\overline{X} - \mu_0}{\frac{s_X}{\sqrt{n}}} \overset{.}{\sim} t_{n-1} \tag{11-6}$$

進而根據式 (11-6) 找出 α 等於某特定值之下之**判定點的漸近值**（或計算 **P 的漸近值**），以檢定 μ_X 的假設。而若樣本數小 $(n < 30)$，前面所介紹的檢定方法不適用，則必須採用無母數統計方法。

【例 11-3】

若從八十五年度大學及學院聯考第一類組考生中，隨機觀察 50 名考生之數學成績，得其平均數為 30 分，標準差為 2 分。試根據此資料檢定第一類組考生數學平均分數是否高於 28 分？ $(\alpha = 0.01)$

【解】

令 X 為八十五年度大學及學院聯考第一類組考生之數學成績，且

$X \sim (\mu_X, \sigma_X^2)$，但 X 母體未知是否呈常態分配，σ_X^2 之值未知。檢定步驟如下：

㈠建立檢定之假設：

$$\begin{cases} H_0: \mu_X \leq \mu_0 (= 28) \\ H_1: \mu_X > \mu_0 (= 28) \qquad （右端檢定） \end{cases}$$

㈡選擇樣本平均數 $\overline{X}$ 為檢定統計量，而 $\because \sigma_X^2$ 之值未知，以 s_X^2 估計之。又 X 母體雖然不知是否呈常態分配，但樣本數 $(n = 50)$ 足夠大，

$$\therefore \frac{\overline{X} - \mu_0}{\frac{s_X}{\sqrt{n}}} \sim t_{n-1}, \ n = 50$$

㈢$\alpha = 0.01$，採右端檢定，而查附錄表(9)，得 $t_{0.01,49} = 2.405$。但若手上的 t 面積表，只有自由度為 40,60,80,100 時，則以補差法去求算 $t_{0.01,49}$ 之值，如下：

自由度
相差 20 $\quad \because \quad \begin{bmatrix} t_{0.01,40} = 2.423 \\ \uparrow \\ 自由度 \\ \downarrow \\ t_{0.01,60} = 2.390 \end{bmatrix}$ t 值相差 -0.033

以補插法得 $\alpha = 0.01$ 之下，自由度相差 9，t 值相差 -0.01485，因此

$$t_{0.01,49} = 2.423 - 0.01485 = 2.40815 \doteq 2.408$$

$$\therefore t_* = \frac{\overline{X}_* - \mu_0}{\frac{s_X}{\sqrt{n}}} = \frac{\overline{X}_* - 28}{\frac{2}{\sqrt{50}}} \doteq 2.408$$

$\therefore$判定點 $\overline{X}_* \doteq 28.68$

因此建立決策規則如下：

若 $\qquad \overline{X}_0 \leq \overline{X}_* \longrightarrow A_0$

$\qquad \overline{X}_0 > \overline{X}_* \longrightarrow A_1$

㈣ $\qquad \overline{X}_0 = 30, \ s_X = 2$

㈤ $\overline{X}_0 = 30 > \overline{X}_* = 28.68$, $\overline{X}_0$ 落在棄卻（拒絕）區間，因此採 A_1 的決策。即承認八十五年度大學及學院第一類組考生數學平均分數高於 28 分。

又本題中，若我們以 t 值建立決策規則，則為：

若 $\quad t_0 \leq t_*(= t_{\alpha, n-1}) \longrightarrow A_0$

$\quad\quad t_0 > t_* \longrightarrow A_1$

而在 $\alpha = 0.01$ 之下，查附錄表(9)，得 $t_{0.01,49} = 2.405$，但若我們手上的附錄表並無 $t_{0.01,49}$ 之值，則我們可用補插法，求得 $t_{0.01,49}$ 之值，或

$\because\ t_{0.01,40} = 2.423,\ t_{0.01,49} < 2.423$

即 $\quad t_* < 2.423$

而 $\quad t_0 = \dfrac{\overline{X}_0 - \mu_0}{\dfrac{s_X}{\sqrt{n}}} = \dfrac{30 - 28}{\dfrac{2}{\sqrt{50}}} = 7.0711 > 2.423 > t_*$

$\therefore\ $ 採取 A_1 的決策。

對於 X 母體之分配是常態或未知是否為常態、母體變異數之值已知或未知、樣本數大或小各種情形下，我們應如何檢定母體平均數 (μ_X) 之假設，前面已詳加說明並舉例。茲將前面的說明整理並摘錄如表 11–1。

表 11-1　採用何種分配找出判定點或計算 P 值以進行有關母體平均數 (μ_X) 之假設檢定

X 母體的分配型態	母體變異數 (σ_X^2) 之值	樣本數 (n)	檢定統計量經過標準化後所呈之分配型態
常　態	已知	大或小（任何樣本數）	$\dfrac{\overline{X} - \mu_0}{\frac{\sigma_X}{\sqrt{n}}} \sim N(0,1)$ （式 11-1）
	未知	大或小	$\dfrac{\overline{X} - \mu_0}{\frac{s_X}{\sqrt{n}}} \sim t_{n-1}$ （式 11-4）
	未知	非常大 $(n \geq 100)$	$\dfrac{\overline{X} - \mu_0}{\frac{s_X}{\sqrt{n}}} \stackrel{.}{\sim} N(0,1)$ （式 11-5）
未知是否為常態	已知	大 $(n \geq 30)$	$\dfrac{\overline{X} - \mu_0}{\frac{\sigma_X}{\sqrt{n}}} \stackrel{.}{\sim} N(0,1)$ （式 11-2）
	已知	小 $(n < 30)$	無母數統計方法
	未知	大 $(n \geq 30)$	$\dfrac{\overline{X} - \mu_0}{\frac{s_X}{\sqrt{n}}} \stackrel{.}{\sim} t_{n-1}$ （式 11-6）
	未知	小 $(n < 30)$	無母數統計方法

第二節　兩母體平均數之差的假設檢定

關於兩母體平均數之差的假設，我們應選擇哪個檢定統計量、採用何種分配找出判定點（或計算 P 值）而後加以檢定呢？這些問題，本書將從**兩母體是否獨立　兩母體變異數之值是否已知**等各種情形加以介紹並舉例。

一、兩母體彼此獨立且變異數之值已知

已知 X, Y 兩獨立母體分別呈常態分配，平均數分別為 μ_X 及 μ_Y，而變異數為 σ_X^2 及 σ_Y^2，且 σ_X^2, σ_Y^2 之值已知，即

$$X \sim N(\mu_X, \sigma_X^2)$$

X, Y 彼此獨立，且 σ_X^2, σ_Y^2 之值已知。

$$Y \sim N(\mu_Y, \sigma_Y^2)$$

今若欲對有關兩母體平均數之差 $(\mu_X - \mu_Y)$ 的假設進行檢定，首先我們必須建立檢定的虛無假設及對立假設，例如：

(A) $\begin{cases} H_0: \mu_X - \mu_Y = \delta_0 \\ H_1: \mu_X - \mu_Y \neq \delta_0 \end{cases}$

或

(B) $\begin{cases} H_0: \mu_X - \mu_Y \leq \delta_0 \\ H_1: \mu_X - \mu_Y > \delta_0 \end{cases}$

或

(C) $\begin{cases} H_0: \mu_X - \mu_Y \geq \delta_0 \\ H_1: \mu_X - \mu_Y < \delta_0 \end{cases}$

δ_0 是兩母體平均數之差的假設值（通常為 0），然後選擇檢定統計量。由於 X, Y 兩母體彼此獨立，因此我們以彼此獨立的隨機抽樣法，從兩母體獨立抽取 n_X 及 n_Y 個樣本，而以樣本平均數之差 $(\overline{X} - \overline{Y})$ 做為檢定統計量。$\overline{X} - \overline{Y}$ 是呈平均數為「$\mu_X - \mu_Y$」，變異數為「$\dfrac{\sigma_X^2}{n_X} + \dfrac{\sigma_Y^2}{n_Y}$」的常態分配，因此

$$\frac{(\overline{X} - \overline{Y}) - (\mu_X - \mu_Y)}{\sqrt{\dfrac{\sigma_X^2}{n_X} + \dfrac{\sigma_Y^2}{n_Y}}} \sim N(0, 1) \tag{11-7}$$

而在虛無假設為真時，

$$\frac{(\overline{X} - \overline{Y}) - \delta_0}{\sqrt{\dfrac{\sigma_X^2}{n_X} + \dfrac{\sigma_Y^2}{n_Y}}} \sim N(0,1) \tag{11-8}$$

所以，我們可根據式 (11-8) 找出 α 等於某一特定值之下的**判定點**或計算 P **值**，以檢定兩母體平均數之差的假設。

又若 X, Y 兩獨立母體不知是否分別呈常態分配時，只要獨立隨機抽樣之**樣本數足夠大**（ $n_X \geq 30$，且 $n_Y \geq 30$），我們仍可根據式 (11-8) 找出 α 等於某一特定值之下的**判定點漸近值**或計算 P **的漸近值**，以檢定兩母體平均數之差的假設。

【例 11-4】

已知臺北市、高雄市家庭所得分別都呈常態分配，且標準差分別為 28 千元及 31 千元。今若從兩市獨立各隨機觀察 50 個及 30 個家庭，且發現臺北市 36 個家庭，所得平均數為 500 千元，高雄市 25 個家庭所得平均數為 480 千元。試據此資料檢定臺北市家庭所得平均水準是否高於高雄市？ $(\alpha = 5\%)$

【解】

令 X, Y 分別為臺北市及高雄市之家庭所得，則

$$X \sim N(\mu_X, \sigma_X^2 = (28)^2)$$
$$Y \sim N(\mu_Y, \sigma_Y^2 = (31)^2) \qquad 並假設 X, Y 彼此獨立$$

假設檢定的步驟如下：

㈠根據題意，建立檢定之假設為：

$$\begin{cases} H_0 : \mu_X \leq \mu_Y \\ H_1 : \mu_X > \mu_Y \qquad （右端檢定） \end{cases}$$

亦即 $\begin{cases} H_0 : \mu_X - \mu_Y \leq \delta_0 (= 0) \\ H_1 : \mu_X - \mu_Y > \delta_0 (= 0) \end{cases}$

(二)選擇兩獨立隨機樣本之樣本平均數的差 $(\overline{X} - \overline{Y})$，做為檢定統計量。

而

$$\frac{(\overline{X} - \overline{Y}) - (\delta_0)}{\sqrt{\dfrac{\sigma_X^2}{n_X} + \dfrac{\sigma_Y^2}{n_Y}}} \sim N(0, 1), \; n_X = 36, \; n_Y = 25$$

(三)$\alpha = 0.05$，採右端檢定。以 Z 值表示的判定點為：

$$Z_* = \frac{(\overline{X} - \overline{Y})_* - (\delta_0)}{\sqrt{\dfrac{\sigma_X^2}{n_X} + \dfrac{\sigma_Y^2}{n_Y}}} = 1.64$$

因此決策規則為：

$$\text{若} \quad Z_0 \leq Z_* \longrightarrow A_0$$
$$Z_0 > Z_* \longrightarrow A_1$$

(四)從兩市獨立各隨機觀察 50 個及 30 個家庭，得 $\overline{X}_0 = 500$ 千元， $\overline{Y}_0 = 480$ 千元，因此

$$Z_0 = \frac{(\overline{X}_0 - \overline{Y}_0) - (\delta_0)}{\sqrt{\dfrac{\sigma_X^2}{n_X} + \dfrac{\sigma_Y^2}{n_Y}}} = \frac{(500 - 480) - (0)}{\sqrt{\dfrac{(28)^2}{50} + \dfrac{(31)^2}{30}}} \doteq 0.42$$

落在接受區間。

(五)$\because Z_0 \doteq 0.42 < Z_* = 1.64$，$Z_0$ 落在接受區間，

$\therefore$ 採 A_0 的決策，即拒絕「臺北市家庭所得平均水準高於高雄市」
的假設。

二、兩母體彼此獨立且變異數之值未知

　　若兩常態母體彼此獨立但變異數之值未知，我們無法像本章第二節之第一小節所述，根據式 (11-8) 去找出 α 等於某特定值之下的判定點或計算 P 值，以檢定兩母體平均數之差的假設。因此我們必須先對未知

數值的兩母體變異數（σ_X^2 及 σ_Y^2）加以估計。然而 σ_X^2, σ_Y^2 如何估計，將因我們事前已知 $\sigma_X^2 = \sigma_Y^2$ 或 $\sigma_X^2 \neq \sigma_Y^2$ 而不同。因此對於變異數之值未知的兩獨立常態母體平均數之差的假設檢定，我們可從已知 $\sigma_X^2 = \sigma_Y^2$ 及 $\sigma_X^2 \neq \sigma_Y^2$ 兩種情形加以說明。

(A)**已知** $\sigma_X^2 = \sigma_Y^2 (= \sigma^2)$

　　σ_X^2 及 σ_Y^2 之值未知，但已知 σ_X^2, σ_Y^2 彼此相等（都等於 σ^2），因此我們選擇用**混合的樣本變異數**（$s_P^2 = \dfrac{(n_X - 1)s_X^2 + (n_Y - 1)s_Y^2}{n_X + n_Y - 2}$，此處 n_X, n_Y 為樣本數，s_X^2, s_Y^2 為兩獨立樣本之變異數）估計之，因此式 (11–8) 中的 σ_X^2, σ_Y^2 以 s_P^2 代之，而為：

$$\frac{(\overline{X} - \overline{Y}) - \delta_0}{\sqrt{\dfrac{s_P^2}{n_X} + \dfrac{s_P^2}{n_Y}}} = \frac{(\overline{X} - \overline{Y}) - \delta_0}{\sqrt{s_P^2 \left(\dfrac{1}{n_X} + \dfrac{1}{n_Y} \right)}} \sim t_{n_X + n_Y - 2} \qquad (11-9)$$

因此，我們根據式 (11–9) 找出某一 α 水準下的判定點或計算 P 值，以檢定兩母體平均數之差的假設。又若 n_X, n_Y 都非常大 $(n_X, n_Y \geq 100)$，則

$$\frac{(\overline{X} - \overline{Y}) - \delta_0}{\sqrt{s_P^2 \left(\dfrac{1}{n_X} + \dfrac{1}{n_Y} \right)}} \dot{\sim} N(0, 1) \qquad (11-10)$$

於此情況下，我們可根據標準常態分配（式 (11–10)）找出判定點，以檢定 $\mu_X - \mu_Y$ 的假設。

【例 11–5】

某實驗農場有兩個養雞場，一在池塘邊，一在山坡地；若已知池塘邊或山坡地之雞所生的蛋，其重量分別都呈常態分配，且變異數相等，但其值未知。今若獨立隨機觀察池塘邊之雞所生的蛋 36 個，山坡地的 26 個，發現前者平均重量為 60 公克，標準差為 10 公克，後者平均重量為 55 公克，標準差為 8 公克。試問兩個養雞場雞蛋平均重量是

否相等？ $(\alpha = 5\%)$

【解】

令 X 為池塘邊之雞所生的蛋重量，Y 為山坡地之雞所生的蛋重量，則

$$X \sim N(\mu_X, \sigma_X^2), \ Y \sim N(\mu_Y, \sigma_Y^2)$$

X, Y 彼此獨立，且 $\sigma_X^2 = \sigma_Y^2$，但值未知。

有關 $\mu_X - \mu_Y$ 之假設的檢定步驟如下：

㈠建立假設：

$$\begin{cases} H_0: \mu_X = \mu_Y \\ H_1: \mu_X \neq \mu_Y \end{cases} \quad （兩端檢定）$$

亦即 $\begin{cases} H_0: \mu_X - \mu_Y = 0 \\ H_1: \mu_X - \mu_Y \neq 0 \end{cases}$

㈡選擇兩獨立隨機樣本之樣本平均數的差 $(\overline{X} - \overline{Y})$，做為檢定統計量。
而

$$\frac{(\overline{X} - \overline{Y}) - (\delta_0)}{\sqrt{s_P^2 \left(\dfrac{1}{n_X} + \dfrac{1}{n_Y} \right)}} \sim t_{n_X + n_Y - 2}, \ n_X = 36, \ n_Y = 26$$

㈢$\alpha = 0.05$，採兩端檢定。以 t 值表示的判定點為 $_Rt_* = t_{\frac{\alpha}{2}, n_X + n_Y - 2} = 2$
及 $_Lt_* = -t_{\frac{\alpha}{2}, n_X + n_Y - 2} = -2$，因此建立決策規則如下：

$$若 \quad _Lt_* \leq t_0 \leq _Rt_* \longrightarrow A_0$$
$$t_0 >_R t_* \quad 或 \quad t_0 <_L t_* \longrightarrow A_1$$
$$亦即 \quad -2 \leq t_0 \leq 2 \longrightarrow A_0$$
$$t_0 > 2 \quad 或 \quad t_0 < -2 \longrightarrow A_1$$

㈣兩獨立隨機樣本，得

$$\begin{cases} \overline{X} = 60, \ s_X = 10, \ n_X = 36 \\ \overline{Y} = 55, \ s_Y = 8, \ n_Y = 26 \end{cases}$$

而 $\quad s_P^2 = \dfrac{(n_X-1)s_X^2+(n_Y-1)s_Y^2}{n_X+n_Y-2} = \dfrac{(35)(10^2)+(25)(8^2)}{36+26-2} = 85$

因此 $\quad t_0 = \dfrac{(\overline{X} \quad \overline{Y})_0 - \delta_0}{\sqrt{s_P^2\left(\dfrac{1}{n_X}+\dfrac{1}{n_Y}\right)}} = \dfrac{(60-55)-(0)}{\sqrt{85\left(\dfrac{1}{36}+\dfrac{1}{26}\right)}}$

$\qquad\qquad \doteqdot 2.11 >_R t_*(=2)$

落在棄卻區間。

(五)$\because t_0 \doteqdot 2.11 >_R t_* = 2$，$t_0$ 落在棄卻區間，$\therefore$ 採 A_1 的決策，即拒絕「兩個養雞場雞蛋平均重量彼此相等」的假設。

(B)**已知 $\sigma_X^2 \neq \sigma_Y^2$（或未知 σ_X^2, σ_Y^2 是否彼此相等）**

σ_X^2 及 σ_Y^2 之值未知，但已知 $\sigma_X^2 \neq \sigma_Y^2$（或未知 σ_X^2, σ_Y^2 彼此是否相等），因此我們選擇用個別的樣本變異數去估計各自的母體變異數，即以 s_X^2 估計 σ_X^2，以 s_Y^2 估計 σ_Y^2，因此，式 (11–8) 中的 σ_X^2, σ_Y^2 分別以 s_X^2, s_Y^2 代之，而為

$$\frac{(\overline{X}-\overline{Y})-\delta_0}{\sqrt{\dfrac{s_X^2}{n_X}+\dfrac{s_Y^2}{n_Y}}} \sim t_\phi \qquad\qquad (11\text{–}11)$$

$$\left(\phi = \frac{\left(\dfrac{s_X^2}{n_X}+\dfrac{s_Y^2}{n_Y}\right)^2}{\dfrac{(s_X^2/n_X)^2}{n_X-1}+\dfrac{(s_Y^2/n_Y)^2}{n_Y-1}}\right)$$

因此，我們根據式 (11–11) 找出某一特定 α 值之下判定點的漸近值或計算 P 的漸近值，以檢定兩母體平均數之差的假設。而若 n_X, n_Y 都非常大，則式 (11–11) 接近於標準常態分配。於此情況下，我們可根據標準常態分配檢定 $\mu_X - \mu_Y$ 的假設，此處不再贅述。

【例11-6】

已知以 A、B 兩種飼料飼養的雞重量分別都呈常態分配，但變異數彼此不等。今若獨立觀察 36 隻餵 A 飼料的雞及 25 隻餵 B 飼料的雞，發現前者平均重量是 1200 公克，標準差是 100 公克，後者平均重量是 1100 公克，標準差是 90 公克；試問餵 A 種飼料之雞平均重量比餵 B 種飼料的多 50 公克嗎？（$\alpha = 5\%$）

【解】

令 X 為餵 A 種飼料之雞重量，Y 為餵 B 種飼料之雞重量，則

$$X \sim N(\mu_X, \sigma_X^2),\ Y \sim N(\mu_Y, \sigma_Y^2)$$

X, Y 彼此獨立，且 $\sigma_X^2 \neq \sigma_Y^2$，但值未知。

關於 $\mu_X - \mu_Y$ 之假設的檢定步驟如下：

(一)建立假設：

$$\begin{cases} H_0: \mu_X - \mu_Y \leq \delta_0 (= 50) \\ H_1: \mu_X - \mu_Y > \delta_0 (= 50) \qquad （右端檢定） \end{cases}$$

(二)選擇兩獨立隨機樣本之樣本平均數的差 $(\overline{X} - \overline{Y})$ 做為檢定統計量。

而 $\because \sigma_X^2 \neq \sigma_Y^2$，且值未知，因此以 s_X^2 估計 σ_X^2，以 s_Y^2 估計 σ_Y^2，

$$\therefore \frac{(\overline{X} - \overline{Y}) - (\delta_0)}{\sqrt{\dfrac{s_X^2}{n_X} + \dfrac{s_Y^2}{n_Y}}} \sim t_\phi$$

$n_X = 36,\ n_Y = 25,\ \phi \doteq 56$

(三)$\alpha = 5\%$，採右端檢定。以 t 值表示的判定點為 $t_* = t_{\alpha, \phi} \doteq 1.673$，因此決策規則為：

$$若 \qquad t_0 \leq t_* \longrightarrow A_0$$

$$t_0 > t_* \longrightarrow A_1$$

(四)從觀察的兩獨立樣本，得

$$
\begin{cases}
\overline{X} = 1200, \ s_X = 100, \ n_X = 36 \\
\overline{Y} = 1100, \ s_Y = 90, \ n_Y = 25
\end{cases}
$$

因此

$$
t_0 = \frac{(\overline{X} - \overline{Y})_0 - \delta_0}{\sqrt{\dfrac{s_X^2}{n_X} + \dfrac{s_Y^2}{n_Y}}} = \frac{(1200 - 1100) - 50}{\sqrt{\dfrac{(100)^2}{36} + \dfrac{(90)^2}{25}}}
$$

$$
\doteq 2.04 > t_*(= 1.673)
$$

落在棄卻區間。

(五)∵ $t_0 \doteq 2.04 > t_* = 1.673$, t_0 落在棄卻區間, ∴採 A_1 的決策, 即接受「餵 A 種飼料之雞平均重量比餵 B 種飼料的多 50 公克」的陳述。

三、兩母體彼此不獨立

　　假如 X, Y 兩母體都呈常態分配, 但彼此不獨立, 則對兩母體平均數之差 $(\mu_X - \mu_Y)$ 的假設檢定, 我們是以成對抽樣的方法（或彼此相依的抽樣方法）抽取樣本, 並選擇樣本平均數之差 $(\overline{X} - \overline{Y})$ 做為檢定統計量。對於兩彼此相依的母體（例如第九章的例 (9–11)、(9–12) 及 (9–13)）而言, 由於 X 母體的每一個體在 Y 母體都有其對應的個體, 因此我們將 X, Y 兩母體縮減為一個母體, 稱為 $D(= X - Y)$ 母體, 而 D 母體的平均數為 $\mu_D = \mu_X - \mu_Y$。所以對兩母體平均數之差的假設檢定, 就等於對 μ_D 的假設檢定。從 X, Y 兩母體成對隨機抽取樣本（樣本數為 n）, 就相當於從 D 母體隨機抽取樣本（樣本數為 n）, 而其樣本平均數 $(\overline{D})$, 事實上就是成對樣本平均數之差 $(\overline{X} - \overline{Y})$。至於我們應如何利用 $\overline{D}$ 對 μ_D 進行假設檢定, 將因 D 母體的母體變異數 $(\sigma_D^2 = \sigma_X^2 + \sigma_Y^2 - 2\sigma_{XY})$ 之值為已知或未知而不同, 茲說明並舉例於下。

　　在 X, Y 都呈常態分配的情況下, D 母體亦呈常態分配, 即

$$D \sim N(\mu_D = \mu_X - \mu_Y,\ \sigma_D^2 = \sigma_X^2 + \sigma_Y^2 - 2\sigma_{XY})$$

假如我們從 D 母體隨機抽取樣本（樣本數為 n），則樣本平均數 $\overline{D}$ 的分配為：

$$\overline{D} \sim N\left(\mu_D, \frac{\sigma_D^2}{n}\right)$$

而若我們要檢定的一組假設為 $H_0: \mu_D = \delta_0$ 及 $H_1: \mu_D \neq \delta_0$，則在 H_0 為真的情況下：

$$\frac{\overline{D} - \delta_0}{\sqrt{\dfrac{\sigma_D^2}{n}}} \sim N(0,1) \tag{11-12}$$

因此，我們若已知 σ_D^2 之值，則根據式 (11–12) 找出某一 α 水準下的判定點或計算 P 值，以檢定兩相依母體之平均數之差的假設。又若 σ_D^2 之值未知，則以樣本變異數 $(s_D^2 = \dfrac{1}{n-1}\sum(D_i - \overline{D})^2,\ D_i = X_i - Y_j,\ i$ 為隨機抽出之第 i 對樣本) 估計之，此時：

$$\frac{\overline{D} - \delta_0}{\sqrt{\dfrac{s_D^2}{n}}} \sim t_{n-1} \tag{11-13}$$

因此，我們乃以式 (11–13)，即以 t 分配找出判定點或計算 P 值，去檢定 μ_D 的假設。

【例 11–7】

已知臺北市夫婦都就業的家庭，丈夫所得及妻子所得分別都呈常態分配，且丈夫所得的標準差為 30 千元，妻子所得的標準差為 27 千元，丈夫所得與妻子所得的共變異數為 500（千元 ^{2}）。今隨機觀察臺北市的 25 對夫婦都就業的家庭，發現丈夫所得的平均數為 520 千元，妻子所得的平均數為 500 千元，試問臺北市夫婦都就業的家庭丈夫平均所得高於妻子平均所得嗎？（$\alpha = 1\%$）

【解】

令 X, Y 分別為臺北市夫婦都就業的家庭之丈夫所得及妻子所得。則

$$X \sim N(\mu_X, \sigma_X^2 = (30)^2)$$

$$Y \sim N(\mu_Y, \sigma_Y^2 = (27)^2)$$

$$X, Y \text{ 彼此不獨立, 且 } \sigma_{XY} = 500$$

關於 $\mu_X - \mu_Y$ 之假設的檢定步驟如下:

㈠建立假設:

$$\begin{cases} H_0: \mu_X - \mu_Y \leq \delta_0 (= 0) \\ H_1: \mu_X - \mu_Y > \delta_0 (= 0) \end{cases} \qquad （右端檢定）$$

㈡選擇**成對樣本**之**樣本平均數之差**($\overline{D}$)做為**檢定統計量**。且

$$\frac{\overline{D} - \delta_0}{\sqrt{\dfrac{\sigma_D^2}{n}}} \sim N(0, 1), \ n = 25$$

㈢$\alpha = 1\%$，採右端檢定。以 Z 值表示的判定點為 $Z_* = Z_\alpha = Z_{0.01} \doteq$ 2.33，因此決策規則為:

$$\begin{aligned} 若 \quad & Z_0 \leq Z_* \longrightarrow A_0 \\ & Z_0 > Z_* \longrightarrow A_1 \end{aligned}$$

㈣成對樣本之 $\overline{D_0} = 520 - 500 = 20$

$$\begin{aligned} 而 \quad \sigma_D^2 &= \sigma_X^2 + \sigma_Y^2 - 2\sigma_{XY} \\ &= (30)^2 + (27)^2 - 2(500) \\ &= 629 \end{aligned}$$

因此

$$Z_0 = \frac{\overline{D_0} - (\delta_0)}{\sqrt{\dfrac{\sigma_D^2}{n}}} = \frac{20 - 0}{\sqrt{\dfrac{629}{25}}} \doteq 3.98 > Z_*$$

落在棄卻區間。

㈤$\because Z_0 \doteq 3.98 > Z_* \doteq 2.33$，$Z_0$ 落在棄卻區間，$\therefore$ 採 A_1 的決策，即接受「臺北市夫婦都就業的家庭丈夫平均所得高於妻子平均所得」的假設。

【例 11-8】

若已知某打字公司之打字員接受訓練前後的打字速度分別都呈常態分配。今從該公司隨機抽出 16 名打字員，接受訓練且發現訓練前後該 16 名打字員每分鐘打字速度如表：

試問打字員接受訓練後，每分鐘打字速度的平均數是否提高？$(\alpha = 2.5\%)$

訓練前 (Y)	訓練後 (X)	$D = X - Y$
74	80	6
65	68	3
60	70	10
55	58	3
65	65	0
69	72	3
60	63	3
55	56	1
70	75	5
60	64	4
52	57	5
50	50	0
73	72	−1
63	65	2
60	60	0
72	76	4
		$\sum D = 48$

【解】

令 Y, X 分別為打字員接受訓練前及訓練後每分鐘之打字速度，則

$$Y \sim N(\mu_Y, \sigma_Y^2)$$

$$X \sim N(\mu_X, \sigma_X^2)$$

但 Y, X 彼此不獨立，且 σ_Y^2, σ_X^2 之值未知。又 $\mu_X > \mu_Y$ 或 $\mu_X - \mu_Y > 0$ 表示打字員接受訓練後，每分鐘打字速度的平均數提高，因此有關 $\mu_X - \mu_Y$ 之假設的檢定步驟如下：

㈠建立假設：

$$\begin{cases} H_0: \mu_X - \mu_Y \leq \delta_0(= 0) \\ H_1: \mu_X - \mu_Y > \delta_0(= 0) \qquad (右端檢定) \end{cases}$$

(二)選擇成對樣本之樣本平均數之差 $(\overline{D})$ 做為檢定統計量。而 σ_D^2 之值未知（$\because \sigma_X^2, \sigma_Y^2, \sigma_{XY}$ 之值未知），$\therefore$ 以 s_D^2 估計之，因此

$$\frac{\overline{D} - \delta_0}{\sqrt{\dfrac{s_D^2}{n}}} \sim t_{n-1}, \ n = 16$$

(三)$\alpha = 2.5\%$，採右端檢定。以 t 值表示的判定點為 $t_* = t_{\alpha, n-1} = t_{0.025, 15} = 2.131$，因此決策規則為：

$$若 \qquad t_0 \leq t_* \longrightarrow A_0$$
$$t_0 > t_* \longrightarrow A_1$$

(四)成對樣本之 $\overline{D}_0 = \dfrac{\sum D}{n} = \dfrac{48}{16} = 3$

$$s_D^2 = \frac{1}{n-1} \sum (D - \overline{D})^2 = \frac{1}{n-1}[\sum D^2 - n\overline{D}^2]$$
$$= \frac{1}{16-1}[260 - 16(3^2)]$$
$$= 7.73$$
$$t_0 = \frac{\overline{D}_0 - \delta_0}{\sqrt{\dfrac{s_D^2}{n}}} = \frac{3 - 0}{\sqrt{\dfrac{7.73}{16}}} \doteq 4.29 > t_*(= 2.131)$$

落在棄卻區間。

(五)$\because t_0 \doteq 4.29 > t_* = 2.131$，$t_0$ 落在棄卻區間，$\therefore$ 採 A_1 的決策，即接受「打字員接受訓練後打字速度平均數高於訓練前打字速度平均數」的假設。亦即接受「打字員接受訓練後，打字速度的平均數提高」的假設。

關於兩母體平均數之差的假設檢定，隨著**兩母體獨立與否**、**母體變異數之值已知或未知**，其抽樣方法以及採用何種分配找出判定點，以進行檢定，都會隨著不同。茲將本節的說明，摘要如表 11–2。

表11-2　兩母體平均數之差的假設檢定*

X, Y 兩常態母體彼此獨立或相依	抽樣方法	母體變異數或共變異數之值	檢定統計量經過標準化後所呈之分配型態
$X \sim N(\mu_X, \sigma_X^2)$ $Y \sim N(\mu_Y, \sigma_Y^2)$ X, Y 彼此獨立	彼此獨立的隨機抽樣 (Independent Random Sampling)	σ_X^2, σ_Y^2 之值已知	$\dfrac{(\overline{X} - \overline{Y}) - \delta_0}{\sqrt{\dfrac{\sigma_X^2}{n_X} + \dfrac{\sigma_Y^2}{n_Y}}} \sim N(0,1)$ (式 11-8)
		σ_X^2, σ_Y^2 之值未知, 但 $\sigma_X^2 = \sigma_Y^2$	$\dfrac{(\overline{X} - \overline{Y}) - \delta_0}{\sqrt{s_P^2\left(\dfrac{1}{n_X} + \dfrac{1}{n_Y}\right)}} \sim t_{n_X + n_Y - 2}$ (式 11-9)
		σ_X^2, σ_Y^2 之值未知, 但 $\sigma_X^2 \neq \sigma_Y^2$	$\dfrac{(\overline{X} - \overline{Y}) - \delta_0}{\sqrt{\dfrac{s_X^2}{n_X} + \dfrac{s_Y^2}{n_Y}}} \sim t_{\phi}$ (式 11-11)
$X \sim N(\mu_X, \sigma_X^2)$ $Y \sim N(\mu_Y, \sigma_Y^2)$ X, Y 彼此相依	成對隨機抽樣 (Paired or Matched Random Sampling)	σ_X^2, σ_Y^2 及 σ_{XY} 之值已知	$\dfrac{\overline{D} - \delta_0}{\sqrt{\dfrac{\sigma_D^2}{n}}} \sim N(0,1)$ (式 11-12)
		σ_X^2, σ_Y^2 及 σ_{XY} 之值未知	$\dfrac{\overline{D} - \delta_0}{\sqrt{\dfrac{s_D^2}{n}}} \sim t_{n-1}$ (式 11-13)

註: *表中符號的代表意義, 見本節的說明。

第三節　母體比例的假設檢定

對於二項母體中, 具有某種特性之個體所占比例 (即**母體比例**, 以 p 表示之) 的假設檢定, 我們通常選擇**樣本比例** (即樣本中具有某種特性之個體所占比例, 以 p' 表示之) 做為**檢定統計量**。

從第七章的介紹, 我們知道樣本比例 (p') 是呈二項分配的隨機變

數，其平均數為 p，變異數為 $\dfrac{pq}{n}$，即

$$p' \sim b\left(p, \dfrac{pq}{n}\right)$$

p是母體比例，$q = 1 - p$，n是樣本數

而當樣本數很大 $(n \geq 100)$時，樣本比例 p'接近常態分配，因此如何利用樣本比例 p' 對母體比例 p進行假設的檢定，將分別從**大樣本**與**小樣本**兩種情況加以說明。

一、母體比例的假設檢定（大樣本）

根據**中央極限定理**，我們知道樣本比例 p' 在**大樣本**之下係**接近常態分配**，即

$$p' \mathrel{\dot\sim} N\left(p, \dfrac{pq}{n}\right), \ n \geq 100$$

因此，p' 經過**標準差化**後係呈**標準常態分配**，即

$$\dfrac{p' - p}{\sqrt{\dfrac{pq}{n}}} \sim N(0, 1) \tag{11--14}$$

又關於母體比例 p之虛無假設及對立假設若為：

$$\begin{cases} H_0 : p = p_0 \\ H_1 : p \neq p_0 \end{cases}$$

則在虛無假設為真的情形下，式 (11–14) 成為：

$$\dfrac{p' - p_0}{\sqrt{\dfrac{p_0 q_0}{n}}} \sim N(0, 1) \tag{11--14$'$}$$

因此我們乃利用式 (11–14)′ 找出某一特定 α水準下的判定點為：

$$_R p'_* = p_0 + Z_{\frac{\alpha}{2}} \sqrt{\dfrac{p_0 q_0}{n}}$$

$$\text{及}\quad _L p'_* = p_0 - Z_{\frac{\alpha}{2}} \sqrt{\dfrac{p_0 q_0}{n}}$$

並建立決策規則如下:

若　　$_Lp'_* \leq p'_0 \leq_R p'_* \longrightarrow A_0$

　　　$p'_0 >_R p'_*$　或　$p'_0 <_L p'_* \longrightarrow A_1$

（p'_0 為根據觀察之隨機樣本計算而得的樣本比例, 亦即樣本比例的觀察值）。

然後, 根據樣本比例的觀察值 (p'_0) 是落在 **接受區間**、還是落在 **棄却區間**, 再對母體比例 p 之假設檢定做成結論。

【例 11-9】

若從臺北市民中隨機抽出 100 名, 發現贊成公車票價調高的有 30 名, 試問臺北市民贊成公車票價調高的比例低於 40% 嗎? $(\alpha = 5\%)$

【解】

令 p 為「臺北市民贊成公車票價調高」的比例, 則關於 p 之假設檢定的步驟如下:

㈠建立假設:

$$\begin{cases} H_0: p \geq p_0 (= 0.40) \\ H_1: p < p_0 (= 0.40) \end{cases} \qquad (左端檢定)$$

㈡選擇樣本比例 p' 為檢定統計量。而 $\because$ 樣本數大 $(n = 100)$, $\therefore$ 在 H_0 為真情形下,

$$\frac{p' - p_0}{\sqrt{\dfrac{p_0 q_0}{n}}} \sim N(0, 1)$$

㈢$\alpha = 5\%$, 採左端檢定。判定點為:

$$p'_* = p_0 - Z_\alpha \sqrt{\frac{p_0 q_0}{n}}$$

$$= 0.40 - 1.64 \sqrt{\frac{(0.4)(0.6)}{100}}$$

$$= 0.32$$

因此決策規則為:

$$若 \quad p'_0 \geq p'_* = 0.32 \longrightarrow A_0$$

$$p'_0 < p'_* = 0.32 \longrightarrow A_1$$

㈣樣本比例之觀察值為 $p'_0 = \dfrac{30}{100} = 0.30 < p'_*$，落在棄卻區間。

㈤∵ $p'_0 = 0.30 < p'_* = 0.32$, p'_0 落在棄卻區間, ∴採 A_1 的決策, 即接受「臺北市民贊成公車票價調高的比例低於 0.40」的宣稱。

【例 11-10】

某製造玩具之甲廠商宣稱其產品之瑕疵率不超過 3%, 今有 A 公司向甲訂購 100 批貨（每批有 50000 件玩具）, 並決定每批貨隨機各抽檢 500 件, 而若瑕疵之件數大於 20 件, 則退回該批貨。試問 A 公司做決策的**顯著水準**（即 **α 風險**）是多少? 又若以 p 表示甲廠商產品之瑕疵率, 則當對應於甲廠商宣稱之對立假設為 $p = 0.035$, $p = 0.045$ 時, A 公司**犯型 II 錯誤的機率**（即 **β 風險**）若干?

【解】

令 p 表示甲廠商產品之瑕疵率。p' 表示樣本產品中 $(n = 500)$ 有瑕疵之比例。今建立假設為:

$$\begin{cases} H_0 \colon p \leq p_0 (= 0.03) \\ H_1 \colon p > p_0 (= 0.03) \end{cases}$$

∵ n 大, ∴在 H_0 為真情況下,

$$\frac{p' - p_0}{\sqrt{\dfrac{p_0 q_0}{n}}} \sim N(0, 1)$$

⑴根據題意, A 公司進行決策時的判定點是 $p'_* = \dfrac{20}{500} = 0.04$, 即

若

$$\begin{cases} p'_0 \le p'_* \longrightarrow A_0 \text{（接受該批貨）} \\ p'_0 > p'_* \longrightarrow A_1 \text{（退回該批貨）} \end{cases}$$

而　　$p'_* = p_0 + Z_\alpha \sqrt{\dfrac{p_0 q_0}{n}} = 0.03 + Z_\alpha \sqrt{\dfrac{(0.03)(0.97)}{500}}$

解之，得　$Z = 1.32 \quad \therefore \alpha = 0.0934$

(2)從(1)，$p'_* = 0.04(\alpha = 0.0934)$，而當 H_1 為真時，若採 A_0 的決策，則犯型 II 錯誤，因此

(a)　　$H_1 : p = 0.035$ 為真時，

$\beta = P_r(A_0 | H_1 : p = 0.035)$

$= P_r(p'_0 \le p'_* | H_1 : p = 0.035)$

$= P_r \left(\dfrac{p'_0 - 0.035}{\sqrt{\dfrac{(0.035)(0.965)}{500}}} < \dfrac{0.04 - 0.035}{\sqrt{\dfrac{(0.035)(0.965)}{500}}} \right)$

$= P_r(Z < 0.61)$

$= 0.7291$

(b)　　$H_1 : p = 0.045$ 為真時，

$\beta = P_r(A_0 | H_1 : p = 0.045)$

$= P_r(p'_0 \le p'_* | H_1 : p = 0.045)$

$= P_r \left(\dfrac{p'_0 - 0.045}{\sqrt{\dfrac{(0.045)(0.955)}{500}}} < \dfrac{0.04 - 0.045}{\sqrt{\dfrac{(0.045)(0.955)}{500}}} \right)$

$= P_r(Z < -0.54)$

$= 0.2946$

二、母體比例的假設檢定（小樣本）

前曾提及，如果我們從二項母體抽樣（樣本數為 n），則樣本比例 p' 是呈**二項分配**，其平均數為 p，變異數為 $\dfrac{pq}{n}$（p 為母體比例）。而關於母體比例假設之檢定，我們所建立的一組假設若為：

$$\begin{cases} H_0: p = p_0 \\ H_1: p \neq p_0 \end{cases}$$

則在虛無假設 H_0 為真的情形下，樣本比例的分配為：

$$p' \sim b\left(p_0, \frac{p_0 q_0}{n}\right) \tag{11-15}$$

我們乃據此二項分配找出某一特定 α 水準下的判定點 $_L p'_*$ 及 $_R p'_*$。而此判定點具有如下的性質：

$$P_r(_L p'_* \leq p' \leq _R p'_* | H_0: p = p_0 為真) = 1 - \alpha$$

$_L p'_*$ 及 $_R p'_*$ 分別正是我們在第九章第四節構成 Clopper and Pearson 圖的 a 及 b。例如 $H_0: p = p_0 (= 0.4)$, $\alpha = 0.05$，樣本數 $n = 20$，則從圖 9-6 得 $a = 0.15$ 及 $b = 0.64$，因此，我們**建立檢定母體比例之假設的決策規則**為：

若　$(a =)_L p'_* \leq p'_0 \leq _R p'_*(= b) \longrightarrow A_0$

$p'_0 > _R p'_*$　或　$p'_0 < _L p'_* \longrightarrow A_1$

（p' 是樣本比例的觀察值）

【例 11-11】

某國小隨機觀察 50 名家長，發現其中有 30 名贊成低年級學童不帶書包回家。試問該校校長的**宣稱**：「本校學生家長贊成低年級學童不帶書包回家的比例是 0.60」，可以接受嗎？ $(\alpha = 5\%)$

【解】

令 p 代表該校學生家長贊成低年級學童不帶書包回家的比例。則對於該校校長的宣稱，檢定的步驟如下：

㈠建立假設：

$$H_0: p = p_0(= 0.60) \quad （校長的宣稱）$$
$$H_1: p \neq p_0(= 0.60) \quad （兩端檢定）$$

㈡選擇樣本比例 p' 為檢定統計量。而在 H_0 為真情形下，

$$p' \sim b\left(0.60, \frac{(0.60)(0.40)}{50}\right), \; n = 50$$

㈢ $\alpha = 5\%$，採兩端檢定。從圖 9–6 得判定點為：

$$_Lp'_* = 0.41, \; _Rp'_* = 0.75$$

因此建立決策規則為：

若

$$0.41 = _Lp'_* \leq p'_0 \leq _Rp'_* = 0.75 \longrightarrow A_0$$
$$p'_0 > _Rp'_* \quad 或 \quad p'_0 < _Lp'_* \longrightarrow A_1$$

㈣樣本比例之觀察值為 $p'_0 = \frac{30}{50} = 0.60$，落在接受區間。

㈤ $\because \; _Lp'_* < p'_0 = 0.60 < _Rp'_*$，$p'_0$ 落在接受區間，$\therefore$ 採 A_0 的決策，即接受該校長的宣稱。

【例 11–12】

前例 11–11 中，若該校校長的**宣稱**是「本校學生家長贊成低年級學童不帶書包回家的比例至少是 0.60」，則在 $\alpha = 5\%$ 之下，該校長的宣稱可以接受嗎？

【解】

於此情況下，建立檢定之假設應改為：

$$H_0 : p \geq p_0 (= 0.60)$$

$$H_1 : p < p_0 (= 0.60) \qquad （左端檢定）$$

$\alpha = 5\%$，採左端檢定。從圖 9–9 知道在 $H_0 : p = 0.60$ 為真情形下，

$$P_r(0.48 < p' < 0.73) = 0.90$$

或 $\qquad P_r(p' > 0.48) = 0.95$

因此判定點為 $p'_* = 0.48$，且決策規則為：

若 $\qquad p'_0 \geq p'_* = 0.48 \longrightarrow A_0$

$$p'_0 < p'_* = 0.48 \longrightarrow A_1$$

而樣本比例之觀察值為 $p'_0 = \dfrac{30}{50} = 0.60$，落在接受區間，$\therefore$ 採 A_0 的決策，即接受該校長的宣稱。

第四節　兩母體比例之差的假設檢定

對於兩獨立二項母體比例之差 $(p_1 - p_2)$ 的假設檢定，我們選擇以獨立隨機抽樣法（樣本數分別為 n_1, n_2）而得之兩樣本比例之差 $(p'_1 - p'_2)$，做為檢定統計量。若樣本數 n_1, n_2 都非常大，則 $p'_1 - p'_2$ 接近常態分配，其平均數為 $p_1 - p_2$，變異數為 $\dfrac{p_1 q_1}{n_1} + \dfrac{p_2 q_2}{n_2}$（見第九章第五節），即

$$(p'_1 - p'_2) \overset{.}{\sim} N \left(p_1 - p_2, \frac{p_1 q_1}{n_1} + \frac{p_2 q_2}{n_2} \right)$$

$$q_1 = 1 - p_1, \ q_2 = 1 - p_2, \ n_1, n_2 \geq 100$$

或

$$\frac{(p'_1 - p'_2) - (p_1 - p_2)}{\sqrt{\dfrac{p_1 q_1}{n_1} + \dfrac{p_2 q_2}{n_2}}} \sim N(0,1) \qquad\qquad (11–16)$$

在**大樣本**下，我們如何根據標準常態分配找出判定點以檢定兩母體比例之差的假設？對於此點，我們將分別從虛無假設關於**兩母體比例之差的假設值是等於0 或不等於0** 兩種情形說明之。

若兩母體比例之差的虛無假設為 $H_0: p_1 - p_2 = \delta$（或 $H_0: p_1 - p_2 \leq \delta$ 或 $H_0: p_1 - p_2 \geq \delta$），則在虛無假設為真情形下，式 (11–16) 成為：

$$\frac{(p'_1 - p'_2) - (\delta)}{\sqrt{\dfrac{p_1 q_1}{n_1} + \dfrac{p_2 q_2}{n_2}}} \mathrel{\dot\sim} N(0, 1) \tag{11--16$'$}$$

而式 (11–16)′ 之分母中，p_1 及 p_2（q_1 及 q_2）均為未知數，我們必須先對它們加以估計而後才能找出判定點。**p_1 及 p_2 的估計方式將因 δ 之值等於或不等於0 而不同**，茲說明於下：

(A)$\delta = 0$

若 $H_0: p_1 - p_2 = \delta(= 0)$，則虛無假設可改寫為 $H_0: p_1 = p_2 = p$（**共同的母體比例**，Common Population Proportion）。由於共同的母體比例 p 之值未知，我們選擇以**混合的樣本比例**(Pooled Sample Proportion)，即兩組樣本中具有某種特質之個體數所占的比例（以 $\hat p$ 表示）估計之。而若以數學式表示，則混合的樣本比例為：

$$\hat p = \frac{S_1 + S_2}{n_1 + n_2} = \frac{n_1 p'_1 + n_2 p'_2}{n_1 + n_2}$$

S_i：從第 i 個母體抽出之樣本中具有某種特質之個體數。$i = 1, 2$。

因此，式 (11–16)′ 成為：

$$\frac{(p'_1 - p'_2) - (0)}{\sqrt{\dfrac{\hat p \hat q}{n_1} + \dfrac{\hat p \hat q}{n_2}}} \mathrel{\dot\sim} N(0, 1) \tag{11--17}$$

$$\hat q = 1 - \hat p$$

在兩端檢定的情況下，兩個判定點是 $0 \pm Z_{\frac{\alpha}{2}} \sqrt{\dfrac{\hat p \hat q}{n_1} + \dfrac{\hat p \hat q}{n_2}}$ ，

即 左端判定點 $\quad {}_L(p'_1 - p'_2)_* = -Z_{\frac{\alpha}{2}} \sqrt{\hat p \hat q \left(\dfrac{1}{n_1} + \dfrac{1}{n_2} \right)}$

右端判定點　$R(p'_1 - p'_2)_* = Z_{\frac{\alpha}{2}} \sqrt{\hat{p}\hat{q}\left(\dfrac{1}{n_1} + \dfrac{1}{n_2}\right)}$

所以，決策規則是:

$$若 - Z_{\frac{\alpha}{2}} \sqrt{\hat{p}\hat{q}\left(\dfrac{1}{n_1} + \dfrac{1}{n_2}\right)} \leq (p'_1 - p'_2)_0 \leq Z_{\frac{\alpha}{2}} \sqrt{\hat{p}\hat{q}\left(\dfrac{1}{n_1} + \dfrac{1}{n_2}\right)} \longrightarrow A_0$$

$$(p'_1 - p'_2)_0 > Z_{\frac{\alpha}{2}} \sqrt{\hat{p}\hat{q}\left(\dfrac{1}{n_1} + \dfrac{1}{n_2}\right)}$$

$$或 \quad (p'_1 - p'_2)_0 < - Z_{\frac{\alpha}{2}} \sqrt{\hat{p}\hat{q}\left(\dfrac{1}{n_1} + \dfrac{1}{n_2}\right)} \longrightarrow A_1$$

此處 $(p'_1 - p'_2)_0$ 是兩樣本比例之差的觀察值。

【例 11-13】

若從大學男女生中分別獨立隨機各抽 200 名學生，發現有 125 名男生及 80 名女生贊成廢止「補考」制度。試問大學男女生贊成廢止補考的比例彼此相等嗎? $(\alpha = 5\%)$

【解】

令

$$\begin{cases} p_1 & 為大學男生贊成廢止補考的比例 \\ p_2 & 為大學女生贊成廢止補考的比例 \end{cases}$$

關於兩母體比例之差 $(p_1 - p_2)$ 的假設，檢定步驟如下:

㈠建立假設:

　　$H_0: p_1 - p_2 = \delta(= 0)$　　亦即　　$H_0: p_1 = p_2 = p$

　　$H_1: p_1 - p_2 \neq \delta(= 0)$　　亦即　　$H_1: p_1 \neq p_2$　　（兩端檢定）

㈡選擇兩獨立隨機樣本比例之差 $p'_1 - p'_2$，做為檢定統計量。而在 H_0 為真的情形下，

$$p'_1 - p'_2 \dot{\sim} N\left(0, \frac{pq}{200} + \frac{pq}{200}\right)$$

$$\begin{cases} p \text{ 為共同的母體比例} \\ q = 1 - p \end{cases}$$

(三)$\alpha = 5\%$，採兩端檢定。由於 p 未知，今以混合樣本比例 $\hat{p}$ 估計之。

$$\hat{p} = \frac{S_1 + S_2}{n_1 + n_2} = \frac{125 + 80}{200 + 200} = 0.5125$$

並得到判定點為：

$$0 \pm Z_{\frac{\alpha}{2}} \sqrt{\hat{p}\hat{q}\left(\frac{1}{n_1} + \frac{1}{n_2}\right)}$$

即　　$\pm 1.96 \sqrt{0.5125(0.4875)\left(\frac{1}{200} + \frac{1}{200}\right)}$

亦即　　± 0.098

因此，建立決策規則為：

若　　$-0.098 \leq (p_1' - p_2')_0 \leq 0.098 \longrightarrow A_0$

$(p_1' - p_2')_0 > 0.098$　或　$(p_1' - p_2')_0 < -0.098 \longrightarrow A_1$

(四)兩樣本比例之差的觀察值為：

$$(p_1' - p_2')_0 = \frac{125}{200} - \frac{80}{200} = 0.225$$

落在棄卻區間。

(五)$\because (p_1' - p_2')_0 = 0.225 > 0.098$，落在棄卻區間，$\therefore$採 A_1 的決策，即拒絕接受「大學男女生贊成廢止補考的比例彼此相等」的假設。

(B)$\delta \neq 0$

若虛無假設關於兩母體比例之差的假設值不等於 0，即若 $H_0 : p_1 - p_2 = \delta(\neq 0)$，則對於未知的 p_1 及 p_2，我們分別以樣本比例 p_1' 及 p_2' 估計之。即

$$p_1' \xrightarrow{\text{估計}} p_1$$

$$p_2' \xrightarrow{\text{估計}} p_2$$

因此，前面的式 (11–16)′ 成為:

$$\frac{(p_1' - p_2') - (\delta)}{\sqrt{\dfrac{p_1' q_1'}{n_1} + \dfrac{p_2' q_2'}{n_2}}} \overset{.}{\sim} N(0, 1) \qquad\qquad (11\text{–}18)$$

$$\begin{cases} q_1' = 1 - p_1' \\ q_2' = 1 - p_2' \end{cases}$$

在兩端檢定的情況下，兩個判定點是　$\delta \pm Z_{\frac{\alpha}{2}} \sqrt{\dfrac{p_1' q_1'}{n_1} + \dfrac{p_2' q_2'}{n_2}}$ ，

即　左端判定點　$_L(p_1' - p_2')_* = \delta - Z_{\frac{\alpha}{2}} \sqrt{\dfrac{p_1' q_1'}{n_1} + \dfrac{p_2' q_2'}{n_2}}$

右端判定點　$_R(p_1' - p_2')_* = \delta + Z_{\frac{\alpha}{2}} \sqrt{\dfrac{p_1' q_1'}{n_1} + \dfrac{p_2' q_2'}{n_2}}$

所以，決策規則是:

$$\text{若}\ \ \delta - Z_{\frac{\alpha}{2}} \sqrt{\frac{p_1' q_1'}{n_1} + \frac{p_2' q_2'}{n_2}} \leq (p_1' - p_2')_0 \leq \delta + Z_{\frac{\alpha}{2}} \sqrt{\frac{p_1' q_1'}{n_1} + \frac{p_2' q_2'}{n_2}} \longrightarrow A_0$$

$$(p_1' - p_2')_0 > \delta + Z_{\frac{\alpha}{2}} \sqrt{\frac{p_1' q_1'}{n_1} + \frac{p_2' q_2'}{n_2}}$$

$$\text{或}\ \ \ (p_1' - p_2')_0 < \delta + Z_{\frac{\alpha}{2}} \sqrt{\frac{p_1' q_1'}{n_1} + \frac{p_2' q_2'}{n_2}} \longrightarrow A_1$$

【例 11–14】

試利用例 11–13 的樣本資料，檢定「大學男女生贊成廢止補考的比例之差至少是 0.20」的假設。$(\alpha = 5\%)$

【解】

㈠建立假設:

$$H_0: p_1 - p_2 \geq \delta (= 0.20)$$

$$H_1: p_1 - p_2 < \delta(= 0.20) \qquad （左端檢定）$$

(二)選擇兩樣本比例之差 $p'_1 - p'_2$ 做為檢定統計量。而在 H_0 為真的情形下：

$$(p'_1 - p'_2) \dot\sim N\left(\delta = 0.20, \ \frac{p_1 q_1}{200} + \frac{p_2 q_2}{200}\right)$$

(三)$\alpha = 5\%$，採左端檢定。而由於 p_1, p_2 未知，今分別以 p'_1, p'_2 估計 p_1, p_2。

$$p'_1 = \frac{125}{200} = 0.625, \ p'_2 = \frac{80}{200} = 0.4$$

$$\therefore 判定點為: \quad (p'_1 - p'_2)_* = \delta - Z_\alpha \sqrt{\frac{p'_1 q'_1}{n_1} + \frac{p'_2 q'_2}{n_2}}$$

$$= 0.20 - 1.64 \sqrt{\frac{(0.625)(0.375)}{200} + \frac{(0.4)(0.6)}{200}}$$

$$= 0.1201$$

所以，建立決策規則為：

$$若 \quad (p'_1 - p'_2)_0 \geq (p'_1 - p'_2)_* = 0.1201 \longrightarrow A_0$$

$$(p'_1 - p'_2)_0 < (p'_1 - p'_2)_* = 0.1201 \longrightarrow A_1$$

(四)兩樣本比例之差的觀察值為：

$$(p'_1 - p'_2)_0 = \frac{125}{200} - \frac{80}{200} = 0.225$$

落在接受區間。

(五)$\because (p'_1 - p'_2)_0 = 0.225 > (p'_1 - p'_2)_* = 0.1201$，落在接受區間，$\therefore$ 採 A_0 的決策，即接受「大學男女生贊成廢止補考的比例之差至少是 0.20」的假設。

　　假如虛無假設關於**兩母體比例之差的假設值為0**（即**兩母體比例彼此相等**），並且**指出共同的母體比例之假設值**，例如

$$H_0: p_1 = p_2 = p(= p_0)$$

$$H_1: p_1 \neq p_2$$

則在虛無假設為真的情形下，若樣本數 (n_1, n_2) 大，我們可據下面的式子：

$$\frac{(p'_1 - p'_2) - (0)}{\sqrt{\dfrac{p_0 q_0}{n_1} + \dfrac{p_0 q_0}{n_2}}} \sim N(0, 1) \tag{11-19}$$

$$q_0 = 1 - p_0$$

找出判定點，以檢定關於兩母體比例的假設。

【例 11-15】

某冰淇淋公司某日獨立隨機觀察 200 名男性顧客及 300 名女性顧客，發現有 90 名男性顧客及 180 名女性顧客喜好香草冰淇淋。試問男女顧客喜好香草冰淇淋的比例都等於 0.5 嗎？$(\alpha = 0.05)$

【解】

令 p_1, p_2 分別代表男女顧客喜好香草冰淇淋的比例，則假設檢定步驟如下：

㈠建立假設：

$$H_0: p_1 = p_2 = p_0(= 0.5)$$

$$H_1: p_1 \neq p_2 \qquad （兩端檢定）$$

㈡選擇兩樣本比例之差 $p'_1 - p'_2$ 做為檢定統計量。而在 H_0 為真的情形下：

$$\frac{(p'_1 - p'_2) - (0)}{\sqrt{\dfrac{(0.5)(0.5)}{200} + \dfrac{(0.5)(0.5)}{300}}} \overset{\cdot}{\sim} N(0, 1)$$

㈢$\alpha = 5\%$，採兩端檢定。其判定點以 Z 值表示為：

$$_L Z_* = -1.96 \quad 及 \quad _R Z_* = 1.96$$

所以，決策規則為：

若　　$_LZ_* \leq Z_0 \leq _RZ_* \longrightarrow A_0$

　　　$Z_0 > _RZ_*$　或　$Z_0 < _LZ_* \longrightarrow A_1$

而　　$Z_0 = \dfrac{(p'_1 - p'_2)_0 - (0)}{\sqrt{\dfrac{(0.5)(0.5)}{200} + \dfrac{(0.5)(0.5)}{300}}}$

㈣兩樣本比例之差的觀察值為：

$$(p'_1 - p'_2)_0 = \frac{90}{200} - \frac{180}{300} = -0.15$$

其對應的Z值為：

$$Z_0 = \frac{(-0.15) - (0)}{\sqrt{\dfrac{(0.5)(0.5)}{200} + \dfrac{(0.5)(0.5)}{300}}} = -3.29 < -1.96$$

落在棄卻區間。

㈤∵ $Z_0 = -3.29 < _LZ_* = -1.96$，落在棄卻區間，∴採 A_1 的決策，即拒絕「男女顧客喜好香草冰淇淋的比例都等於 0.5」的假設。

第五節　母體變異數 (σ_X^2) 的假設檢定

　　如前面第二章所介紹，母體變異數 (σ_X^2) 是描述母體資料 (X) 分散度或個體彼此間差異性的統計測定數。而在有關**品質管制**的問題上，我們常常利用對**母體變異數**之假設的檢定，以決定採取何種決策。例如自動化注裝 236c.c. 盒裝鮮奶的機器，若其注裝鮮奶容量之變異數超過某一數值，我們可能就認為該機器有毛病，應予調整；而若變異數低於或等於某一數值，我們則認為該機器沒有毛病，不必調整。

　　對於母體變異數之假設的檢定，通常都選擇具不偏誤性的樣本變異數 (s_X^2) 做為檢定統計量。但是如果事前已知母體平均數之數值，則為充

分運用已有的訊息，我們則改選 $\frac{1}{n}\sum(X_i - \mu_X)^2$ 為檢定統計量，因此本節將以**母體平均數數值未知**或**已知**兩種情形下，分別說明如何檢定母體變異數之假設。

一、母體平均數未知情況下母體變異數的假設檢定

若 X 母體呈常態分配，平均數為 μ_X，變異數為 σ_X^2，即

$X \sim N(\mu_X, \sigma_X^2)$, μ_X 之值未知

而當我們要對母體變異數之假設進行檢定時，關於母體變異數之虛無假設及對立假設，可為下面三種型態：

I. $\begin{cases} H_0: \sigma_X^2 = \sigma_0^2 \quad (\sigma_0^2 \text{ 為母體變異數的假設值}) \\ H_1: \sigma_X^2 \neq \sigma_0^2 \end{cases}$

II. $\begin{cases} H_0: \sigma_X^2 \leq \sigma_0^2 \\ H_1: \sigma_X^2 > \sigma_0^2 \end{cases}$

III. $\begin{cases} H_0: \sigma_X^2 \geq \sigma_0^2 \\ H_1: \sigma_X^2 < \sigma_0^2 \end{cases}$

如果我們建立的虛無假設及對立假設是第 I 種型態，則被選做檢定統計量的樣本變異數的觀察值 (s_0^2) 越接近 σ_0^2，我們採接受 H_0 的決策；而 s_0^2 越小於 σ_0^2 或越大於 σ_0^2，則採接受 H_1 的決策。又如果我們建立的虛無假設及對立假設是第 II 種型態（第 III 種型態），則樣本變異數的觀察值 s_0^2 越小（越大），我們採接受 H_0 的決策；反之，s_0^2 越大（越小），我們則採接受 H_1 的決策。這即是說，於第 I 種假設型態下，我們採兩端檢定；於第 II 種假設型態下，採右端檢定；而於第 III 種假設型態下，則採左端檢定。

因為被選做**檢定統計量**的**樣本變異數** s_X^2 係呈**卡方分配**，即

$$\frac{(n-1)s_X^2}{\sigma_X^2} \sim \chi_{n-1}^2$$

所以，在虛無假設為真的情形下，

$$\frac{(n-1)s_X^2}{\sigma_0^2} \sim \chi_{n-1}^2 \qquad (11-20)$$

因此，若建立的假設是第 I 種型態，則在 α 顯著水準下，左右兩端的判定點分別是：

$$_L\chi_*^2 = \chi_{1-\frac{\alpha}{2},n-1}^2 = \frac{(n-1)_Ls_*^2}{\sigma_0^2}$$

及 $\qquad _R\chi_*^2 = \chi_{\frac{\alpha}{2},n-1}^2 = \frac{(n-1)_Rs_*^2}{\sigma_0^2}$

並且建立決策規則如下：

若

$$_L\chi_*^2 \leq \chi_0^2 \left[= \frac{(n-1)s_0^2}{\sigma_0^2} \right] \leq_R\chi_*^2 \longrightarrow A_0$$

$$\chi_0^2 <_L\chi_*^2 \quad \text{或} \quad \chi_0^2 >_R\chi_*^2 \longrightarrow A_1$$

或若

$$_Ls_*^2 \leq s_0^2 \leq_Rs_*^2 \longrightarrow A_0$$

$$s_0^2 <_Ls_*^2 \quad \text{或} \quad s_0^2 >_Rs_*^2 \longrightarrow A_1$$

此處

$$\begin{cases} _Ls_*^2 = \dfrac{\sigma_0^2 \cdot {}_L\chi_*^2}{n-1} = \dfrac{\sigma_0^2\chi_{1-\frac{\alpha}{2},n-1}^2}{n-1} \\ _Rs_*^2 = \dfrac{\sigma_0^2 \cdot {}_R\chi_*^2}{n-1} = \dfrac{\sigma_0^2\chi_{\frac{\alpha}{2},n-1}^2}{n-1} \end{cases}$$

【例 11-16】

若已知 A 城市各家庭之所得呈常態分配。今隨機觀察36 個家庭，發現他們所得的變異數是（12 千元）^{2}。試利用此樣本檢定：

ⓐ A 城市家庭所得的變異數是（10 千元）^{2}，顯著水準 $\alpha = 5\%$。

ⓑ A 城市家庭所得的變異數至多是（10 千元）^{2}，顯著水準 $\alpha = 5\%$。

【解】

令 X 代表 A 城市各家庭之所得，且平均數為 μ_X，變異數為 σ_X^2，則 $X \sim N(\mu_X, \sigma_X^2)$, σ_X^2 未知（μ_X 之值也未知）。關於 σ_X^2 的假設檢定步驟如下：

ⓐ㈠建立假設：
$$\begin{cases} H_0: \sigma_X^2 = \sigma_0^2[= (10)^2] \\ H_1: \sigma_X^2 \neq \sigma_0^2[= (10)^2] \end{cases} \quad \text{（兩端檢定）}$$

㈡選擇樣本變異數 s_X^2 做為檢定統計量。而在虛無假設為真時，
$$\frac{(n-1)s_X^2}{\sigma_0^2} \sim \chi_{n-1}^2, \; n = 36$$

㈢$\alpha = 5\%$，採兩端檢定。以 χ^2 值表示的判定點為：
$$_L\chi_*^2 = \chi_{1-\frac{\alpha}{2},n-1}^2 = \chi_{0.975,35}^2 = 20.6$$
$$_R\chi_*^2 = \chi_{\frac{\alpha}{2},n-1}^2 = \chi_{0.025,35}^2 = 53.2$$

因此，決策規則為：
$$\text{若} \quad _L\chi_*^2 \leq \chi_0^2 \leq _R\chi_*^2 \longrightarrow A_0$$
$$\chi_0^2 < _L\chi_*^2 \quad \text{或} \quad \chi_0^2 > _R\chi_*^2 \longrightarrow A_1$$

㈣36 個樣本家庭之 $s_0^2 = (12)^2$,
$$\chi_0^2 = \frac{(n-1)s_0^2}{\sigma_0^2} = \frac{(36-1)(12)^2}{(10)^2} = 50.4$$

落在接受區間。

㈤$\because {}_L\chi_*^2 < \chi_0^2 = 50.4 < {}_R\chi_*^2$，落在接受區間，

$\therefore$ 採 A_0 的決策。即在 $\alpha = 5\%$ 水準下，接受「A 城市家庭所得的變異數是 $(10)^2$」的假設。

ⓑ㈠建立假設：
$$\begin{cases} H_0: \sigma_X^2 \leq \sigma_0^2[= (10)^2] \\ H_1: \sigma_X^2 > \sigma_0^2[= (10)^2] \end{cases} \quad \text{（右端檢定）}$$

(二)選擇樣本變異數 s_X^2 做為檢定統計量，而在虛無假設為真時，

$$\frac{(n-1)s_X^2}{\sigma_0^2} \sim \chi_{n-1}^2, \quad n = 36$$

(三)$\alpha = 5\%$，採右端檢定。以 χ^2 值表示的判定點為：

$$\chi_*^2 = \chi_{\alpha,n-1}^2 = \chi_{0.05,35}^2 = 49.8$$

因此，決策規則為：

$$\begin{aligned} 若 \quad &\chi_0^2 \leq \chi_*^2 \longrightarrow A_0 \\ &\chi_0^2 > \chi_*^2 \longrightarrow A_1 \end{aligned}$$

(四)從 ⓐ 之(四)得 $\chi_0^2 = 50.4$，落在拒絕區間。

(五)∵ $\chi_0^2 = 50.4 > \chi_*^2 = 49.8$，落在拒絕區間，

∴ 採 A_1 的決策。即在 $\alpha = 5\%$ 水準下，拒絕「A 城市家庭所得的變異數至多是（ 10 千元)^2」的假設。

二、母體平均數已知情況下母體變異數的假設檢定

若 $X \sim N(\mu_X, \sigma_X^2)$，且 μ_X **之值已知** $(\mu_X = \mu_0)$，則為充分運用已有的訊息，我們選擇 $\hat{\sigma}_X^2 (= \frac{1}{n} \sum (X_i - \mu_X)^2)$ 做為檢定有關母體變異數 σ_X^2 之假設的**檢定統計量**。設若建立之假設為：

$$\begin{cases} H_0: \sigma_X^2 = \sigma_0^2 \\ H_1: \sigma_X^2 \neq \sigma_0^2 \end{cases}$$

則因為 $\dfrac{n\hat{\sigma}_X^2}{\sigma_X^2}$ **呈卡方分配**，其自由度為 n，即

$$\frac{\sum\limits_{i=1}^{n} (X_i - \mu_X)^2}{\sigma_X^2} \sim \chi_n^2$$

所以，在虛無假設為真的情形下（且已知 $\mu_X = \mu_0$），

$$\frac{\sum\limits_{i=1}^{n}(X_i - \mu_0)^2}{\sigma_0^2} \sim \chi_n^2 \qquad\qquad (11-21)$$

我們可根據式 (11-21) 找出某一 α 水準下的判定點，建立決策規則，而後觀察一組隨機樣本並計算其 χ_0^2，最後再做成結論。茲以下面的例子說明之。

【例 11-17】

若已知 B 城市各家庭之所得呈常態分配，且平均所得為 500 千元。今隨機觀察 26 個家庭，其所得的平均數是 505 千元，變異數是（12 千元）^{2}。試利用此樣本檢定「B 城市家庭所得的變異數小於（15 千元）^{2}」的假設。顯著水準 $\alpha = 5\%$。

【解】

令 X 代表 B 城市各家庭之所得，且平均數為 μ_X，變異數為 σ_X^2，則 $X \sim N(\mu_X, \sigma_X^2)$，且 $\mu_X = 500$，σ_X^2 之值未知。關於 σ_X^2 的假設檢定步驟如下：

㈠建立假設：

$$H_0 : \sigma_X^2 \geq \sigma_0^2 [= (15)^2]$$

$$H_1 : \sigma_X^2 < \sigma_0^2 [= (15)^2] \qquad\qquad （左端檢定）$$

㈡選擇 $\hat{\sigma}_X^2 (= \frac{\sum(X_i - \mu_X)^2}{n})$ 做為檢定統計量，而在虛無假設為真時，

$$\frac{n \cdot \frac{\sum(X_i - \mu_0)^2}{n}}{\sigma_0^2} \sim \chi_n^2,\ n = 26$$

㈢$\alpha = 5\%$，採左端檢定。以 χ^2 值表示的判定點為：

$$\chi_*^2 = \chi_{1-\alpha, n}^2 = \chi_{0.95, 26}^2 = 15.4$$

因此，決策規則為：

若　　$\chi_0^2 \geq \chi_*^2 \longrightarrow A_0$

$$\chi_0^2 < \chi_*^2 \longrightarrow A_1$$

㈣ 26 個樣本家庭之 $\overline{X} = 505,\ s_X^2 = (12)^2$

$$\because s_X^2 = \frac{1}{n-1} \sum (X_i - \overline{X})^2 = \frac{1}{n-1}[\sum X_i^2 - n\overline{X}^2]$$

$$\therefore \sum X_i^2 = (n-1)s_X^2 + n\overline{X}^2$$

$$= (26-1)(12)^2 + 26(505)^2$$

$$= 6634250$$

而　　$$\chi_0^2 = \frac{\sum (X_i - \mu_0)^2}{\sigma_0^2} = \frac{\sum X_i^2 - 2\mu_0 \sum X_i + n\mu_0^2}{\sigma_0^2}$$

$$= \frac{\sum X_i^2 - 2\mu_0 \cdot n\overline{X} + n\mu_0^2}{\sigma_0^2}$$

$$= \frac{6634250 - 2(500)(26)(505) + 26(500)^2}{(15)^2}$$

$$= 18.89$$

落在接受區間。

㈤ $\because \chi_0^2 = 18.89 > \chi_*^2 = 15.4$，落在接受區間，

　$\therefore$ 採 A_0 的決策。即在 $\alpha = 5\%$ 水準下，接受「B 城市家庭所得的變

　異數小於 $(15)^2$」的假設。

又本題若選擇以 s_X^2 為檢定統計量，則在 H_0 為真時，

$$\frac{(n-1)s_X^2}{\sigma_0^2} \sim \chi_{n-1}^2,\ n = 26$$

因此，以 χ^2 值表示的判定點為 $\chi_*^2 = \chi_{1-\alpha, 25}^2 = 14.6$

而根據樣本，得

$$\chi_0^2 = \frac{(n-1)s_0^2}{\sigma_0^2} = \frac{25(12)^2}{(15)^2} = 16 > \chi_*^2$$

所以，採 A_0 的決策。

第六節　兩母體變異數之比 $\left(\dfrac{\sigma_X^2}{\sigma_Y^2}\right)$ 的假設檢定

本章第二節曾介紹兩常態獨立母體於變異數之值未知情形下，對於兩母體平均數之差的假設檢定，將因 $\sigma_X^2 = \sigma_Y^2$ 或 $\sigma_X^2 \neq \sigma_Y^2$ 而採不盡相同的檢定方式。於 $\sigma_X^2 = \sigma_Y^2 (= \sigma^2)$ 的假設下，我們係以混合樣本變異數 s_P^2 估計共同的母體變異數 (σ^2)；而於 $\sigma_X^2 \neq \sigma_Y^2$ 的假設下，則以各別的樣本變異數估計各別的母體變異數，然後根據 t 分配找出判定點，以進行關於 $\mu_X - \mu_Y$ 的假設檢定。實際上，在檢定 $\mu_X - \mu_Y$ 的假設之前，應先檢定有關兩母體變異數的假設（例如 $\sigma_X^2 = \sigma_Y^2$）是否可以接受。而 $\sigma_X^2 = \sigma_Y^2$ 意即 $\dfrac{\sigma_X^2}{\sigma_Y^2} = 1$，因此對於**兩母體變異數是否相等的假設檢定**，事實上就相當於對**兩母體變異數之比是否等於 1 的假設檢定**。茲說明於下：

若 $X \sim N(\mu_X, \sigma_X^2)$, $Y \sim N(\mu_Y, \sigma_Y^2)$, X, Y 彼此獨立，且 μ_X, μ_Y 之值未知。而關於兩母體變異數之比的假設檢定，首先，我們建立虛無假設及對立假設，如下面三種型態：

I.
$$
\begin{cases}
H_0 : \sigma_X^2 = \sigma_Y^2, \ 即 \ \dfrac{\sigma_X^2}{\sigma_Y^2} = 1 \\[2mm]
H_1 : \sigma_X^2 \neq \sigma_Y^2, \ 即 \ \dfrac{\sigma_X^2}{\sigma_Y^2} \neq 1
\end{cases}
$$

II.
$$
\begin{cases}
H_0 : \sigma_X^2 \leq \sigma_Y^2, \ 即 \ \dfrac{\sigma_X^2}{\sigma_Y^2} \leq 1 \\[2mm]
H_1 : \sigma_X^2 > \sigma_Y^2, \ 即 \ \dfrac{\sigma_X^2}{\sigma_Y^2} > 1
\end{cases}
$$

Ⅲ.

$$\begin{cases} H_0 : \sigma_X^2 \geq \sigma_Y^2, \ \text{即} \ \dfrac{\sigma_X^2}{\sigma_Y^2} \geq 1 \\[3mm] H_1 : \sigma_X^2 < \sigma_Y^2, \ \text{即} \ \dfrac{\sigma_X^2}{\sigma_Y^2} < 1 \end{cases}$$

其次，我們選擇以 $\dfrac{s_X^2}{s_Y^2}$ 做為**檢定統計量**。 而在虛無假設為真的情況下，$\dfrac{s_X^2}{s_Y^2}$ 係呈 F **分配，自由度為** $n_X - 1$ **及** $n_Y - 1$ （n_X, n_Y 為獨立隨機抽樣之樣本數），此乃因為：

$$\frac{\dfrac{(n_X - 1)s_X^2}{\sigma_X^2} \Big/ (n_X - 1)}{\dfrac{(n_Y - 1)s_Y^2}{\sigma_Y^2} \Big/ (n_Y - 1)} \sim F_{n_X - 1, n_Y - 1}$$

而當虛無假設為真時，上式左端成為 $\dfrac{s_X^2}{s_Y^2}$，因此

$$\frac{s_X^2}{s_Y^2} \sim F_{n_X - 1, n_Y - 1} \tag{11-22}$$

再其次，我們根據對立假設決定採右端、左端或兩端檢定，並依據式 (11-22) 找出某一 α 水準下的判定點，而後建立決策規則。 最後再根據獨立隨機樣本之樣本變異數觀察值計算 $F_0 \left(= \dfrac{_0 s_X^2}{_0 s_Y^2} \right)$，並做成結論。

【例 11-18】

若從 A、B 兩城市獨立各抽 21 個及 31 個家庭，得其家庭所得的變異數分別是（15 千元）^{2} 及（14 千元）^{2}。試利用此資料檢定 A、B 兩城市家庭所得的**變異數是否相等**。顯著水準 $\alpha = 5\%$（已知 A、B 兩城市家庭所得都呈常態分配）。

【解】

令 X 代表 A 城市之家庭所得，且 $X \sim N(\mu_X, \sigma_X^2)$。

Y 代表 B 城市之家庭所得，且 $Y \sim N(\mu_Y, \sigma_Y^2)$。

設若知 X, Y 彼此獨立，但 σ_X^2 及 σ_Y^2 之值未知。關於兩母體變異數之比的假設檢定步驟如下：

㈠建立假設：

$$\begin{cases} H_0: \sigma_X^2 = \sigma_Y^2 \quad \text{或} \quad \dfrac{\sigma_X^2}{\sigma_Y^2} = 1 \\[3mm] H_1: \sigma_X^2 \neq \sigma_Y^2 \quad \text{或} \quad \dfrac{\sigma_X^2}{\sigma_Y^2} \neq 1 \qquad \text{（兩端檢定）} \end{cases}$$

㈡選擇兩獨立樣本的變異數之比 $\dfrac{s_X^2}{s_Y^2}$ 做為檢定統計量，而在虛無假設為真的情況下，

$$\frac{s_X^2}{s_Y^2} \sim F_{n_X-1, n_Y-1}, \quad n_X = 21, \ n_Y = 31$$

㈢$\alpha = 5\%$，採兩端檢定。以 F 值表示的判定點為：

$$_L F_* = F_{1-\frac{\alpha}{2}; n_X-1, n_Y-1} = F_{0.975; 20, 30} = \frac{1}{2.35} = 0.426$$

$$_R F_* = F_{\frac{\alpha}{2}; n_X-1, n_Y-1} = F_{0.025, 20, 30} = 2.20$$

因此，決策規則為：

若　　$_L F_* \leq F_0 \leq _R F_* \longrightarrow A_0$

$F_0 > _R F_*$ 　或　 $F_0 < _L F_* \longrightarrow A_1$

㈣A 城市 21 個樣本家庭之所得變異數 $_0 s_X^2 = (15)^2$

B 城市 31 個樣本家庭之所得變異數 $_0 s_Y^2 = (14)^2$

$$F_0 = \frac{_0 s_X^2}{_0 s_Y^2} = \frac{(15)^2}{(14)^2} = 1.148$$

落在接受區間。

㈤$\because 0.426 = _L F_* < F_0 = 1.148 < _R F_* = 2.20$，落在接受區間，

$\therefore$ 採 A_0 的決策，即接受「A、B 兩城市家庭所得的變異數彼此相等」的假設。

$$\boxed{\text{附 註}}$$

註 1: 若是採簡單隨機抽樣的**抽出不放回**方法抽取樣本，則在找判定點（或計算 P 值、或求 μ_X 的信任區間）時，必須考慮**有限母體校正因素 (FPC)**，即

$$\frac{\overline{X} - \mu_0}{\dfrac{\sigma_X}{\sqrt{n}} \cdot \sqrt{\dfrac{N-n}{N-1}}} \overset{\cdot}{\sim} N(0,1)$$

練　習　題

11-1　是非題: 不管樣本數大小如何，母體比例 (p) 之信任區間的中心點都不可能是 p_0'。（註: p_0' 是樣本比例的觀察值。）

11-2　是非題: 就大樣本而言，進行兩母體比例之差 $(p_1 - p_2 = \delta_0)$ 的檢定時，不管 δ_0 是否等於零，**最適決策規則**是採**兩端檢定**，且判定點分別是:

$$(p_1' - p_2') \pm Z_{\frac{\alpha}{2}} \sqrt{\frac{p_1' q_1'}{n_1} + \frac{p_2' q_2'}{n_2}}$$

11-3　自某一飲料銷售機取 25 杯飲料為隨機樣本，得其平均容量為 7.4 盎司，標準差為 0.84 盎司。請分別以 **P 值檢定法**、**古典檢定法** (Classical H.T.) 及**信任區間檢定法**，檢定 $\mu \geq 7.5$ 盎司的假設。（顯著水準為0.05。並設母體為常態分配）

11-4　「只要樣本數 n 夠大，則可利用 $\dfrac{p' - p}{\sqrt{\dfrac{p'(1 - p')}{n}}} \sim N(0, 1)$ 來對母體比例 p 進行推論的工作（不論是進行區間估計或是假設檢定）。」請對此敘述批評。

11-5　某校舉行抽考，獨立隨機分別自甲班抽出 12 名學生，測驗得其成績平均數為 85 分，標準差為 3.5 分。自乙班抽出 16 名學生，測驗得其成績平均數為 79 分，標準差為 5.5 分。自丙班抽出 25 名學生，測驗得其成績平均數為 89 分，標準差為 7 分。假設各班的成績均呈常態分配，且標準差 $\sigma_1 = \sigma_2 = \sigma_3 = \sigma$，試在 0.05 之顯著水準下，檢定:

1.甲、乙兩班學生之抽考成績是否有顯著差異。

2.丙班有個學生宣稱：該班此次抽考平均成績至少高於乙班 5
分。試檢定其宣稱是否正確。

11–6 阿呆與阿瓜取一個六面之骰子賭博，當骰子出現 "1" 時，則阿呆
認輸，在投擲了 100 次之後，阿呆共輸 20 次，於是阿呆懷疑阿
瓜所用的骰子有詐，因此他想檢定骰子是否有詐，請答下列各
題：

1.試寫出阿呆所欲檢定之虛無假設與對立假設。並以其100 次之
結果在 5% 顯著水準下檢定之。（以 P 值檢定法檢定之。）

2.在 100 次的投擲下，"1" 至少必須出現多少次，阿呆方能得到
「骰子有詐」的結論？

3.如果阿瓜是誠實的，則阿呆誣告他的機會多大？反之，若阿瓜
確實有詐，機會又有多大？在這個問題之下，"Type Ⅰ Error"
與 " Type Ⅱ Error" 各指的是什麼？說明之。

11–7 假定某新連線政團之成員，希望知道臺北市市民和高雄市市民
對其主張支持之比例是否有顯著差異。故委託某民意調查機構
自兩地各獨立隨機抽取100 位市民從事訪問，結果顯示臺北市有
40 位支持，高雄市有 32 位支持。試檢定此項樣本比例的差異，
是否顯示兩地區的民眾對其政見的支持比例真有顯著差異？（顯
著水準為 10%。）

11–8 由常態分配 $N(10, \sigma^2)$ 之母體中隨機抽出 10 個樣本，其值如下：

10.5　10.2　9.6　10.8　9.3　9.8　9.9　10.1　9.5　10.0

試問在顯著水準為0.05 下，「母體變異數 $\sigma^2 = (0.3)^2$」的說法可
以被接受嗎？

11–9 設十個海水浴場在未做廣告之前及廣告之後每週收入的資料（單
位：千元）如下：

浴場	1	2	3	4	5	6	7	8	9	10
廣告前	59	64	65	50	58	55	61	60	63	67
廣告後	62	60	63	65	68	64	71	73	60	65

請答下列各題（已知廣告前或廣告後每週收入都呈常態分配）：

1. 試以 $\alpha = 0.05$ 之顯著水準檢定「廣告後有增加收入」的假設。
   並求算 P 值。

2. 由此資料，當你要檢定兩母體平均數前，是否須先假設此二
   母體的變異數相等？如果必須做此假設，則請先檢定這個假
   設能否成立？（顯著水準為 5%）

第十二章　變異數分析

　　關於兩母體平均數彼此是否相等之假設的檢定，本書第十一章第二節已詳加介紹。然而很多情況下，我們所欲探討的問題，很可能不只涉及兩個母體，而是涉及三個或以上的母體。此時，各個母體平均數（設若共有 r 個母體）彼此相等與否的假設（$H_0: \mu_1 = \mu_2 = \cdots = \mu_r$, H_1：至少有兩個母體平均數彼此不相等，或 $H_1: H_0$ 不真），我們如果採用前面一章（第十一章第二節）所介紹的方法，分別去檢定每一對（即每兩個）母體平均數是否相等，則不但要進行多次（共 $\binom{r}{2}$ 次）的檢定，且事實上，以這樣的方法去檢定「$\mu_1 = \mu_2 = \cdots = \mu_r$」的假設將遭遇一個問題。因為如此檢定的話，**犯型 I 錯誤的機率不再是預先設定的顯著水準α，而是比 α 為大**。本章所要介紹的**變異數分析方法 (Analysis of Variance)，即是檢定三個或以上母體平均數彼此都相等之假設的統計方法（顯著水準是**α**）**。

第一節　一因素變異數分析

　　某種情況下，假如我們想要探討「生產燈泡之機器類別（設若共有 r 個類別）是否對燈泡壽命有影響？亦即機器這個因素是否對燈泡壽命有影響？」的問題，我們可以將這個問題簡化成是要探討「r 種機器類別（r 個母體）生產之燈泡，其壽命平均數彼此是否相等」？亦即將某一因素（機器），分成 r 個類別（r 個母體），而後探討 r 個母體平均數彼此是否相等？今若以 x_{ij} 表示第 i 種類別之機器所生產之第 j 個燈泡的

壽命，μ_i 表示第 i 種類別所生產之燈泡的平均壽命 $(i = 1, 2, \cdots, r)$，則上述的問題，實際上就是要檢定「$H_0: \mu_1 = \mu_2 = \cdots = \mu_r$，及 H_1: 至少有兩個母體平均數彼此不相等」的假設。今若把 r 個小母體結合看成一個大母體，並以 μ 代表此大母體的平均數 (Grand Population Mean)，以 σ_G^2 代表此大母體之變異數 (Grand Population Variance)，則就第 i 個小母體之第 j 個個體數值 (x_{ij}) 而言，其與大母體平均數之間的差值 $(x_{ij} - \mu)$，可以分解成兩部份，如下：

$$x_{ij} - \mu = (x_{ij} - \mu_i) + (\mu_i - \mu) \tag{12-1}$$

或 $\qquad x_{ij} = \mu + e_{ij} + \alpha_i \tag{12-1}'$

式 (12-1) 的左端稱為總差值 (Total Deviation)，右端的 $(x_{ij} - \mu_i)$，乃是第 i 個小母體之第 j 個個體與其小母體之平均數間的差值，這種差值是**隨機性**（機遇性）的，不能以機器因素解釋的，因此稱之為「**機遇差值 (Deviation due to Error)**」或「**不能由因素解釋的差值**(Deviation Unexplained)」。至於 $(\mu_i - \mu)$ 此項差值，在 H_0 為真時，由於 $\mu_1 = \mu_2 = \cdots = \mu_r = \mu$，因此必為 0，而在 H_1 為真時，通常不為 0，這項差值乃是機器因素造成的，因此稱之為「**因素差值(Deviation due to Factor)**」或「**能由因素解釋的差值** (Deviation Explained by Factor)」。

我們若進一步將式 (12-1) 的左右兩端加以平方，可得：

$$(x_{ij} - \mu)^2 = (x_{ij} - \mu_i)^2 + (\mu_i - \mu)^2 + 2(x_{ij} - \mu_i)(\mu_i - \mu) \tag{12-2}$$

總差值平方

並將每一個小母體之下的每一個個體的**總差值平方**加總，得到：

$$\sum_i \sum_j (x_{ij} - \mu)^2 = \sum_i \sum_j (x_{ij} - \mu_i)^2 + \sum_i \sum_j (\mu_i - \mu)^2 + 2\sum_i \sum_j (x_{ij} - \mu_i)(\mu_i - \mu) \tag{12-3}$$

由於

$$\sum_i \sum_j (x_{ij} - \mu_i)(\mu_i - \mu) = \sum_i (\mu_i - \mu) \underbrace{\sum_j (x_{ij} - \mu_i)}_{=0}$$

$$=0$$

所以, 式 (12–3) 成為:

$$\sum_i \sum_j (x_{ij} - \mu)^2 = \sum_i \sum_j (x_{ij} - \mu_i)^2 + \sum_i \sum_j (\mu_i - \mu)^2 \qquad (12-4)$$

式 (12–4) 的這些差值平方和 (Sum of Squares), 分別稱之為:

總差值平方和 (Sum of Squares, Total) $\longrightarrow \sum_i \sum_j (x_{ij} - \mu)^2$

（或稱**總變異** (Total Variation)）

機遇差值平方和 (Sum of Squares due to Error) $\longrightarrow \sum_i \sum_j (x_{ij} - \mu_i)^2$

（或稱**機遇變異** (Variation due to Error)）

因素差值平方和 (Sum of Squares due to Factor) $\longrightarrow \sum_i \sum_j (\mu_i - \mu)^2$

（或稱**因素變異** (Variation due to Factor)）

因此, 式 (12–4) 可以簡單的符號表示如下:

母體:　SS(Total) = SS(Error) + SS(Factor)

$$\text{SST} \quad = \text{SSE} \quad + \text{SSF} \qquad (12-5)$$

當 H_0 為真時, SSF=0, 因此 SST 全部來自 SSE; 而當 H_0 不真時, SST 部分來自 SSE, 部分來自 SSF。但基於時間、財力的限制或因牽涉毀壞性的測試, 我們不可能觀察 r 個小母體的每一個個體, 去計算 SST、SSE 及 SSF, 以探討 H_0 要被接受或拒絕。因此我們從各個小母體抽樣, 利用樣本資料進行**變異數分析**以探討 H_0 要被接受或拒絕。在說明如何利用樣本資料進行變異數分析之前, 我們先介紹**變異數分析模型**必要的**基本假設**。

一、一因素變異數分析的假設

為利用樣本資料，以變異數分析方法去探討 r 個母體平均數彼此相等的假設要被接受或拒絕，基本上，我們有下面的**假設**：

(1)因素影響是**固定影響的模型** (Fixed Effect Model)：即觀察樣本資料時，係對因素的每一個類別（共有 r 個類別）都加以觀察。因此，式 (12-1) 的 $\mu_i - \mu$（即 α_i）是固定的常數。設若因素的類別非常多（ r 很大），則我們很可能僅隨機觀察某些類別，亦即從 r 個小母體中，隨機決定觀察數個（ 4~5 個）小母體，這種情況下，因素的影響 (α_i) 不再是固定常數，而是隨機變數，因此被稱為**隨機影響的模型** (Random Effect Model)。為簡單起見，本章變異數分析的模型都限於**固定影響的模型**。

(2)**常態的假設**：每一個小母體都分別呈常態分配，且其平均數分別為 μ_i $(i = 1, 2, \cdots, r)$。

(3)**變異數齊一性的假設** (Homogeneity of Variance)：每一個小母體的變異數 (σ_i^2) 彼此都相等（都等於 σ^2），即

$$\sigma_1^2 = \sigma_2^2 = \cdots = \sigma_r^2 = \sigma^2$$

上面的假設，即

$$e_{ij} \sim N(0, \sigma^2)$$

或

$$X_i \sim N(\mu_i, \sigma^2), i = 1, 2, \cdots, r$$

(4)**獨立隨機抽樣**：從每一個小母體抽取樣本時，必須是採取獨立隨機抽樣的方法。

二、一因素變異數分析的步驟

　　一因素變異數分析方法之下，我們所欲檢定的虛無假設與對立假設已如前述。其次，我們乃從 r 個小母體以獨立隨機抽樣法分別各抽 n_i 個個體，而我們若令 x_{ij} 是從第 i 個母體所抽出之第 j 個個體的數值 $(i = 1, 2, \cdots, r;\ j = 1, 2, \cdots, n_i)$，$\overline{x}_i$ 是第 i 個母體抽出之樣本的平均數，$\overline{\overline{x}}$ 是把 r 個小母體獨立隨機抽出之 r 組樣本視為一**大樣本之樣本平均數** **(Grand Sample Mean)**，即

小母體	樣　　　　本	樣本數	樣本平均數
1	$x_{11}x_{12}\cdots x_{1n_1}$	n_1	$\overline{x_1}$
2	$x_{21}x_{22}\cdots x_{2n_2}$	n_2	$\overline{x_2}$
$\vdots$	$\vdots$	$\vdots$	$\vdots$
r	$x_{r1}x_{r2}\cdots x_{rn_r}$	n_r	$\overline{x_r}$

且

$$\overline{x}_i = \frac{1}{n_i}\sum_{j=1}^{n_i} x_{ij}$$

$$\overline{\overline{x}} = \frac{1}{\sum\limits_{i=1}^{r} n_i}\sum_i\sum_j x_{ij} = \frac{1}{\sum\limits_{i=1}^{r} n_i}\sum_i n_i\overline{x}_i$$

則

$$x_{ij} - \overline{\overline{x}} = (x_{ij} - \overline{x}_i) + (\overline{x}_i - \overline{\overline{x}}) \tag{12-6}$$

我們再將上式左右兩端**平方**後**加總**，可得：

$$\sum_i\sum_j(x_{ij} - \overline{\overline{x}})^2 = \sum_i\sum_j(x_{ij} - \overline{x}_i)^2 + \sum_i\sum_j(\overline{x}_i - \overline{\overline{x}})^2$$
$$+ 2\sum_i\sum_j(x_{ij} - \overline{x}_i)(\overline{x}_i - \overline{\overline{x}}) \tag{12-7}$$

由於

$$\sum_i \sum_j (x_{ij} - \overline{x}_i)(\overline{x}_i - \overline{\overline{x}}) = \sum_i (\overline{x}_i - \overline{\overline{x}}) \underbrace{\sum_j (x_{ij} - \overline{x}_i)}_{=0}$$

$$= 0$$

所以, 式 (12-7) 成為:

$$\sum_i \sum_j (x_{ij} - \overline{\overline{x}})^2 = \sum_i \sum_j (x_{ij} - \overline{x}_i)^2 + \sum_i \sum_j (\overline{x}_i - \overline{\overline{x}})^2 \qquad (12\text{--}8)$$

$$\downarrow \qquad\qquad\qquad \downarrow \qquad\qquad\qquad \downarrow$$

總變異	機遇變異	因素變異
	（組內變異）	（組間變異）

而式 (12-8) 與式 (12-4) 類同, 因此亦可用簡單符號表示如下:

樣本: SS(Total)= SS(Error) + SS(Factor)

$$\text{SST} \qquad = \text{SSE} \qquad + \text{SSF} \qquad\qquad (12\text{--}9)$$

式 (12-9) 的 SST、SSE 或 SSF 都是統計量, 它們的自由度 (d.f.) 分別是 $\sum_i n_i - 1, \sum_i n_i - r$ 及 $r - 1$, 即

自由度: $(\sum_i n_i - 1) = (\sum_i n_i - r) + (r - 1)$

我們進一步對式 (12-9) 這些樣本的差值平方和**求平均**, 並定義**平均總差值平方和** (Mean Squares Total, MST)、**平均機遇差值平方和** (Mean Squares Error, MSE) 及**平均因素差值平方和** (Mean Squares Factor, MSF) 如下:

$$\text{MST} = \frac{\text{SST}}{\text{d.f.}} = \frac{\sum_i \sum_j (x_{ij} - \overline{\overline{x}})^2}{\sum_i n_i - 1}$$

$$\text{MSE} = \frac{\text{SSE}}{\text{d.f.}} = \frac{\sum_i \sum_j (x_{ij} - \overline{x}_i)^2}{\sum_i n_i - r} = \frac{(n_1 - 1)s_1^2 + \cdots + (n_r - 1)s_r^2}{(n_1 - 1) + \cdots + (n_r - 1)}$$

$$= s_P^2$$

$$\left[\begin{array}{l} \text{此處,} s_i^2 \text{ 是從第 } i \text{ 個小母體抽出樣本（樣本數是 } n_i\text{）之樣} \\ \text{本變異數,因此, MSE 事實上就是從 } r \text{ 個母體獨立抽樣} \\ \text{之 } r \text{ 組樣本的混合樣本變異數 } (s_P^2)\text{。} \end{array}\right]$$

$$\text{MSF} = \frac{\text{SSF}}{\text{d.f.}} = \frac{\sum\limits_{i}\sum\limits_{j}(\overline{x}_i - \overline{\overline{x}})^2}{r-1}$$

且選擇 $\dfrac{\text{MSF}}{\text{MSE}}$ 為檢定統計量。

我們為何選擇 $\dfrac{\textbf{MSF}}{\textbf{MSE}}$ 當做檢定統計量？此檢定統計量呈何種分配？我們應採右端、左端或兩端檢定？這些問題都是變異數分析的重要問題,對於這些問題,我們逐一說明於下。

當虛無假設 $\mu_1 = \mu_2 = \cdots = \mu_r$ 為真時,不但各個**小母體的平均數** (μ_i) 都等於**大母體平均數** (μ),且各個**小母體的齊一變異數** $(\sigma_i^2 = \sigma^2)$ 也等於**大母體變異數** (σ_G^2)。然而當虛無假設不真時,大母體變異數則大於各小母體之變異數,此乃因為:

$$\sigma_G^2 = E(X - \mu)^2$$

$$= \frac{1}{N}\sum_i\sum_j(x_{ij} - \mu)^2$$

$$(N = \sum_{i=1}^{r} N_i,\quad N_i \text{ 是第 } i \text{ 個小母體之個體數目})$$

$$= \frac{1}{N}\sum_i\sum_j[(x_{ij} - \mu_i) + (\mu_i - \mu)]^2$$

$$= \frac{1}{N}\left[\sum_i\sum_j(x_{ij}-\mu_i)^2 + \sum_i\sum_j(\mu_i-\mu)^2 + 2\underbrace{\sum_i\sum_j(x_{ij}-\mu_i)(\mu_i-\mu)}_{=0}\right]$$

$$= \frac{1}{N}\left[\sum_i N_i\sigma_i^2 + \sum_i N_i(\mu_i - \mu)^2\right]$$

$$(\because \sigma_i^2 = \sigma^2)$$

$$= \frac{1}{N}\left[\sum_i N_i\sigma^2 + \sum_i N_i(\mu_i - \mu)^2\right]$$

$$=\sigma^2 + \sum_i \frac{N_i}{N}(\mu_i - \mu)^2 \qquad\qquad (12\text{–}10)$$

$$=\sigma^2, \text{ 當 } H_0 \text{ 為真}$$

$$>\sigma^2, \text{ 當 } H_0 \text{ 不真}$$

上述的這種關係，若以圖示之，則如圖 12–1。

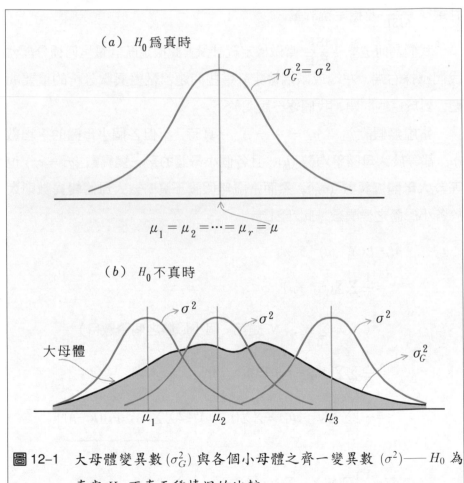

圖 12-1　大母體變異數 (σ_G^2) 與各個小母體之齊一變異數 (σ^2)——H_0 為真與 H_0 不真兩種情況的比較

由於 SSF、SSE 都是統計量，所以 MSF、MSE 也都是統計量。若我
們對 MSF 取期望值，則:

$$E(\text{MSF}) = E\left[\frac{\sum\limits_{i}\sum\limits_{j}(\overline{x}_i - \overline{\overline{x}})^2}{r - 1}\right]$$

$$= \frac{1}{r-1}E\left[\sum\limits_{i}\sum\limits_{j}\left((\overline{x}_i - \mu) - (\overline{\overline{x}} - \mu)\right)^2\right]$$

$$= \frac{1}{r-1}E\left[\sum\limits_{i}\sum\limits_{j}(\overline{x}_i - \mu)^2 + \sum\limits_{i}\sum\limits_{j}(\overline{\overline{x}} - \mu)^2\right.$$

$$\left. - 2\sum\limits_{i}\sum\limits_{j}(\overline{x}_i - \mu)(\overline{\overline{x}} - \mu)\right]$$

$$= \frac{1}{r-1}E\left[\sum\limits_{i}n_i(\overline{x}_i - \mu)^2 - \sum\limits_{i}n_i(\overline{\overline{x}} - \mu)^2\right] \text{(註 1)}$$

$$= \frac{1}{r-1}\left[\sum\limits_{i}n_iE(\overline{x}_i - \mu)^2 - \sum\limits_{i}n_iE(\overline{\overline{x}} - \mu)^2\right]$$

$$= \frac{1}{r-1}\left[r\sigma^2 + \sum\limits_{i}n_i(\mu_i - \mu)^2 - \sigma_G^2\right] \text{(註 2)}$$

$$= \frac{1}{r-1}\left[(r-1)\sigma^2 + \sum\limits_{i}n_i(\mu_i - \mu)^2 + \sigma^2 - \sigma_G^2\right]$$

$$= \sigma^2 + \frac{1}{r-1}\left[\sum\limits_{i}n_i(\mu_i - \mu)^2 + \sigma^2\right.$$

$$\left. - (\sigma^2 + \sum\limits_{i}\frac{N_i}{N}(\mu_{i\cdot} - \mu)^2)\right] \text{(註 3)}$$

$$= \sigma^2 + \frac{1}{r-1}\left[\sum\limits_{i}(\mu_i - \mu)^2\underbrace{\left(n_i - \frac{N_i}{N}\right)}_{>0}\right] \qquad (12\text{-}11)$$

從式 (12-11)，我們發現當 H_0 **為真時**, $E(\text{MSF}) = \sigma^2$, H_0**不真時**, $E(\text{MSF})$
$> \sigma^2$。因此，我們要檢定 $\mu_1 = \mu_2 = \cdots = \mu_r = \mu$ 為真或為不真，事實上
就相當於要**檢定** $E(\text{MSF})$ **是等於** σ^2 **或大於** σ^2，換句話說，就是要檢定
$\dfrac{E(\text{MSF})}{\sigma^2}$ 是等於1 或大於 1。亦即:

$$\begin{cases} H_0: \mu_1 = \mu_2 = \cdots = \mu_r = \mu \\ H_1: H_0\text{不真} \end{cases}$$

相當於：

$$\begin{cases} H_0: \dfrac{E(\text{MSF})}{\sigma^2} = 1 \\[2mm] H_1: \dfrac{E(\text{MSF})}{\sigma^2} > 1 \end{cases}$$

所以，對於「r 個母體平均數彼此相等」的假設檢定我們不採兩端或左端檢定，而採右端檢定。 然而我們不可能對所有可能的樣本組合都加以觀察以求得 $E(\text{MSF})$，也不可能計算得 σ^2，因此，我們乃利用 r 個小母體獨立各抽一組樣本而得的 MSF 及 MSE，分別去估計 $E(\text{MSF})$ 及 σ^2 (註 4)，並選擇 $\dfrac{\text{MSF}}{\text{MSE}}$ 當做檢定統計量。

$\dfrac{\text{MSF}}{\text{MSE}}$ 此檢定統計量在 H_0 為真時，係呈自由度為 $r-1$ 及 $\sum\limits_{i} n_i - r$ 的 F 分配，說明如下：

$$\frac{\text{MSF}}{\text{MSE}} = \frac{\sum\limits_{i}\sum\limits_{j}(\bar{x}_i - \bar{\bar{x}})^2 / (r-1)}{\sum\limits_{i}\sum\limits_{j}(x_{ij} - \bar{x}_i)^2 / \left(\sum\limits_{i} n_i - r\right)}$$

$$= \frac{\dfrac{\sum\limits_{i}\sum\limits_{j}(\bar{x}_i - \bar{\bar{x}})^2}{\sigma^2} \Big/ (r-1)}{\dfrac{\sum\limits_{i}\sum\limits_{j}(x_{ij} - \bar{x}_i)^2}{\sigma^2} \Big/ \left(\sum\limits_{i} n_i - r\right)} \tag{12-12}$$

$$= \frac{\chi^2_{r-1} / (r-1)}{\chi^2_{\sum\limits_{i} n_i - r} \Big/ \left(\sum\limits_{i} n_i - r\right)} \sim F_{r-1, \sum\limits_{i} n_i - r} \tag{12-13}$$

式 (12-12) 的 $\dfrac{\sum\limits_{i}\sum\limits_{j}(\bar{x}_i - \bar{\bar{x}})^2}{\sigma^2}$ 及 $\dfrac{\sum\limits_{i}\sum\limits_{j}(x_{ij} - \bar{x}_i)^2}{\sigma^2}$ 於 H_0 為真時，都呈卡方分配，自由度分別是 $r-1$ 及 $\sum\limits_{i} n_i - r$，此乃因為：

$$\sum_{i}\sum_{j}(\bar{x}_i - \bar{\bar{x}})^2 = \sum_{i} n_i(\bar{x}_i - \bar{\bar{x}})^2$$

$$= \sum_{i} n_i \big[(\bar{x}_i - \mu) - (\bar{\bar{x}} - \mu)\big]^2$$

$$=\sum_i n_i \left[(\overline{x}_i - \mu)^2 + (\overline{\overline{x}} - \mu)^2 - 2(\overline{x}_i - \mu)(\overline{\overline{x}} - \mu) \right]$$

$$=\sum_i n_i (\overline{x}_i - \mu)^2 + \sum_i n_i (\overline{\overline{x}} - \mu)^2 - 2(\overline{\overline{x}} - \mu) \sum_i n_i (\overline{x}_i - \mu)$$

$$=\sum_i n_i (\overline{x}_i - \mu)^2 + \sum_i n_i (\overline{\overline{x}} - \mu)^2 - 2 \sum_i n_i (\overline{\overline{x}} - \mu)^2$$

$$=\sum_i n_i (\overline{x}_i - \mu)^2 - \sum_i n_i (\overline{\overline{x}} - \mu)^2$$

而當 H_0 為真時，上式 $= \sum_i n_i (\overline{x}_i - \mu_i)^2 - \sum_i n_i (\overline{\overline{x}} - \mu)^2$

$\therefore H_0$ 為真時，

$$\frac{\sum_i \sum_j (\overline{x}_i - \overline{\overline{x}})^2}{\sigma^2} = \frac{\sum_i n_i (\overline{x}_i - \mu_i)^2}{\sigma^2} - \frac{\sum_i n_i (\overline{\overline{x}} - \mu)^2}{\sigma^2}$$

$$= \sum_{i=1}^{r} \left(\frac{\overline{x}_i - \mu_i}{\frac{\sigma_i}{\sqrt{n_i}}} \right)^2 - \left(\frac{\overline{\overline{x}} - \mu}{\frac{\sigma_G}{\sqrt{\sum n_i}}} \right)^2$$

$$= \chi_r^2 - \chi_1^2$$

$$\sim \chi_{r-1}^2$$

又

$$\frac{\sum_i \sum_j (x_{ij} - \overline{x}_i)^2}{\sigma^2} = \frac{\sum_j (x_{1j} - \overline{x}_1)^2}{\sigma_1^2} + \frac{\sum_j (x_{2j} - \overline{x}_2)^2}{\sigma_2^2} + \cdots + \frac{\sum_j (x_{rj} - \overline{x}_r)^2}{\sigma_r^2}$$

$$= \chi_{n_1-1}^2 + \chi_{n_2-1}^2 + \cdots + \chi_{n_r-1}^2$$

$$\sim \chi_{\sum_i n_i - r}^2$$

當我們知道我們所選的檢定統計量 $\left(\dfrac{\text{MSF}}{\text{MSE}} \right)$ 呈 F 分配之後，我們進一步將**一因素變異數分析的步驟**簡述如下：

⑴**建立假設**：

$$\begin{cases} H_0: \mu_1 = \mu_2 = \cdots = \mu_r \\ H_1: H_0 \text{不真} \end{cases}$$

(2)選擇 $\dfrac{\text{MSF}}{\text{MSE}}$ 為檢定統計量。

(3)**建立決策規則**: 在顯著水準為 α 時, 我們建立決策規則如下:

若

$$\left(\dfrac{\text{MSF}}{\text{MSE}}\right)_{\text{o}} \leq F_* = F_{\alpha; r-1, \sum\limits_i n_i - r} \longrightarrow A_0$$

$$\left(\dfrac{\text{MSF}}{\text{MSE}}\right)_{\text{o}} > F_* = F_{\alpha; r-1, \sum\limits_i n_i - r} \longrightarrow A_1$$

(4)從 r 個母體獨立隨機各抽 n_i 個樣本, **並根據所觀察之樣本的資料, 計算「檢定統計量」之數值**, 即 $\left(\dfrac{\text{MSF}}{\text{MSE}}\right)_{\text{o}}$。

(5)**做成決策或結論**: 根據樣本計算而得之「檢定統計量」的數值, 若落在接受區間, 則採接受 H_0 的決策; 反之, 若落在判定區間, 則採拒絕 H_0 的決策。

三、一因素變異數分析表

上面所介紹的統計方法, 就是利用所抽得之樣本資料, 對其變異加以分解分析, 並以「平均因素差值平方和 (MSF)」與「平均機遇差值平方和 (MSE)」之比, 做為**檢定統計量**, 去檢定 r 個母體平均數彼此都相等的假設。而 MSF 或 MSE 基本上就是變異數的概念, 因此上面所介紹的統計方法, 實際上就是以**兩個變異數之比** $\left(\dfrac{\text{MSF}}{\text{MSE}}\right)$ 做為檢定統計量, 去進行分析的一種方法, 因此乃被稱為「**一因素變異數分析法**(One Factor Analysis of Variance, 簡寫為**One Factor ANOVA**)」。為簡便起見, 當我們檢定 r 個母體平均數彼此都相等的假設時, 我們通常把上面介紹的檢定方法列成表(**變異數分析表**, ANOVA Table), 如表 12–1。

表 12-1 一因素變異數分析表

變異來源	差值平方和	自由度	平均差值平方和	F 值
因素 (Factor)	$\text{SSF}=\sum_i\sum_j(\overline{x}_i-\overline{\overline{x}})^2$	$r-1$	$\text{MSF}=\dfrac{\text{SSF}}{r-1}$	$F=\dfrac{\text{MSF}}{\text{MSE}}$
機遇或誤差 (Error)	$\text{SSE}=\sum_i\sum_j(x_{ij}-\overline{x}_i)^2$	$\sum_i n_i-r$	$\text{MSE}=\dfrac{\text{SSE}}{\sum_i n_i-r}$	
總變異 (Total)	$\text{SST}=\sum_i\sum_j(x_{ij}-\overline{\overline{x}})^2$	$\sum_i n_i-1$		

【例 12-1】

某廠商使用三部機器生產燈泡，已知三部機器所生產之燈泡壽命分別都呈常態分配，且變異數彼此相等。今獨立隨機觀察三部機器所生產之燈泡各 10 個，發現其壽命（單位: 100 小時）如下：

第 I 部： 12,10,21,14,24,16,18,15,14,16

第 II 部： 17,21,20,20,19,18,16,20,14,15

第 III 部： 21,20,16,25,30,24,24,16,29,25

試據上述資料檢定「三部機器生產之燈泡壽命平均數彼此都相等」的假設。$(\alpha = 0.05)$

【解】

令 X_1 為第 I 部機器生產之燈泡壽命，且　$X_1 \sim N(\mu_1, \sigma_1^2)$

　X_2 為第 II 部機器生產之燈泡壽命，且　$X_2 \sim N(\mu_2, \sigma_2^2)$

　X_3 為第 III 部機器生產之燈泡壽命，且　$X_3 \sim N(\mu_3, \sigma_3^2)$

又已知　$\sigma_1^2 = \sigma_2^2 = \sigma_3^2 = \sigma^2$

檢定步驟如下：

㈠根據題意，建立檢定的假設為：

$$\begin{cases} H_0 : \mu_1 = \mu_2 = \mu_3 \\ H_1 : H_0 \text{不真} \end{cases}$$

(二)選擇 $\dfrac{\text{MSF}}{\text{MSE}}$ 為檢定統計量，且知：

$$\frac{\text{MSF}}{\text{MSE}} \sim F_{r-1,\, \sum\limits_i n_i - r}, \begin{cases} r = 3 \\ \sum\limits_i n_i - r = 27 \end{cases}$$

(三) $\alpha = 0.05$，採右端檢定。而

$$F_* = F_{0.05;2,27}$$

又查附錄表 (10) 得：

$$F_{0.05;2,27} = 3.35$$

建立決策規則如下：

若

$$F_0 \le F_* \longrightarrow A_0$$
$$F_0 > F_* \longrightarrow A_1$$

(四)根據樣本資料，得

$$\overline{x}_1 = 16, \ \overline{x}_2 = 18, \ \overline{x}_3 = 23, \ \overline{\overline{x}} = 19$$

$$\sum_i n_i (\overline{x}_i - \overline{\overline{x}})^2 = 10(16 - 19)^2 + 10(18 - 19)^2 + 10(23 - 19)^2$$
$$= 260$$

$$\sum_i \sum_j (x_{ij} - \overline{x}_i)^2 = (12 - 16)^2 + (10 - 16)^2 + \cdots + (16 - 16)^2$$
$$+ (17 - 18)^2 + (21 - 18)^2 + \cdots + (15 - 18)^2$$
$$+ (21 - 23)^2 + (20 - 23)^2 + \cdots + (25 - 23)^2$$
$$= 412$$

$$\text{MSF}_0 = \frac{260}{2} = 130$$

$$\text{MSE}_0 = \frac{412}{27} = 15.26$$

並將樣本資料的結果，列成變異數分析表，如下：

表12-2　變異數分析表——例12-1

變異來源	差值平方和	自由度	平均差值平方和	F 值
因　素	$SSF_0 = 260$	2	$MSF_0 = 130$	$F_0 = \dfrac{MSF_0}{MSE_0}$
誤　差	$SSE_0 = 412$	27	$MSE_0 = 15.26$	$= 8.52$
總變異	$SST_0 = 672$	29		

㈤ $\because F_0 = 8.52 > F_*$, F_0 落在棄卻區間，因此採 A_1 的決策，即拒絕「三部機器生產之燈泡壽命平均數彼此都相等」的假設。

四、差值平方和的簡捷計算公式

檢定 r 個母體平均數彼此是否都相等的過程中，我們必須計算差值平方和（SSF、SSE 及 SST）。而這些**差值平方和**亦可用下列的**簡捷計算公式**計算之 (註 5)。

定義式	簡捷式
$SSF = \sum\limits_i n_i(\overline{x}_i - \overline{\overline{x}})^2$	$\sum\limits_i \dfrac{(\sum\limits_j x_{ij})^2}{n_i} - \Delta$
$SST = \sum\limits_i \sum\limits_j (x_{ij} - \overline{\overline{x}})^2$	$\sum\limits_i \sum\limits_j x_{ij}^2 - \Delta$

$$\Delta = \frac{(\sum\limits_i \sum\limits_j x_{ij})^2}{\sum n_i}$$

$$SSE = SST - SSF$$

前面的例子（例 12-1），若以上述簡捷計算公式計算，可得：

$$\Delta = \frac{(12 + 10 + \cdots + 25)^2}{10 + 10 + 10} = \frac{(570)^2}{30} = 10830$$

$$\text{SSF} = \left[\frac{(12 + 10 + \cdots + 16)^2}{10} + \frac{(17 + \cdots + 15)^2}{10} + \frac{(21 + \cdots + 25)^2}{10} \right] - \Delta$$

$$= \frac{(160)^2}{10} + \frac{(180)^2}{10} + \frac{(230)^2}{10} - 10830$$

$$= 260$$

$$\text{SST} = [(12)^2 + (10)^2 + \cdots + (25)^2] - \Delta$$

$$= [144 + 100 + \cdots + 625] - 10830$$

$$= 11502 - 10830$$

$$= 672$$

$$\therefore \text{SSE} = \text{SST} - \text{SSF} = 672 - 260 = 412$$

我們發現在此例中，採用定義式去計算 SSF、SSE 比用簡捷計算公式較為簡單，此乃因為樣本平均數 $(\bar{x}_1, \bar{x}_2, \bar{x}_3)$ 都是整數之故。一般而言，如果樣本平均數不是整數，則以簡捷式去計算 SSF、SSE 較為簡單。

五、兩母體平均數相等的假設檢定──t 檢定法與變異數分析法的相通

對於變異數彼此相等（ $\sigma_1^2 = \sigma_2^2 = \sigma^2$，但其值未知）的兩獨立常態母體平均數彼此是否相等的假設檢定，本書於第十一章已詳加介紹。我們是選擇「**兩獨立抽樣之樣本平均數的差 $(\bar{x}_1 - \bar{x}_2)$**」為檢定統計量，並利用式 (11-9)

$$\frac{(\bar{x}_1 - \bar{x}_2) - (\delta_0 = 0)}{\sqrt{s_p^2 \left(\frac{1}{n_1} + \frac{1}{n_2} \right)}} \sim t_{n_1 + n_2 - 2}$$

而後根據 t 分配找出判定點，以檢定 $H_0: \mu_1 = \mu_2$ 及 $H_1: \mu_1 \neq \mu_2$ 的假設（見第十一章第二節）。

　　兩獨立常態母體平均數是否相等的假設檢定，事實上，也可採用本節所介紹的**變異數分析方法**。此種方法下，**檢定統計量** $\dfrac{\text{MSF}}{\text{MSE}}$ 呈 F 分配，自由度為 $r - 1(= 2 - 1)$ 及 $\sum\limits_i n_i - r(= n_1 + n_2 - 2)$，即

$$\frac{\text{MSF}}{\text{MSE}} = \frac{\sum\limits_i n_i(\overline{x}_i - \overline{\overline{x}})^2/(2 - 1)}{\sum\limits_i \sum\limits_j (x_{ij} - \overline{x}_i)^2/(n_1 + n_2 - 2)} \sim F_{1,n_1+n_2-2} \qquad (12\text{--}14)$$

而由於 t 分配與 F 分配有下列的關係：

$$t_\nu^2 = F_{1,\nu}$$

因此，對於 $\mu_1 = \mu_2$ 之假設的檢定，t **檢定方法**及**變異數分析方法**（F 檢定）兩種檢定方法之間理論上應有**如下的關係** (註6)：

$$F_{1,n_1+n_2-2} = \frac{\text{MSF}}{\text{MSE}} = \frac{\sum\limits_i n_i(\overline{x}_i - \overline{\overline{x}})^2/(2 - 1)}{\sum\limits_i \sum\limits_j (x_{ij} - \overline{x}_i)^2/(n_1 + n_2 - 2)}$$

$$= \left(\frac{\overline{x}_1 - \overline{x}_2}{\sqrt{s_p^2 \left(\dfrac{1}{n_1} + \dfrac{1}{n_2} \right)}} \right)^2 \sim t_{n_1+n_2-2}^2$$

所以，對於兩母體平均數是否相等的假設，我們既可採 t 檢定方法（兩端檢定），亦可採變異數分析方法（右端檢定）；而兩種方法得到的結論完全一致。

第二節　變異數齊一性假設的檢定

本章第一節曾述及變異數分析方法必須有「常態」及「變異數齊一性」的背景假設，因此，我們在採用一因素變異數分析法，探討 r 個母體平均數彼此是否都相等之前，基本上，應先對「r 個母體分別都呈常態分配」及「變異數齊一性：　$\sigma_1^2 = \sigma_2^2 = \cdots = \sigma_r^2 = \sigma^2$」的假設加以檢定。

關於「常態母體」假設的檢定，本書將於第十七章再予介紹。

至於變異數齊一性假設的檢定，在只有兩個母體的情況下，我們是選擇兩個樣本變異數之比 $\left(\dfrac{s_1^2}{s_2^2} \right)$ 做為檢定統計量，去檢定 $\sigma_1^2 = \sigma_2^2 = \sigma^2$ 的假設（見第十一章第六節）。而在三個或三個以上之母體的情況下，如果獨立抽樣之樣本數彼此都相等 $(n_1 = n_2 = \cdots = n_r = n)$，則我們可用 Hartley 檢定法（哈特雷檢定法）去檢定下面的一組假設：

$$\begin{cases} H_0 : \sigma_1^2 = \sigma_2^2 = \cdots = \sigma_r^2 = \sigma^2 \\[2mm] H_1 : H_0 \text{ 不真（亦即 } r \text{ 個母體中，至少有兩個母體之變異數} \\[1mm] \qquad\quad \text{彼此不相等）} \end{cases}$$

Hartley 檢定法的檢定統計量是：

$$h = \frac{\mathrm{Max}\ s_i^2}{\min s_i^2} \tag{12-15}$$

式 (12–15) 中，$\mathrm{Max}\ s_i^2$ 及 $\min s_i^2$ 分別代表從 r 個母體獨立抽樣（樣本數都是 n）之 r 組樣本中，樣本變異數最大者與最小者。基本上，如果 h 的值越接近於1，我們越支持虛無假設 H_0，h 的值越大於 1，我們越支持對立假設 H_1。而在某一顯著水準下（$\alpha = 0.05$ 或 0.01），我們可據附錄表 (12) 找出判定點 (h_*)，並建立決策規則。例如前例 12–1 中，

$n = 10, r = 3$，若 $\alpha = 0.05$，則從附錄表 (12)，我們發現判定點（臨界值）是：

$$h_* = 5.34$$

即　　　P_r（$h \geq h_* = 5.34 | H_0$ 為真）$= 0.05$

因此，我們建立如下的決策規則：

　　　若

$$h_0 \leq h_* \longrightarrow A_0$$

$$h_0 > h_* \longrightarrow A_1$$

就前面例 12–1 而言，從觀察到的樣本資料，我們可得：

$$s_1^2 = 17.11, \ \ s_2^2 = 5.78, \ \ s_3^2 = 22.89$$

因此，h 檢定統計量的觀察值 (h_0) 是：

$$h_0 = \frac{22.89}{5.78} = 3.96$$

又　　$\because h_0 < h_*$

　　　$\therefore$ 接受 H_0，即在 $\alpha = 0.05$ 之下，我們接受變異數齊一性 ($\sigma_1^2 = \sigma_2^2 = \sigma_3^2 = \sigma^2$) 的假設。

　　如果前述樣本數彼此都相等的條件不符合時，我們就必須改用 **Bart-lett 檢定法**（巴特力檢定法）檢定變異數齊一性的假設 (註 7)。

　　一因素變異數分析方法使用之前，我們最好先對常態及變異數齊一性的假設予以檢定。不過只要 n_i 彼此相等且足夠大 ($n_i \geq 25$)，則常態或變異數齊一性的假設若不符合，一因素變異數分析方法仍然可用。

第三節　信任區間

　　若我們根據一因素變異數分析（ F 檢定）的結果，採取**拒絕 H_0 的假設**，亦即承認至少有兩個母體平均數彼此不相等。於此情況下，我們很可能想要進一步了解某一個**小母體之平均數** (μ_i) 是多少？兩個小母體平均數之差值 $(\mu_i - \mu_{i'})$ 是多少？甚或想要探究到底**哪兩個母體平均數彼此不相等**？對於上述這些問題，探討的方法，將於下面各小節介紹。

一、母體平均數 (μ_i) 的信任區間

　　在常態及變異數齊一性的假設下，對於第 i 個小母體而言：

$$X_i \sim N(\mu_i, \sigma_i^2 = \sigma^2)$$

如果要對 μ_i 加以估計，則我們**選擇 $\overline{X}_i$ 做為 μ_i 的估計式**。而因為：

$$E(\overline{X}_i)=\mu_i$$

$$V(\overline{X}_i)=\frac{\sigma_i^2}{n_i} = \frac{\sigma^2}{n_i}$$

所以，

$$\frac{\overline{X}_i - \mu_i}{\sqrt{\dfrac{\sigma^2}{n_i}}} \sim N(0,1) \tag{12-16}$$

式 (12–16) 中，由於 σ^2 之值未知，我們選擇其不偏誤估計式 MSE 估計它，並得到（註8）：

$$\frac{\overline{X}_i - \mu_i}{\sqrt{\dfrac{\text{MSE}}{n_i}}} \sim t_{\sum\limits_i n_i - r} \tag{12-17}$$

因此，我們據式 (12–17) 得到 μ_i 在 $1-\alpha$ 信任水準之下的信任區間是：

$$\overline{X}_i - t_{\frac{\alpha}{2},\, \sum\limits_i n_i - r} \sqrt{\frac{\text{MSE}}{n_i}} \leq \mu_i \leq \overline{X}_i + t_{\frac{\alpha}{2},\, \sum\limits_i n_i - r} \sqrt{\frac{\text{MSE}}{n_i}} \qquad (12\text{–}18)$$

【例 12–2】

試就前例 12–1，求第 II 部機器所生產之燈泡壽命平均數的信任區間。
（信任水準是 0.95）

【解】

若已知 $X_2 \sim N(\mu_2, \sigma_2^2 = \sigma^2)$

根據例 12–1 的資料，得：

$$\overline{x_2} = 18$$

$$\text{MSE} = 15.26$$

又　　　$\alpha = 0.05,\ \sum\limits_i n_i - r = 27$，查附錄表 (9) 得：

$$t_{0.025,27} = 2.052$$

因此，μ_2 在 0.95 信任水準下的信任區間是：

$$18 - 2.052\sqrt{\frac{15.26}{10}} \leq \mu_2 \leq 18 + 2.052\sqrt{\frac{15.26}{10}}$$

即　　　$15.465 \leq \mu_2 \leq 20.535$。

二、兩母體平均數之差 $(\mu_i - \mu_{i'})$ 的信任區間—— 單一信任區間 (A Single Confidence Interval)

在常態及變異數齊一性的假設下，對於第 i 個及第 i' 個小母體言：

$$X_i \sim N(\mu_i, \sigma_i^2 = \sigma^2)$$

$$X_{i'} \sim N(\mu_{i'}, \sigma_{i'}^2 = \sigma^2)$$

如果要對 $\mu_i - \mu_{i'}$ 進行區間估計，則我們選擇 $\overline{X}_i - \overline{X}_{i'}$ 做為 $\mu_i - \mu_{i'}$ 的估計式。而因為：

$$E(\overline{X}_i - \overline{X}_{i'}) = \mu_i - \mu_{i'}$$

$$V(\overline{X}_i - \overline{X}_{i'}) = \frac{\sigma_i^2}{n_i} + \frac{\sigma_{i'}^2}{n_{i'}}$$

$$(\because 獨立抽樣)$$

$$= \frac{\sigma^2}{n_i} + \frac{\sigma^2}{n_{i'}}$$

$$= \sigma^2 \left(\frac{1}{n_i} + \frac{1}{n_{i'}} \right)$$

所以，

$$\frac{(\overline{X}_i - \overline{X}_{i'}) - (\mu_i - \mu_{i'})}{\sqrt{\sigma^2 \left(\frac{1}{n_i} + \frac{1}{n_{i'}} \right)}} \sim N(0, 1) \tag{12-19}$$

由於 σ^2 之值未知，如同前一小節，我們選擇 MSE 估計它，並得到(註9)：

$$\frac{(\overline{X}_i - \overline{X}_{i'}) - (\mu_i - \mu_{i'})}{\sqrt{\text{MSE} \left(\frac{1}{n_i} + \frac{1}{n_{i'}} \right)}} \sim t_{\sum\limits_i n_i - r} \tag{12-20}$$

因此，$\mu_i - \mu_{i'}$ 在 $1 - \alpha$ 信任水準之下的信任區間是：

$$(\overline{X}_i - \overline{X}_{i'}) \pm t_{\frac{\alpha}{2}, \sum\limits_i n_i - r} \sqrt{\text{MSE} \left(\frac{1}{n_i} + \frac{1}{n_{i'}} \right)} \tag{12-21}$$

【例 12-3】

試就前例 12-1，求第 II 部機器與第 I 部機器所生產之燈泡壽命平均數之差的信任區間。（信任水準是 0.95）

【解】

若已知

$$X_1 \sim N(\mu_1, \sigma_1^2 = \sigma^2)$$

$$X_2 \sim N(\mu_2, \sigma_2^2 = \sigma^2)$$

根據例 12-1 的資料, 得:

$$\overline{x}_1 = 16, \ \overline{x}_2 = 18$$

$$\text{MSE} = 15.26$$

又 $\alpha = 0.05, \sum_i n_i - r = 27$, 查表得:

$$t_{0.025, 27} = 2.052$$

因此, $\mu_1 - \mu_2$ 在 0.95 信任水準下的信任區間是:

$$(16 - 18) - 2.052\sqrt{15.26\left(\frac{1}{10} + \frac{1}{10}\right)} \leq \mu_1 - \mu_2 \leq (16 - 18)$$

$$+2.052\sqrt{15.26\left(\frac{1}{10} + \frac{1}{10}\right)}$$

即　　　$-2 - 3.58 \leq \mu_1 - \mu_2 \leq -2 + 3.58$

$$-5.58 \leq \mu_1 - \mu_2 \leq 1.58$$

三、兩母體平均數之差$(\mu_i - \mu_{i'})$的信任區間——聯立信任區間(Simultaneous Confidence Intervals)

前例 12-3 中, 若我們欲對三個母體中, **任意兩個母體平均數之差進行區間估計**, 則根據本章第三節第二小節的介紹, 我們可以得到信任區間如下:

母體平均數之差	信 任 區 間	信 任 水 準
$\mu_1 - \mu_2$	$(16 - 18) \pm 2.052\sqrt{15.26\left(\dfrac{1}{10} + \dfrac{1}{10}\right)}$	0.95
$\mu_1 - \mu_3$	$(16 - 23) \pm 2.052\sqrt{15.26\left(\dfrac{1}{10} + \dfrac{1}{10}\right)}$	0.95
$\mu_2 - \mu_3$	$(18 - 23) \pm 2.052\sqrt{15.26\left(\dfrac{1}{10} + \dfrac{1}{10}\right)}$	0.95

亦即

$$-5.58 \leq \mu_1 - \mu_2 \leq 1.58$$

$$-10.58 \leq \mu_1 - \mu_3 \leq -3.42$$

$$-8.58 \leq \mu_2 - \mu_3 \leq -1.42$$

從上面得到的這些信任區間，我們下結論：「第Ⅲ部機器生產之燈泡壽命平均數高於第Ⅰ部及第Ⅱ部，而第Ⅰ部與第Ⅱ部生產之燈泡壽命平均數彼此沒有顯著的差異」。但是這裡要特別注意一點，即上述結論的信任水準並不是 $0.95(= 1 - \alpha)$。因為這裡的 $0.95(= 1 - \alpha)$ 是指單獨構成一個信任區間的信任水準，而並不是指三個信任區間同時成立的信任水準。如果我們欲根據三個信任區間同時成立的情況下去下結論，而信任水準是 $0.95(= 1 - \alpha)$，則最簡單的方法是採用 Scheffé 的方法，去構成某一信任水準（例 $1 - \alpha = 0.95$）之下的聯立信任區間。

設若有 r 個彼此獨立之常態母體，且其變異數彼此都相等，則在信任水準 $1 - \alpha$ 之下，任兩母體平均數之差的聯立信任區間（Scheffé 方法（契夫的聯立信任區間法））是：

母體平均數之差　　　　　　　　聯立信任區間

$$\mu_1 - \mu_2 \qquad (\overline{X}_1 - \overline{X}_2) \pm \sqrt{(r-1)F_{\alpha;r-1,\sum\limits_i n_i - r}}\sqrt{\text{MSE}\left(\frac{1}{n_1} + \frac{1}{n_2}\right)}$$

$$\mu_1 - \mu_3 \qquad (\overline{X}_1 - \overline{X}_3) \pm \sqrt{(r-1)F_{\alpha;r-1,\sum\limits_i n_i - r}}\sqrt{\text{MSE}\left(\frac{1}{n_1} + \frac{1}{n_3}\right)}$$

$$\vdots$$

$$\mu_{r-1} - \mu_r \qquad (\overline{X}_{r-1} - \overline{X}_r) \pm \sqrt{(r-1)F_{\alpha;r-1,\sum\limits_i n_i - r}}\sqrt{\text{MSE}\left(\frac{1}{n_{r-1}} + \frac{1}{n_r}\right)}$$

【例 12-4】

試就前例 12-1，求任兩部機器所生產之燈泡壽命平均數之差的聯立信任區間。（信任水準是 0.95）

【解】

若已知 $X_i \sim N(\mu_i, \sigma_i^2 = \sigma^2)$, $i = 1, 2, 3$, 根據例 12-1 的資料，得

$$\overline{x}_1 = 16, \ \overline{x}_2 = 18, \ \overline{x}_3 = 23,$$

$$\text{MSE} = 15.26$$

又 $\alpha = 0.05$, $n_i = 10$, $\sum\limits_i n_i - r = 27$, 查表得：

$$F_{\alpha;r-1,\sum\limits_i n_i - r} = F_{0.05;2,27} = 3.35$$

採用 Scheffé 的方法，我們得到「$\mu_i - \mu_{i'}$」在信任水準 0.95 之下的聯立信任區間是：

母體平均數之差	聯立信任區間
$\mu_1 - \mu_2$	$(16-18) \pm \sqrt{(3-1)(3.36)}\sqrt{(15.26)\left(\dfrac{1}{10}+\dfrac{1}{10}\right)}$
$\mu_1 - \mu_3$	$(16-23) \pm \sqrt{(3-1)(3.36)}\sqrt{(15.26)\left(\dfrac{1}{10}+\dfrac{1}{10}\right)}$
$\mu_2 - \mu_3$	$(18-23) \pm \sqrt{(3-1)(3.36)}\sqrt{(15.26)\left(\dfrac{1}{10}+\dfrac{1}{10}\right)}$

即

$$-6.53 \le \mu_1 - \mu_2 \le 2.53$$

$$-11.53 \le \mu_1 - \mu_3 \le -2.47$$

$$-9.53 \le \mu_2 - \mu_3 \le -0.47$$

從上面構成的聯立信任區間，我們的結論是: 在 0.95 的信任水準下，第Ⅲ部機器生產之燈泡壽命平均數高於第Ⅰ部及第Ⅱ部，而第Ⅰ部與第Ⅱ部生產之燈泡壽命平均數彼此沒有顯著差異。

　　從上面的說明，當我們對「r 個母體平均數彼此都相等」的假設，以變異數分析法檢定的結果，**拒絕了虛無假設**時，我們若欲進一步追蹤（探討）**到底哪兩個母體平均數彼此不相等**？我們可以採用本節所介紹的**Scheffé 聯立信任區間**的方法。

第四節　完全隨機試驗與集區隨機試驗

　　當我們要探討某一因素類別的不同，其平均數是否完全相等的問題時，我們最好按情況的不同而採用**完全隨機試驗** (Completely Randomized Experiment) 或**集區隨機試驗** (Block Randomized Experiment) 方法以收集樣本資料。至於兩種方法有何不同？何種情況下採用哪一種方法？這些問題將以下面的例子說明之。

【例 12-5】

岡平養雞場以五種類別的飼料養雞。現欲探討飼料類別的不同，是否對雞的重量有顯著的影響？亦即想探討小雞以不同類別飼料養了一段時間（設若三個月）後，雞重量的平均數是否完全相等。

[A] 完全隨機試驗

　　設若有一群小雞，其品質完全一致（例如其都是孵自生長環境完全一致的母雞）。則為探討上述問題，收集樣本資料的方法是：

　　(1)從該群小雞隨機抽 15 隻，而後隨機分成五組（每組 3 隻），然後**隨機**決定哪一組試驗哪一種飼料（此種情況下，每一飼料類別下的小雞樣本數完全相等）。或

　　(2)就隨機抽出的 15 隻小雞，每一隻都以**獨立隨機的方法**決定試驗哪一種飼料（此種情況下，每一飼料類別下的小雞樣本數不一定相等）。

[B] 集區隨機試驗

　　設若一群小雞，係孵自生長環境不完全一致的母雞（例如有些母雞係養在池塘邊，有些養在山坡地，有些養在稻田邊，……），此種情況下，除了飼料的類別可能對小雞的重量有所影響外，小雞孵自何種母雞（池塘邊，山坡地，……）可能也對小雞的重量有所影響。因此，若我們的目的主要在於探討飼料類別的不同，是否對小雞的重量有所影響，則我們應把其他的因素（小雞孵自何種母雞）加以控制。所以，收集樣本資料時，先將小雞按其孵自何種母雞加以分組（設若分成池塘邊、山坡地、稻田邊三組），每一組稱為**集區** (Block)。然後

再從每一集區，隨機抽 5 隻 $(r = 5)$ 小雞，而後再隨機決定哪一隻試驗哪一種飼料。以這種方式收集樣本資料，稱為**集區隨機試驗**。

【例 12-6】

在例 12-1 中，假如我們懷疑操作機器的工人不同，可能對燈泡的壽命也有所影響，則我們在探討機器類別的不同對燈泡壽命有無影響時，應以集區隨機試驗的方法收集樣本資料。例如操作機器的工人若有 10 個（甲，乙，丙，丁，戊，己，庚，辛，癸，亥），則讓這 10 個工人都操作第 I 部機器，但以隨機方法決定工人操作機器的順序。也讓該 10 個工人操作第 II 部（第 III 部）機器。這種集區隨機試驗方法如下：

機器類別	工人操作機器的順序（隨機決定）									
第 I 部機器	乙	丙	甲	丁	庚	亥	辛	戊	己	癸
第 II 部機器	甲	丙	癸	亥	丁	己	戊	乙	庚	辛
第 III 部機器	戊	甲	丁	丙	癸	亥	乙	辛	庚	己

一、集區隨機試驗模型及假設

採用**完全隨機試驗方法**觀察樣本資料時，其變異數分析的母體模型如式 (12-1)，其分析方法如本章第一節所介紹。而採用**集區隨機試驗方法**時，其**母體模型**為：

$$x_{ij} - \mu = (x_{ij} - \mu_{ij}) + (\mu_{i.} - \mu) + (\mu_{.j} - \mu)$$

$$+ (\mu_{ij} - \mu_{i.} - \mu_{.j} + \mu) \tag{12-22}$$

上式中,

$$
\begin{cases}
x_{ij}: & \text{第 } i \text{ 個因素類別與第 } j \text{ 個集區組別下之小母體的某一} \\
& \text{個個體數值, 且 } i = 1, 2, \cdots, r, \ j = 1, 2, \cdots, b \\
\mu_{ij}: & \text{第 } i \text{ 個因素類別與第 } j \text{ 個集區組別下的小母體平均數} \\
\mu_{i\cdot}: & \text{第 } i \text{ 個因素類別下的平均數} \\
\mu_{\cdot j}: & \text{第 } j \text{ 個集區下的平均數} \\
\mu: & \text{大母體平均數}
\end{cases}
$$

式 (12–22) 表示: 第 i 個因素類別, 第 j 個集區下之小母體的某一個個體與整個大母體平均數之間的差值, 可以分解為四部分:

(1) $x_{ij} - \mu_{ij}$ 是**機遇性**、誤差性的原因引起的差值。

(2) $\mu_{i\cdot} - \mu$ 是**因素類別**不同的原因引起的差值, 稱為**因素影響** (Factor Effect)。

(3) $\mu_{\cdot j} - \mu$ 是**集區組別**不同的原因引起的差值, 稱為**集區影響**(Block Effect)。

(4) $\mu_{ij} - \mu_{i\cdot} - \mu_{\cdot j} + \mu$ 則是**因素與集區交互影響** (Interaction Effect) 引起的差值。

為分析方便, 統計學家對集區隨機試驗模型做了下面的**假設**:

(1)**因素與集區無交互影響** (註 10) ,

即 $\qquad \mu_{ij} - \mu_{i\cdot} - \mu_{\cdot j} + \mu = 0$

亦即 $\qquad \mu_{ij} = \mu_{i\cdot} + \mu_{\cdot j} - \mu \hfill (12\text{–}23)$

因此, 式 (12–22) 乃成為:

$$x_{ij} - \mu = (x_{ij} - \mu_{ij}) + (\mu_{i\cdot} - \mu) + (\mu_{\cdot j} - \mu) \hfill (12\text{–}24)$$

或 $\qquad x_{ij} = \mu + e_{ij} + \alpha_i + \beta_j \hfill (12\text{–}24)'$

(2)**常態的假設**: 每一個小母體都分別呈常態分配, 且其平均數分別

為 μ_{ij}。

(3)**變異數齊一性的假設**：每一個小母體的變異數 (σ_{ij}^2) 彼此都相等（都等於 σ^2）。

(4)因素或集區影響都是**固定影響的模型**，且假定：

$$\sum_i \alpha_i = 0, \ \sum_j \beta_j = 0$$

(5)每一個小母體下，都**只隨機觀察一個個體**，亦即**每一集區下**，試驗的**樣本數都是** r 個。

而為檢定下面的假設：

$$\begin{cases} H_0 : \mu_{1.} = \mu_{2.} = \cdots = \mu_{r.} \\ H_1 : H_0 不真 \end{cases}$$

我們採用集區隨機試驗模型的樣本資料：

因素＼集區	1	2	$\cdots$	b	$\overline{x}_{i.}\left[=\dfrac{1}{b}\sum\limits_{j=1}^{b} x_{ij}\right]$
1	x_{11}	x_{12}	$\cdots$	x_{1b}	$\overline{x}_{1.}$
2	x_{21}	x_{22}	$\cdots$	x_{2b}	$\overline{x}_{2.}$
$\vdots$	$\vdots$				
r	x_{r1}	x_{r2}	$\cdots$	x_{rb}	$\overline{x}_{r.}$
$\overline{x}_{.j} = \left[\dfrac{1}{r}\sum\limits_{i=1}^{r} x_{ij}\right]$	$\overline{x}_{.1}$	$\overline{x}_{.2}$	$\cdots$	$\overline{x}_{.b}$	$\overline{\overline{x}}\left[=\dfrac{1}{rb}\sum\limits_{i=1}^{r}\sum\limits_{j=1}^{b} x_{ij}\right]$

去進行變異數分析。

就式 (12–24) 而言，$\mu, \mu_{i.}, \mu_{.j}$ 及 μ_{ij} 都是母體參數（都是未知數），我們以 $\overline{\overline{x}}$ 估計 μ，以 $\overline{x}_{i.}$ 估計 $\mu_{i.}$，以 $\overline{x}_{.j}$ 估計 $\mu_{.j}$。又因為：

$$\mu_{ij} = \mu_{i.} + \mu_{.j} - \mu \qquad （式 12\text{--}23）$$

因此，我們以 $\hat{x}_{ij} = \overline{x}_{i.} + \overline{x}_{.j} - \overline{\overline{x}}$ 去估計 μ_{ij}。亦即

母體參數	估　計　式
μ	$\overline{\overline{x}}$
$\mu_{i.}$	$\overline{x}_{i.}$
$\mu_{.j}$	$\overline{x}_{.j}$
μ_{ij}	$\hat{x}_{ij} = \overline{x}_{i.} + \overline{x}_{.j} - \overline{\overline{x}}$

所以就式 (12–24)，我們可得到樣本資料的對應式子如下：

$$x_{ij} - \overline{\overline{x}} = (x_{ij} - \overline{x}_{i.} - \overline{x}_{.j} + \overline{\overline{x}}) + (\overline{x}_{i.} - \overline{\overline{x}}) + (\overline{x}_{.j} - \overline{\overline{x}}) \qquad (12\text{--}25)$$

亦即

$$x_{ij} - \overline{\overline{x}} = [x_{ij} - (\overline{x}_{i.} + \overline{x}_{.j} - \overline{\overline{x}})] + (\overline{x}_{i.} - \overline{\overline{x}}) + (\overline{x}_{.j} - \overline{\overline{x}})$$

$$= (x_{ij} - \hat{x}_{ij}) + (\overline{x}_{i.} - \overline{\overline{x}}) + (\overline{x}_{.j} - \overline{\overline{x}})$$

式 (12–25) 中，

- $x_{ij} - \overline{\overline{x}}$ 是第 j 集區下，試驗第 i 個因素類別的個體數值與大樣本平均數 $(\overline{\overline{x}})$ 之間的差值。
- $x_{ij} - \overline{x}_{i.} - \overline{x}_{.j} + \overline{\overline{x}}$（即 $x_{ij} - \hat{x}_{ij}$）是隨機性（誤差性）原因引起的差值。
- $\overline{x}_{i.} - \overline{\overline{x}}$ 是因素類別不同的原因引起的差值。
- $\overline{x}_{.j} - \overline{\overline{x}}$ 是集區組別不同的原因引起的差值。

我們將式 (12–25) 平方後求加總，可得：

$$\sum_i \sum_j (x_{ij} - \overline{\overline{x}})^2 = \sum_i \sum_j (x_{ij} - \overline{x}_{i.} - \overline{x}_{.j} + \overline{\overline{x}})^2 + \sum\sum (\overline{x}_{i.} - \overline{\overline{x}})^2 + \sum\sum (\overline{x}_{.j} - \overline{\overline{x}})^2$$

$$(12\text{--}26)$$

總變異　　　機遇變異　　　因素變異　集區變異

亦即

$$
\begin{array}{llll}
\text{SS(Total)} & =\text{SS(Error)} & +\text{SS(Factor)} & +\text{SS(Block)} \\
\text{或} \quad \text{SST} & =\text{SSE} & +\text{SSF} & +\text{SSB}
\end{array} \tag{12-27}
$$

式 (12–27) 的 SST, SSE, SSF, SSB 的自由度分別是：

$$
\text{自由度:} \quad rb-1 \quad =(r-1)(b-1)+(r-1) \quad +(b-1)
$$

我們進一步對式 (12–26) 的各項求平均，並定義平均總差值平方和 (Mean Squares Total,**MST**)、平均機遇差值平方和 (Mean Squares Error,**MSE**)、平均因素差值平方和 (Mean Squares Factor,**MSF**)、平均集區差值平方和 (Mean Squares Block,**MSB**) 如下：

$$
\text{MST} = \frac{\text{SST}}{\text{d.f.}} = \frac{\sum\limits_i \sum\limits_j (x_{ij} - \overline{\overline{x}})^2}{rb-1}
$$

$$
\text{MSE} = \frac{\text{SSE}}{\text{d.f.}} = \frac{\sum \sum (x_{ij} - \overline{x}_{i.} - \overline{x}_{.j} + \overline{\overline{x}})^2}{(r-1)(b-1)}
$$

$$
\text{MSF} = \frac{\text{SSF}}{\text{d.f.}} = \frac{\sum \sum (\overline{x}_{i.} - \overline{\overline{x}})^2}{r-1}
$$

$$
\text{MSB} = \frac{\text{SSB}}{\text{d.f.}} = \frac{\sum \sum (\overline{x}_{.j} - \overline{\overline{x}})^2}{b-1}
$$

二、集區隨機試驗模型下的檢定統計量及檢定步驟

我們選擇 $\dfrac{\text{MSF}}{\text{MSE}}$ 為檢定統計量，並採右端檢定，且以 F 分配檢定 H_0 及 H_1，其理由如下：

(1)

$$
E(\text{MSF}) \begin{cases} = \sigma^2, \ \text{當} H_0: \mu_{1.} = \mu_{2.} = \cdots = \mu_{r.} \ \text{為真} \\ > \sigma^2, \ \text{當} H_1 \ \text{為真（證明從略）} \end{cases}
$$

即

$$
\frac{E(\text{MSF})}{\sigma^2} \begin{cases} = 1, \ \text{當} H_0 \ \text{為真} \\ > 1, \ \text{當} H_1 \ \text{為真} \end{cases}
$$

因此欲檢定下面的一組假設:

$$\begin{cases} H_0: \mu_{1.} = \mu_{2.} = \cdots = \mu_{r.} \\ H_1: H_0 \text{不真} \end{cases}$$

事實上，就相當於要檢定:

$$\begin{cases} H_0: \dfrac{E(\text{MSF})}{\sigma^2} = 1 \\ H_1: \dfrac{E(\text{MSF})}{\sigma^2} > 1 \end{cases}$$

所以我們採**右端檢定**。

(2)我們不可能觀察所有可能的樣本組合，以求得 $E(\text{MSF})$，我們也不可能計算得 σ^2，因此利用樣本資料（每一集區下，試驗的樣本數都是 r 個）而得的 MSF 及 MSE，分別去估計 $E(\text{MSF})$ 及 σ^2（註 11）。

(3)H_0 **為真時**，$\dfrac{\text{MSF}}{\text{MSE}} \sim F_{r-1,(r-1)(b-1)}$。 **茲說明於下**:

$$\therefore \frac{\text{MSF}}{\text{MSE}} = \frac{\sum\limits_{i}\sum\limits_{j}(\overline{x}_{i.} - \overline{\overline{x}})^2 / (r-1)}{\sum\limits_{i}\sum\limits_{j}(x_{ij} - \overline{x}_{i.} - \overline{x}_{.j} + \overline{\overline{x}})^2 / [(r-1)(b-1)]}$$

$$= \frac{\dfrac{\sum\limits_{i}\sum\limits_{j}(\overline{x}_{i.} - \overline{\overline{x}})^2}{\sigma^2} \Big/ (r-1)}{\dfrac{\sum\limits_{i}\sum\limits_{j}(x_{ij} - \overline{x}_{i.} - \overline{x}_{.j} + \overline{\overline{x}})^2}{\sigma^2} \Big/ [(r-1)(b-1)]} \qquad (12\text{--}28)$$

$$= \frac{\chi^2_{r-1}/(r-1)}{\chi^2_{(r-1)(b-1)}/[(r-1)(b-1)]} \sim F_{r-1,(r-1)(b-1)} \qquad (12\text{--}29)$$

式 (12-28) 的 $\dfrac{\sum\limits_{i}\sum\limits_{j}(\overline{x}_{i.} - \overline{\overline{x}})^2}{\sigma^2}$ 及 $\dfrac{\sum\limits_{i}\sum\limits_{j}(x_{ij} - \overline{x}_{i.} - \overline{x}_{.j} + \overline{\overline{x}})^2}{\sigma^2}$ 於 H_0 為真時，都呈卡方分配，自由度分別是 $r-1$ 及 $(r-1)(b-1)$，此乃因為:

$$\sum_{i}\sum_{j}(\overline{x}_{i.} - \overline{\overline{x}})^2 = \sum\sum\left[(\overline{x}_{i.} - \mu) - (\overline{\overline{x}} - \mu)\right]^2$$

$$= \sum\sum(\overline{x}_{i.} - \mu)^2 + \sum\sum(\overline{\overline{x}} - \mu)^2 - 2\sum\sum(\overline{x}_{i.} - \mu)(\overline{\overline{x}} - \mu)$$

$$= \sum \sum (\overline{x}_{i.} - \mu)^2 + rb(\overline{\overline{x}} - \mu)^2 - 2rb(\overline{\overline{x}} - \mu)^2$$

$$= \sum \sum (\overline{x}_{i.} - \mu)^2 - rb(\overline{\overline{x}} - \mu)^2$$

而當 H_0 為真時，上式 $= \sum \sum (\overline{x}_{i.} - \mu_{i.})^2 - rb(\overline{\overline{x}} - \mu)^2$

$\therefore H_0$ 為真時：

$$\frac{\text{SSF}}{\sigma^2} = \frac{\sum\limits_i \sum\limits_j (\overline{x}_{i.} - \overline{\overline{x}})^2}{\sigma^2} = \frac{\sum\limits_i \sum\limits_j (\overline{x}_{i.} - \mu_{i.})^2}{\sigma^2} - \frac{rb(\overline{\overline{x}} - \mu)^2}{\sigma^2}$$

$$= \frac{b \sum (\overline{x}_{i.} - \mu_{i.})^2}{\sigma^2} - \frac{(\overline{\overline{x}} - \mu)^2}{\frac{\sigma^2}{rb}}$$

$$= \sum_{i=1}^{r} \left(\frac{\overline{x}_{i.} - \mu_{i.}}{\frac{\sigma_i}{\sqrt{b}}} \right)^2 - \left(\frac{\overline{\overline{x}} - \mu}{\frac{\sigma}{\sqrt{rb}}} \right)^2$$

$$= \chi_r^2 - \chi_1^2$$

$$\sim \chi_{r-1}^2$$

又 $\because$

$$\sum_i \sum_j (x_{ij} - \overline{x}_{i.} - \overline{x}_{.j} + \overline{\overline{x}})^2$$

$$= \sum \sum \left[(x_{ij} - \mu_{ij}) - (\overline{x}_{i.} - \mu_{i.}) - (\overline{x}_{.j} - \mu_{.j}) + (\overline{\overline{x}} - \mu) \right.$$
$$\left. + \underbrace{(\mu_{ij} - \mu_{i.} - \mu_{.j} + \mu)}_{} \right]^2$$

$$= 0 \quad (因為沒有交互影響)$$

$$= \sum \sum [(x_{ij} - \mu_{ij}) - (\overline{x}_{i.} - \mu_{i.}) - (\overline{x}_{.j} - \mu_{.j}) + (\overline{\overline{x}} - \mu)]^2$$

$$= \sum \sum (x_{ij} - \mu_{ij})^2 - b \sum (\overline{x}_{i.} - \mu_{i.})^2 - r \sum (\overline{x}_{.j} - \mu_{.j})^2 + rb(\overline{\overline{x}} - \mu)^2$$

$\therefore H_0$ 為真時：

$$\frac{\text{SSE}}{\sigma^2} = \frac{\sum\limits_i \sum\limits_j (x_{ij} - \overline{x}_{i.} - \overline{x}_{.j} + \overline{\overline{x}})^2}{\sigma^2}$$

$$= \frac{\sum_i \sum_j (x_{ij} - \mu_{ij})^2}{\sigma^2} - \frac{b \sum (\overline{x}_{i.} - \mu_{i.})^2}{\sigma^2} - \frac{r \sum (\overline{x}_{.j} - \mu_{.j})^2}{\sigma^2} + \frac{rb(\overline{\overline{x}} - \mu)^2}{\sigma^2}$$

$$= \sum_i \sum_j \left(\frac{x_{ij} - \mu_{ij}}{\sigma} \right)^2 - \sum_i \left(\frac{x_{i.} - \mu_{i.}}{\frac{\sigma}{\sqrt{b}}} \right)^2 - \sum_j \left(\frac{\overline{x}_{.j} - \mu_{.j}}{\frac{\sigma}{\sqrt{r}}} \right)^2 + \left(\frac{\overline{\overline{x}} - \mu}{\frac{\sigma}{\sqrt{rb}}} \right)^2$$

$$= \chi^2_{rb} - \chi^2_r - \chi^2_b + \chi^2_1$$

$$\sim \chi^2_{(r-1)(b-1)}$$

從以上的說明， 我們發現式 (12-28) 的分子是「卡方分配（自由度為 $r-1$）除以對應的自由度」， 分母是「卡方分配（自由度為 $(r-1) \cdot (b-1)$）除以對應的自由度」， 因此我們得到式(12-29)呈 F 分配。

所以， **集區隨機試驗模型**下， **變異數分析的步驟**如下：

(1)建立假設：

$$\begin{cases} H_0 : \mu_{1.} = \mu_{2.} = \cdots = \mu_{r.} \\ H_1 : H_0 \text{不真} \end{cases}$$

(2)選擇 $\dfrac{\text{MSF}}{\text{MSE}}$ 為檢定統計量， 且 $\dfrac{\text{MSF}}{\text{MSE}} \sim F_{r-1,(r-1)(b-1)}$。

(3)建立決策規則： 在顯著水準為 α 之下， 建立決策規則如下：

$$若 \quad \left(\frac{\text{MSF}}{\text{MSE}} \right)_{\circ} \leq F_{\alpha;r-1,(r-1)(b-1)} \longrightarrow A_0$$

$$\left(\frac{\text{MSF}}{\text{MSE}} \right)_{\circ} > F_{\alpha;r-1,(r-1)(b-1)} \longrightarrow A_1$$

(4)**根據觀察之樣本， 計算「檢定統計量」之數值， 即** $\left(\dfrac{\text{MSF}}{\text{MSE}} \right)_{\circ}$。

(5)**做成決策或結論**：根據樣本計算而得之「檢定統計量」的數值，若落在接受區間，則採接受 H_0 的決策；反之，若落在判定區間，則採拒絕 H_0 的決策。

三、集區隨機試驗模型下的變異數分析表及差值平方和的簡捷計算公式

在集區隨機試驗模型下，我們將其檢定方法列如表 12–3。

表 12–3　一因素變異數分析表──集區隨機試驗模型

變異來源	差值平方和	自由度	平均差值平方和	F 值
集　　區	$SSB=\sum\sum(\overline{x}_{.j}-\overline{\overline{x}})^2$	$b-1$	$MSB=\dfrac{SSB}{b-1}$	
因　　素	$SSF=\sum\sum(\overline{x}_{i.}-\overline{\overline{x}})^2$	$r-1$	$MSF=\dfrac{SSF}{r-1}$	$F=\dfrac{MSF}{MSE}$
機遇或誤差	$SSE=\sum\sum(x_{ij}-\overline{x}_{i.}-\overline{x}_{.j}+\overline{\overline{x}})^2$	$(r-1)(b-1)$	$MSE=\dfrac{SSE}{(r-1)(b-1)}$	
總變異	$SST=\sum\sum(x_{ij}-\overline{\overline{x}})^2$	$rb-1$		

【例 12–7】

若從孵自母雞養在池塘邊、山坡地、稻田邊三種集區的小雞中，分別獨立隨機各抽 5 隻小雞，進而以隨機方法決定 5 隻小雞分別試驗不同類別的飼料，三個月後，雞的重量（單位：公克）如下：

集區＼因素	池塘邊	山坡地	稻田邊
飼料 I	802	768	731
II	983	892	750
III	752	690	685
IV	875	728	647
V	765	753	642

試檢定「各種飼料類別下，雞的平均重量彼此都相等」的假設。（顯著水準 $\alpha=0.05$）

【解】

令 x_{ij} 為來自第 j 個集區，試驗第 i 種飼料之雞的重量，$i = 1, 2, \cdots, 5, j = 1, 2, 3$，則在符合集區隨機試驗模型的假設下，檢定步驟如下：

(一)根據題意，建立檢定之假設為：

$$\begin{cases} H_0: \mu_{1.} = \mu_{2.} = \mu_{3.} = \mu_{4.} = \mu_{5.} \\ H_1: H_0 不真 \end{cases}$$

(二)選擇 $\dfrac{MSF}{MSE}$ 為檢定統計量，且

$$\frac{MSF}{MSE} \sim F_{r-1,(r-1)(b-1)} \qquad \begin{cases} r = 5 \\ b = 3 \end{cases}$$

(三) $\alpha = 0.05$，採右端檢定。而 $F_* = F_{0.05;4,8} = 3.84$，建立決策規則如下：

　　若

$$F_0 \leq F_* \longrightarrow A_0$$
$$F_0 > F_* \longrightarrow A_1$$

(四)根據樣本資料，得：

$$\overline{x}_{1.} = 767 \quad \overline{x}_{2.} = 875 \quad \overline{x}_{3.} = 709 \quad \overline{x}_{4.} = 750 \quad \overline{x}_{5.} = 720$$

$$\overline{x}_{.1} = 835.4 \quad \overline{x}_{.2} = 766.2 \quad \overline{x}_{.3} = 691$$

$$\overline{\overline{x}} = 764.2$$

$$SSF = \sum_i \sum_j (\overline{x}_{i.} - \overline{\overline{x}})^2 = 3 \sum_i (\overline{x}_{i.} - \overline{\overline{x}})^2$$

$$= 3[(767-764.2)^2 + (875-764.2)^2 + (709-764.2)^2 + (750-764.2)^2 + (720 - 764.2)^2]$$

$$= 3[17486.8]$$

$$= 52460.4$$

$$SSB = \sum_i \sum_j (\overline{x}._j - \overline{\overline{x}})^2 = 5 \sum_j (\overline{x}._j - \overline{\overline{x}})^2$$

$$= 5[(835.4 - 764.2)^2 + (766.2 - 764.2)^2 + (691 - 764.2)^2]$$

$$= 5[10431.68]$$

$$= 52158.4$$

$$SST = \sum \sum (x_{ij} - \overline{\overline{x}})^2$$

$$= (802 - 764.2)^2 + (768 - 764.2)^2 + (731 - 764.2)^2 + (983 - 764.2)^2 + \cdots$$

$$+ (642 - 764.2)^2$$

$$= 121262.4$$

而
$$SSE = SST - SSF - SSB$$

$$= 121262.4 - 52460.4 - 52158.4$$

$$= 16643.6$$

$$MSF_0 = \frac{52460.4}{4} = 13115.1$$

$$MSE_0 = \frac{16643.6}{8} = 2080.45$$

並將樣本資料的結果，列成變異數分析表，如下：

表 12-4　變異數分析表——例 12-7

變異來源	差值平方和	自由度	平均差值平方和	F 值
集　區	$SSB_0 = 52158.4$	2	$MSB_0 = 26079.2$	
因　素	$SSF_0 = 52460.4$	4	$MSF_0 = 13115.1$	$F_0 = \dfrac{MSF_0}{MSE_0}$
誤　差	$SSE_0 = 16643.6$	8	$MSE_0 = 2080.45$	$= 6.304$
總變異	$SST_0 = 121262.4$	14		

(五) $\because F_0 = 6.304 > F_*$, F_0 落在棄卻區間，因此採 A_1 的決策，即「各種

飼料類別下，雞的平均重量彼此都相等」的假設，在 0.05 顯著水準下被拒絕。

在集區試驗模型下，檢定假設之過程中，我們所要計算的**差值平方和**，事實上，也可用**簡捷計算公式**計算之。其簡捷計算公式如下:

定義式	簡捷式
$\text{SSF} = \sum_i \sum_j (\overline{x}_{i\cdot} - \overline{\overline{x}})^2$	$= \dfrac{\sum_i (\sum_j x_{ij})^2}{b} - \Delta$
$\text{SSB} = \sum_i \sum_j (\overline{x}_{\cdot j} - \overline{\overline{x}})^2$	$= \dfrac{\sum_j (\sum_i x_{ij})^2}{r} - \Delta$
$\text{SST} = \sum_i \sum_j (x_{ij} - \overline{\overline{x}})^2$	$= \sum_i \sum_j x_{ij}^2 - \Delta$
$\Delta = \dfrac{(\sum_i \sum_j x_{ij})^2}{rb}$	
$\text{SSE} = \text{SST} - \text{SSF} - \text{SSB}$	

就例 12–7 而言，若以簡捷計算式計算差值平方和，可得:

$$\Delta = \frac{(802 + 768 + 731 + 983 + \cdots + 642)^2}{(5)(3)} = \frac{(11463)^2}{15} = 8760024.6$$

$$\text{SSF} = \left[\frac{(802+768+731)^2 + (983+892+750)^2 + \cdots + (765+753+642)^2}{3} \right] - \Delta$$

$$= \frac{(2301)^2 + (2625)^2 + (2127)^2 + (2250)^2 + (2160)^2}{3} - \Delta$$

$$= 8812485 - 8760024.6$$

$$= 52460.4$$

$$SSB = \frac{(802+983+752+875+765)^2 + (768+892+\cdots+753)^2 + (731+750+\cdots+642)^2}{5} - \Delta$$

$$= \frac{(4177)^2 + (3831)^2 + (3455)^2}{5} - \Delta$$

$$= 8812183.0 - 8760024.6$$

$$= 52158.4$$

$$SST = [(802)^2 + (768)^2 + (731)^2 + (983)^2 + \cdots + (642)^2] - \Delta$$

$$= 8881287 - 8760024.6$$

$$= 121262.4$$

$$SSE = SST - SSF - SSB$$

$$= 121262.4 - 52460.4 - 52158.4$$

$$= 16643.6$$

以上利用簡捷式計算得到的數據，完全與利用定義式計算而得的結果相同（請見表 12-4）。

上面例 12-7 中，如果我們誤把該樣本資料當成完全隨機試驗模型下的樣本資料，我們將會得到變異數分析表如表 12-5：

表 12-5　變異數分析表——把例 12-7 的資料當成
完全隨機試驗模型下的樣本資料

變異來源	差值平方和	自由度	平均差值平方和	F 值
因　素	$SSF_0 = 52460.4$	4	$MSF_0 = 13115.1$	$F_0 = \dfrac{MSF_0}{MSE_0}$
誤　差	$SSE_0 = 68802$	10	$MSE_0 = 6880.2$	$= 1.453$
總變異	$SST_0 = 121262.4$	14		

在分子、分母的自由度分別是 4 及 10, 顯著水準 $\alpha = 0.05$ 的情形下, 判定點 $F_* = F_{0.05;4.10} = 3.48$, 而 $F_0 = 1.453 < F_*$, 因此導致 H_0: 「不同飼料類別下, 雞的平均重量彼此都相等」的假設不被拒絕。所以, 當我們懷疑「集區」可能也對雞的重量有所影響時, 我們應以**集區隨機試驗模型**去分析「**因素**（飼料類別）」對雞的重量**是否有顯著的影響**。

在集區試驗模型下, 以**Scheffé 方法**構成任兩個因素類別平均數之差 $(\mu_i. - \mu_{i'.})$ 的聯立信任區間（信任水準是 $1 - \alpha$）是:

$$(\overline{x}_{i.} - \overline{x}_{i'.}) \pm \sqrt{(r-1)F_{\alpha;r-1,(r-1)(b-1)}} \sqrt{\text{MSE}\left(\frac{1}{b} + \frac{1}{b}\right)}$$

因此, 若變異數分析的結果, 拒絕了虛無假設, 則我們可利用聯立信任區間的方法, 進一步探討到底哪兩個因素類別的平均數彼此不相等。

【例 12–8】

試就前例 12–7, 求任兩種飼料類別下, 雞重量平均數之差的聯立信任區間。（信任水準是 0.95）

【解】

根據例 12–7 的資料, 知:

$$\overline{x}_{1.} = 767, \ \overline{x}_{2.} = 875, \ \overline{x}_{3.} = 709, \ \overline{x}_{4.} = 750, \ \overline{x}_{5.} = 720$$

$$\text{MSE} = 2080.45$$

又已知 $\alpha = 0.05, r = 5, b = 3, r - 1 = 4, (r-1)(b-1) = 8$, 查表, 得

$$F_{\alpha;r-1,(r-1)(b-1)} = 3.84$$

採用 Scheffé 的方法, 得到信任水準 0.95 之下, $\mu_i. - \mu_{i'.}$ 的聯立信任區間是:

母體平均數之差	聯立信任區間
$\mu_{1.} - \mu_{2.}$	$(767 - 875) \pm \sqrt{(5-1)(3.84)}\sqrt{(2080.45)\left(\frac{1}{3} + \frac{1}{3}\right)}$

$$\mu_{1.} - \mu_{3.} \qquad (767 - 709) \pm \sqrt{(5-1)(3.84)} \sqrt{(2080.45)\left(\frac{1}{3} + \frac{1}{3}\right)}$$

$$\mu_{1.} - \mu_{4.} \qquad (767 - 750) \pm \sqrt{(5-1)(3.84)} \sqrt{(2080.45)\left(\frac{1}{3} + \frac{1}{3}\right)}$$

$$\mu_{1.} - \mu_{5.} \qquad (767 - 720) \pm \sqrt{(5-1)(3.84)} \sqrt{(2080.45)\left(\frac{1}{3} + \frac{1}{3}\right)}$$

$$\mu_{2.} - \mu_{3.} \qquad (875 - 709) \pm \sqrt{(5-1)(3.84)} \sqrt{(2080.45)\left(\frac{1}{3} + \frac{1}{3}\right)}$$

$$\mu_{2.} - \mu_{4.} \qquad (875 - 750) \pm \sqrt{(5-1)(3.84)} \sqrt{(2080.45)\left(\frac{1}{3} + \frac{1}{3}\right)}$$

$$\mu_{2.} - \mu_{5.} \qquad (875 - 720) \pm \sqrt{(5-1)(3.84)} \sqrt{(2080.45)\left(\frac{1}{3} + \frac{1}{3}\right)}$$

$$\mu_{3.} - \mu_{4.} \qquad (709 - 750) \pm \sqrt{(5-1)(3.84)} \sqrt{(2080.45)\left(\frac{1}{3} + \frac{1}{3}\right)}$$

$$\mu_{3.} - \mu_{5.} \qquad (709 - 720) \pm \sqrt{(5-1)(3.84)} \sqrt{(2080.45)\left(\frac{1}{3} + \frac{1}{3}\right)}$$

$$\mu_{4.} - \mu_{5.} \qquad (750 - 720) \pm \sqrt{(5-1)(3.84)} \sqrt{(2080.45)\left(\frac{1}{3} + \frac{1}{3}\right)}$$

即

$$-253.96 \leq \mu_{1.} - \mu_{2.} \leq 37.96$$

$$-87.96 \leq \mu_{1.} - \mu_{3.} \leq 203.96$$

$$-128.96 \leq \mu_{1.} - \mu_{4.} \leq 132.96$$

$$-98.96 \leq \mu_{1.} - \mu_{5.} \leq 192.96$$

$$20.04 \leq \mu_{2.} - \mu_{3.} \leq 311.96$$

$$-20.96 \leq \mu_{2.} - \mu_{4.} \leq 270.96$$

$$9.04 \leq \mu_{2.} - \mu_{5.} \leq 300.96$$

$$-186.96 \leq \mu_{3.} - \mu_{4.} \leq 104.96$$

$$-156.96 \leq \mu_{3.} - \mu_{5.} \leq 134.96$$

$$-115.96 \leq \mu_{4.} - \mu_{5.} \leq 175.96$$

四、因素與集區無交互影響的檢定——Tukey 檢定

集區隨機試驗模型下，因素與集區無交互影響的假設不一定成立。因此，我們在進行變異數分析之前，基本上，應先檢定因素與集區無交互影響的假設是否成立。這裡介紹 J. W. Tukey 提出的一種檢定方法（**Tukey Test, 塗基檢定**）（註 12）。

我們所要檢定的假設如下：

$$\begin{cases} H_0: 因素與集區無交互影響 \\ H_1: H_0不真 \end{cases}$$

Tukey 提出之**檢定統計量**是：

$$\frac{SSN}{(SSE - SSN)/[(r-1)(b-1)-1]}$$

其中，

$$SSN = \frac{\left[\sum\limits_{i=1}^{r}\sum\limits_{j=1}^{b} x_{ij}(\overline{x}_{i.} - \overline{\overline{x}})(\overline{x}_{.j} - \overline{\overline{x}})\right]^2}{\sum\limits_{i}(\overline{x}_{i.} - \overline{\overline{x}})^2 \sum\limits_{j}(\overline{x}_{.j} - \overline{\overline{x}})^2}$$

而當 H_0 為真時，$\dfrac{SSN}{\sigma^2}$ 呈自由度是 1 的卡方分配，且前面（本章第四節第二小節）已證得 $\dfrac{SSE}{\sigma^2}$ 是呈自由度 $(r-1)(b-1)$ 的卡方分配，所以 $\dfrac{SSE - SSN}{\sigma^2}$ 呈自由度 $[(r-1)(b-1)-1]$ 的卡方分配。Tukey 並且證得 SSN 與 (SSE–SSN) 彼此獨立，因此，在 H_0 為真時，

$$\frac{SSN}{(SSE - SSN)/[(r-1)(b-1)-1]} \sim F_{1,(r-1)(b-1)-1}$$

【例 12-9】

試就例 12-7，檢定因素與集區無交互影響的假設（顯著水準 $\alpha = 0.05$）。

【解】

根據前例 12–7 的資料，計算得：

$$\sum\sum x_{ij}(\overline{x}_{i.} - \overline{\overline{x}})(\overline{x}_{.j} - \overline{\overline{x}})$$

$$=802(767 - 764.2)(835.4 - 764.2) + 768(767 - 764.2)(766.2 - 764.2)$$

$$+731(767 - 764.2)(691 - 764.2) + 983(875 - 764.2)(835.4 - 764.2)$$

$$+892(875 - 764.2)(766.2 - 764.2) + 750(875 - 764.2)(691 - 764.2)$$

$$+752(709 - 764.2)(835.4 - 764.2)$$

$$+\cdots + 642(720 - 764.2)(691 - 764.2)$$

$$=990362.72$$

又根據例 12–7 資料，知：

$$SSF = \sum(\overline{x}_{i.} - \overline{\overline{x}})^2 = 52460.4$$

$$SSE = 16643.6$$

$$SSB = \sum(\overline{x}_{.j} - \overline{\overline{x}})^2 = 52158.4$$

$$\therefore SSN = \frac{(990362.72)^2}{(52460.4)(52158.4)} = 358.45$$

$$SSE-SSN = 16643.6 - 358.45 = 16285.15$$

∴根據樣本資料而得：

$$F_0 = \frac{SSN}{(SSE - SSN)/[(r - 1)(b - 1) - 1]} = \frac{358.45}{16285.15/7} = 0.154$$

而 $\alpha = 0.05$，查表得 $F_{\alpha;1.(r-1)(b-1)-1} = F_{0.05;1.7} = 5.59$

∵ $F_0 = 0.154 < F_* = F_{0.05;1.7} = 5.59$

∴接受 H_0，亦即接受「因素與集區無交互影響」的假設。

第五節　二因素變異數分析──完全隨機 試驗

很多情況下，我們所關心的現象或資料，也許不只受一種因素影響，而是受兩種或兩種以上的因素影響。例如燈泡的壽命，除了受機器類別因素（ A 因素）的影響外，可能也受所用燈絲之廠牌（ B 因素）的影響。雞重量除了受飼料類別（ A 因素）的影響外，若飼料中摻入維他命，則雞重量也受維他命類別（ B 因素）的影響。又如青年商店的銷售額除了受地理位置（北、中、南）影響外，可能也受廣告方式（甲、乙、丙、丁四種方式）的影響。對於這些情況，我們應以**二因素變異數分析法 (Two Factor ANOVA)** 去分析或探討如下的問題：

(1) A 因素（設若共有 r 種類別）下，各類別的母體平均數 $(\mu_{i\cdot})$ 是否彼此都相等，$i = 1, 2, \cdots, r$。

(2) B 因素（設若共有 c 種類別）下，各類別的母體平均數 $(\mu_{\cdot j})$ 是否彼此都相等，$j = 1, 2, \cdots, c$。

一、母體模型及假設

當我們要以「**二因素變異數分析模型**」去探討問題時，設 A 因素有 r 種類別，A_i 是 A 因素的第 i 種類別，$i = 1, 2, \cdots, r$，B 因素有 c 種類別，B_j 是 B 因素的第 j 種類別，$j = 1, 2, \cdots, c$，若我們按 A 及 B 因素，將母體分成 rc 個小母體，並令

$$\begin{cases} x_{ijk}: & A_iB_j \text{ 小母體的第 } k \text{ 個個體數值} \\ \mu_{ij}: & A_iB_j \text{ 小母體的平均數} \\ \mu: & \text{整個大母體的平均數} \\ \mu_{i.}: & A \text{ 因素第 } i \text{ 種類別下（即 } A_i\text{）的平均數} \\ \mu_{.j}: & B \text{ 因素第 } j \text{ 種類別下（即 } B_j\text{）的平均數} \end{cases}$$

則就 A_iB_j 小母體下的第 k 個個體數值 (x_{ijk}) 而言，其與大母體平均數之間的**差值** $(x_{ijk} - \mu)$，可以**分解**成四部分，如下：

$$x_{ijk}-\mu=(x_{ijk}-\mu_{ij})+(\mu_{i.}-\mu)+(\mu_{.j}-\mu)+(\mu_{ij}-\mu_{i.}-\mu_{.j}+\mu) \quad (12\text{--}30)$$

總差值　機遇差值　A 因素　B 因素　A,B 因素交互影響
　　　　　　　　　差值　　差值　　引起的差值

或　　　　$x_{ijk} = \mu + e_{ijk} + \alpha_i + \beta_j + r_{ij}$ $\qquad\qquad\qquad$ $(12\text{--}30)'$

式 **(12–30)** 即是**二因素變異數分析的母體模型**。而在此模型下，我們所要檢定的假設有下面三組：

(一) $\begin{cases} H_0: \mu_{1.} = \mu_{2.} = \cdots = \mu_{r.} \text{（即 A 因素無顯著影響）} \\ H_1: H_0 \text{ 不真} \end{cases}$

(二) $\begin{cases} H_0': \mu_{.1} = \mu_{.2} = \cdots = \mu_{.c} \text{（即 B 因素無顯著影響）} \\ H_1': H_0' \text{ 不真} \end{cases}$

(三) $\begin{cases} H_0'': A, B \text{ 因素沒有交互影響} \\ H_1'': H_0'' \text{ 不真} \end{cases}$

當我們要運用樣本資料，以**二因素變異數分析方法**去檢定上述三組假設時，我們對二因素變異數分析（完全隨機試驗）模型，做了下面的**假設**：

(1)**常態的假設**：每一個小母體分別都呈常態分配，且其平均數分別為 μ_{ij} $(i = 1, 2, \cdots, r; \; j = 1, 2, \cdots, c)$。

(2)**變異數齊一性的假設**：每一個小母體的變異數 (σ_{ij}^2) 彼此都相等（都等於 σ^2）。

(3) A 因素或 B 因素影響都是**固定影響的模型**，且假定：

$$\sum_i \alpha_i = 0, \ \sum_j \beta_j = 0, \ \sum_i \sum_j r_{ij} = 0$$

(4)**獨立隨機抽樣且樣本數相等** (Balanced Sample)：從每一個小母體以獨立隨機抽樣法抽取樣本，且樣本數都相等（設為 n）。亦即每一個小類別（共有 rc 個類別）下，都試驗 n 個個體。

二、檢定方法

為檢定上述㈠、㈡、㈢，三組假設，我們乃利用樣本資料：

A 因素 ＼ B 因素	1	2	$\cdots$	c	$\overline{x}_{i.}$
1	$x_{111}, x_{112}, \cdots, x_{11n}$	$x_{121}, x_{122}, \cdots, x_{12n}$	$\cdots$	$x_{1c1}, x_{1c2}, \cdots, x_{1cn}$	$\overline{x}_{1.}$
2	$x_{211}, x_{212}, \cdots, x_{21n}$	$x_{221}, x_{222}, \cdots, x_{22n}$	$\cdots$	$x_{2c1}, x_{2c2}, \cdots, x_{2cn}$	$\overline{x}_{2.}$
$\vdots$					$\vdots$
r	$x_{r11}, x_{r12}, \cdots, x_{r1n}$	$x_{r21}, x_{r22}, \cdots, x_{r2n}$	$\cdots$	$x_{rc1}, x_{rc2}, \cdots, x_{rcn}$	$\overline{x}_{r.}$
$\overline{x}_{.j}$	$\overline{x}_{.1}$	$\overline{x}_{.2}$	$\cdots$ $\overline{x}_{.c}$		$\overline{\overline{x}}$

去進行二因素變異數分析。

就式 (12–30) 而言，$\mu, \mu_{i.}, \mu_{.j}$ 及 μ_{ij} 都是母體參數（其值未知），我們分別以 $\overline{\overline{x}}, \overline{x}_{i.}, \overline{x}_{.j}$ 及 $\overline{x}_{ij}$ 去估計他們，而

$$\begin{cases} \overline{\overline{x}} = \sum_{i=1}^{r} \sum_{j=1}^{c} \sum_{k=1}^{n} x_{ijk}/(rcn) \\ \overline{x}_{i.} = \sum_{j=1}^{c} \sum_{k=1}^{n} x_{ijk}/(cn) \\ \overline{x}_{.j} = \sum_{i=1}^{r} \sum_{k=1}^{n} x_{ijk}/(rn) \\ \overline{x}_{ij} = \sum_{k=1}^{n} x_{ijk}/n \end{cases}$$

所以就式 (12–30) 言，我們可得到樣本的對應式子如下：

$$x_{ijk} - \overline{\overline{x}} = (x_{ijk} - \overline{x}_{ij}) + (\overline{x}_{i.} - \overline{\overline{x}}) + (\overline{x}_{.j} - \overline{\overline{x}}) + (\overline{x}_{ij} - \overline{x}_{i.} - \overline{x}_{.j} + \overline{\overline{x}}) \quad (12–31)$$

若將式 (12–31) 平方後求加總，可得：

$$\sum_i \sum_j \sum_k (x_{ijk} - \overline{\overline{x}})^2 = \sum\sum\sum(x_{ijk} - \overline{x}_{ij})^2 + \sum\sum\sum(\overline{x}_{i.} - \overline{\overline{x}})^2 + \sum\sum\sum(\overline{x}_{.j} - \overline{\overline{x}})^2$$

$$\downarrow \qquad\qquad \downarrow \qquad\qquad \downarrow \qquad\qquad \downarrow$$

總變異　　　　機遇變異　　A 因素變異　B 因素變異

$$+ \sum\sum\sum(\overline{x}_{ij} - \overline{x}_{i.} - \overline{x}_{.j} + \overline{\overline{x}})^2$$

$$\downarrow$$

A,B 因素交互影響 　　　　　　　　　　　　　　(12–32)
的變異

亦即

$$\text{SS(Total)} = \text{SS(Error)} + \text{SS(Factor A)} + \text{SS(Factor B)}$$

$$+ \text{SS(A, B Interaction)}$$

或　　　SST　　= SSE　　+ SSF$_A$　+ SSF$_B$　+ SSI$_{AB}$ 　　(12–33)

式 (12–33) 的 SST, SSE, SSF$_A$, SSF$_B$, SSI$_{AB}$ 的自由度分別是：

自由度　$rcn - 1 = (rcn - rc) + (r - 1) + (c - 1) + (rc - r - c + 1)$

如果我們對式 (12–33) 的各項，分別以對應的自由度去除，並且定義下列的平均差值平方和：

平均總差值平方和：

$$\text{MST} = \frac{\text{SST}}{\text{d.f.}} = \frac{\sum\sum\sum(x_{ijk} - \overline{\overline{x}})^2}{rcn - 1}$$

平均機遇差值平方和：

$$\text{MSE} = \frac{\text{SSE}}{\text{d.f.}} = \frac{\sum\sum\sum(x_{ijk} - \overline{x}_{ij})^2}{rcn - rc}$$

平均 A 因素差值平方和：

$$\text{MSF}_A = \frac{\text{SSF}_A}{\text{d.f.}} = \frac{\sum\sum\sum(\overline{x}_{i.} - \overline{\overline{x}})^2}{r-1}$$

平均 B 因素差值平方和：

$$\text{MSF}_B = \frac{\text{SSF}_B}{\text{d.f.}} = \frac{\sum\sum\sum(\overline{x}_{.j} - \overline{\overline{x}})^2}{c-1}$$

平均 A、B 因素交互影響之差值平方和：

$$\text{MSI}_{AB} = \frac{\text{SSI}_{AB}}{\text{d.f.}} = \frac{\sum\sum\sum(\overline{x}_{ij} - \overline{x}_{i.} - \overline{x}_{.j} + \overline{\overline{x}})^2}{(r-1)(c-1)}$$

則正如一因素變異數分析（完全隨機試驗或集區隨機試驗模型），我們選擇 $\dfrac{\text{MSF}_A}{\text{MSE}}$、$\dfrac{\text{MSF}_B}{\text{MSE}}$、及 $\dfrac{\text{MSI}_{AB}}{\text{MSE}}$，做為檢定前述三組假設的**檢定統計量**。而當 H_0 為真時，$\dfrac{\text{MSF}_A}{\text{MSE}}$ 是呈 **F 分配**，自由度是 $r-1$ 及 $rcn-rc$（註 13）。因此對於：

$$\begin{cases} H_0: \mu_{1.} = \mu_{2.} = \cdots = \mu_{r.} \\ H_1: H_0 \text{不真} \end{cases}$$

的檢定，我們在 α 的顯著水準下，**建立的決策規則**如下：

若

$$\left(\frac{\text{MSF}_A}{\text{MSE}}\right)_o \leq F_{\alpha; r-1, rcn-rc} \longrightarrow A_0$$

$$\left(\frac{\text{MSF}_A}{\text{MSE}}\right)_o > F_{\alpha; r-1, rcn-rc} \longrightarrow A_1$$

又當 $H_0': \mu_{.1} = \mu_{.2} = \cdots = \mu_{.c}$ 為真時，可證得：

$$\frac{\text{MSF}_B}{\text{MSE}} \sim F_{c-1, rcn-rc} \quad \text{（證明從略）。}$$

因此，我們以 **F 分配**去檢定下面一組假設：

$$\begin{cases} H_0': \mu_{.1} = \mu_{.2} = \cdots = \mu_{.r} \\ H_1': H_0' \text{不真} \end{cases}$$

再者，當 H_0''：A,B 因素沒有交互影響為真時，

$$\frac{\text{MSI}_{AB}}{\text{MSE}} \sim F_{(r-1)(c-1), rcn-rc} \quad \text{（證明從略）。}$$

因此，對於 A,B 因素沒有交互影響之虛無假設的檢定，我們是以 $\dfrac{\text{MSI}_{AB}}{\text{MSE}}$ 為檢定統計量，並利用 *F* **分配**檢定之。

三、二因素變異數分析表及差值平方和的簡捷計算公式

上面所介紹的二因素變異數分析（完全隨機試驗模型下）的檢定方法，簡列如表12–6：

表 12–6　二因素變異數分析表——完全隨機試驗模型

變異來源	差值平方和	自由度	平均差值平方和	*F* 值
A 因素	$\text{SSF}_A=\sum\sum\sum(\bar{x}_{i.}-\bar{\bar{x}})^2$	$r-1$	$\text{MSF}_A=\dfrac{\text{SSF}_A}{r-1}$	$F=\dfrac{\text{MSF}_A}{\text{MSE}}$
B 因素	$\text{SSF}_B=\sum\sum\sum(\bar{x}_{.j}-\bar{\bar{x}})^2$	$c-1$	$\text{MSF}_B=\dfrac{\text{SSF}_B}{c-1}$	$F=\dfrac{\text{MSF}_B}{\text{MSE}}$
A,B因素交互影響	$\text{SSI}_{AB}=\sum\sum\sum(\bar{x}_{ij}-\bar{x}_{i.}-\bar{x}_{.j}+\bar{\bar{x}})^2$	$(r-1)(c-1)$	$\text{MSI}_{AB}=\dfrac{\text{SSI}_{AB}}{(r-1)(c-1)}$	$F=\dfrac{\text{MSI}_{AB}}{\text{MSE}}$
機遇或誤差	$\text{SSE}=\sum\sum\sum(x_{ijk}-\bar{x}_{ij})^2$	$rcn-rc$	$\text{MSE}=\dfrac{\text{SSE}}{rcn-rc}$	
總變異	$\text{SST}=\sum\sum\sum(x_{ijk}-\bar{\bar{x}})^2$	$rcn-1$		

【例12–10】

若下面的資料是按廣告方式（甲、乙、丙、丁）及地理位置（北、中、南）交叉分類的十二個小母體中，獨立隨機各觀察三家青年商店，得到的銷售額資料，試檢定（ⅰ）地理位置及（ⅱ）廣告方式對青年商店的銷售額是否有顯著的影響 $(\alpha=0.05)$？（ⅲ）又地理位置與廣告方式是否交互地對銷售額有顯著的影響 $(\alpha=0.05)$？（銷售額單位：十萬元）

地理位置（B 因素）　　廣告方式（A 因素）	北	中	南
甲	20,　18,　16	14,　13,　18	10,　12,　14
乙	17,　15,　16	16,　12,　14	8,　9,　10
丙	14,　10,　12	11,　15,　13	14,　10,　9
丁	8,　12,　10	6,　7,　5	8,　6,　10

【解】

若令 x_{ijk} 是代表第 i 個 A 因素，第 j 個 B 因素的第 k 家青年商店的銷售額，$i = 1, 2, 3, 4$，$j = 1, 2, 3$，$k = 1, 2, 3$，則在符合二因素變異數分析模型之假設下，檢定的步驟如下：

㈠根據題意，建立檢定之三組假設為：

$$\begin{cases} H_0: & \mu_{1.} = \mu_{2.} = \mu_{3.} = \mu_{4.}　（廣告方式對銷售額無影響） \\ H_1: & H_0 \text{ 不真} \end{cases}$$

$$\begin{cases} H'_0: & \mu_{.1} = \mu_{.2} = \mu_{.3}　（地理位置對銷售額無影響） \\ H'_1: & H'_0 \text{ 不真} \end{cases}$$

$$\begin{cases} H''_0: & \text{A,B 因素無交互影響（廣告方式與地理位置無交互} \\ & \text{地對銷售額影響）} \\ H''_1: & H''_0 \text{ 不真} \end{cases}$$

㈡選擇 $\dfrac{\text{MSF}_A}{\text{MSE}}$、$\dfrac{\text{MSF}_B}{\text{MSE}}$、及 $\dfrac{\text{MSI}_{AB}}{\text{MSE}}$ 為檢定統計量，且

$$\frac{\text{MSF}_A}{\text{MSE}} \sim F_{r-1, rcn-rc},\ r = 4,\ c = 3,\ n = 3$$

$$\frac{\text{MSF}_B}{\text{MSE}} \sim F_{c-1, rcn-rc}$$

$$\frac{\mathrm{MSI}_{AB}}{\mathrm{MSE}} \sim F_{(r-1)(c-1), rcn-rc}$$

(三) $\alpha = 0.05$，採右端檢定。而查表得：

$$F_{0.05;3,24} = 3.01$$

$$F_{0.05;2,24} = 3.40$$

$$F_{0.05;6,24} = 2.51$$

(四)根據樣本資料，得 $\overline{\overline{x}} = 12$，且

$\overline{x}_{1.} = 15$	$\overline{x}_{.1} = 14$	$\overline{x}_{11} = 18$	$\overline{x}_{12} = 15$	$\overline{x}_{13} = 12$
$\overline{x}_{2.} = 13$	$\overline{x}_{.2} = 12$	$\overline{x}_{21} = 16$	$\overline{x}_{22} = 14$	$\overline{x}_{23} = 9$
$\overline{x}_{3.} = 12$	$\overline{x}_{.3} = 10$	$\overline{x}_{31} = 12$	$\overline{x}_{32} = 13$	$\overline{x}_{33} = 11$
$\overline{x}_{4.} = 8$		$\overline{x}_{41} = 10$	$\overline{x}_{42} = 6$	$\overline{x}_{43} = 8$

$$
\begin{aligned}
\mathrm{SSF}_A &= \sum_i \sum_j \sum_k (\overline{x}_{i.} - \overline{\overline{x}})^2 \\
&= cn \sum_i (\overline{x}_{i.} - \overline{\overline{x}})^2 \\
&= (3)(3)[(15-12)^2 + (13-12)^2 + (12-12)^2 + (8-12)^2] \\
&= 234
\end{aligned}
$$

$$
\begin{aligned}
\mathrm{SSF}_B &= \sum_i \sum_j \sum_k (\overline{x}_{.j} - \overline{\overline{x}})^2 \\
&= rn \sum_j (\overline{x}_{.j} - \overline{\overline{x}})^2 \\
&= (4)(3)[(14-12)^2 + (12-12)^2 + (10-12)^2] \\
&= 96
\end{aligned}
$$

$$
\begin{aligned}
\mathrm{SSI}_{AB} &= \sum_i \sum_j \sum_k (\overline{x}_{ij} - \overline{x}_{i.} - \overline{x}_{.j} + \overline{\overline{x}})^2 \\
&= n \sum_i \sum_j (\overline{x}_{ij} - \overline{x}_{i.} - \overline{x}_{.j} + \overline{\overline{x}})^2 \\
&= 3[(18-15-14+12)^2 + (15-15-12+12)^2 \\
&\quad + (12-15-10+12)^2 + (16-13-14+12)^2
\end{aligned}
$$

$$+(14-13-12+12)^2+(9-13-10+12)^2$$

$$+(12-12-14+12)^2+(13-12-12+12)^2$$

$$+(11-12-10+12)^2+(10-8-14+12)^2$$

$$+(6-8-12+12)^2+(8-8-10+12)^2]$$

$$=66$$

$$\text{SST}=\sum_i\sum_j\sum_k(x_{ijk}-\overline{\overline{x}})^2$$

$$=(20-12)^2+(18-12)^2+(16-12)^2+\cdots$$

$$+(8-12)^2+(6-12)^2+(10-12)^2$$

$$=486$$

$$\text{SSE}=\text{SST}-\text{SSF}_A-\text{SSF}_B-\text{SSI}_{AB}$$

$$=486-234-96-66$$

$$=90$$

$$\text{MSF}_A=\frac{\text{SSF}_A}{r-1}=\frac{234}{3}=78$$

$$\text{MSF}_B=\frac{\text{SSF}_B}{c-1}=\frac{96}{2}=48$$

$$\text{MSI}_{AB}=\frac{\text{SSI}_{AB}}{(r-1)(c-1)}=\frac{66}{6}=11$$

$$\text{MSE}=\frac{\text{SSE}}{\text{rcn}-\text{rc}}=\frac{90}{24}=3.75$$

根據上面的計算結果，我們列出二因素變異數分析表如表

12–7：

表12-7 二因素變異數分析表——例12-10

變異來源	差值平方和	自由度	平均差值平方和	F 值
A 因素	$SSF_A = 234$	3	$MSF_A = 78$	$F_0 = \dfrac{MSF_A}{MSE} = 20.8$
B 因素	$SSF_B = 96$	2	$MSF_B = 48$	$F_0' = \dfrac{MSF_B}{MSE} = 12.8$
A,B 因素交互影響	$SSI_{AB} = 66$	6	$MSI_{AB} = 11$	$F_0'' = \dfrac{MSI_{AB}}{MSE} = 2.9$
誤 差	SSE=90	24	MSE=3.75	
總變異	SST=486	35		

(五)(i)$\because F_0 = 20.8 > F_{0.05;3,24} = 3.01$, $\therefore$ $H_0: \mu_{1.} = \mu_{2.} = \mu_{3.} = \mu_{4.}$ 的假設被拒絕。即接受「廣告方式對銷售額有顯著的影響」的假設。

(ii)$\because F_0' = 12.8 > F_{0.05;2,24} = 3.40$, $\therefore$ $H_0': \mu_{.1} = \mu_{.2} = \mu_{.3}$ 的假設被拒絕。即接受「地理位置對銷售額有顯著的影響」的假設。

(iii)$\because F_0'' = 2.9 > F_{0.05;6,24} = 2.51$, $\therefore$ H_0'' : A,B 因素無交互影響的假設被拒絕。

　　二因素變異數分析模型下，檢定假設所要計算的**差值平方和**，我們也可用**簡捷的計算公式**計算之。其簡捷計算公式如下：

$$SSF_A = \sum \sum \sum (\overline{x}_{i.} - \overline{\overline{x}})^2 ═══ \frac{\sum\limits_{i=1}^{r} (\sum\limits_{j} \sum\limits_{k} x_{ijk})^2}{cn} - \Delta$$

$$SSF_B = \sum \sum \sum (\overline{x}_{.j} - \overline{\overline{x}})^2 ═══ \frac{\sum\limits_{j=1}^{c} (\sum\limits_{i} \sum\limits_{k} x_{ijk})^2}{rn} - \Delta$$

$$SST = \sum \sum \sum (x_{ijk} - \overline{\overline{x}})^2 ═══ \sum_{i=1}^{r} \sum_{j=1}^{c} \sum_{k=1}^{n} x_{ijk}^2 - \Delta$$

$$SSI_{AB} = \sum \sum \sum (\overline{x}_{ij} - \overline{x}_{i.} - \overline{x}_{.j} + \overline{\overline{x}})^2 = \frac{\sum\limits_{i=1}^{r} \sum\limits_{j=1}^{c} (\sum\limits_{k} x_{ijk})^2}{n} - SSF_A - SSF_B - \Delta$$

$$\Delta = \frac{(\sum\limits_{i} \sum\limits_{j} \sum\limits_{k} x_{ijk})^2}{rcn}$$

$$SSE = SST - SSF_A - SSF_B - SSI_{AB}$$

定義式　　　　　　　　簡捷式

就例 12–10 而言，若以簡捷計算式計算差值平方和，我們可得：

$$\Delta = \frac{(20 + 18 + 16 + 14 + \cdots + 10)^2}{(4)(3)(3)} = \frac{(432)^2}{36} = 5184$$

$$SSF_A = \frac{(20+18+16+14+13+18+10+12+14)^2 + \cdots + (8+12+10+\cdots+10)^2}{(3)(3)} - \Delta$$

$$= \frac{(135)^2 + (117)^2 + (108)^2 + (72)^2}{9} - \Delta$$

$$= 5418 - 5184$$

$$= 234$$

$$SSF_B = \frac{(20+18+16+17+\cdots+10)^2 + (14+13+\cdots+5)^2 + (10+12+\cdots+10)^2}{(4)(3)} - \Delta$$

$$= \frac{(168)^2 + (144)^2 + (120)^2}{12} - \Delta$$

$$= 5280 - 5184$$

$$= 96$$

$$SST = [(20)^2 + (18)^2 + (16)^2 + \cdots + (8)^2 + (6)^2 + (10)^2] - \Delta$$

$$= 5670 - 5184$$

$$= 486$$

$$SSI_{AB} = \frac{(20 + 18 + 16)^2 + (14 + 13 + 18)^2 + \cdots + (8 + 6 + 10)^2}{3}$$

$$-SSF_A - SSF_B - \Delta$$

$$= \frac{(54)^2 + (45)^2 + \cdots + (24)^2}{3} - 234 - 96 - 5184$$

$$= 5580 - 234 - 96 - 5184$$

$$= 66$$

$$SSE = SST - SSF_A - SSF_B - SSI_{AB}$$

$$= 486 - 234 - 96 - 66$$

$$= 90$$

以上利用簡捷式計算得到的數據，完全與利用定義式計算而得的結果相同（請見表 12–7）。

在二因素變異數分析──完全隨機試驗模型下，我們亦可採用Scheffé方法去建立 A 因素（或 B 因素）任兩類別平均數之差的**聯立信任區間**。但建立聯立信任區間的 Scheffé 方法，將因為 A、B 因素「有」或「無」交互影響而不盡相同。有興趣的讀者，可參見專書的介紹（註 14）。

本章只是對**變異數分析的統計方法**做簡要的介紹，至於更深入的內容，請見專書的介紹。這裡特別值得一提的是：當我們決定採用變異數分析方法去探討問題時，我們必須**針對問題**，**先決定**是**採一因素**或**採二因素變異數分析方法**？若決定採一因素變異數分析，則進一步決定是採完全隨機試驗模型或採集區隨機試驗模型？唯有採用適當的變異數分析模型，才能對問題的分析有正確的了解。

附　註

註1:　①

$$\sum_i \sum_j (\overline{\overline{x}} - \mu)^2 = \sum_i n_i (\overline{\overline{x}} - \mu)^2$$

②

$$\sum_i \sum_j (\overline{x}_i - \mu)(\overline{\overline{x}} - \mu) = \sum_i n_i (\overline{\overline{x}} - \mu)^2$$

註2:　①

$$\sum_i n_i E(\overline{x}_i - \mu)^2$$

$$= \sum_i n_i E[(\overline{x}_i - \mu_i) + (\mu_i - \mu)]^2$$

$$= \sum_i n_i E[(\overline{x}_i - \mu_i)^2 + (\mu_i - \mu)^2 + 2(\overline{x}_i - \mu_i)(\mu_i - \mu)]$$

$$= \sum_i n_i [E(\overline{x}_i - \mu_i)^2 + (\mu_i - \mu)^2 + 2(\mu_i - \mu) \underbrace{E(\overline{x}_i - \mu_i)}_{=0}]$$

$$= \sum_i n_i E(\overline{x}_i - \mu_i)^2 + \sum_i n_i (\mu_i - \mu)^2$$

$$= \sum_i n_i \frac{\sigma^2}{n_i} + \sum_i n_i (\mu_i - \mu)^2$$

$$\left(\because E(\overline{x}_i - \mu_i)^2 = \frac{\sigma_i^2}{n_i} = \frac{\sigma^2}{n_i} \right)$$

$$= r\sigma^2 + \sum_i n_i (\mu_i - \mu)^2$$

②

$$\sum_i n_i E(\overline{\overline{x}} - \mu)^2$$

$$= \sum_i n_i \cdot \frac{\sigma_G^2}{\sum_i n_i} \quad \left[\begin{array}{l} \because \overline{\overline{x}} \text{ 可視為從 } \textbf{大母體 } \text{（平均數為 } \mu, \text{ 變異數} \\ \text{為 } \sigma_G^2 \text{）抽出之} \textbf{大樣本的平均數 } \text{（樣本數為} \\ \sum_i n_i \text{），} \therefore \text{其變異數為 } \dfrac{\sigma_G^2}{\sum\limits_i n_i} \end{array} \right]$$

$$= \sigma_G^2$$

註3:

$$\sigma_G^2 = \sigma^2 + \sum_i \frac{N_i}{N}(\mu_i - \mu)^2, \text{ 見式 (12–10)。}$$

註4: 以MSE 去估計 σ^2, 乃是基於MSE 是 σ^2 的 **不偏誤估計式**。茲證明於下:

$$E(\text{MSE}) = E \left[\frac{\sum\limits_i \sum\limits_j (x_{ij} - \overline{x}_i)^2}{\sum\limits_i n_i - r} \right]$$

$$= \frac{1}{\sum\limits_i n_i - r} E \left[\sum_i (n_i - 1) \frac{\sum\limits_j (x_{ij} - \overline{x}_i)^2}{(n_i - 1)} \right]$$

$$= \frac{1}{\sum\limits_i n_i - r} E[\sum_i (n_i - 1)s_i^2]$$

$$= \frac{1}{\sum\limits_i n_i - r} [\sum_i (n_i - 1)E(s_i^2)]$$

$$= \frac{1}{\sum\limits_i n_i - r} [\sum_i (n_i - 1)\sigma_i^2]$$

$$= \frac{1}{\sum\limits_i n_i - r} [\sum_i (n_i - 1)\sigma^2]$$

$$= \frac{1}{\sum\limits_i n_i - r} [\sigma^2(\sum_i n_i - r)]$$

$$= \sigma^2$$

註5:

$$\begin{aligned}
\text{SSF} &= \sum_i n_i (\overline{x}_i - \overline{\overline{x}})^2 \\
&= \sum_i n_i (\overline{x}_i^2 + \overline{\overline{x}}^2 - 2\overline{\overline{x}}\ \overline{x}_i) \\
&= \sum_i n_i \overline{x}_i^2 + \sum_i n_i \overline{\overline{x}}^2 - 2\overline{\overline{x}}\ \underbrace{\sum_i n_i \overline{x}_i}_{= \sum n_i \overline{\overline{x}}^2} \\
&= \sum_i n_i \overline{x}_i^2 - \sum_i n_i \overline{\overline{x}}^2 \\
&= \sum_i n_i \left(\frac{\sum_j x_{ij}}{n_i} \right)^2 - \sum_i n_i \left(\frac{\sum_i \sum_j x_{ij}}{\sum_i n_i} \right)^2 \\
&= \sum_i \frac{(\sum_j x_{ij})^2}{n_i} - \frac{(\sum_i \sum_j x_{ij})^2}{\sum_i n_i}
\end{aligned}$$

$$\begin{aligned}
\text{SST} &= \sum_i \sum_j (x_{ij} - \overline{\overline{x}})^2 \\
&= \sum_i \sum_j x_{ij}^2 - \sum_i n_i \overline{\overline{x}}^2 \\
&= \sum_i \sum_j x_{ij}^2 - \sum_i n_i \left(\frac{\sum_i \sum_j x_{ij}}{\sum n_i} \right)^2 \\
&= \sum_i \sum_j x_{ij}^2 - \frac{(\sum_i \sum_j x_{ij})^2}{\sum n_i}
\end{aligned}$$

註6:

$$\frac{\text{MSF}}{\text{MSE}} = \frac{\sum_i n_i (\overline{x}_i - \overline{\overline{x}})^2 / (2-1)}{\sum_i \sum_j (x_{ij} - \overline{x}_i)^2 / (n_1 + n_2 - 2)}$$

$$= \frac{n_1(\overline{x}_1 - \overline{\overline{x}})^2 + n_2(\overline{x}_2 - \overline{\overline{x}})^2}{\dfrac{\sum\limits_j (x_{1j} - \overline{x}_1)^2 + \sum\limits_j (x_{2j} - \overline{x}_2)^2}{n_1 + n_2 - 2}}$$

$$= \frac{n_1\left(\overline{x}_1 - \dfrac{n_1\overline{x}_1 + n_2\overline{x}_2}{n_1 + n_2}\right)^2 + n_2\left(\overline{x}_2 - \dfrac{n_1\overline{x}_1 + n_2\overline{x}_2}{n_1 + n_2}\right)^2}{\dfrac{(n_1 - 1)s_1^2 + (n_2 - 1)s_2^2}{n_1 + n_2 - 2}}$$

$$= \frac{\dfrac{n_1}{(n_1 + n_2)^2}[n_2^2(\overline{x}_1 - \overline{x}_2)^2] + \dfrac{n_2}{(n_1 + n_2)^2}[n_1^2(\overline{x}_1 - \overline{x}_2)^2]}{s_p^2}$$

$$= \frac{\dfrac{n_1 n_2}{(n_1 + n_2)^2}(\overline{x}_1 - \overline{x}_2)^2[n_2 + n_1]}{s_p^2}$$

$$= \frac{\dfrac{n_1 n_2}{(n_1 + n_2)}(\overline{x}_1 - \overline{x}_2)^2}{s_p^2}$$

$$= \frac{(\overline{x}_1 - \overline{x}_2)^2}{s_p^2\left(\dfrac{1}{n_1} + \dfrac{1}{n_2}\right)}$$

$$= \left(\frac{\overline{x}_1 - \overline{x}_2}{\sqrt{s_p^2\left(\dfrac{1}{n_1} + \dfrac{1}{n_2}\right)}}\right)^2 \sim t_{n_1+n_2-2}^2$$

註7：　**Bartlett** 檢定法，請見 Neter J., W. Wasserman and M. H. Kutner(1985), pp. 618–623.

註8：

$$\frac{\overline{X}_i - \mu_i}{\sqrt{\dfrac{\text{MSE}}{n_i}}} \sim t_{\sum\limits_i n_i - r}，\ \text{理由說明於下：}$$

$$\frac{\overline{X}_i - \mu_i}{\sqrt{\dfrac{\text{MSE}}{n_i}}} = \frac{(\overline{X}_i - \mu_i) \Big/ \sqrt{\dfrac{\sigma^2}{n_i}}}{\sqrt{\dfrac{\text{MSE}}{\sigma^2}}}$$

$$= \frac{(\overline{X}_i - \mu_i) \Big/ \sqrt{\dfrac{\sigma^2}{n_i}}}{\sqrt{\dfrac{\sum\sum(x_{ij} - \overline{x}_i)^2}{\sum\limits_i n_i - r} \Big/ \sigma^2}}$$

$$= \frac{(\overline{X}_i - \mu_i) \Big/ \sqrt{\dfrac{\sigma^2}{n_i}}}{\sqrt{\dfrac{(n_1 - 1)s_1^2 + \cdots + (n_r - 1)s_r^2}{\sigma^2} \Big/ \left(\sum\limits_i n_i - r\right)}}$$

$$= \frac{(\overline{X}_i - \mu_i) \Big/ \sqrt{\dfrac{\sigma^2}{n}}}{\sqrt{\left[\dfrac{(n_1 - 1)s_1^2}{\sigma^2} + \cdots + \dfrac{(n_r - 1)s_r^2}{\sigma^2}\right] \Big/ \left(\sum\limits_i n_i - r\right)}}$$

$$= \frac{N(0, 1)}{\sqrt{\chi^2_{\sum\limits_i n_i - r} \Big/ \left(\sum\limits_i n_i - r\right)}} \sim t_{\sum\limits_i n_i - r}$$

註9：

$$\frac{(\overline{X}_i - \overline{X}_{i'}) - (\mu_i - \mu_{i'})}{\sqrt{\text{MSE}\left(\dfrac{1}{n_i} + \dfrac{1}{n_{i'}}\right)}} \sim t_{\sum\limits_i n_i - r}$$

證明方法與（註8）相同，此處從略。

註10： 因素與集區無交互影響的假設，事實上我們應先予檢定。檢定
的方法見本章第四節之第四小節的說明。又所謂因素與集區無
交互影響， 基本上， 就是指因素和集區對資料的總影響（聯合
影響）與因素或集區對資料的個別影響之和完全一樣。即

$$\underbrace{(\mu_{i.}-\mu)+(\mu_{.j}-\mu)+(\mu_{ij}-\mu_{i.}-\mu_{.j}+\mu)}= (\mu_{i.}-\mu)+(\mu_{.j}-\mu)$$

总影響　　　　　　　因素影響　集區影響

註11：　因為樣本平均機遇差值平方和 (MSE) 是 σ^2 的不偏誤估計式（讀者可自行證明之），因此我們選擇 MSE 去估計 σ^2。

註12：　關於 Tukey 檢定，請見 Morrison, D. F. (1983), pp. 377–379.

註13：　H_0 為真時，$\dfrac{\text{MSF}_A}{\text{MSE}} \sim F_{r-1,rcn-rc}$，理由如下：

$$\frac{\text{MSF}_A}{\text{MSE}} = \frac{\sum\sum\sum(\overline{x}_{i.}-\overline{\overline{x}})^2/(r-1)}{\sum\sum\sum(x_{ijk}-\overline{x}_{ij})^2/(rcn-rc)}$$

$$=\frac{\dfrac{cn\sum(\overline{x}_{i.}-\overline{\overline{x}})^2}{\sigma^2}\Big/(r-1)}{\dfrac{\sum\sum\sum(x_{ijk}-\overline{x}_{ij})^2}{\sigma^2}\Big/(rcn-rc)}$$

而 $\dfrac{cn\sum(\overline{x}_{i.}-\overline{\overline{x}})^2}{\sigma^2}=\dfrac{cn\sum(\overline{x}_{i.}-\mu)^2-rcn(\overline{\overline{x}}-\mu)^2}{\sigma^2}$

$$=\frac{\sum(\overline{x}_{i.}-\mu)^2}{\dfrac{\sigma^2}{cn}}-\frac{(\overline{\overline{x}}-\mu)^2}{\dfrac{\sigma^2}{rcn}}$$

當 H_0 為真時　$=\dfrac{\sum(\overline{x}_{i.}-\mu_{i.})^2}{\dfrac{\sigma^2}{cn}}-\dfrac{(\overline{\overline{x}}-\mu)^2}{\dfrac{\sigma^2}{rcn}}$

$$=\sum_{i=1}^{r}\left(\frac{\overline{x}_{i.}-\mu_{i.}}{\sqrt{\dfrac{\sigma^2}{cn}}}\right)^2-\left(\frac{\overline{\overline{x}}-\mu}{\sqrt{\dfrac{\sigma^2}{rcn}}}\right)^2$$

$$=\chi_r^2-\chi_1^2$$

$$\sim\chi_{r-1}^2$$

$$\frac{\sum\sum\sum(x_{ijk}-\overline{x}_{ij})^2}{\sigma^2}=\frac{\sum\sum\sum(x_{ijk}-\overline{x}_{ij})^2}{\sigma^2}$$

$$= \frac{\sum\limits_{k=1}^{n} (x_{11k} - \overline{x}_{11})^2}{\sigma^2} + \frac{\sum\limits_{k=1}^{n} (x_{12k} - \overline{x}_{12})^2}{\sigma^2} + \cdots$$

$$+ \frac{\sum\limits_{k=1}^{n} (x_{rck} - \overline{x}_{rc})^2}{\sigma^2}$$

$$= \chi^2_{n-1} + \chi^2_{n-1} + \cdots + \chi^2_{n-1}$$

（共有 rc 個 χ^2_{n-1}，且彼此獨立）

$$= \chi^2_{rc(n-1)}$$

$$\sim \chi^2_{rcn-rc}$$

註14：　二因素變異數分析模型下，建立聯立信任區間的方法，請見
Neter, J., W. Wasserman and M. H. Kutner (1985), Ch. 21.

練習題

12–1 何謂變異數分析？並請簡單說明何以變異數分析的檢定是採右尾檢定。

12–2 已知 A、B 兩行業工人的工資（月）分別都呈常態分配。今若由兩行業各抽取五名工人，得其每月平均工資如下所示（單位百元）：

行業 A	145	142	146	143	147
行業 B	136	133	141	138	140

1. 試分別以 t 分配及 F 分配檢定 μ_A 和 μ_B 是否相等。

2. 請問你在作答第 1 小題時，須先有什麼樣的假設或前提。

12–3 設由四位教師分別講授同一門課程，學期終了時，以同一份試題進行測驗，分別得到四組成績如下：

第一組	第二組	第三組	第四組
65	75	59	94
87	69	78	89
73	83	67	80
79	81	62	88
81	72	83	81
69	79	76	65
71	90	85	74

1. 試作 ANOVA 表。（已知各組的成績分別都呈常態分配，且其變異數彼此都相等。）

2.若已知各組學生智力商數皆甚接近，努力程度也相差不大，試問教師的講授效果是否無差別？（顯著水準 0.05）

12–4 某工廠進口兩種牌子 (A、B) 的機器，欲了解 A、B 兩種機器效能是否有差異，今隨機各觀察五個單位的工作時間為樣本，得其產量資料如下：

品　牌	平均數	標準差
A	$\overline{X} = 66$	$s_X = 7.42$
B	$\overline{Y} = 62$	$s_Y = 75.24$

試答下列各題：

1.設若已知 X、Y 分別都呈常態分配，且 $\sigma_X^2 = \sigma_Y^2$，請應用**DOMT** (Difference of Means Test) 檢定兩種牌子之機器是否會影響產量？（顯著水準為 5%）

2.你是否可用**ANOVA** 分析第 1 小題？如果可以，請先說明對母體須作何假設，然後再進行分析。又其結果和第 1 小題相同嗎？

12–5 從 A, B, C, D 四個非常大的母體（假設母體變異數彼此相等）中獨立隨機各抽取 50 個樣本，得知：

$$\overline{X}_A = 68 \qquad s_A = 11$$
$$\overline{X}_B = 74 \qquad s_B = 12$$
$$\overline{X}_C = 70 \qquad s_C = 8$$
$$\overline{X}_D = 68 \qquad s_D = 10$$

試檢定 $H_0: \mu_A = \mu_B = \mu_C = \mu_D$。 $(\alpha = 0.05, F_{0.05;3,196} = 2.6)$

12–6 已知 1995 年臺灣全島之家庭的所得分配為**常態分配**。 今從東、南、西、北區獨立隨機觀察 n_i 個家庭，得出家庭所得的資料（單位：十萬元）如下：

東	8	14		
南	13	9		
西	7	14	8	7
北	7	9	16	

設若已知四地區家庭所得的母體變異數彼此相等，試作 ANOVA 表。並在顯著水準 0.05 下，檢定四地區之家庭平均所得是否有所差異。

12–7 是非題（下論是或非，均請說明理由）：

1. 若 $X \sim N(\mu_X, \sigma_X^2)$, $Y \sim N(\mu_Y, \sigma_Y^2)$，且 X、Y 獨立。今若欲檢定 $\mu_X - \mu_Y = \delta$，則不論 δ 之值為何（等於或不等於零），我們均可以 t **分配**進行檢定，亦可用 F **分配**進行 ANOVA 分析，且兩者所得到的結論一致。

2. 進行一因素 ANOVA 檢定時，若虛無假設為 $H_0 : \mu_1 = \mu_2 = \cdots = \mu_k$，則只要是彼此獨立之抽樣，我們都可以利用統計量 $\dfrac{n s_{\bar{X}_i}^2}{s_p^2}$，採 F 分配，並以兩端檢定方法檢定之。

12–8 欲了解男女工人薪資水準是否有差異，因此自男女員工獨立抽取樣本，得到的資料如下：

員工	樣本數	平均數（千元）	標準差（千元）
男性	31 人	25	30
女性	21 人	20	20

試回答下列各小題（假設男女薪資均為常態分配）：

1. 若我們以薪資之變異數去衡量薪資結構的差異，請以上述資料檢定男性薪資結構差異是否大於女性薪資結構之差異？（顯著水準 0.05）

2.請問上述樣本資料是否支持男性平均工資大於女性平均工資之假設？（顯著水準 0.05）

3.請問上述第 2 小題是否可利用 ANOVA 來作檢定？若不可以，則請說明理由。

4.又在何種情況下，可以進行變異數分析？

12-9 設有一家製造廠商買進三種不同品牌之新機器 (A_1, A_2, A_3)，用以生產某特定產品。現此廠商想要知道此三種機器的生產速度有無差異，因此任意觀察每部機器各 5 小時，並將其生產量記錄下來，如下所示（單位: 個）：

$$A_1 \quad 25 \quad 30 \quad 36 \quad 38 \quad 31$$
$$A_2 \quad 31 \quad 39 \quad 38 \quad 42 \quad 35$$
$$A_3 \quad 24 \quad 30 \quad 25 \quad 28 \quad 28$$

請答下列各題:

1.在顯著水準 0.05 下，試檢定 $H_0 : \mu_{A_1} = \mu_{A_2} = \mu_{A_3}$。

2.若拒絕 H_0，試探討哪幾部機器之生產速度有顯著差異。

3.試作 $\alpha = 0.05$ 的各平均數之差的聯立信任區間， 並作結論。

第十三章 簡單直線型迴歸分析

第一節 前言

　　前面一章所介紹的**一因素變異數分析**，即是探討因素（設若有 r 種類別）是否對我們所關心的資料（或變數）有顯著之影響的統計方法。例如，我們可以用一因素變異數分析方法，探討下面的問題：

　　⑴「廣告費用（高、中、低三種類別）」此因素是否對廠商銷售額有顯著的影響？亦即探討三種廣告費用類別下，廠商銷售額平均數是否都相等。

　　⑵臺北市「家庭所得（高、中、低三種類別）」此因素是否對家庭消費水準有顯著的影響？亦即探討三種家庭所得類別下，家庭消費水準的平均數是否都相等。

　　基本上，一因素變異數分析的方法下，「因素」只是類別（設若共有 r 種類別）的資料（或變數）。然而，很多情況下，「因素」很可能不是僅僅可以分成 r 種類別，而是可以**量化的資料**。正如上面例子中，我們很可能不僅知道任一廠商是屬於高、中、或低廣告費用類別，甚至更知道其廣告費用（數值）是多少；我們不僅僅知道任一家庭是屬於高、中、或低所得類別，更知道其所得是多少。於此情形下，如果我們有下面的問題：

　　⑴廣告費用如何的影響廠商的銷售額？是「廣告費用越高，銷售

額也越高」呢？或是「廣告費用越高，銷售額卻越低」呢？又「廣告費用」增加一元，「銷售額」增加（或減少）多少元呢？

　　(2)家庭所得如何的影響家庭消費水準？是「家庭所得越高，消費水準也越高」呢？或是「家庭所得越高，消費水準反而越低」呢？又「家庭所得」增加一元，「消費水準」增加（或減少）多少元呢？

　　對於這些問題，我們不適合採用一因素變異數分析方法去探討，我們應使用迴歸分析方法 (Regression Analysis)，去探討「因素（量化的資料）」此變數對另一變數的影響方向 (Direction) 如何？數量上又是如何的影響（即「因素」該變數變動一單位時，將引起另一變數變動多少單位）？由於經濟學、商學界很多的資料都是量化的資料，因此本書將於本章及下一章，詳加介紹迴歸分析的統計方法。然而，在介紹迴歸分析方法之前，我們擬先區別下面的基本名詞。

一、獨立變數(Independent Variable) 及應變數(Dependent Variable)

　　當我們所要研究或探討的問題是「某變數（以 X 表示之）如何的影響另一變數（以 Y 表示之）」時，某變數 (X) 稱為獨立變數，或稱為自變數，而另一變數(Y) 稱為應變數，或稱為倚變數。統計學家們常把獨立變數及應變數，分別稱之為解釋變數 (Explanatory Variable) 及被解釋變數 (Explained Variable)。就前面所述，我們所要探討的問題中：

　　(1)「廣告費用」是獨立變數，「廠商的銷售額」是應變數。
　　(2)「家庭所得」是獨立變數，「家庭消費水準」是應變數。

二、迴歸分析、簡單迴歸分析及多元迴歸分析

　　當我們要探討臺北市「家庭所得 (X)」如何的影響「家庭消費水準 (Y)」時，基於時間或財力的限制，我們不可能觀察臺北市的每一個家

庭，我們只是從臺北市抽出樣本家庭，利用樣本家庭的資料或訊息，去估計或推論臺北市的家庭所得 (X) 是如何的影響其消費水準 (Y)，而**迴歸分析就是指利用樣本的資料或訊息去估計或推論獨立變數如何的影響應變數的統計方法**。對於這種「只探討一個獨立變數如何的影響應變數的迴歸分析方法」，統計學上稱之為**簡單迴歸分析 (Simple Regression Analysis)**。

若我們要探討臺北市的家庭「所得」、「孩子數目」、「資產」等變數如何的影響家庭「消費水準」問題，此時，「所得」、「孩子數目」及「資產」都是獨立變數，而「消費水準」是應變數。對於此種欲探討兩個或兩個以上的獨立變數如何的影響應變數的迴歸分析方法，統計學上稱為**多元迴歸分析**（或**複迴歸分析**，**Multiple Regression Analysis** ）。

本章將先介紹簡單迴歸分析方法，下一章再介紹多元迴歸分析方法。

第二節　簡單直線型迴歸模型及假設

為進行迴歸分析，我們必須建立**母體迴歸模型 (Population Regression Model)**，而後再利用樣本資料對所建立的母體迴歸模型加以估計。

一、母體迴歸模型的建立

在建立母體迴歸模型之前，我們先區別獨立變數 (X) 影響應變數 (Y) 的函數型態如下：

(1)**直線型**的函數型態：以數學式表示，為

$$Y = a + bX, \ a,b \ 是常數 \tag{13-1}$$

(2)**非直線型**的函數型態：若 X 影響 Y 的函數型態，不是如式 (13-1)

所示, 則我們都稱之為非直線型的函數型態, 例如:

$$Y = c + dX^2, \ c, d \text{ 是常數} \tag{13-2}$$

為簡單起見, 本章介紹簡單迴歸分析時, 係假定獨立變數 (X) 影響應變數 (Y) 的函數型態是直線型, 亦即假定獨立變數 (X) 對應變數 (Y) 有直線型的影響 (Linear Effect)。因此, 本章乃名為**簡單直線型迴歸分析** (Simple Linear Regression Analysis)。

茲以探討臺北市家庭所得 (X) 如何影響家庭消費水準 (Y) 的問題為例, 說明**獨立變數 (X) 對應變數 (Y) 有直線型影響**之假定的含意。

設若臺北市總共有 N 個家庭, 今按家庭所得 (X) 分為 n 個小母體, 即 X 分為 $X_1, X_2, \cdots, X_n$ 等 n 個不同的數值 (且 $X_1 < X_2 < \cdots < X_n$)。又若所得是 X_1 的家庭有 N_1 個, 而其消費水準是 $Y_{1j}(j = 1, 2, \cdots, N_1)$, 且這 N_1 個家庭消費水準的平均數是:

$$E(Y|X_1) = \mu_{Y|X_1} = \frac{1}{N_1} \sum_{j=1}^{N_1} Y_{1j} \tag{13-3}$$

我們若以 ε_{1j} 表示第 j 個家庭之消費水準與其小母體 (所得是 X_1 的那 N_1 個家庭) 消費水準平均數之差值, 即

$$\varepsilon_{1j} = Y_{1j} - \mu_{Y|X_1} \tag{13-4}$$

則

$$Y_{1j} = \mu_{Y|X_1} + \varepsilon_{1j} \tag{13-4'}$$

又若所得是 X_2 的家庭有 N_2 個, 而其消費水準是 $Y_{2j}(j = 1, \cdots, N_2)$, 且這 N_2 個家庭消費水準的平均數是:

$$E(Y|X_2) = \mu_{Y|X_2} = \frac{1}{N_2} \sum_{j=1}^{N_2} Y_{2j} \tag{13-5}$$

我們並以 ε_{2j} 表示第 j 個家庭之消費水準與其小母體 (所得是 X_2 的那 N_2 個家庭) 消費水準平均數之差值, 即

$$\varepsilon_{2j} = Y_{2j} - \mu_{Y|X_2} \tag{13-6}$$

則

$$Y_{2j} = \mu_{Y|X_2} + \varepsilon_{2j} \tag{13-6'}$$

依此類推，即

$$E(Y|X_i) = \mu_{Y|X_i} = \frac{1}{N_i} \sum_{j=1}^{N_i} Y_{ij} \ , \ i = 1, 2, \cdots, n \tag{13-7}$$

$$\varepsilon_{ij} = Y_{ij} - \mu_{Y|X_i} \tag{13-8}$$

或　　　　$$Y_{ij} = \mu_{Y|X_i} + \varepsilon_{ij} \tag{13-8'}$$

而簡單迴歸分析中，所謂獨立變數 (X) 對應變數 (Y) 有直線型的影響，基本上，就是指在各個 X_i 的數值下，Y 的平均值（即 Y 的條件平均數）是在一條直線上。以數學式表示，即為：

$$E(Y|X_i) = \mu_{Y|X_i} = \alpha + \beta X_i \tag{13-9}$$

$(\alpha, \beta$ 是常數)

式 (13-9) 如圖13-1 所示。

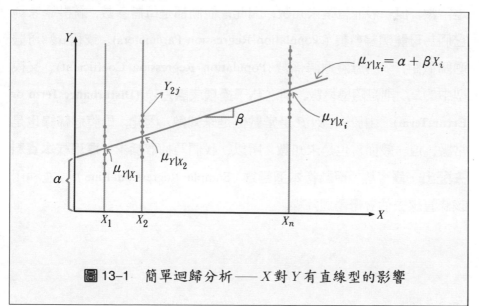

圖 13-1　簡單迴歸分析——X 對 Y 有直線型的影響

因此，基於獨立變數 (X) 對應變數 (Y) 有直線型影響的假定，我們乃建立母體迴歸模型如式 (13-9) 所示。而母體迴歸模型亦可以寫成：

$$Y_{ij} = \alpha + \beta X_i + \varepsilon_{ij} \tag{13-10}$$

圖 13-1 中的直線 $\mu_{Y|X_i} = \alpha + \beta X_i$ 稱為**母體迴歸線** (Population Regression Line)。α 是母體迴歸線在縱軸上的**截距**，β 則是母體迴歸線的**斜率**。實際上，β 即是指家庭所得 (X) 變動一單位所引起的家庭消費平均數 $(\mu_{Y|X})$ 的變動量。此乃因為：

當 $X = X_1$ 時，$\mu_{Y|X_1} = \alpha + \beta X_1$

而當 X 增加1 單位，而為

$X' = X_1 + 1$ 時，$\mu_{Y|X_1+1} = \alpha + \beta(X_1 + 1) = \alpha + \beta X_1 + \beta$

$\therefore \mu_{Y|X_1+1} - \mu_{Y|X_1} = \beta$

我們所建立的母體迴歸模型（式 (13-9) 或式 (13-10)）中，α 及 β 都是常數，但一般而言是未知數，因此，他們都是母體參數，統計學家稱它們為**母體迴歸參數** (Population Regression Parameters)。或稱 α 為母體迴歸截距，β 為母體迴歸係數 (Population Regression Coefficient)。又模型中的 ε_{ij} 則是隨機變數，稱之為**干擾項或誤差項** (**Disturbance Term or Error Term**)。由於 α 及 β 是常數但是**未知數**，因此，母體迴歸線也是常數，但一般而言也是未知數，所以，我們乃抽取樣本，**運用樣本資料去配出一條直線**（稱為**樣本迴歸線**, Sample Regression Line），並利用該條直線去估計母體迴歸線。

二、母體迴歸模型的假設

在介紹如何運用樣本資料配出樣本迴歸線以估計母體迴歸線之前，我們對所建立的**母體迴歸模型**做了下面的**假設**：

(1)獨立變數 X 共有 $X_1, X_2, \cdots, X_n$ 等 n 個數值，且 X 不是隨機變數，而是**預先選定的變數 (Predetermined Variable)**。

(2)每一個小母體下，**誤差項**此隨機變數的**期望值**（平均數）都是 **0**，即

$$E(\varepsilon_{ij}) = 0, \ i = 1, 2, \cdots, n$$

(3)**變異數齊一性 (Homoscedasticity)** 的假設：每一個小母體之下，誤差項的變異數分別是 σ_i^2，且彼此都相等，即

$$\mathbf{V}(\varepsilon_{ij}) = \sigma_{\varepsilon_i}^2[\text{或} = \sigma_i^2] = \sigma^2, \ i = 1, 2, \cdots, n$$

(4)**常態的假設**：每一個小母體之下，誤差項都呈常態分配。因此，事實上，(2)、(3)及(4)的假設，即是

$$\varepsilon_{ij} \sim N(0, \sigma^2), \ i = 1, 2, \cdots, n$$

(5)**非自我相關 (Nonautocorrelation)** 的假設：第 i 個小母體下的誤差項 (ε_i) 與第 k 個小母體下的誤差項 (ε_k) 彼此獨立。即

$$\mathrm{Cov}(\varepsilon_i, \varepsilon_k) = 0, \ i \neq k$$

上面(2)、(3)及(4)的假設，基本上表示在某一特定小母體 $(X = X_i)$ 之下，Y_{ij} 是隨機變數，並且呈常態分配，其平均數是 $\alpha + \beta X_i$，變異數是 σ_i^2，此乃因為當 $X = X_i$ 時，

$$Y_{ij} = \alpha + \beta X_i + \varepsilon_{ij} \quad （式 13\text{--}10）$$

從上式，我們知道 Y_{ij} 是 ε_{ij} 的函數，而 ε_{ij} 是常態隨機變數，所以 Y_{ij} 也是常態隨機變數，其平均數為：

$$\mu_{Y|X_i} = E(Y_{ij}|X = X_i) = E(\alpha + \beta X_i + \varepsilon_{ij})$$
$$= \alpha + \beta X_i + E(\varepsilon_{ij})$$
$$= \alpha + \beta X_i$$
$$(\because E(\varepsilon_{ij}) = 0)$$

變異數為：

$$\sigma_{Y|X_i}^2 = V(Y_{ij}|X = X_i) = E[Y_{ij} - E(Y_{ij}|X = X_i)]^2$$
$$= E[\alpha + \beta X_i + \varepsilon_{ij} - (\alpha + \beta X_i)]^2$$
$$= E[\varepsilon_{ij}^2]$$
$$= \sigma_{\varepsilon_i}^2 = \sigma_i^2 = \sigma^2$$

因此，當 $X = X_i$,

$$Y_{ij} \sim N(\alpha + \beta X_i, \sigma_i^2 = \sigma^2)$$

所以，誤差項的變異數 $(\sigma_{\varepsilon_i}^2)$ 事實上正是 Y_{ij} 的條件變異數 $V(Y_{ij}|X = X_i)$ 或 $\sigma_{Y|X}^2$，因此，σ^2 也稱為 Y 的條件變異數，或稱為母體迴歸變異數 (Population Regression Variance)。而若我們把 n 個小母體視為一個大母體，則大母體之下，Y 的變異數（稱為 Grand Population Variance of Y）為：

$$\sigma_Y^2 = E(Y - \mu_Y)^2$$
$$= \frac{1}{\sum N_i} \sum_i \sum_j (Y_{ij} - \mu_Y)^2$$

且一般而言，我們可以證明得到：

$$\sigma_Y^2 > \sigma^2 [= \sigma_{Y|X_i}^2] \qquad (\text{註 1})$$

　　建立了直線型的母體迴歸模型，並對母體迴歸模型做了基本的假設之後，下面一節我們將說明如何運用樣本資料去估計母體迴歸線。

第三節　母體迴歸線的估計

　　母體迴歸線 $\mu_{Y|X} = \alpha + \beta X$ 雖然是常數，但一般情況下是未知，因此我們乃從 n 個小母體中，獨立隨機各抽一個個體，並利用樣本資料配出一條直線，以估計母體迴歸線。然而，我們應如何利用樣本資料配出一條直線呢？其方法有**隨手畫法** (Freehand Method)，**普通最小平方法** (Ordinary Least Squares Method, **OLS**)，**最佳直線不偏誤法** (**BLUE**)，以及**最大概似法** (**MLE**)。

一、隨手畫法

　　隨手畫法是根據樣本資料的散佈圖，隨意的畫出一條直線，並以該條直線估計母體迴歸線。例如，若樣本資料的散佈圖如圖 13-2，我們乃隨意地畫一條直線 $(\check{Y} = \check{\alpha} + \check{\beta} X)$，而以 $\check{Y}$ 去估計 $\mu_{Y|X}$。

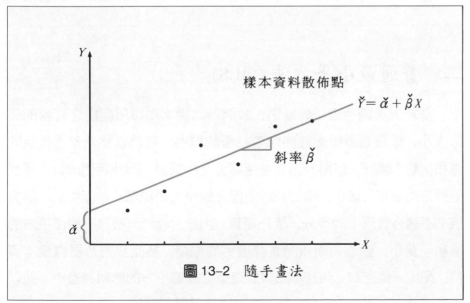

圖 13-2　隨手畫法

　　隨手畫法雖然很簡單，但它的缺點是同樣的一組樣本資料，**不同的研究者可能配出截距（或斜率）彼此不同的直線**。例如，若樣本資料散佈圖如圖 13–3，甲配出「 $\check{Y}_{甲} = \check{\alpha}_{甲} + \check{\beta}_{甲} X$ 」的直線，乙則配出「 $\check{Y}_{乙} = \check{\alpha}_{乙} + \check{\beta}_{乙} X$ 」的直線。此時，我們沒有客觀的標準去判斷 $\check{Y}_{甲}$ 或 $\check{Y}_{乙}$ 何者較優。

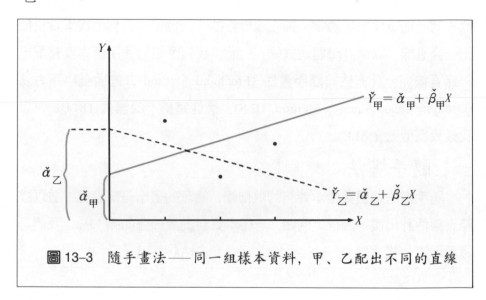

圖 13–3　隨手畫法——同一組樣本資料，甲、乙配出不同的直線

二、普通最小平方法 (OLS)

　　基於上述隨手畫法的缺點，我們乃以樣本點與所配出之直線的差值大小，做為判斷所配直線何者為優的標準。我們當然希望「差值的總和」越小越好，但由於正負差值將會互相抵消，因此我們改以「差值絕對值的總和」最小，做為判斷所配直線優劣的標準。然而由於「絕對值」不適合數學上的微分、積分運算，因此，我們再改以「**差值平方的總和**」最小，做為判斷所配直線優劣的標準。為此我們乃根據樣本資料，配出一條直線，使樣本點與該直線之差值平方的總和為最小，並以該條直線（以 $\hat{Y} = \hat{\alpha} + \hat{\beta} X$ 表示之）估計母體迴歸線（$\mu_{Y|X} = \alpha + \beta X$）。

這條以**最小平方法**配出的樣本迴歸線 $\hat{Y}(=\hat{\alpha}+\hat{\beta}X)$，稱為 $\mu_{Y|X}$ 的最小平方估計式；$\hat{\alpha}$、$\hat{\beta}$ 分別稱為 α、β 的最小平方估計式。

α、β 的最小平方估計式（$\hat{\alpha}$ 及 $\hat{\beta}$）的計算公式又是如何呢？說明如下：

設若 $\hat{Y}=\hat{\alpha}+\hat{\beta}X$ 是根據樣本資料，以最小平方法配出的樣本迴歸線如圖 13–4 所示：

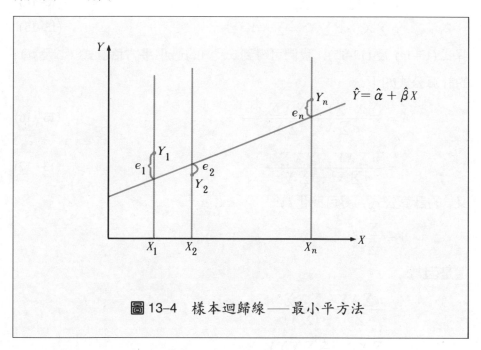

圖 13–4　樣本迴歸線——最小平方法

並令 e_i 是第 i 個小母體抽出之樣本，其 Y 值與 $\hat{Y}$ 之間的差值，即

$$e_i = Y_i - \hat{Y}_i, \ e_i \ 稱為\textbf{殘差值 (Residuals)}$$

我們將 e_i 加以平方，而後加總，可得：

$$\sum_{i=1}^{n} e_i^2 = \sum_{i=1}^{n}(Y_i - \hat{Y}_i)^2$$
$$= \sum_i (Y_i - \hat{\alpha} - \hat{\beta}X_i)^2 \tag{13–11}$$

而因為 $\hat{Y}$ 是 $\mu_{Y|X}$ 的最小平方估計式，所以 $\sum e^2$ 要為最小。因此，我們就

$\sum e^2$ 對 $\hat{\alpha}$ 及 $\hat{\beta}$ 偏微分，並令其等於 0，即

$$\frac{\partial \sum e^2}{\partial \hat{\alpha}} = 2 \sum (Y_i - \hat{\alpha} - \hat{\beta} X_i)(-1) = 0 \qquad (13\text{-}12)$$

$$\frac{\partial \sum e^2}{\partial \hat{\beta}} = 2 \sum (Y_i - \hat{\alpha} - \hat{\beta} X_i)(-X_i) = 0 \qquad (13\text{-}13)$$

將上面兩式子整理，可得**標準方程式** (Normal Equations) 如下：

$$\begin{cases} n\hat{\alpha} + \hat{\beta} \sum X_i = \sum Y_i & (13\text{-}14) \\ \hat{\alpha} \sum X_i + \hat{\beta} \sum X_i^2 = \sum X_i Y_i & (13\text{-}15) \end{cases}$$

解式 (13-14) 及 (13-15)，我們可得到 α 及 β 的**最小平方估計式**（$\hat{\alpha}$ 及 $\hat{\beta}$）的計算公式如下：

$$\hat{\alpha} = \frac{\sum X^2 \sum Y - \sum X \sum XY}{n \sum X^2 - (\sum X)^2} \qquad (13\text{-}16)$$

$$\hat{\beta} = \frac{n \sum XY - \sum X \sum Y}{n \sum X^2 - (\sum X)^2} \qquad (13\text{-}17)$$

又 $\hat{\beta}$ 的計算公式，更可簡化為：

$$\hat{\beta} = \frac{\sum xy}{\sum x^2}, \ x = X - \overline{X}, \ y = Y - \overline{Y}$$

這是因為：

$$\hat{\beta} = \frac{n \sum XY - \sum X \sum Y}{n \sum X^2 - (\sum X)^2}$$

$$= \frac{\sum XY - \frac{1}{n} \sum X \sum Y}{\sum X^2 - \frac{1}{n}(\sum X)^2}$$

$$= \frac{\sum XY - \frac{1}{n}(n\overline{X})(n\overline{Y})}{\sum X^2 - \frac{1}{n}(n\overline{X})^2}$$

$$= \frac{\sum XY - n\overline{X}\,\overline{Y}}{\sum X^2 - n\overline{X}^2}$$

$$= \frac{\sum (X - \overline{X})(Y - \overline{Y})}{\sum (X - \overline{X})^2}$$

$$= \frac{\sum xy}{\sum x^2}$$

而我們若將式 (13-14) 左右兩端都除以 n，可得：

$$\hat{\alpha} = \overline{Y} - \hat{\beta}\overline{X}$$

因此，當我們有一組樣本資料時，我們可以下面的計算公式去計算 α 及 β 的最小平方估計值。

$$\hat{\beta} = \frac{\sum xy}{\sum x^2} \tag{13-18}$$

$$\hat{\alpha} = \overline{Y} - \hat{\beta}\overline{X} \tag{13-19}$$

　　最小平方法配出的樣本迴歸線 $(\hat{Y} = \hat{\alpha} + \hat{\beta}X)$ **具有哪些特點呢?** 茲舉出並說明如下：

　　(1)每個小母體抽出之樣本，其 Y 值與 $\hat{Y}$ 之間的差值 (e_i) 的總和為 0，即 $\sum e_i = \sum(Y_i - \hat{Y}_i) = 0$。關於此特點，我們可以從式 (13-14) 獲得：

$$\because n\hat{\alpha} + \hat{\beta}\sum X_i = \sum Y_i$$

即　　　　$\sum Y_i - n\hat{\alpha} - \hat{\beta}\sum X_i = 0$

即　　　　$\sum(Y_i - \hat{\alpha} - \hat{\beta}X_i) = 0$

即　　　　$\sum[Y_i - (\hat{\alpha} + \hat{\beta}X_i)] = 0$

$$\therefore \sum(Y_i - \hat{Y}_i) = \sum e_i = 0$$

　　(2)每個小母體抽出之樣本，其 Y 值與 $\hat{Y}$ 之間的差值 (e_i) 平方的總和為最小，即

$$\sum e_i^2 = \sum(Y_i - \hat{Y}_i)^2 \quad 為最小$$

正因為 $\hat{Y}$ 具有這個特點，所以稱 $\hat{Y}$ 為 $\mu_{Y|X}$ 的最小平方估計式。本小節所介紹的這種估計方法，也因而被稱為**最小平方法**。

⑶樣本迴歸線 $\hat{Y}$ 一定通過 $\overline{X}$ 與 $\overline{Y}$ 的交點，即 $\hat{Y}$ 通過點 $(\overline{X}, \overline{Y})$。

⑷根據隨機樣本以最小平方法配出之樣本迴歸線$(\hat{Y} = \hat{\alpha} + \hat{\beta}X)$，具不偏誤性，這是因為 $\hat{\alpha}, \hat{\beta}$ 分別都具不偏誤性。茲說明於下：

①

$$\hat{\beta} = \frac{\sum xy}{\sum x^2}$$

$$= \frac{\sum x(\beta x + \varepsilon')}{\sum x^2} \qquad (\because y = \beta x + \varepsilon' \text{（註 2）})$$

$$= \frac{\beta \sum x^2 + \sum x\varepsilon'}{\sum x^2}$$

$$= \beta + \frac{\sum x\varepsilon'}{\sum x^2}$$

而 $\quad \because \sum x\varepsilon' = \sum x(\varepsilon - \overline{\varepsilon})$

$$= \sum x\varepsilon - \overline{\varepsilon} \underbrace{\sum x}_{= 0}$$

$$= \sum x\varepsilon$$

$$\therefore \hat{\beta} = \beta + \frac{\sum x\varepsilon}{\sum x^2} \tag{13-20}$$

因此 $\quad E(\hat{\beta}) = E(\beta + \frac{\sum x\varepsilon}{\sum x^2})$

$$= E(\beta) + E(\frac{\sum x\varepsilon}{\sum x^2})$$

$$= \beta + \frac{1}{\sum x^2} E(\sum x\varepsilon)$$

$(\because X$ 是預先選定的變數$)$

$$= \beta + \frac{1}{\sum x^2}(0) \text{（註 3）}$$

$$= \beta$$

$\therefore \hat{\beta}$ 是 β 的不偏誤估計式。

②

$$\hat{\alpha} = \overline{Y} - \hat{\beta}\overline{X}$$

$$= \alpha + \beta\overline{X} + \overline{\varepsilon} - \hat{\beta}\overline{X}$$

$$(\because \overline{Y} = \alpha + \beta\overline{X} + \overline{\varepsilon})$$

因此，

$$E(\hat{\alpha}) = E(\alpha + \beta\overline{X} + \overline{\varepsilon} - \hat{\beta}\overline{X})$$

$$= E(\alpha) + E(\beta\overline{X}) + E(\overline{\varepsilon}) - E(\hat{\beta}\overline{X})$$

而

$$\because E(\overline{\varepsilon}) = E(\frac{\varepsilon_1 + \varepsilon_2 + \cdots + \varepsilon_n}{n})$$

$$= \frac{1}{n}[E(\varepsilon_1) + \cdots + E(\varepsilon_n)]$$

$$= \frac{1}{n}[0 + \cdots + 0]$$

$$(\because E(\varepsilon_i) = 0)$$

$$= 0$$

$$E(\hat{\beta}\overline{X}) = \overline{X}E(\hat{\beta})$$

$$= \overline{X} \cdot \beta$$

$$(\because E(\hat{\beta}) = \beta)$$

$$\therefore E(\hat{\alpha}) = \alpha + \beta\overline{X} + (0) - \beta\overline{X}$$

$$= \alpha$$

$\therefore \hat{\alpha}$ 是 α 的不偏誤估計式。

③

$$\hat{Y} = \hat{\alpha} + \hat{\beta}X$$

因此,

$$E(\hat{Y}) = E(\hat{\alpha} + \hat{\beta}X)$$

$$= E(\hat{\alpha}) + E(\hat{\beta}X)$$

$$= \alpha + \beta X$$

$$= \mu_{Y|X}$$

∴ $\hat{Y}$ 是 $\mu_{Y|X}$ 的不偏誤估計式。

(5)根據隨機樣本以**最小平方法配出之樣本迴歸線**($\hat{Y} = \hat{\alpha} + \hat{\beta}X$),**是最佳 (Best) 的一條直線**。這是因為 $\hat{\beta}$(或 $\hat{\alpha}$)不但具不偏性,而且是母體迴歸參數 β(或 α)的**所有直線型不偏誤估計式中,變異數最小的估計式**。換句話說,$\hat{\alpha}$ 及 $\hat{\beta}$ 分別是 α 及 β 的最佳直線型不偏誤估計式 (BLUE)。關於此點,將於本章第三節再予說明。

下面的例子是利用樣本資料,以最小平方法配出一條樣本迴歸線,去估計母體迴歸線。

【例 13-1】

設若下面是臺北市隨機觀察之 20 個家庭的所得 (X) 及消費水準 (Y) 的資料,試利用該資料以最小平方法估計母體迴歸模型:

$$\mu_{Y|X} = \alpha + \beta X$$

X(千元)	38 25 48 12 30 18 26 60 53 46 65 80 43 35 32 21 29 37 34 28
Y(千元)	31 15 30 9 25 16 25 40 45 40 55 55 38 20 28 18 25 33 30 22

【解】

令 $\hat{Y} = \hat{\alpha} + \hat{\beta}X$ 是母體迴歸線 $\mu_{Y|X}$ 的最小平方估計式, 則

$$\hat{\beta} = \frac{\sum xy}{\sum x^2}$$

$$\hat{\alpha} = \overline{Y} - \hat{\beta}\overline{X}$$

又根據 20 個家庭的資料, 得 $\overline{X} = 38$, $\overline{Y} = 30$, 且得 $x(= X - \overline{X})$, $y(= Y - \overline{Y})$, x^2, xy 的資料如下:

x	0	−13	10	−26	−8	−20	−12	22	15	8	27	42	5	−3	−6	−17	−9	−1	−4	−10	$\sum = 0$
y	1	−15	0	−21	−5	−14	−5	10	15	10	25	25	8	−10	−2	−12	−5	3	0	−8	0
x^2	0	169	100	676	64	400	144	484	225	64	729	1764	25	9	36	289	81	1	16	100	5376
xy	0	195	0	546	40	280	60	220	225	80	675	1050	40	30	12	204	45	−3	0	80	3779

而 $\quad \because \sum x^2 = 5376$

$$\sum xy = 3779$$

$$\therefore \hat{\beta} = \frac{3779}{5376} \doteq 0.70$$

$$\hat{\alpha} = 30 - (0.70)(38) = 3.4$$

即 $\qquad \hat{Y} = 3.4 + 0.70X$

或 $\qquad Y = 3.4 + 0.70X + e$

三、最佳直線型不偏誤估計法 (BLUE)

母體迴歸線的估計方法, 除了前面所介紹的**隨手畫法**、**最小平方法**以外, 尚有**最佳直線型不偏誤估計法** **(BLUE)** 以及**最大概似估計法 (MLE)**。本小節將先介紹最佳直線型不偏誤估計法, 而最大概似估計法則在本節之第四小節再予介紹。

於簡單直線型母體迴歸模型 $\mu_{Y|X} = \alpha + \beta X$ 中, 若我們令 $\tilde{\beta}$ 為 β 的

最佳直線型不偏誤估計式，則根據最佳直線型不偏誤估計式的定義，$\tilde{\beta}$ 必須滿足下面的三個條件：

①$\tilde{\beta}$是隨機樣本的**直線型函數**，即

$$\tilde{\beta} = \sum a_i Y_i \quad \begin{cases} a_i & \text{是任意常數} \\ Y_i & \text{是第 } i \text{個小母體下，隨機抽出之個體的 } Y \text{ 值} \end{cases}$$

②$\tilde{\beta}$具**不偏誤性**，即

$$E(\tilde{\beta}) = \beta$$

而　　$\because E(\tilde{\beta}) = E(\sum a_i Y_i)$

$$= E[\sum a_i (\alpha + \beta X_i + \varepsilon_i)]$$

$$= E[\alpha \sum a_i + \beta \sum a_i X_i + \sum a_i \varepsilon_i]$$

$$= \alpha \sum a_i + \beta \sum a_i X_i + \underbrace{E(\sum a_i \varepsilon_i)}_{= 0}$$

$$= \alpha \sum a_i + \beta \sum a_i X_i$$

$$= \beta$$

$$\therefore \sum a_i = 0, \ \sum a_i X_i = 1$$

③$\tilde{\beta}$是 β的所有的直線型不偏誤估計式中，**變異數為最小**的估計式，而

$$\because V(\tilde{\beta}) = V(\sum a_i Y_i)$$

$$= V(a_1 Y_1 + a_2 Y_2 + \cdots + a_n Y_n)$$

$$= a_1^2 V(Y_1) + a_2^2 V(Y_2) + \cdots + a_n^2 V(Y_n) + 2a_1 a_2 \underbrace{\text{Cov}(Y_1, Y_2)}_{= 0(\text{註}4)} + \cdots$$

$$= a_1^2 V(Y_1) + a_2^2 V(Y_2) + \cdots + a_n^2 V(Y_n)$$

$$= a_1^2 \sigma^2 + a_2^2 \sigma^2 + \cdots + a_n^2 \sigma^2$$

$$(\because V(Y_i) = \sigma_i^2 = \sigma^2)$$

$$= \sigma^2 \sum a_i^2$$

$\therefore \sigma^2 \sum a_i^2$ 必須是「最小」，亦即 $\sum a_i^2$ 必須是「最小」。

因此，我們令

$$L = \sum a_i^2 - 2\lambda_1 \sum a_i - 2\lambda_2 (\sum a_i X_i - 1) \tag{13-21}$$

就上式的 L，分別對 a_i、λ_1、λ_2 求偏微分，並令其等於 0，我們可得：

$$\frac{\partial L}{\partial a_i} = 2a_i - 2\lambda_1 - 2\lambda_2 X_i = 0 \tag{13-22}$$

$$\frac{\partial L}{\partial \lambda_1} = -2 \sum a_i = 0 \tag{13-23}$$

$$\frac{\partial L}{\partial \lambda_2} = -2(\sum a_i X_i - 1) = 0 \tag{13-24}$$

從式 (13–22)，(13–23)，及 (13–24)，得：

$$\begin{cases} \lambda_1 + \lambda_2 X_i = a_i & (13-25) \\ \sum a_i = 0 & (13-26) \\ \sum a_i X_i = 1 & (13-27) \end{cases}$$

我們對式 (13–25) 等號左右兩端，取 $\sum$，可得：

$$n\lambda_1 + \lambda_2 \sum X_i = \sum a_i = 0 \tag{13-28}$$

再對式 (13–25) 等號左右兩端分別乘以 X_i，而後再取 $\sum$，可得：

$$\lambda_1 \sum X_i + \lambda_2 \sum X_i^2 = \sum a_i X_i = 1 \tag{13-29}$$

而式 (13–28) 及 (13–29) 即為：

$$\begin{cases} n\lambda_1 + \lambda_2 \sum X_i = 0 & (13-28)' \\ \lambda_1 \sum X_i + \lambda_2 \sum X_i^2 = 1 & (13-29)' \end{cases}$$

解 (13–28)′ 及 (13–29)′，可得：

$$\begin{cases} \lambda_1 = \dfrac{-\sum X_i}{n \sum X_i^2 - \dfrac{(\sum X_i)^2}{n}} \\ \lambda_2 = \dfrac{n}{n \sum X_i^2 - (\sum X_i)^2} \end{cases}$$

而從式 (13–25)，得：

$$a_i = \lambda_1 + \lambda_2 X_i$$

$$= \frac{-\sum X_i}{n \sum X_i^2 - (\sum X_i)^2} + \frac{n}{n \sum X_i^2 - (\sum X_i)^2}(X_i)$$

$$= \frac{-\sum X_i + n X_i}{n \sum X_i^2 - (\sum X_i)^2}$$

又 $\because \tilde{\beta} = \sum a_i Y_i$

$$\therefore \tilde{\beta} = \sum (\frac{n X_i - \sum X_i}{n \sum X_i^2 - (\sum X_i)^2}) Y_i$$

$$= \sum \frac{n X_i Y_i - Y_i \sum X_i}{n \sum X_i^2 - (\sum X_i)^2}$$

$$= \frac{n \sum X_i Y_i - \sum X_i \sum Y_i}{n \sum X_i^2 - (\sum X_i)^2} \tag{13-30}$$

式 (13–30) 即是母體迴歸係數 (β) 之**最佳直線型不偏誤估計式**$(\tilde{\beta})$ 的計算公式。比較式 (13–30) 與式 (13-17)，我們可以發現 $\tilde{\beta}$ **的計算公式與** $\hat{\beta}$ **的計算公式完全一致**，因此我們得到下面的結論：

> 最小平方估計式 $\hat{\beta}$，不但是母體迴歸係數 β的不偏誤估計式，且是 β的最佳直線型不偏誤估計式。

若我們令 $\tilde{\alpha}$ **是母體迴歸截距** α **的最佳直線型不偏誤估計式**，則同理可證明得到（讀者可自行證明）：

$$\tilde{\alpha} = \frac{\sum X^2 \sum Y - \sum X \sum XY}{n \sum X^2 - (\sum X)^2} = \hat{\alpha} \tag{13-31}$$

因此，我們有如下的結論：

最小平方估計式 $\hat{\alpha}$，不但是母體迴歸截距 α 的不偏誤估計式，且是 α 的最佳直線型不偏誤估計式。

上面所得到的結論，即是統計學上的**高氏—馬可夫定理** (Gauss-Markov Theorem)：

定理 13–1　高氏—馬可夫定理

母體迴歸模型 $\mu_{Y|X_i} = \alpha + \beta X_i$ 或 $Y_{ij} = \alpha + \beta X_i + \varepsilon_{ij}$ 中，若下面的假設都成立:

$$\begin{cases} X \text{是預先選定的變數} \\ E(\varepsilon_{ij}) = 0, \ i = 1, 2, \cdots, n \\ V(\varepsilon_{ij}) = \sigma_i^2 = \sigma^2 \quad (\text{變異數齊一性質}) \\ \varepsilon_i, \varepsilon_k \text{彼此獨立} \quad (\text{非自我相關}) \\ \qquad i \neq k \end{cases}$$

則母體迴歸參數 (α, β) 的**最小平方估計式**$(\hat{\alpha}, \hat{\beta})$，不但具**不偏誤性**，同時又是母體迴歸參數 (α, β) 的所有的**直線型不偏誤估計式**當中，**變異數為最小者**。

高氏—馬可夫定理中，就母體迴歸係數 β 而言，我們可以圖 13–5 表示。

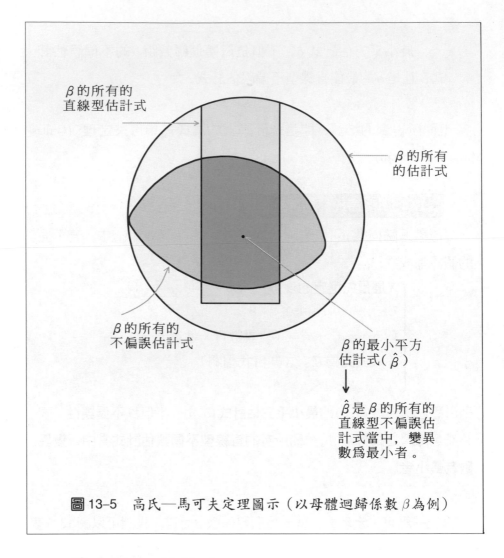

β 的所有的
直線型估計式

β 的所有
的估計式

β 的所有的
不偏誤估計式

β 的最小平方
估計式($\hat{\beta}$)

↓

$\hat{\beta}$ 是 β 的所有的
直線型不偏誤估
計式當中，變異
數爲最小者。

圖 13-5　高氏—馬可夫定理圖示（以母體迴歸係數 β 爲例）

四、最大概似估計法 (MLE)

母體迴歸模型 $\mu_{Y|X} = \alpha + \beta X_i$（式 13-9）或 $Y_{ij} = \alpha + \beta X_i + \varepsilon_{ij}$（式 13-10）中，若 ε_{ij} 符合本章第二節所做的各項假設，即

$$\begin{cases} \varepsilon_{ij} \sim N(0, \sigma^2) \\ \varepsilon_i, \varepsilon_k \text{彼此獨立}(i \neq k) \\ X \text{是預先選定的變數} \end{cases}$$

則我們可採最大概似估計法去估計母體迴歸參數 α 及 β。若我們令 $\hat{\alpha}$, $\hat{\beta}$ 分別是 α 及 β 的最大概似估計式，則 $\hat{\alpha}$ 及 $\hat{\beta}$ 的計算公式如何呢? 茲說明於下:

若令 Y_i 是從第 i 個小母體獨立隨機各抽出一個個體的 Y 值，則此隨機樣本 $(Y_1, Y_2, \cdots, Y_n)$ 的聯合機率密度函數為:

$$f(Y_1, Y_2, \cdots, Y_n) = f(Y_1)f(Y_2) \cdots f(Y_n) \tag{13-32}$$

而　　$\because Y_1 \sim N(\mu_{Y|X_1}, \sigma^2)$　或　$Y_1 \sim N(\alpha + \beta X_1, \sigma^2)$

$$\therefore f(Y_1) = \frac{1}{\sigma\sqrt{2\pi}} e^{-\frac{1}{2}[\frac{Y_1-(\alpha+\beta X_1)}{\sigma}]^2}$$

$$= \frac{1}{\sqrt{2\pi\sigma^2}} e^{-\frac{1}{2\sigma^2}(Y_1-\alpha-\beta X_1)^2} \tag{13-33}$$

同理，

$$f(Y_i) = \frac{1}{\sqrt{2\pi\sigma^2}} e^{-\frac{1}{2\sigma^2}(Y_i-\alpha-\beta X_i)^2} \tag{13-34}$$

若我們令 $L(Y_1, Y_2, \cdots, Y_n : \alpha, \beta, \sigma^2)$ 是隨機樣本的概似函數，則

$$L = f(Y_1)f(Y_2) \cdots f(Y_n)$$

$$= \frac{1}{\sqrt{2\pi\sigma^2}} e^{-\frac{1}{2\sigma^2}(Y_1-\alpha-\beta X_1)^2} \cdot \frac{1}{\sqrt{2\pi\sigma^2}} e^{-\frac{1}{2\sigma^2}(Y_2-\alpha-\beta X_2)^2} \cdots$$

$$= \frac{1}{(2\pi\sigma^2)^{\frac{n}{2}}} e^{-\frac{1}{2\sigma^2}\Sigma(Y_i-\alpha-\beta X_i)^2} \tag{13-35}$$

而能使式 (13-35) 達到最大 (Maximum) 之 α 及 β 的數值即為最大概似估計式。因此，我們就式 (13-35)，對 α 及 β 分別取偏微分並令其等於零，即可解出 α, β 之最大概似估計式的計算公式。但若 L 最大，$\ln L$ 必也最大，因此，為了運作簡單起見，我們乃對式 (13-35) 等式左右兩端，分別取以 e 為底的對數，得到:

$$\ln L = -\frac{n}{2}\ln(2\pi\sigma^2) - \frac{1}{2\sigma^2}\sum(Y_i - \alpha - \beta X_i)^2$$

$$= -\frac{n}{2}\ln(2\pi) - \frac{n}{2}\ln\sigma^2 - \frac{1}{2\sigma^2}\sum(Y_i - \alpha - \beta X_i)^2 \qquad (13\text{--}36)$$

然後，就數學式 (13–36)，我們分別對 α 及 β 取偏微分，可得：

$$\frac{\partial \ln L}{\partial \overset{\Delta}{\alpha}} = \frac{1}{\sigma^2}\sum(Y_i - \overset{\Delta}{\alpha} - \overset{\Delta}{\beta} X_i) \qquad (13\text{--}37)$$

$$\frac{\partial \ln L}{\partial \overset{\Delta}{\beta}} = \frac{1}{\sigma^2}\sum(Y_i - \overset{\Delta}{\alpha} - \overset{\Delta}{\beta} X_i)(X_i) \qquad (13\text{--}38)$$

我們進一步令式 (13–37) 及 (13–38) 分別都等於零，而得到下面兩個式子：

$$\begin{cases} \sum(Y_i - \overset{\Delta}{\alpha} - \overset{\Delta}{\beta} X_i) = 0 \\[2mm] \sum(Y_i - \overset{\Delta}{\alpha} - \overset{\Delta}{\beta} X_i)X_i = 0 \end{cases}$$

亦即

$$\begin{cases} n\overset{\Delta}{\alpha} + \overset{\Delta}{\beta}\sum X_i = \sum Y_i & (13\text{--}39) \\[2mm] \overset{\Delta}{\alpha}\sum X_i + \overset{\Delta}{\beta}\sum X_i^2 = \sum X_iY_i & (13\text{--}40) \end{cases}$$

解式 (13–39) 及式 (13–40)，可得到 α 及 β 之最大概似估計式（ $\overset{\Delta}{\alpha}$ 及 $\overset{\Delta}{\beta}$ ）的計算公式如下：

$$\overset{\Delta}{\alpha} = \frac{\sum X^2 \sum Y - \sum X \sum XY}{n\sum X^2 - (\sum X)^2} \qquad (13\text{--}41)$$

$$\overset{\Delta}{\beta} = \frac{n\sum XY - \sum X \sum Y}{n\sum X^2 - (\sum X)^2} \qquad (13\text{--}42)$$

比較式 (13–41) 與式 (13–16)，式 (13–42) 與式 (13–17)，我們發現 $\overset{\Delta}{\alpha}$、$\overset{\Delta}{\beta}$ 的計算公式分別與 $\hat{\alpha}$、$\hat{\beta}$ 的計算公式完全一致， 因此我們得到下面的結論：

> 母體迴歸模型 $Y_{ij} = \alpha + \beta X_i + \varepsilon_{ij}$ 中，若下面的假設都成立：
> $$\begin{cases} \varepsilon_{ij} \sim N(0, \sigma^2) \\ \varepsilon_i, \varepsilon_k \text{彼此獨立} \quad (i \neq k) \\ X\text{是預先選定的變數} \end{cases}$$
> 則母體迴歸參數 (α, β) 的**最小平方估計式** $(\hat{\alpha}, \hat{\beta})$，也是母體迴歸參數 (α, β) 的**最大概似估計式**。

第四節　母體迴歸參數的統計推論

一般而言，母體迴歸參數 (α, β) 之值未知，我們欲對其**進行估計**或**假設檢定**之**統計推論**工作時，必須先選擇**估計式**或**檢定統計量**，而後還必須知道該估計式或檢定統計量的**機率分配**。本節擬就母體迴歸係數的統計推論詳加說明，至於母體迴歸截距的統計推論則僅予簡要的說明。

一、母體迴歸係數 (β) 的統計推論

根據高氏—馬可夫定理（見本章第三節），我們選擇 β 的最小平方估計式 $\hat{\beta}$ 當做**估計式**或**檢定統計量**。為了解如何以 $\hat{\beta}$ 對 β 進行區間估計或假設檢定，我們必須知道 $\hat{\beta}$ 的機率分配，也就是必須知道 $\hat{\beta}$ **的平均數、變異數以及其分配型態**。

從式 (13–20)，

$$\hat{\beta} = \beta + \frac{\sum x\varepsilon}{\sum x^2}$$

$$= \underset{\text{常數}}{\underbrace{\beta}} + \underset{\varepsilon_1, \varepsilon_2, \cdots, \varepsilon_n \text{的直線型函數}}{\underbrace{\left(\frac{x_1}{\sum x^2}\varepsilon_1 + \frac{x_2}{\sum x^2}\varepsilon_2 + \cdots + \frac{x_n}{\sum x^2}\varepsilon_n \right)}}$$

我們發現 $\hat{\beta}$ 是 $\varepsilon_1, \varepsilon_2, \cdots, \varepsilon_n$ 等 n 個常態隨機變數的直線型函數，所以 $\hat{\beta}$ 呈常態分配。又 $\hat{\beta}$ 的平均數及變異數分別為：

$E(\hat{\beta}) = \beta$（證明見本章第三節之第二小節）

$$
\begin{aligned}
V(\hat{\beta}) &= E(\hat{\beta} - E(\hat{\beta}))^2 \\
&= E(\hat{\beta} - \beta)^2 \\
&= E(\beta + \frac{\sum x\varepsilon}{\sum x^2} - \beta)^2 \\
&= E(\frac{\sum x\varepsilon}{\sum x^2})^2 \\
&= \frac{1}{(\sum x^2)^2} E(\sum x\varepsilon)^2 \\
&= \frac{1}{(\sum x^2)^2} E[x_1^2 \varepsilon_1^2 + \cdots + x_n^2 \varepsilon_n^2 + x_1 x_2 \varepsilon_1 \varepsilon_2 + x_1 x_3 \varepsilon_1 \varepsilon_3 + \cdots] \\
&= \frac{1}{(\sum x^2)^2} [E(x_1^2 \varepsilon_1^2) + \cdots + E(x_n^2 \varepsilon_n^2) + E(x_1 x_2 \varepsilon_1 \varepsilon_2) + E(x_1 x_3 \varepsilon_1 \varepsilon_3) + \cdots] \\
&= \frac{1}{(\sum x^2)^2} [x_1^2 E(\varepsilon_1^2) + \cdots + x_n^2 E(\varepsilon_n^2) + x_1 x_2 E(\varepsilon_1 \varepsilon_2) + x_1 x_3 E(\varepsilon_1 \varepsilon_3) + \cdots] \\
&= \frac{1}{(\sum x^2)^2} [x_1^2 \sigma^2 + \cdots + x_n^2 \sigma^2 + x_1 x_2 \cdot (0) + x_1 x_3 \cdot (0) + \cdots] \\
&= \frac{\sigma^2}{(\sum x^2)^2} \cdot \sum x^2 \\
&= \frac{\sigma^2}{\sum x^2} \\
&= \sigma_{\hat{\beta}}^2
\end{aligned}
$$

所以，

$$
\hat{\beta} \sim N\left(\beta, \frac{\sigma^2}{\sum x^2}\right) \tag{13-43}
$$

即

$$\frac{\hat{\beta} - \beta}{\sqrt{\dfrac{\sigma^2}{\sum x^2}}} \sim N(0, 1) \tag{13-44}$$

然而我們必須在 σ^2 之值為已知的情況下，方能利用式 (13-43) 或式 (13-44)，以 $\hat{\beta}$ 對 β 構成某一信任水準的區間估計值或進行假設的檢定。因此，關於母體迴歸係數的統計推論，將因為誤差項變異數 σ^2（或稱 Y 的條件變異數，也稱母體迴歸變異數）之數值為已知或未知，而有所不同。

(A) σ^2 之值已知：

　　從式 (13-43) 或式 (13-44)，我們得到母體迴歸係數 β 在某一信任水準 $(1 - \alpha)$ 之下的信任區間是：

$$\hat{\beta} \pm Z_{\frac{\alpha}{2}} \sqrt{\frac{\sigma^2}{\sum x^2}} \tag{13-45}$$

(B) σ^2 之值未知：

　　當 σ^2 之值未知時，我們應以樣本資料估計它，但我們應如何估計它呢？首先，我們必須決定以哪一個統計量當做其估計式。而由於

$$\sigma^2 < \sigma_Y^2 \quad \text{（見註 1）}$$

因此，我們不以 $s_Y^2 [= \dfrac{1}{n-1} \sum (Y - \overline{Y})^2]$ 去估計 σ^2。從母體迴歸變異數 σ^2 的定義式：

$$\sigma^2 = \sigma_{Y|X_i}^2 = E[Y_{ij} - E(Y_{ij}|X = X_i)]^2$$
$$= E(Y_{ij} - \mu_{Y|X_i})^2$$

上式中，$\mu_{Y|X_i}$ 未知，我們是以 $\hat{Y}_i$ 估計之，因此，我們定義**樣本迴歸變異數** $(s_{Y|X}^2)$ 為：

$$s_{Y|X}^2 = \frac{1}{n-2} \sum (Y - \hat{Y})^2 \tag{13-46}$$

並以 $s_{Y|X}^2$ 當做 σ^2 的估計式。式 (13–46) 中，我們之所以以 $n-2$ 當除數，乃是因為 $\sum(Y-\hat{Y})^2$ 的自由度為 $n-2$，而且如式 (13–46) 所定義的樣本迴歸變異數，將是 σ^2 的不偏誤估計式 (註5)。

事實上，樣本迴歸變異數 $s_{Y|X}^2$ 亦可寫成：

$$s_{Y|X}^2 = \frac{1}{n-2}\sum(Y-\hat{Y})^2$$

$$= \frac{1}{n-2}\sum e^2$$

$$= \frac{1}{n-2}\sum(e-\bar{e})^2 \qquad (13\text{–}47)$$

$$(\because \sum e = 0, \ \bar{e} = 0)$$

因此，$s_{Y|X}^2$ 亦可稱為**殘差值變異數** (Residuals Variance)。

當我們有一組樣本資料時，我們除了可用式 (13–46) 或式 (13–47) 計算 $s_{Y|X}^2$ 外，也可利用下面的**簡捷式**計算之 (註6)：

$$s_{Y|X}^2 = \frac{1}{n-2}[\sum Y^2 - \hat{\alpha}\sum Y - \hat{\beta}\sum XY] \qquad (13\text{–}48)$$

式 (13–44) 中的 σ^2 以其估計式 $s_{Y|X}^2$ 代之後，不再呈標準常態分配，而呈自由度為 $n-2$ 的 t 分配，即 (註7)：

$$\frac{\hat{\beta}-\beta}{\sqrt{\dfrac{s_{Y|X}^2}{\sum x^2}}} \sim t_{n-2} \qquad (13\text{–}49)$$

因此，在 σ^2 **之值未知情況下，母體迴歸係數** β **在某一信任水準** $(1-\alpha)$ **之下的信任區間是：**

$$\hat{\beta} \pm t_{\frac{\alpha}{2},\,n-2}\sqrt{\frac{s_{Y|X}^2}{\sum x^2}} \qquad (13\text{–}50)$$

【例 13-2】

試利用例 13-1 的 20 個樣本家庭資料，作答下列各題：

(1)求母體迴歸變異數 σ^2 的估計值。

(2)對臺北市家庭的邊際消費傾向 β（所得 X 變動一單位所引起之消費平均值 $\mu_{Y|X}$ 的變化量）進行區間估計。（信任水準 95%）

(3)檢定 "$\beta > 0$" 的假設。（顯著水準 5%）

【解】

(1)從例 13-1，我們得到

$$\hat{Y} = 3.4 + 0.70X$$

∴ 20 個樣本家庭對應的 $\hat{Y}, e, e^2$ 如下：

X（千元）	Y（千元）	$\hat{Y}$（千元）	e	e^2
38	31	30.0	1.0	1.00
25	15	20.9	−5.9	34.81
48	30	37.0	−7.0	49.00
12	9	11.8	−2.8	7.84
30	25	24.4	0.6	0.36
18	16	16.0	0.0	0.00
26	25	21.6	3.4	11.56
60	40	45.4	−5.4	29.16
53	45	40.5	4.5	20.25
46	40	35.6	4.4	19.36
65	55	48.9	6.1	37.21
80	55	59.4	−4.4	19.36
43	38	33.5	4.5	20.25
35	20	27.9	−7.9	62.41
32	28	25.8	2.2	4.84
21	18	18.1	−0.1	0.01
29	25	23.7	1.3	1.69
37	33	29.3	3.7	13.69
34	30	27.2	2.8	7.84
28	22	23.0	−1.0	1.00
			$\sum e = 0$	$\sum e^2 = 341.64$

我們以樣本迴歸變異數 $s_{Y|X}^2$ 當做 σ^2 的估計式,

而 $\because$ $\quad s_{Y|X}^2 = \dfrac{1}{n-2} \sum (Y - \hat{Y})^2 = \dfrac{1}{n-2} \sum e^2 = \dfrac{1}{20-2}(341.64) = 18.98$

所以, 母體迴歸變異數 σ^2 的估計值是 18.98。

(2)我們選擇 $\hat{\beta}$ 當做 β 的估計式, 而 $\because$ σ^2 之值未知, 我們以式 (13–50) 對 β 進行區間估計。從例 13–1 得 $\hat{\beta} = 0.7$, $\sum x^2 = 5376$, 且查表得 $t_{0.025,18} = 2.101$, 因此, 在 95% 信任水準下, β 的區間估計值是:

$$0.7 \pm 2.101 \sqrt{\dfrac{18.98}{5376}}$$

即 $\quad$ 0.7 ± 0.1248

亦即 $\quad$ $0.5752 \sim 0.8248$

(3)(一)建立檢定的虛無假設及對立假設為:

$$H_0 : \beta \leq 0$$

$$H_1 : \beta > 0 \qquad (右端檢定)$$

(二)選擇 $\hat{\beta}$ 為檢定統計量, 且知在 H_0 為真時,

$$\frac{\hat{\beta} - (0)}{\sqrt{\dfrac{s_{Y|X}^2}{\sum x^2}}} \sim t_{n-2}$$

(三)在顯著水準 5% 下, 建立行動規則如下:

$$若 \qquad t_0 \leq t_* = t_{0.05,18} = 1.734 \longrightarrow A_0$$

$$t_0 > t_* \longrightarrow A_1$$

(四)根據樣本資料, 計算 t_0, 得到:

$$t_0 = \frac{\hat{\beta} - (0)}{\sqrt{\dfrac{s_{Y|X}^2}{\sum x^2}}} = \frac{0.7}{\sqrt{\dfrac{18.98}{5376}}} \doteqdot 11.78 > t_* \longrightarrow A_1$$

(五)因為, $t_0 = 11.78 > t_* = 1.734$, 所以, 採 A_1 的決策, 亦即接受 "$\beta > 0$" 的假設。

二、母體迴歸截距 α 的統計推論

當我們要對母體迴歸截距 α 進行區間估計或假設檢定時，我們選擇 α 的最小平方估計式 $\hat{\alpha}$，當做 α 的**估計式**或**檢定統計量**。為了解如何以 $\hat{\alpha}$ 對 α 進行統計推論的工作，我們有必要先對 $\hat{\alpha}$ 的**平均數**、**變異數**及其**機率分配**，簡要說明如下：

從式 (13-19)，我們得到：

$$\hat{\alpha} = \overline{Y} - \hat{\beta}\overline{X}$$

$$= \alpha + \beta\overline{X} + \overline{\varepsilon} - \hat{\beta}\overline{X}$$

$$(\because \overline{Y} = \alpha + \beta\overline{X} + \overline{\varepsilon})$$

$$= \underbrace{\alpha}_{\text{常數}} + \underbrace{\beta\overline{X}}_{\text{常數}} - \underbrace{\hat{\beta}\overline{X}}_{\text{常態隨機變數}} + \frac{1}{n}\underbrace{(\varepsilon_1 + \varepsilon_2 + \cdots + \varepsilon_n)}_{\varepsilon_i \text{ 是常態隨機變數}}$$

因此，$\hat{\alpha}$ **呈常態分配**，其**平均數**、**變異數**分別是：

$$E(\hat{\alpha}) = \alpha \quad （證明見本章第三節）$$

$$V(\hat{\alpha}) = E(\hat{\alpha} - E(\hat{\alpha}))^2$$

$$= E(\hat{\alpha} - \alpha)^2$$

$$= E(\overline{Y} - \hat{\beta}\overline{X} - \alpha)^2$$

$$= E(\alpha + \beta\overline{X} + \overline{\varepsilon} - \hat{\beta}\overline{X} - \alpha)^2$$

$$= E[-\overline{X}(\hat{\beta} - \beta) + \overline{\varepsilon}]^2$$

$$= E[\overline{X}^2(\hat{\beta} - \beta)^2 + \overline{\varepsilon}^2 - 2\overline{X}(\hat{\beta} - \beta)\overline{\varepsilon}]$$

$$= \overline{X}^2 E(\hat{\beta} - \beta)^2 + E(\overline{\varepsilon}^2) - 2\overline{X}E(\hat{\beta} - \beta)\overline{\varepsilon}$$

$$= \overline{X}^2 V(\hat{\beta}) + E(\overline{\varepsilon}^2) - 2\overline{X} E\left(\frac{\sum x\varepsilon}{\sum x^2} \cdot \frac{\sum \varepsilon}{n}\right)$$

$$= \overline{X}^2 V(\hat{\beta}) + E(\overline{\varepsilon}^2) - \frac{2\overline{X}}{n\sum x^2} E(x_1\varepsilon_1^2 + x_2\varepsilon_2^2 + \cdots + x_n\varepsilon_n^2 + x_1\varepsilon_1\varepsilon_2 + \cdots)$$

$$= \overline{X}^2 V(\hat{\beta}) + E(\overline{\varepsilon}^2) - \frac{2\overline{X}}{n\sum x^2} [x_1\sigma^2 + x_2\sigma^2 + \cdots + x_n\sigma^2 + x_1 \underbrace{E(\varepsilon_1\varepsilon_2)}_{=0} + \cdots]$$

$$= \overline{X}^2 \frac{\sigma^2}{\sum x^2} + \frac{\sigma^2}{n} - \frac{2\overline{X}}{n\sum x^2} [\sigma^2 \underbrace{\sum x}_{=0} + 0]$$

$$= \overline{X}^2 \frac{\sigma^2}{\sum x^2} + \frac{\sigma^2}{n}$$

$$= \sigma^2 \left(\frac{\overline{X}^2}{\sum x^2} + \frac{1}{n}\right)$$

或 $$= \frac{\sigma^2}{n\sum x^2}(n\overline{X}^2 + \sum x^2)$$

$$= \frac{\sigma^2}{n\sum x^2}[n\overline{X}^2 + (\sum X^2 - n\overline{X}^2)]$$

$$(\because \sum x^2 = \sum X^2 - n\overline{X}^2)$$

$$= \frac{\sigma^2 \sum X^2}{n\sum x^2}$$

所以,

$$\hat{\alpha} \sim N\left(\alpha, \frac{\sigma^2 \sum X^2}{n\sum x^2}\right) \tag{13-51}$$

即

$$\frac{\hat{\alpha} - \alpha}{\sqrt{\dfrac{\sigma^2 \sum X^2}{n\sum x^2}}} \sim N(0,1) \tag{13-52}$$

因此, 當 σ^2 之值已知時, $\hat{\alpha}$ 在某一信任水準 (例如 95%) 之下的信任區間是:

$$\hat{\alpha} \pm Z_{0.025} \sqrt{\frac{\sigma^2 \sum X^2}{n\sum x^2}} \tag{13-53}$$

而當 σ^2 之值未知時，$\hat{\alpha}$ 在 95% 信任水準之下的信任區間是（註 8）：

$$\hat{\alpha} \pm t_{0.025, n-2} \sqrt{\frac{s_{Y|X}^2 \sum X^2}{n \sum x^2}} \qquad (13-54)$$

【例 13-3】

試利用例 13-1 的 20 個樣本家庭資料，對母體迴歸模型 $\mu_{Y|X} = \alpha + \beta X$ 中的 α 進行區間估計（信任水準 95%）。

【解】

從例 13-1 及 13-2，我們得到：

$$\hat{\alpha} = 3.4, \ s_{Y|X}^2 = 18.98, \ \sum x^2 = 5376$$

又計算得到：

$$\sum X^2 = 34256$$

且查表得：

$$t_{0.025, 18} = 2.101$$

∵ α 在 95% 信任水準下的信任區間是：

$$\hat{\alpha} \pm t_{0.025, 18} \sqrt{\frac{s_{Y|X}^2 \sum X^2}{n \sum x^2}}$$

∴ 其區間估計值是：

$$3.4 \pm 2.101 \sqrt{\frac{(18.98)(34256)}{(20)(5376)}}$$

即　　　3.4 ± 5.1665

亦即　　$-1.7665 \sim 8.5665$

第五節　已知 $X = X_0$ 之下，Y 之條件平均數 $(\mu_{Y|X_0})$ 的統計推論

　　迴歸分析的統計方法，除了可運用樣本資料配出樣本迴歸線，以探討、分析或推論自變數 (X) 對應變數 (Y) 的影響方向及數量上如何的影響外，尚可運用所配出之樣本迴歸線去**預測 (Predict)** 或估計應變數在**自變數等於某一特定值** $(X = X_0)$ 時，其條件平均數 $(\mu_{Y|X_0})$ 之值。欲預測或估計 $\mu_{Y|X_0}$ 之值時，我們首先**選擇** $\hat{Y}_0$（即樣本迴歸線於 $X = X_0$ 時之 Y 值，亦即 $\hat{Y}_0 = \hat{\alpha} + \hat{\beta}X_0$）**當做估計式**，進而導出 $\hat{Y}_0$ 的機率分配。

　　由於 $\hat{Y}_0 = \hat{\alpha} + \hat{\beta}X_0$ 式中 $\hat{\alpha}$ 及 $\hat{\beta}$ 都是常態隨機變數，且 X_0 是特定值，因此，$\hat{Y}_0$ 是 $\hat{\alpha}$ 及 $\hat{\beta}$ 兩常態隨機變數的直線型函數，所以，$\hat{Y}_0$ **是一呈常態分配**的隨機變數。而 $\hat{Y}_0$ 的平均數及變異數如下：

$$E(\hat{Y}_0) = E(\hat{\alpha} + \hat{\beta}X_0)$$

$$= E(\hat{\alpha}) + X_0 E(\hat{\beta})$$

$$= \alpha + \beta X_0$$

$$= \mu_{Y|X_0}$$

$$\sigma^2_{\hat{Y}_0} = V(\hat{Y}_0) = E(\hat{Y}_0 - E(\hat{Y}_0))^2$$

$$= E(\hat{\alpha} + \hat{\beta}X_0 - \alpha - \beta X_0)^2$$

$$= E[(\hat{\alpha} - \alpha) + (\hat{\beta} - \beta)X_0]^2$$

$$= E[(\hat{\alpha} - \alpha)^2 + X_0^2(\hat{\beta} - \beta)^2 + 2X_0(\hat{\alpha} - \alpha)(\hat{\beta} - \beta)]$$

$$= E(\hat{\alpha} - \alpha)^2 + X_0^2 E(\hat{\beta} - \beta)^2 + 2X_0 E(\hat{\alpha} - \alpha)(\hat{\beta} - \beta)$$

$$=V(\hat{\alpha}) + X_0^2 V(\hat{\beta}) + 2X_0 E(\hat{\alpha} - \alpha)(\hat{\beta} - \beta)$$

$$=\frac{\sigma^2 \sum X^2}{n \sum x^2} + \frac{X_0^2 \sigma^2}{\sum x^2} + 2X_0(\frac{-\overline{X}\sigma^2}{\sum x^2}) \text{(註9)}$$

$$=\sigma^2(\frac{1}{n} + \frac{x_0^2}{\sum x^2}), \ x_0 = X_0 - \overline{X}$$

所以，

$$\hat{Y}_0 \sim N(\mu_{Y|X_0}, \sigma_{\hat{Y}_0}^2 = \sigma^2(\frac{1}{n} + \frac{x_0^2}{\sum x^2}))$$

因此，當 σ^2 之值已知時，$\mu_{Y|X_0}$ 在某一信任水準 $1-\alpha$ 之下的信任區間是：

$$\hat{Y}_0 \pm Z_{\frac{\alpha}{2}} \sqrt{\sigma^2(\frac{1}{n} + \frac{x_0^2}{\sum x^2})} \qquad (13\text{--}55)$$

而當 σ^2 之值未知時，$\mu_{Y|X_0}$ 在 $1-\alpha$ 信任水準之下的信任區間是：

$$\hat{Y}_0 \pm t_{\frac{\alpha}{2}, n-2} \sqrt{s_{Y|X}^2(\frac{1}{n} + \frac{x_0^2}{\sum x^2})} \qquad (13\text{--}56)$$

【例 13–4】

根據例 13–1 的 20 個樣本家庭資料，得：

$$\hat{\alpha} = 3.4, \ \hat{\beta} = 0.7, \ \sum x^2 = 5376, \ s_{Y|X}^2 = 18.98, \ \overline{X} = 38$$

試答下列各題：

(1)求 $X_0 = \overline{X}(= 38)$ 時，$\mu_{Y|X_0}$ 在 0.95 信任水準下的信任區間。

(2)求 $X_0 = 46, 30, 50$ 及 26 時，$\mu_{Y|X_0}$ 在 0.95 信任水準下的信任區間。

(3)分別求 $X_0 = 38, 46, 30, 50, 26$ 時，$\mu_{Y|X_0}$ 在 0.90 信任水準下的信任區間。

【解】

(1)

$$X_0 = \overline{X} = 38 \ \text{時,} \quad \begin{cases} \hat{Y}_0 = 3.4 + 0.7(38) = 30 \\ x_0 = X_0 - \overline{X} = 0 \end{cases}$$

又 $\quad t_{0.025,18} = 2.101$

$\therefore \mu_{Y|X_0=38}$ 在 0.95 信任水準下的信任區間是：

$$30 \pm 2.101\sqrt{18.98(\frac{1}{20} + \frac{0^2}{5376})}$$

即 $\quad 30 \pm 2.101(0.9742)$

亦即 $\quad 27.9533$ 千元~ 32.0467 千元

(2)ⓐ

$$X_0 = 46 \ \text{時,} \quad \begin{cases} \hat{Y}_0 = 3.4 + 0.7(46) = 35.6 \\ x_0 = X_0 - \overline{X} = 46 - 38 = 8 \end{cases}$$

$\therefore \mu_{Y|X_0=46}$ 在 0.95 信任水準下的信任區間是：

$$35.6 \pm 2.101\sqrt{18.98(\frac{1}{20} + \frac{8^2}{5376})}$$

即 $\quad 35.6 \pm 2.101(1.0840)$

亦即 $\quad 33.3226$ 千元~ 37.8774 千元

ⓑ

$$X_0 = 30 \ \text{時,} \quad \begin{cases} \hat{Y}_0 = 3.4 + 0.7(30) = 24.4 \\ x_0 = X_0 - \overline{X} = 30 - 38 = -8 \end{cases}$$

$\therefore \mu_{Y|X_0=30}$ 在 0.95 信任水準下的信任區間是：

$$24.4 \pm 2.101\sqrt{18.98(\frac{1}{20} + \frac{(-8)^2}{5376})}$$

即 $\quad 24.4 \pm 2.101(1.0840)$

亦即 $\quad 22.1226$ 千元~ 26.6774 千元

ⓒ

$$X_0 = 50 \ \text{時,} \quad \begin{cases} \hat{Y}_0 = 3.4 + 0.7(50) = 38.4 \\ x_0 = X_0 - \overline{X} = 50 - 38 = 12 \end{cases}$$

$\therefore \mu_{Y|X_0=50}$ 在 0.95 信任水準下的信任區間是：

$$38.4 \pm 2.101\sqrt{18.98(\frac{1}{20} + \frac{(12)^2}{5376})}$$

即　　　$38.4 \pm 2.101(1.2072)$

亦即　　35.3381 千元～41.4619 千元

ⓓ

$$X_0 = 26 \text{ 時}, \quad \begin{cases} \hat{Y}_0 = 3.4 + 0.7(26) = 21.6 \\ x_0 = X_0 - \overline{X} = 26 - 38 = -12 \end{cases}$$

$\therefore \mu_{Y|X_0=26}$ 在 0.95 信任水準下的信任區間是：

$$21.6 \pm 2.101\sqrt{18.98(\frac{1}{20} + \frac{(-12)^2}{5376})}$$

即　　　$21.6 \pm 2.101(1.2072)$

亦即　　18.5381 千元～24.6619 千元

(3)因為，

$$t_{0.05,18} = 1.734$$

所以，$\mu_{Y|X_0}$ 在0.90 信任水準下的信任區間是：

ⓐ當 $X_0 = 38$ 時

$$30 - 1.734(0.9742) \leq \mu_{Y|X_0=38} \leq 30 + 1.734(0.9742)$$

即　　28.3107 千元 $\leq \mu_{Y|X_0=38} \leq$ 31.6893 千元

ⓑ當 $X_0 = 46$ 時

$$35.6 - 1.734(1.0840) \leq \mu_{Y|X_0=46} \leq 35.6 + 1.734(1.0840)$$

即　　33.7203 千元 $\leq \mu_{Y|X_0=46} \leq$ 37.4797 千元

當 $X_0 = 30$ 時

$$24.4 - 1.734(1.0840) \leq \mu_{Y|X_0=30} \leq 24.4 + 1.734(1.0840)$$

即　　22.5203 千元 $\leq \mu_{Y|X_0=30} \leq$ 26.2797 千元

ⓒ當 $X_0 = 50$ 時

$$38.4 - 1.734(1.2072) \leq \mu_{Y|X_0=50} \leq 38.4 + 1.734(1.2072)$$

36.3067千元 $\leq \mu_{Y|X_0=50} \leq$ 40.4933千元

當 $X_0 = 26$ 時

$$21.6 - 1.734(1.2072) \leq \mu_{Y|X_0=26} \leq 21.6 + 1.734(1.2072)$$
$$\text{即} \quad 19.5067 \text{ 千元} \leq \mu_{Y|X_0=26} \leq 23.6933 \text{ 千元}$$

我們將例 13–4 中，各個特定 X_0 數值下， $\mu_{Y|X_0}$ 在 0.95 信任水準之下的信任區間，圖示如圖 13–6：

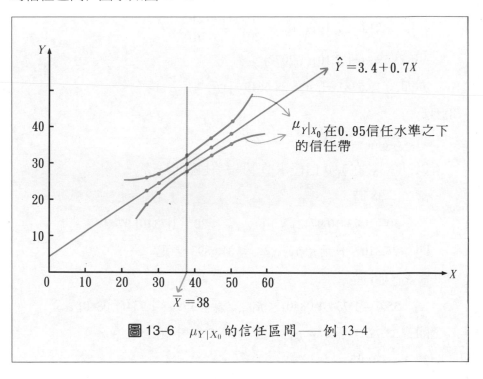

圖 13–6 $\mu_{Y|X_0}$ 的信任區間——例 13–4

圖 13–6 中，各個特定 X_0 數值下， $\mu_{Y|X_0}$ 之信任區間的下限及上限分別連成的線，稱為 $\mu_{Y|X_0}$ 在 0.95 信任水準之下的**信任帶 (Confidence Belt)**。這兩條信任帶有下面的**特點**：

(1)當 $X_0 = \overline{X}$ 時， $\mu_{Y|X_0}$ 之信任區間的**寬度最小**。

(2)當 X_0 **越遠離** $\overline{X}$（即 $|x_0|$ 越大）， $\mu_{Y|X_0}$ 之信任區間的**寬度越大**。

(3)當 $X_0 > \overline{X}$， $X_0' < \overline{X}$，但 $|X_0 - \overline{X}| = |X_0' - \overline{X}|$ 時， $\mu_{Y|X_0}$ 與 $\mu_{Y|X_0'}$ 對應

之信任區間寬度彼此相等。此種情況，我們稱之為「$\mu_{Y|X_0}$ **之信任帶以** $\overline{X}$ **為中心，左右對稱**」。

(4)任一特定 X_0 數值下，$\mu_{Y|X_0}$ 之信任區間的中心點是 $\hat{Y}_0$。此種情況，我們稱之為「$\mu_{Y|X_0}$ **之信任帶以** $\hat{Y}$ **為中心，上下對稱**」。

(5)當**信任水準減小**時，$\mu_{Y|X_0}$ 之信任帶往**內縮**；而**信任水準增大**時，$\mu_{Y|X_0}$之信任帶往**外擴**。

第六節　已知 $X = X_0$ 之下，個別 Y 值 (Y_0) 的區間估計

有些時候，我們很可能想對某一個體（已知其 $X = X_0$），去**預測 (Forecast)** 或估計它的 Y 值。例如前面臺北市家庭所得與消費水準的問題下，若已知某特定家庭甲的所得是 X_0，我們很可能想預測或估計其 Y 值（即個別的 Y 值）。

如何估計個別的 Y 值 (Y_0) 呢？如果該個體所屬之小母體（即 $X = X_0$ 之小母體）的平均數（即 Y 的條件平均數 $\mu_{Y|X_0}$）為已知，則我們當然選擇以 $\mu_{Y|X_0}$ 去估計 Y_0，但一般而言，$\mu_{Y|X_0}$ 之值未知，而我們係以 $\hat{Y}_0$估計 $\mu_{Y|X_0}$，因此我們乃**選擇以 $\hat{Y}_0$ 去估計 Y_0**。又如果我們要對 Y_0 進行區間估計，我們必須知道其估計式 $(\hat{Y}_0)$ 的機率分配。

$$\hat{Y}_0 \sim N\left(\mu_{Y|X_0}, \sigma_{\hat{Y}_0}^2 = \sigma^2\left(\frac{1}{n} + \frac{x_0^2}{\sum x^2}\right)\right)$$

從本章第五節，我們發現 $\hat{Y}_0$的平均數並不是其所要估計的 Y_0，因此，為找出 Y_0 在某一信任水準下的區間估計式，我們定義**預測誤差**（Forecasting Error，以 f 表示之）如下：

$$f = \hat{Y}_0 - Y_0 \tag{13-57}$$

$$= \hat{\alpha} + \hat{\beta}X_0 - (\alpha + \beta X_0 + \varepsilon_0)$$

上式中, $\hat{\alpha}$、$\hat{\beta}$ 及 ε_0 分別都是常態隨機變數, 而 α 及 β 是常數, X_0 是特定值, 因此, f 是一呈常態分配的隨機變數。f 的平均數及變異數如下:

$$E(f) = E(\hat{Y}_0 - Y_0)$$

$$= E(\hat{\alpha} + \hat{\beta}X_0 - \alpha - \beta X_0 - \varepsilon_0)$$

$$= E(\hat{\alpha}) + X_0 E(\hat{\beta}) - \alpha - \beta X_0 - E(\varepsilon_0)$$

$$= \alpha + \beta X_0 - \alpha - \beta X_0 - 0$$

$$= 0$$

$$\sigma_f^2 = V(f) = E(f - E(f))^2$$

$$= E(f^2)$$

$$= E(\hat{Y}_0 - Y_0)^2$$

$$= E(\hat{\alpha} + \hat{\beta}X_0 - \alpha - \beta X_0 - \varepsilon_0)^2$$

$$= E[(\hat{\alpha} - \alpha) + (\hat{\beta} - \beta)X_0 - \varepsilon_0]^2$$

$$= E[(\hat{\alpha}-\alpha)^2 + X_0^2(\hat{\beta}-\beta)^2 + \varepsilon_0^2 + 2X_0(\hat{\alpha}-\alpha)(\hat{\beta}-\beta) - 2(\hat{\alpha}-\alpha)\varepsilon_0 - 2X_0(\hat{\beta}-\beta)\varepsilon_0]$$

$$= E(\hat{\alpha}-\alpha)^2 + X_0^2 E(\hat{\beta}-\beta)^2 + E(\varepsilon_0^2) + 2X_0 E(\hat{\alpha}-\alpha)(\hat{\beta}-\beta) - 2E(\hat{\alpha}-\alpha)\varepsilon_0$$
$$- 2X_0 E(\hat{\beta} - \beta)\varepsilon_0$$

上式中 (註 10),

$$E(\varepsilon_0^2) = \sigma^2,$$

且 $\begin{cases} E(\hat{\alpha} - \alpha)\varepsilon_0 = 0 \\ E(\hat{\beta} - \beta)\varepsilon_0 = 0 \end{cases}$

所以,

$$\sigma_f^2 = E(\hat{\alpha} - \alpha)^2 + X_0^2 E(\hat{\beta} - \beta)^2 + \sigma^2 + 2X_0 E(\hat{\alpha} - \alpha)(\hat{\beta} - \beta)$$

$$= \frac{\sigma^2 \sum X^2}{n \sum x^2} + \frac{X_0^2 \sigma^2}{\sum x^2} + \sigma^2 + 2X_0 \left(\frac{-\overline{X} \sigma^2}{\sum x^2} \right)$$

$$= \sigma_{\hat{Y}_0}^2 + \sigma^2$$

$$= \sigma^2 \left(\frac{1}{n} + \frac{x_0^2}{\sum x^2} + 1 \right)$$

$$\left(\because \sigma_{\hat{Y}_0}^2 = \frac{\sigma^2 \sum X^2}{n \sum x^2} + \frac{X_0^2 \sigma^2}{\sum x^2} + 2X_0 \left(\frac{-\overline{X} \sigma^2}{\sum x^2} \right) \right.$$

$$\left. = \sigma^2 \left(\frac{1}{n} + \frac{x_0^2}{\sum x^2} \right) \right)$$

因此,

$$f \sim N\left(0, \sigma_f^2 = \sigma^2 \left(\frac{1}{n} + \frac{x_0^2}{\sum x^2} + 1 \right) \right)$$

如果我們將 f 加以標準差化, 我們可得:

$$\frac{f - 0}{\sqrt{\sigma_f^2}} \sim N(0, 1)$$

即

$$\frac{f}{\sqrt{\sigma_f^2}} \sim N(0, 1)$$

亦即

$$\frac{\hat{Y}_0 - Y_0}{\sqrt{\sigma^2 \left(\dfrac{1}{n} + \dfrac{x_0^2}{\sum x^2} + 1 \right)}} \sim N(0, 1) \tag{13-58}$$

從式 (13–58), 我們得到下面的式子:

$$P_r \left(-Z_{\frac{\alpha}{2}} \leq \frac{\hat{Y}_0 - Y_0}{\sqrt{\sigma^2 \left(\dfrac{1}{n} + \dfrac{x_0^2}{\sum x^2} + 1 \right)}} \leq Z_{\frac{\alpha}{2}} \right) = 1 - \alpha \tag{13-59}$$

及

$$P_r\left[\hat{Y}_0 - Z_{\frac{\alpha}{2}}\sqrt{\sigma^2\left(\frac{1}{n} + \frac{x_0^2}{\sum x^2} + 1\right)} \le Y_0 \le \hat{Y}_0 + Z_{\frac{\alpha}{2}}\sqrt{\sigma^2\left(\frac{1}{n} + \frac{x_0^2}{\sum x^2} + 1\right)}\right]$$

$$= 1 - \alpha \tag{13-60}$$

因此，當 σ^2 之值已知時，我們得到**個別** Y **值** (Y_0) 在 $1-\alpha$ 信任水準之下的**信任區間**是：

$$\hat{Y}_0 \pm Z_{\frac{\alpha}{2}}\sqrt{\sigma^2\left(\frac{1}{n} + \frac{x_0^2}{\sum x^2} + 1\right)} \tag{13-61}$$

而當 σ^2 之值未知時，Y_0 在 $1-\alpha$ 信任水準之下的**信任區間**則是：

$$\hat{Y}_0 \pm t_{\frac{\alpha}{2}, n-2}\sqrt{s_{Y|X}^2\left(\frac{1}{n} + \frac{x_0^2}{\sum x^2} + 1\right)} \tag{13-62}$$

【**例** 13-5】

根據例 13-1 的 20 個樣本家庭資料，得：

$$\hat{\alpha} = 3.4, \quad \hat{\beta} = 0.7, \quad \sum x^2 = 5376, \quad s_{Y|X}^2 = 18.98, \quad \overline{X} = 38$$

試答下列各題：

(1)若從所得是 46 千元的家庭中隨機抽出一個家庭，試對其消費水準估計（信任水準 0.95）。

(2)若從所得是 50 千元的家庭中隨機抽出一個家庭，試對其消費水準估計（信任水準 0.95）。

【**解**】

(1)

$$\because \quad X_0 = 46 \ \text{時}, \quad \begin{cases} \hat{Y}_0 = 3.4 + 0.7(46) = 35.6 \\ x_0 = X_0 - \overline{X} = 46 - 38 = 8 \end{cases}$$

$$t_{0.025,18} = 2.101$$

$\therefore$ 隨機抽出一個家庭，其消費水準（即個別 Y 值，以 Y_0 表示之）在 0.95 信任水準下的信任區間是：

$$35.6 \pm 2.101\sqrt{18.98(\frac{1}{20} + \frac{8^2}{5376} + 1)}$$

即　　 $35.6 \pm 2.101(4.4894)$

亦即　 26.1678 千元 ~ 45.0322 千元

(2)

$\therefore$ 　 $X_0 = 50$ 時，$\begin{cases} \hat{Y}_0 = 3.4 + 0.7(50) = 38.4 \\ x_0 = X_0 - \overline{X} = 50 - 38 = 12 \end{cases}$

$\therefore$ 隨機抽出一個家庭，其消費水準 (Y_0) 在 0.95 信任水準下的信任區間是：

$$38.4 \pm 2.101\sqrt{18.98(\frac{1}{20} + \frac{(12)^2}{5376} + 1)}$$

即

　　 $38.4 \pm 2.101(4.5208)$

亦即

　　 28.9018 千元 ~ 47.8982 千元

　　如前一節（圖 13-6），我們亦可將各個特定 X_0 數值下，Y_0 之信任區間的下限及上限分別連成線，而得到 **Y_0 在某一信任水準下的兩條信任帶**。又該兩條信任帶除了具有與 $\mu_{Y|X_0}$ 之信任帶相同的特點外，值得注意的是：在同一信任水準下，Y_0 之信任區間的寬度大於 $\mu_{Y|X_0}$ 的信任區間寬度，因此，Y_0 的信任帶必在 $\mu_{Y|X_0}$ 之信任帶的外邊，此種現象如圖 13-7 所示。

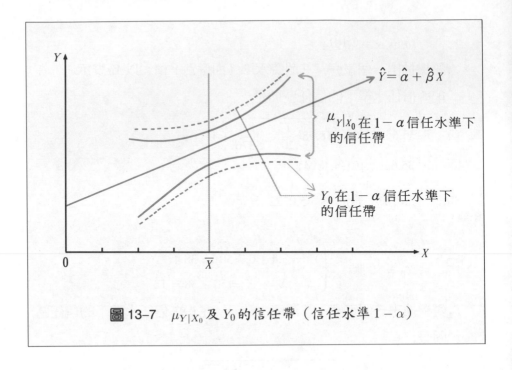

圖 13–7 $\mu_{Y|X_0}$ 及 Y_0 的信任帶（信任水準 $1-\alpha$）

第七節　內插與外推

前面二節（本章第五節及本章第六節）已介紹 $X = X_0$ 之下，Y 的條件平均數 $(\mu_{Y|X_0})$ 或個別 Y 值 (Y_0) 的預測方法。本節針對特定值 X_0 落於哪一個範圍而將預測分為**內插** (Interpolation) 與**外推** (Extrapolation) 兩種情況，且提出進行**外推過程中，可能遭遇的問題**。

定義 13–1　內插與外推

當我們以 $\hat{Y}_0$ 對 $X = X_0$ 之下的 $\mu_{Y|X_0}$ 或 Y_0 進行預測（區間估計）時，若

$$X_1 \leq X_0 \leq X_n$$

稱為**內插**。而若

$$X_0 < X_1 \quad 或 \quad X_0 > X_n$$

則稱為**外推**。

不論內插或外推，我們都是以式 (13-55) 或式 (13-56) 構成 $\mu_{Y|X_0}$ 的信任區間，而以式 (13-61) 或式 (13-62) 構成 Y_0 的信任區間。不過，當我們進行**外推時，可能遭遇下面的問題**：

(1)當 X_0 離 $\overline{X}$ 很遠時，X_0 之絕對值增大，X_0^2 之值更增大，此時，$\mu_{Y|X_0}$ 或 Y_0 之信任區間的寬度亦將增大，而對 $\mu_{Y|X_0}$ 或 Y_0 進行區間估計時，若信任區間寬度太大，就沒有意義。像上述這種因為 X_0 離 $\overline{X}$ 很遠而導致 $\mu_{Y|X_0}$ 或 Y_0 之信任區間寬度太大的問題，稱為「**統計上的風險 (Statistical Risk)**」。

(2)我們所設定之 X 對 Y 直線型影響的數學模型，事實上，很可能與 X 對 Y 之**真正影響**或**正確模型** (True Relation or True Model) 有差距。換句話說，我們所**設定的模型很可能只在某範圍內才是** X **對** Y **之真正影響的一個漸近模型**。例如施肥量 (X) 對稻米產量 (Y) 之影響的問題而言，正確的模型下，施肥量在某範圍內（例 $X_1 \sim X_n$），隨著施肥量的增加，稻米產量越來越增加，但當施肥量超過 X_n 之後，隨著施肥量的增加，稻米產量反而減少，而我們卻設定（或建立）施肥量對稻米產量有直線型影響的數學模型，這種情形如圖 13-8 所示。

圖 13-8 中，於 X_1 至 X_n 範圍內，設定的直線型模型與正確的非直線型模型差距不大，但在 $X < X_1$ 或 $X > X_n$ 範圍時，兩者的差距則相當大。因此，於這種情況下：若 $X_1 \leq X_0 \leq X_n$，我們尚可利用所配出之樣本迴歸線對「真正的 $\mu_{Y|X_0}$」進行區間估計；而當 $X_0 < X_1$ 或 $X_0 > X_n$，我們所設定之模型不再是真正模型的漸近模型，如果我們也利用樣本迴歸線對「真正的 $\mu_{Y|X_0}$」進行區間估計，則有「**無效的模型之風險 (Risk of Invalid Model)**」的問題。

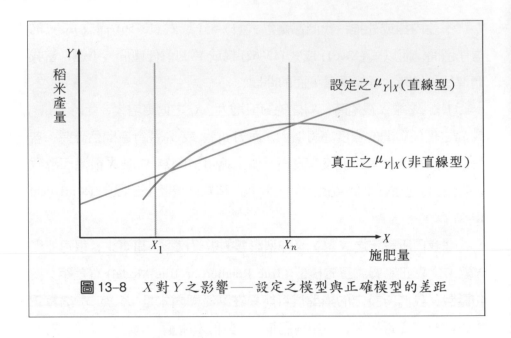

圖 13-8　 X 對 Y 之影響——設定之模型與正確模型的差距

第八節　簡單迴歸分析幾個值得注意的問題

　　從上面的介紹，我們知道簡單迴歸分析就是利用樣本資料配出樣本迴歸線（以最小平方法）去估計、分析或探討自變數 (X) 對應變數 (Y) 如何的影響（影響的方向如何？數量上如何的影響？），並進而利用所配出之樣本迴歸線，對特定 X 值 (X_0) 之下的 $\mu_{Y|X_0}$ 或個別 Y 值 (Y_0) 進行預測的統計方法。關於簡單迴歸分析，本章在結束之前，簡要提出下列幾點供讀者注意 (註11)。

　　(1)母體迴歸模型 $Y = \alpha + \beta X + \varepsilon$ 中，如果「 X 是預先選定的變數」的假設不成立，亦即 X 不是預先選定的變數，而是隨機變數時，則只要 X 與 ε 彼此獨立，本章各節所得到的結論大致上仍然成立，即
ⓐ最小平方估計式 $\hat{\beta}$ 仍是 β 的不偏誤估計式。

ⓑ$\hat{\beta}$仍是β的最佳直線型不偏誤估計式 (BLUE) 及最大概似估計式 (MLE)。

但是，

ⓒ$V(\hat{\beta}) = \sigma^2 E\left(\dfrac{1}{\sum x^2}\right)$

　　(2)如果「ε呈常態分配」的假設不成立，則

ⓐ最小平方估計式$\hat{\beta}$仍是β的不偏誤估計式，但除非n大，否則不可利用$\hat{\beta}$對β進行區間估計或假設檢定。這是因為式 (13–49) 之所以呈 t 分配，必須要求$\hat{\beta}$呈常態分配；而$\hat{\beta}$之所以呈常態分配，是以ε呈常態分配為前提。

ⓑ$\hat{\beta}$仍是β的最佳直線型不偏誤估計式 (BLUE)。

　　(3)嚴格地說，觀察樣本時，我們應由每一個小母體 $(X_i, i = 1, 2, \cdots, n)$ 獨立隨機各抽一個個體。然而，實際上我們是由整個大母體隨機觀察n個個體。

　　(4)進行簡單迴歸分析之前，基本上，應先檢定有關母體迴歸模型的假設（例 $\varepsilon_i \sim N(0, \sigma^2)$ 及 ε_i、ε_k 彼此獨立）是否成立。檢定的方法，請見專書（計量經濟學）的介紹。

　　(5)以 $\hat{Y}_0$ 對 $\mu_{Y|X_0}$ 或 Y_0 進行預測時，應注意外推過程可能遭遇的問題。

　　(6)$\sigma^2_{\hat{\beta}}\left(=\dfrac{\sigma^2}{\sum x^2}\right)$ 是 $\hat{\beta}$ 的變異數，而 $\sigma_{\hat{\beta}}\left(=\sqrt{\dfrac{\sigma^2}{\sum x^2}}\right)$ 是 $\hat{\beta}$ 的標準差，也稱為**迴歸係數標準誤**(Standard Error of Regression Coefficient)。又 $s^2_{\hat{\beta}}$ $\left(=\dfrac{s^2_{Y|X}}{\sum x^2}\right)$ 是 $\sigma^2_{\hat{\beta}}$ 的估計式，而 $s_{\hat{\beta}}$ $\left(=\sqrt{\dfrac{s^2_{Y|X}}{\sum x^2}}\right)$ 是 $\sigma_{\hat{\beta}}$ 的估計式，也稱為**迴歸係數標準誤估計式**(Estimated Standard Error of Regression Coefficient)。

附 註

註1:

$\sigma_Y^2 > \sigma^2$，證明如下：

$$\sigma_Y^2 = E[Y - \mu_Y]^2$$

$$= E[(Y - \mu_{Y|X}) + (\mu_{Y|X} - \mu_Y)]^2$$

$$= E[(Y - \mu_{Y|X})^2 + (\mu_{Y|X} - \mu_Y)^2 + 2(Y - \mu_{Y|X})(\mu_{Y|X} - \mu_Y)]$$

$$= E(Y - \mu_{Y|X})^2 + E(\mu_{Y|X} - \mu_Y)^2 + 2E(Y - \mu_{Y|X})(\mu_{Y|X} - \mu_Y)$$

$$= \sigma^2 + \frac{1}{N}\sum_i\sum_j(\mu_{Y|X_i} - \mu_Y)^2 + 2\frac{1}{N}\sum_i\sum_j(Y_{ij} - \mu_{Y|X_i})(\mu_{Y|X_i} - \mu_Y)$$

$$= \sigma^2 + \frac{1}{N}\sum_i N_i(\mu_{Y|X_i} - \mu_Y)^2 + 2\frac{1}{N}\sum_i(\mu_{Y|X_i} - \mu_Y)\underbrace{\sum_j(Y_{ij} - \mu_{Y|X_i})}_{=0}$$

$$= \sigma^2 + \sum_i\frac{N_i}{N}(\mu_{Y|X_i} - \mu_Y)^2$$

而除非各小母體下，Y_{ij}的平均數彼此都相等，即

$$\mu_{Y|X_1} = \mu_{Y|X_2} = \cdots = \mu_{Y|X_n} = \mu_Y$$

（亦即 X 對 Y 沒有直線型的平均影響），否則

$$\sum_i\frac{N_i}{N}(\mu_{Y|X_i} - \mu_Y)^2 > 0,$$

因此，一般而言 $\sigma_Y^2 > \sigma^2$。

註2:

$$y = \beta x + \varepsilon'$$

理由如下:

$$y = Y - \overline{Y}$$

$$= \alpha + \beta X + \varepsilon - (\alpha + \beta \overline{X} + \overline{\varepsilon})$$

$$(\because Y = \alpha + \beta X + \varepsilon \qquad \therefore \overline{Y} = \alpha + \beta \overline{X} + \overline{\varepsilon}, \text{ 其中 } \overline{\varepsilon} = \frac{\sum \varepsilon}{n})$$

$$= \beta(X - \overline{X}) + (\varepsilon - \overline{\varepsilon})$$

$$= \beta x + \varepsilon'$$

此處 $\varepsilon' = \varepsilon - \overline{\varepsilon}$

註3:

$$E(\sum x\varepsilon) = 0$$

理由如下:

$$E(\sum x\varepsilon) = E(x_1\varepsilon_1 + x_2\varepsilon_2 + \cdots + x_n\varepsilon_n)$$

$$= x_1 E(\varepsilon_1) + x_2 E(\varepsilon_2) + \cdots + x_n E(\varepsilon_n)$$

$$= x_1(0) + x_2(0) + \cdots + x_n(0)$$

$$(\because E(\varepsilon_i) = 0)$$

$$= 0$$

註4:　　$\text{Cov}(Y_1, Y_2) = 0$, 理由乃是因為抽樣時係由 X_1、X_2 小母體獨立
隨機各抽一個個體, 因此, Y_1 與 Y_2 彼此獨立, 即 $\text{Cov}(Y_1, Y_2) = 0$,
亦可證明如下:

$$\text{Cov}(Y_1, Y_2) = E(Y_1 - \mu_{Y_1|X_1})(Y_2 - \mu_{Y_2|X_2})$$

$$= E(\alpha + \beta X_1 + \varepsilon_1 - \alpha - \beta X_1)(\alpha + \beta X_2 + \varepsilon_2 - \alpha - \beta X_2)$$

$$= E(\varepsilon_1 \varepsilon_2)$$

$$=0 \quad (\because \varepsilon_1 \text{、} \varepsilon_2 \text{彼此獨立})$$

註5: $\quad s^2_{Y|X}$ 是 σ^2 的不偏誤估計式，證明如下：

$$\because s^2_{Y|X} = \frac{1}{n-2} \sum (Y - \hat{Y})^2$$

$$= \frac{1}{n-2} \sum (\alpha + \beta X + \varepsilon - \hat{\alpha} - \hat{\beta} X)^2$$

$$= \frac{1}{n-2} \sum [-(\hat{\alpha} - \alpha) - (\hat{\beta} - \beta)X + \varepsilon]^2$$

而 $\quad \hat{\alpha} = \overline{Y} - \hat{\beta}\overline{X}$

$$= \alpha + \beta\overline{X} + \overline{\varepsilon} - \hat{\beta}\overline{X}$$

$$= \alpha - (\hat{\beta} - \beta)\overline{X} + \overline{\varepsilon}$$

即 $\quad \hat{\alpha} - \alpha = -(\hat{\beta} - \beta)\overline{X} + \overline{\varepsilon}$

$$\therefore s^2_{Y|X} = \frac{1}{n-2} \sum [(\hat{\beta} - \beta)\overline{X} - \overline{\varepsilon} - (\hat{\beta} - \beta)X + \varepsilon]^2$$

$$= \frac{1}{n-2} \sum [-(\hat{\beta} - \beta)(X - \overline{X}) + (\varepsilon - \overline{\varepsilon})]^2$$

$$= \frac{1}{n-2} \sum [-(\hat{\beta} - \beta)x + \varepsilon']^2$$

$$= \frac{1}{n-2} [(\hat{\beta} - \beta)^2 \sum x^2 + \sum \varepsilon'^2 - 2(\hat{\beta} - \beta) \sum x\varepsilon']$$

$$= \frac{1}{n-2} [(\hat{\beta} - \beta)^2 \sum x^2 + \sum \varepsilon'^2 - 2(\hat{\beta} - \beta)^2 \sum x^2]$$

$$(\because \hat{\beta} = \beta + \frac{\sum x\varepsilon'}{\sum x^2} \quad \therefore \sum x\varepsilon' = (\hat{\beta} - \beta) \sum x^2)$$

$$= \frac{1}{n-2} [-(\hat{\beta} - \beta)^2 \sum x^2 + \sum \varepsilon'^2]$$

$\therefore s^2_{Y|X}$ 的平均數為：

$$E(s^2_{Y|X}) = \frac{1}{n-2} E[-(\hat{\beta} - \beta)^2 \sum x^2 + \sum \varepsilon'^2]$$

$$= \frac{1}{n-2}[-\sum x^2 E(\hat{\beta} - \beta)^2 + E(\sum \varepsilon'^2)]$$

而 $\because E(\hat{\beta} - \beta)^2 = V(\hat{\beta}) = \dfrac{\sigma^2}{\sum x^2}$

$$E(\sum \varepsilon'^2) = E[\sum (\varepsilon - \bar{\varepsilon})^2]$$

$$= E[\sum \varepsilon^2 - n\bar{\varepsilon}^2]$$

$$= E(\sum \varepsilon^2) - nE(\bar{\varepsilon}^2)$$

$$= n\sigma^2 - n\frac{\sigma^2}{n}$$

$$\left(\because E(\bar{\varepsilon}^2) = E(\frac{\sum \varepsilon}{n})^2 \right.$$

$$= \frac{1}{n^2} E(\varepsilon_1^2 + \cdots + \varepsilon_n^2 + \varepsilon_1 \varepsilon_2 \cdots)$$

$$\left. = \frac{1}{n^2}(n\sigma^2) = \frac{\sigma^2}{n} \right)$$

$$= (n-1)\sigma^2$$

$$\therefore E(s_{Y|X}^2) = \frac{1}{n-2}[-\sum x^2 \cdot \frac{\sigma^2}{\sum x^2} + (n-1)\sigma^2]$$

$$= \frac{1}{n-2}[(n-2)\sigma^2]$$

$$= \sigma^2$$

因此，$s_{Y|X}^2$ 是 σ^2 的不偏誤估計式。

註6:

$$s_{Y|X}^2 = \frac{1}{n-2}[\sum Y^2 - \hat{\alpha} \sum Y - \hat{\beta} \sum XY], \text{ 理由如下:}$$

$$\because s_{Y|X}^2 = \frac{1}{n-2} \sum (Y - \hat{Y})^2$$

$$= \frac{1}{n-2}[\sum Y^2 + \sum \hat{Y}^2 - 2\sum Y\hat{Y}]$$

而　$\sum \hat{Y}^2 = \sum \hat{Y}(\hat{\alpha} + \hat{\beta}X)$

$$= \hat{\alpha} \sum \hat{Y} + \hat{\beta} \sum X\hat{Y}$$

$$= \hat{\alpha} \sum (Y - e) + \hat{\beta} \sum X(Y - e)$$

$$= \hat{\alpha} \sum Y - \hat{\alpha} \underbrace{\sum e}_{= 0} + \hat{\beta} \sum XY - \hat{\beta} \underbrace{\sum Xe}_{\text{從式 (13–15)可得 } \sum Xe = 0}$$

$$= \hat{\alpha} \sum Y + \hat{\beta} \sum XY$$

$\sum Y\hat{Y} = \sum Y(\hat{\alpha} + \hat{\beta}X)$

$$= \hat{\alpha} \sum Y + \hat{\beta} \sum XY$$

$$\therefore s_{Y|X}^2 = \frac{1}{n-2}[\sum Y^2 + (\hat{\alpha} \sum Y + \hat{\beta} \sum XY) - 2(\hat{\alpha} \sum Y + \hat{\beta} \sum XY)]$$

$$= \frac{1}{n-2}[\sum Y^2 - \hat{\alpha} \sum Y - \hat{\beta} \sum XY]$$

註7:

$$\frac{\hat{\beta} - \beta}{\sqrt{\dfrac{s_{Y|X}^2}{\sum x^2}}} \sim t_{n-2}, \quad \text{理由說明如下：}$$

$$\frac{\hat{\beta} - \beta}{\sqrt{\dfrac{s_{Y|X}^2}{\sum x^2}}} = \frac{(\hat{\beta} - \beta)\bigg/\sqrt{\dfrac{\sigma^2}{\sum x^2}}}{\sqrt{\dfrac{s_{Y|X}^2}{\sigma^2}}} = \frac{(\hat{\beta} - \beta)\bigg/\sqrt{\dfrac{\sigma^2}{\sum x^2}}}{\sqrt{\dfrac{(n-2)s_{Y|X}^2}{\sigma^2}\bigg/(n-2)}}$$

$$= \frac{N(0,1)}{\sqrt{\chi_{n-2}^2/(n-2)}} \sim t_{n-2}$$

$$\because \text{分子} \quad \frac{\hat{\beta} - \beta}{\sqrt{\dfrac{\sigma^2}{\sum x^2}}} \sim N(0,1)$$

分母　$\sqrt{\dfrac{(n-2)s_{Y|X}^2}{\sigma^2}\Big/(n-2)}$

$= \sqrt{\dfrac{-(\hat{\beta}-\beta)^2\sum x^2 + \sum \varepsilon'^2}{\sigma^2}\Big/(n-2)}$

$(\because s_{Y|X}^2 = \dfrac{1}{n-2}[-(\hat{\beta}-\beta)^2\sum x^2 + \sum \varepsilon'^2])$（見註 5）

$= \sqrt{\dfrac{-\left(\dfrac{\hat{\beta}-\beta}{\sqrt{\sigma^2/\sum x^2}}\right)^2 + \dfrac{\sum \varepsilon'^2}{\sigma^2}}{n-2}}$

上式中，

①

$$\left(\dfrac{\hat{\beta}-\beta}{\sqrt{\dfrac{\sigma^2}{\sum x^2}}}\right)^2 \sim \chi_1^2$$

②

$\dfrac{\sum \varepsilon'^2}{\sigma^2} = \dfrac{\sum(\varepsilon - \bar{\varepsilon})^2}{\sigma^2}$

$\qquad = \dfrac{\sum \varepsilon^2 - n\bar{\varepsilon}^2}{\sigma^2}$

$\qquad = \dfrac{\sum \varepsilon^2}{\sigma^2} - \dfrac{n\bar{\varepsilon}^2}{\sigma^2}$

$\qquad = \sum\left(\dfrac{\varepsilon_i}{\sigma}\right)^2 - \left(\dfrac{\bar{\varepsilon}}{\sqrt{\dfrac{\sigma^2}{n}}}\right)^2$

$\qquad = \chi_n^2 - \chi_1^2$

$\qquad (\because \varepsilon_i \sim N(0, \sigma^2),\ \bar{\varepsilon} \sim N(0, \dfrac{\sigma^2}{n}))$

$$\therefore \sqrt{\dfrac{-\left(\dfrac{\hat{\beta}-\beta}{\sqrt{\sigma^2/\sum x^2}}\right)^2 + \dfrac{\sum \varepsilon'^2}{\sigma^2}}{n-2}} \sim \sqrt{\dfrac{\chi^2_{n-2}}{(n-2)}}$$

即 $\quad \sqrt{\dfrac{(n-2)s^2_{Y|X}}{\sigma^2} \bigg/ (n-2)} \sim \sqrt{\dfrac{\chi^2_{n-2}}{(n-2)}}$

$$\therefore \dfrac{\hat{\beta}-\beta}{\sqrt{\dfrac{s^2_{Y|X}}{\sum x^2}}} \sim t_{n-2}$$

註8:　　式(13–54) 的由來, 乃是因為:

$$\dfrac{\hat{\alpha}-\alpha}{\sqrt{\dfrac{s^2_{Y|X}\sum X^2}{n\sum x^2}}} \sim t_{n-2}$$

（證明方法與註 7 同, 此處從略）。

註9:　　$E(\hat{\alpha}-\alpha)(\hat{\beta}-\beta) = \dfrac{-\overline{X}\sigma^2}{\sum x^2}$, 證明於下:

$$\mathrm{Cov}(\hat{\alpha},\hat{\beta}) = E(\hat{\alpha}-\alpha)(\hat{\beta}-\beta)$$

$$= E[-(\hat{\beta}-\beta)\overline{X} + \bar{\varepsilon}](\hat{\beta}-\beta)$$

$$= E[-(\hat{\beta}-\beta)^2\overline{X} + \bar{\varepsilon}(\hat{\beta}-\beta)]$$

$$= -\overline{X}E(\hat{\beta}-\beta)^2 + E[\bar{\varepsilon}(\hat{\beta}-\beta)]$$

$$= -\overline{X} \cdot V(\hat{\beta}) + E[\dfrac{\sum \varepsilon}{n} \cdot \dfrac{\sum x\varepsilon}{\sum x^2}]$$

$$= -\overline{X} \cdot \dfrac{\sigma^2}{\sum x^2} + \dfrac{1}{n\sum x^2}E[x_1\varepsilon_1^2 + \cdots + x_n\varepsilon_n^2 + x_1\varepsilon_1\varepsilon_2 + \cdots]$$

$$= \dfrac{-\overline{X}\sigma^2}{\sum x^2} + \dfrac{1}{n\sum x^2}[\sigma^2 \underbrace{\sum x}_{=0} + 0]$$

$$= \dfrac{-\overline{X}\sigma^2}{\sum x^2}$$

註10:

①

$$E(\varepsilon_0^2) = E(\varepsilon_0 - E(\varepsilon_0))^2$$

$$= V(\varepsilon_0)$$

$$= \sigma^2$$

②

$$E(\hat{\alpha} - \alpha)\varepsilon_0 = E[-(\hat{\beta} - \beta)\overline{X} + \bar{\varepsilon}]\varepsilon_0$$

$$(\because \hat{\alpha} - \alpha = -(\hat{\beta} - \beta)\overline{X} + \bar{\varepsilon})$$

$$= -\overline{X}E(\hat{\beta} - \beta)\varepsilon_0 + E(\bar{\varepsilon}\varepsilon_0)$$

$$= -\overline{X}E(\frac{\sum x\varepsilon}{\sum x^2})\varepsilon_0 + E(\frac{\sum \varepsilon}{n} \cdot \varepsilon_0)$$

$$(\because \hat{\beta} - \beta = \frac{\sum x\varepsilon}{\sum x^2})\ (見式(13-20))$$

$$= \frac{-\overline{X}}{\sum x^2}E(\sum x\varepsilon)\varepsilon_0 + \frac{1}{n}E(\sum \varepsilon)\varepsilon_0$$

而　$E(\sum x\varepsilon)\varepsilon_0 = E[(x_1\varepsilon_1 + \cdots + x_n\varepsilon_n)\varepsilon_0]$

$$= x_1 E(\varepsilon_1\varepsilon_0) + \cdots + x_n E(\varepsilon_n\varepsilon_0)$$

$$= x_1(0) + \cdots + x_n(0)$$

$$(設若 X_0 \neq X_i,\ 則 \varepsilon_0 \neq \varepsilon_i \therefore E(\varepsilon_i\varepsilon_0) = 0)$$

$$= 0$$

$$E(\sum \varepsilon)\varepsilon_0 = E[(\varepsilon_1 + \cdots + \varepsilon_n)\varepsilon_0]$$

$$= E(\varepsilon_1\varepsilon_0) + \cdots + E(\varepsilon_n\varepsilon_0)$$

$$= 0$$

$$\therefore E(\hat{\alpha} - \alpha)\varepsilon_0 = 0$$

③

$$E(\hat{\beta} - \beta)\varepsilon_0 = E(\frac{\sum x\varepsilon}{\sum x^2})\varepsilon_0$$

$$= \frac{1}{\sum x^2} E[(x_1\varepsilon_1 + \cdots + x_n\varepsilon_n)\varepsilon_0]$$

$$= \frac{1}{\sum x^2}[x_1 E(\varepsilon_1\varepsilon_0) + \cdots + x_n E(\varepsilon_n\varepsilon_0)]$$

$$= \frac{1}{\sum x^2}[x_1(0) + \cdots + x_n(0)]$$

$$= 0$$

註11:　關於這些問題，更深入的探討，請見計量經濟學教科書。

練習題

13–1 何謂迴歸分析？並請簡述其與變異數分析之間的異同。

13–2 隨機抽取大臺北地區 5 個家庭，得到其所得與儲蓄的資料（單位：萬元）如下：

家庭	所得 (X)	儲蓄 (S)
A	10	0.6
B	13	1.2
C	11	1.0
D	8	0.7
E	8	0.3

請答下列各題：

1.試利用上述資料以普通最小平方法(OLS) 對母體迴歸模型：

$$S = \alpha + \beta X + \varepsilon$$

進行估計。亦即求

$$\hat{S} = \hat{\alpha} + \hat{\beta} X$$

2.試利用上述資料，配出消費 (C) 對所得 (X) 的迴歸直線

$$\hat{C} = \hat{\alpha}' + \hat{\beta}' X$$

3.試解釋兩迴歸直線的截距 $\hat{\alpha}$、$\hat{\alpha}'$ 與斜率 $\hat{\beta}$、$\hat{\beta}'$ 之意義。並討論 $\hat{\beta}$ 與 $\hat{\beta}'$ 有何關係？

13–3 設樣本迴歸方程式為 $\hat{Y} = \hat{\alpha} + \hat{\beta} X$，其中 $\hat{\alpha}$、$\hat{\beta}$ 乃係由最小平方法求得。而 $Y_i = \hat{Y}_i + e_i$，e_i 是殘差項。試證：

1.$\overline{Y} = \overline{\hat{Y}}$，並說明樣本迴歸線必通過點 $(\overline{X}, \overline{Y})$。

2.此樣本之自變數與殘差項之間彼此不相關。即

$$\sum (X - \overline{X})(e - \overline{e}) = 0$$

3.由此樣本得出之迴歸估計值與殘差項之間彼此不相關

$(\sum (\hat{Y} - \overline{\hat{Y}})(e - \overline{e}) = 0)$。

13–4 就考慮常數項不存在的簡單母體迴歸模型 $Y_i = \beta X_i + \varepsilon_i$ 而言，設若其樣本迴歸方程式為 $\hat{Y}_i = \hat{\beta} X_i$，請答下列各題：

1.試利用OLS 方法求出對應之標準方程式及 β 之估計式。

2.又在此情況下，$\sum_{i=1}^{n} e_i = 0$ 是否仍然成立？亦即 $\overline{Y}$ 是否仍然等於 $\overline{\hat{Y}}$？為什麼？

13–5 在 CLR（古典線性迴歸）模型中，若欲使迴歸參數估計式 $\hat{\alpha}$ 成為 α 的 BLUE，應該具有哪些條件？並請試以簡單迴歸證明之。

13–6 在 CLNR（古典常態線性迴歸）模型中，若欲使迴歸係數估計式 $\hat{\beta}$ 成為 β 的 MLE，應該具有哪些條件？並請試以簡單迴歸證明之。

13–7 已知某應變數 Y 對某自變數 X 的 OLS 迴歸方程式為 $\hat{Y} = \hat{\alpha} + \hat{\beta} X$。今若將 Y 經過線性轉換而為：$Y^* = c_1 + c_2 Y$，且 X 也經過線性轉換而為：$X^* = d_1 + d_2 X$。請答下列各題：

1.試導出 Y^* 對 X^* 之迴歸參數最小平方估計式 $(\hat{\alpha}^*, \hat{\beta}^*)$ 的計算公式。

2.根據第1 小題的結果，若自變數 X 的衡量單位由公寸變為公分時（其他條件維持不變），則對迴歸方程式的斜率有何影響？

3.續第 2 小題，對迴歸方程式的截距有何影響？

4.若 Y 之衡量單位由公寸變為公分（其他條件維持不變），則對

迴歸方程式之斜率及截距各有何影響？說明之。

13-8 某甲抽取 X、Y 的 n 個樣本觀察點，因為太匆忙，便隨便的將第一點 (X_1, Y_1) 和最後一點 (X_n, Y_n) 相連而配成一條樣本迴歸線 $\hat{Y} = \hat{\alpha} + \hat{\beta}X$（設母體迴歸模型為：$Y = \alpha + \beta X + \varepsilon$，$X$ 是自變數，ε 是干擾項）。試答下列各題：

1.請導出 $\hat{\beta}$ 的計算公式。

2.$\hat{\beta}$ 是否為一線型的統計量？

3.$\hat{\beta}$ 是否為 β 的不偏誤估計式？

4.請導出 $\hat{\beta}$ 的變異數。

13-9 若以 X 代表雨量，Y 代表稻米產量，並假設 Y 為常態分配，且 $V(Y|X_i)$ 皆相等。今若 $n = 20$，$\sum x^2 = 200$，$\sum xy = 400$，$\sum Y^2 = 51000$，$\sum y^2 = 1000$，$\sum X = 400$，$\hat{Y} = \hat{\alpha} + \hat{\beta}X$，請答下列各題：

1.求 Y 對 X 的最小平方法估計式 $\hat{Y} = \hat{\alpha} + \hat{\beta}X$。

2.在信任水準 $1 - \alpha = 0.95$ 下，試求迴歸參數 α 及 β 之信任區間。

3.試在顯著水準 0.05 下，檢定：

　a. $H_0: \alpha = 0, H_1: \alpha \neq 0$。

　b. $H_0: \beta = 0, H_1: \beta \neq 0$。

4.試求 $\mu_{Y|X=5}$ 及 $\mu_{Y|X=8}$ 的 95% 信任區間。

5.試求在 $X = 5$ 之下，個別 Y 值的信任區間。（信任水準為 95%）

6.試寫出第 4、5 小題之信任區間的寬度，並比較其大小，且說明其原因。

13-10 為研究某食品公司之廣告費（X，單位：萬元）對其銷售額（Y，單位：萬元）如何的影響，張教授建立下列的母體迴歸模型：

$$Y = \alpha + \beta X + \varepsilon, \varepsilon \text{ 為干擾項（誤差項）}$$

試回答下列各題：

1.張教授建立如上的數學模型，須有何基本假設？

2.模型中為何要包含 ε 項？

3.若令 $\Delta X_i = X_i - X_{i-1}, \Delta Y_i = Y_i - Y_{i-1}$，並以 $\tilde{\beta} = \dfrac{\dfrac{1}{n-1}\sum\limits_{i=2}^{n} \Delta Y_i}{\dfrac{1}{n-1}\sum\limits_{i=2}^{n} \Delta X_i}$

去估計 β（註：i 為抽出的 i 個樣本，且 $X_1 \neq X_n$），則：

ⓐ $\tilde{\beta}$ 正是第一個樣本點與最後一個樣本點連線的斜率嗎？為什麼？證明之。

ⓑ「從不偏誤及有效性的角度而言，$\tilde{\beta}$ 優於 $\hat{\beta}$（$\hat{\beta}$ 為 β 的 OLSE）」的敘述正確嗎？理由。

4.張教授欲以 OLS 進行估計。若他隨機抽出 12 個廠商，得下列資料：$\sum X^2 = 44200$，$\sum Y^2 = 417100$，$\sum XY = 135600$，$\sum X = 600$，$\sum Y = 1860$，請你替他對上述模型估計。

5.某人宣稱「廠商之廣告費愈多，其銷售額也愈多」。請以上述資料檢定之。（顯著水準為 2.5%）

6.回答上述兩小題時，應有何種假設？若無此種前提，可有方法補救？

7.張教授將原迴歸模型的橫軸轉換為 X^*，縱軸轉換為 Y^*，其中 $X^* = \dfrac{X - \overline{X}}{s_X}$，$Y^* = \dfrac{Y - \overline{Y}}{s_Y}$，則此時依 OLS 所求得的迴歸參數之估計式是否有所改變？並請依第4小題的數據求出其值。

13-11 請解釋下列名詞：

1.普通最小平方估計法 (Ordinary Least Square Estimation Method)

2.標準方程式 (Normal Equations)

3.母體迴歸變異數 (Population Regression Variance)

4.樣本迴歸變異數 (Sample Regression Variance)

5.預測 (Prediction or Forecasting)

第十四章　多元迴歸分析

第一節　前言

　　我們知道很多社會現象（應變數，或稱為被解釋變數）不只受一個因素（自變數，獨立變數或稱為解釋變數）的影響，而是受兩個或兩個以上的因素所影響，例如：

　　(A)家庭消費水準（被解釋變數）不單單受「家庭所得」這一個因素的影響，其他像「家庭孩子數目」、「家庭資產」等都是重要的影響因素（解釋變數）。

　　(B)廠商的銷售額除了受「廣告費用」影響外，很可能也受廠商的「經營年數」或「老闆年齡」等因素的影響。

　　(C)稻米產量除了受施肥量的影響外，雨量可能也對米產量有重要的影響。

　　(D)製造業員工的年薪資，除了受「教育水準」影響外，「工作經驗」（或「工作年數」）也是一個重要的影響因素。

　　以上這些例子中，每一個例子的應變數，分別受二個或二個以上的獨立變數所影響，以數學式表示，即

$$Y = f(X, Z, W, \cdots) \tag{14-1}$$

這種情況下，假如我們想要了解各個獨立變數如何的影響應變數，我們應以多元迴歸分析的方法探討。又這種情況下，如果我們的目的只是要

探討某一個獨立變數（例如 X）如何的影響應變數（Y），我們不應採
簡單迴歸分析方法（儘管簡單迴歸分析方法較簡單），而應採多元迴歸
分析方法（註1）。為簡單起見，本章將假設應變數 Y，只受 X 和 Z 兩
個獨立變數的影響（亦即被解釋變數 Y 的重要解釋變數只有 X 和 Z 兩
個）為例，介紹**多元迴歸分析方法**（或稱為**複迴歸分析方法**）。

第二節　多元直線型迴歸模型及假設

為探討 X 和 Z 兩個獨立變數對應變數 Y 如何的影響，我們必須先
建立母體迴歸模型，而後再利用樣本資料對母體迴歸模型加以**估計**。又
為了簡單起見，本章介紹多元迴歸分析方法時，係假定獨立變數（X 和
Z）對應變數（Y）的影響是**直線型的**。因此，事實上本章所介紹的即
是**一般的多元直線型迴歸分析**（General Multiple Linear Regression Anal-
ysis）。

一、多元母體迴歸模型的建立

在建立多元直線型母體迴歸模型之前，我們先將「**獨立變數**（X 和
Z）**對應變數**（Y）**有直線型之影響**」的假設說明於下：

設若就整個大母體言，我們按 X 分為 $X_1, X_2, \cdots, X_{n_1}$ 等不同的數值
（且 $X_1 < X_2 < \cdots < X_{n_1}$）而分為 n_1 個次母體，再按 Z 分為 $Z_1, Z_2, \cdots,$
Z_{n_2} 等不同的數值（且 $Z_1 < Z_2 < \cdots < Z_{n_2}$）而分為 n_2 個次母體，亦即將
大母體按 X 值及 Z 值的組合而分類為 $n(= n_1 \cdot n_2)$ 個小母體。而就第 i 個
小母體言，設若有 N_i 個個體，其 Y 值分別為 $Y_{ij}(i = 1, 2, \cdots, n, \quad j = 1,$
$2, \cdots, N_i)$，且這 N_i 個 Y 值的**平均數**是：

$$E(Y|X, Z) = \mu_{Y|X,Z} = \frac{1}{N_i} \sum_{j=1}^{N_i} Y_{ij} \tag{14-2}$$

我們若以 ε_{ij} 表示某一個體之 Y 值與其所屬之小母體的平均值的**差值**，
即

$$\varepsilon_{ij} = Y_{ij} - \mu_{Y|X,Z} \qquad (14-3)$$

則 $\qquad Y_{ij} = \mu_{Y|X,Z} + \varepsilon_{ij} \qquad (14-4)$

基本上，在多元迴歸分析的模型中，所謂「**獨立變數（X 和 Z）對應變
數（Y）有直線型的影響**」，就是指在各個 X 和 Z 組合（每一小母體）
下，Y 的平均值（即 Y 的條件平均數 $\mu_{Y|X_i,Z_i}$, $i = 1, 2, \cdots, n$）是**落在
一個平面上**。以數學式表示，即為：

$$E(Y|X,Z) = \mu_{Y|X,Z} = \alpha + \beta X + \delta Z \qquad (14-5)$$

$\begin{cases} \alpha, \ \beta, \ \delta \ \text{都是常數} \\ X, Z \ \text{分別是第} \ i \ \text{個小母體之下對應的} \ X \ \text{值和} \ Z \ \text{值} \end{cases}$

而式 (14-5)，事實上就如圖 14-1 所示。

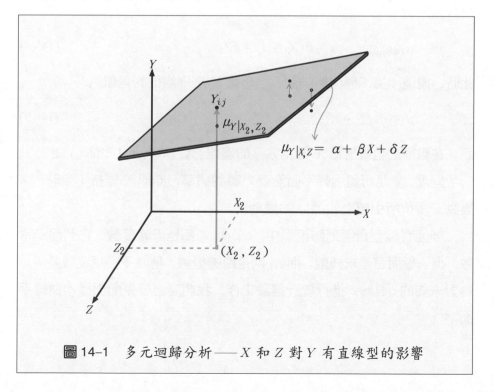

圖 14-1　多元迴歸分析──X 和 Z 對 Y 有直線型的影響

所以，基於獨立變數（X 和 Z）對應變數（Y）有直線型影響的假設，我們乃建立母體迴歸模型如式 (14-5)。然而，母體迴歸模型亦可以寫成：

$$Y_{ij} = \alpha + \beta X + \delta Z + \varepsilon_{ij} \tag{14-6}$$

圖 14-1 中的平面 $\mu_{Y|X,Z} = \alpha + \beta X + \delta Z$，稱為**母體迴歸平面**(Population Regression Plane)。α 是母體迴歸平面在縱軸（Y 軸）上的**截距**，β 是母體迴歸平面**沿著 X 軸的斜率**，亦即當 Z 維持不變時，X 變動一單位所引起之 $\mu_{Y|X,Z}$ 的變動量。此乃因為：

當 $X = X_1$, $Z = Z_1$ 的組合下（此組合設若稱為第一個小母體，即 $i = 1$），Y 的平均值為：

$$\mu_{Y|X_1,Z_1} = \alpha + \beta X_1 + \delta Z_1 \tag{14-7}$$

而當 Z 維持不變，X 增加 1 單位，即 $X = X_1 + 1$, $Z = Z_1$ 的組合下（此組合設若稱為第二個小母體，即 $i = 2$），Y 的平均值為：

$$\mu_{Y|X_1+1,Z_1} = \alpha + \beta(X_1 + 1) + \delta Z_1 \tag{14-8}$$

此時，兩個（第二個與第一個）小母體 Y 之平均值的差值為：

$$\mu_{Y|X_1+1,Z_1} - \mu_{Y|X_1,Z_1} = \beta \tag{14-9}$$

而 β 在數學上也被稱為 X 對 $\mu_{Y|X,Z}$ 的**邊際影響**(Marginal Effect)（註2）。

同理，δ 是母體迴歸平面**沿著 Z 軸的斜率**，亦即 X 維持不變時，Z 變動一單位所引起之 $\mu_{Y|X,Z}$ 的變動量。

多元直線型母體迴歸模型中，α、β、δ 都是**母體參數**，它們都是常數，但一般而言是**未知數**。而 ε_{ij} 則是**隨機變數**，稱為**干擾項**或**誤差項**。為對未知的 α、β、δ 進行統計推論工作，我們有必要先配出樣本迴歸平面。

二、多元母體迴歸模型的假設

在說明如何運用樣本資料配出**樣本迴歸平面**，以**估計母體迴歸平面**之前，我們先對**多元直線型母體迴歸模型**做了下面的**假設**：

⑴**獨立變數** X 和 Z 都不是隨機變數，而是**預先選定的變數**。

⑵每一個小母體下，誤差項 (ε_{ij}) 不但是平均數為0、變異數為 σ^2（變異數齊一性）的常態隨機變數，即

$$\varepsilon_{ij} \sim N(0,\sigma^2), \quad i=1,2,\cdots,n$$

且

$$\mathrm{Cov}(\varepsilon_i,\varepsilon_k)=0, \quad i \neq k$$

亦即

$$\varepsilon_{ij} \sim iid \quad \boldsymbol{N(0,\sigma^2)}, \; iid: \text{Independent Identical Distribution} \quad (14-10)$$

以上的假設與簡單迴歸分析時之⑴～⑸的假設完全相同。此外，我們還假設：

⑶X 和 Z 彼此沒有「**完全的直線型關係**(Perfect Linearly Relationship)」，即 X 值和 Z 值之組合的散佈點不是全部落在一直線上 (註3)。

⑷**每一小母體**下，獨立隨機**各抽一個個體**，即樣本數是 n，且樣本數大於母體參數的個數。

從式 (14-6) 以及上面的第⑵個假設，我們不但發現 Y_{ij} 是常態隨機變數 ε_{ij} 的直線型函數，所以 Y_{ij} 也是常態隨機變數，且得到其平均數及變異數分別是：

平均數

$$\mu_{Y|X,Z}=E(Y_{ij}|X,Z)=E(\alpha+\beta X+\delta Z+\varepsilon_{ij})$$

$$=\alpha + \beta X + \delta Z + E(\varepsilon_{ij})$$

$$=\alpha + \beta X + \delta Z, \quad (\because E(\varepsilon_{ij}) = 0)$$

變異數

$$\sigma^2_{Y|X.Z} = V(Y_{ij}|X,Z) = E[Y_{ij} - E(Y_{ij}|X,Z)]^2$$

$$=E[\alpha + \beta X + \delta Z + \varepsilon_{ij} - (\alpha + \beta X + \delta Z)]^2$$

$$=E(\varepsilon_{ij}^2)$$

$$=\sigma^2_{\varepsilon_i} = \sigma^2_i = \sigma^2 \quad (\because 變異數齊一性的假設)$$

因此，就某一特定小母體而言:

$$Y_{ij} \sim N(\alpha + \beta X + \delta Z, \sigma_i^2 = \sigma^2)$$

所以，事實上與簡單直線型迴歸分析時相同，誤差項的變異數 $(\sigma^2_{\varepsilon_i})$ 正是 Y_{ij} 的條件變異數 $(\sigma^2_{Y|X,Z})$。

第三節　母體迴歸參數的估計方法——最小平方法

前一節所建立的多元母體迴歸模型 $\mu_{Y|X,Z} = \alpha + \beta X + \delta Z$ 中，α、β、δ 都是母體參數。它們都是常數，但一般而言，它們的值都是未知。因此，我們乃從 n 個小母體中，獨立隨機各抽一個個體，並利用樣本資料去估計 α、β 及 δ。至於估計的方法，除了本節所要介紹的普通最小平方法外，尚有最佳直線不偏誤法及最大概似估計法。 茲將多元母體迴歸平面的最小平方估計方法說明於下:

若令母體迴歸平面 $\mu_{Y|X,Z}(=\alpha + \beta X + \delta Z)$ 的最小平方估計式為:

$$\hat{Y} = \hat{\alpha} + \hat{\beta} X + \hat{\delta} Z \tag{14-11}$$

即令 $\hat{\alpha}$、$\hat{\beta}$、$\hat{\delta}$ 分別是 α、β、δ 的最小平方估計式。再令 e_i 是第 i 個小母體所抽出之樣本的 Y 值與 $\hat{Y}$ 之間的差值，即

$$e_i = Y_i - \hat{Y}_i, \quad e_i \text{ 稱為殘差值} \tag{14-12}$$

則我們將上式 (14-12) 加以平方，而後加總，可得：

$$\sum_{i=1}^{n} e_i^2 = \sum_{i=1}^{n} (Y_i - \hat{Y}_i)^2$$

$$= \sum (Y_i - \hat{\alpha} - \hat{\beta}X_i - \hat{\delta}Z_i)^2 \tag{14-13}$$

（X_i, Z_i 是第 i 個小母體之下，對應的 X 值和 Z 值）

而因為 $\hat{Y}$ 是 $\mu_{Y|X,Z}$ 的最小平方估計式，所以，式 (14-13) 的 $\sum e^2$ 要為最小。因此，我們就 $\sum e^2$ 對 $\hat{\alpha}$、$\hat{\beta}$、$\hat{\delta}$ 偏微分，並令其等於 0，即

$$\frac{\partial \sum e^2}{\partial \hat{\alpha}} = 2\sum (Y - \hat{\alpha} - \hat{\beta}X - \hat{\delta}Z)(-1) = 0 \tag{14-14}$$

$$\frac{\partial \sum e^2}{\partial \hat{\beta}} = 2\sum (Y - \hat{\alpha} - \hat{\beta}X - \hat{\delta}Z)(-X) = 0 \tag{14-15}$$

$$\frac{\partial \sum e^2}{\partial \hat{\delta}} = 2\sum (Y - \hat{\alpha} - \hat{\beta}X - \hat{\delta}Z)(-Z) = 0 \tag{14-16}$$

再將上面三個式子整理，可得標準方程式如下：

$$\begin{cases} n\hat{\alpha} + \hat{\beta}\sum X + \hat{\delta}\sum Z = \sum Y \tag{14-17} \\\\ \hat{\alpha}\sum X + \hat{\beta}\sum X^2 + \hat{\delta}\sum XZ = \sum XY \tag{14-18} \\\\ \hat{\alpha}\sum Z + \hat{\beta}\sum XZ + \hat{\delta}\sum Z^2 = \sum ZY \tag{14-19} \end{cases}$$

從上面三個式子，我們可以解出 $\hat{\alpha}$、$\hat{\beta}$ 及 $\hat{\delta}$ 的計算公式。但其計算公式相當複雜，因此，我們改以**差值形式**(Deviation Form) 去導出 $\hat{\alpha}$、$\hat{\beta}$、$\hat{\delta}$ 的計算公式。

設令
$$
\begin{cases}
y_i = Y_i - \overline{Y}, & (\overline{Y} = \dfrac{1}{n} \sum Y) \\[2mm]
\hat{y}_i = \hat{Y}_i - \overline{\hat{Y}}, & (\overline{\hat{Y}} = \dfrac{1}{n} \sum \hat{Y}) \\[2mm]
x_i = X_i - \overline{X}, & (\overline{X} = \dfrac{1}{n} \sum X) \\[2mm]
z_i = Z_i - \overline{Z}, & (\overline{Z} = \dfrac{1}{n} \sum Z)
\end{cases}
$$

則從式 (14–17) 得 $\overline{Y} = \hat{\alpha} + \hat{\beta}\overline{X} + \hat{\delta}\overline{Z}$, 且得:

$$
\sum(\hat{\alpha} + \hat{\beta}X + \hat{\delta}Z) = \sum Y
$$

亦即　　$\sum \hat{Y} = \sum Y$

上式兩端各除以 n, 得:

$$
\frac{1}{n} \sum \hat{Y} = \frac{1}{n} \sum Y
$$

$$
\overline{\hat{Y}} = \overline{Y}
$$

因此, e_i 亦可表示如下:

$$
\begin{aligned}
e_i &= Y_i - \hat{Y}_i \\
&= (Y_i - \overline{Y}) - (\hat{Y}_i - \overline{\hat{Y}}) \\
&= y_i - \hat{y}_i
\end{aligned}
$$

且　　
$$
\begin{aligned}
\hat{y}_i &= \hat{Y}_i - \overline{\hat{Y}} \\
&= \hat{Y}_i - \overline{Y} \\
&= \hat{\alpha} + \hat{\beta}X + \hat{\delta}Z - (\hat{\alpha} + \hat{\beta}\overline{X} + \hat{\delta}\overline{Z}) \\
&= \hat{\beta}(X - \overline{X}) + \hat{\delta}(Z - \overline{Z}) \\
&= \hat{\beta}x + \hat{\delta}z
\end{aligned}
$$

所以,

$$\sum e_i^2 = \sum (y_i - \hat{y}_i)^2$$

$$= \sum (y_i - \hat{\beta}x_i - \hat{\delta}z_i)^2 \qquad (14\text{-}20)$$

再就 $\sum e_i^2$ 對 $\hat{\beta}$、$\hat{\delta}$ 偏微分, 並令其等於 0, 即

$$\frac{\partial \sum e^2}{\partial \hat{\beta}} = 2 \sum (y - \hat{\beta}x - \hat{\delta}z)(-x) = 0 \qquad (14\text{-}21)$$

$$\frac{\partial \sum e^2}{\partial \hat{\delta}} = 2 \sum (y - \hat{\beta}x - \hat{\delta}z)(-z) = 0 \qquad (14\text{-}22)$$

將式 (14–21) 及 (14–22) 整理, 我們可得**差值形式的標準方程式**如下:

$$\begin{cases} \hat{\beta} \sum x^2 + \hat{\delta} \sum xz = \sum xy & (14\text{-}23) \\ \hat{\beta} \sum xz + \hat{\delta} \sum z^2 = \sum zy & (14\text{-}24) \end{cases}$$

解上面兩個式子, 我們可得到 $\hat{\beta}$、$\hat{\delta}$ 的**計算公式**如下:

$$\begin{cases} \hat{\beta} = \dfrac{\sum z^2 \sum xy - \sum xz \sum zy}{\sum x^2 \sum z^2 - (\sum xz)^2} & (14\text{-}25) \\[4mm] \hat{\delta} = \dfrac{\sum x^2 \sum zy - \sum xz \sum xy}{\sum x^2 \sum z^2 - (\sum xz)^2} & (14\text{-}26) \end{cases}$$

且

$$\hat{\alpha} = \overline{Y} - \hat{\beta}\overline{X} - \hat{\delta}\overline{Z} \quad (\text{從式 (14–17)得到}) \qquad (14\text{-}27)$$

除了上面所介紹的最小平方估計法 (OLS)以外, 事實上, 多元母體迴歸模型亦可以最佳直線型不偏誤估計法 (BLUE)、最大概似估計法 (MLE)去估計。該兩種方法下, 導出估計式之計算公式的過程, 請見計量經濟學專書的說明。

下面的例子即是利用樣本資料, 以最小平方法配出樣本迴歸平面 (Sample Regression Plane), 以估計母體迴歸平面。

【例 14–1】

若隨機觀察 12 家廠商, 發現其廣告費用 (X)、經營年數 (Z) 及銷售額

(Y) 的資料如下:

X（千元）	Z（年）	Y（萬元）
200	4.0	240
230	5.0	300
250	2.0	400
300	4.5	600
270	3.5	280
160	6.0	200
140	1.8	350
280	3.0	420
180	1.0	150
170	2.5	300
100	1.5	200
120	1.2	160

試利用該資料，以普通最小平方法 (OLS) 對母體迴歸模型：

$$\mu_{Y|X,Z} = \alpha + \beta X + \delta Z$$

進行估計。

【解】

據上述資料，得 $\overline{X} = 200$，$\overline{Z} = 3.0$，$\overline{Y} = 300$，且計算得到：

x	z	y	x^2	z^2	xz	xy	zy
0	1.0	−60	0	1.00	0	0	−60
30	2.0	0	900	4.00	60	0	0
50	−1.0	100	2500	1.00	−50	5000	−100
100	1.5	300	10000	2.25	150	30000	450
70	0.5	−20	4900	0.25	35	−1400	−10
−40	3.0	−100	1600	9.00	−120	4000	−300
−60	−1.2	50	3600	1.44	72	−3000	−60
80	0.0	120	6400	0.00	0	9600	0
−20	−2.0	−150	400	4.00	40	3000	300
−30	−0.5	0	900	0.25	15	0	0
−100	−1.5	−100	10000	2.25	150	1000	150
−80	−1.8	−140	6400	3.24	144	11200	252
$\sum = 0$	0	0	47600	28.68	496	68400	622

$$\therefore \hat{\beta} = \frac{\sum z^2 \sum xy - \sum xz \sum zy}{\sum x^2 \sum z^2 - (\sum xz)^2}$$

$$= \frac{(28.68)(68400) - (496)(622)}{(47600)(28.68) - (496)^2}$$

$$= \frac{1653200}{1119152}$$

$$= 1.48$$

$$\hat{\delta} = \frac{\sum x^2 \sum zy - \sum xz \sum xy}{\sum x^2 \sum z^2 - (\sum xz)^2}$$

$$= \frac{(47600)(622) - (496)(68400)}{(47600)(28.68) - (496)^2}$$

$$= \frac{-4319200}{1119152}$$

$$= -3.86$$

$$\hat{\alpha} = \overline{Y} - \hat{\beta}\overline{X} - \hat{\delta}\overline{Z}$$

$$= 300 - (1.48)(200) - (-3.86)(3)$$

$$= 15.58$$

∴樣本迴歸方程式為:

$$\hat{Y} = 15.58 + 1.48X - 3.86Z$$

或　　　$$Y = 15.58 + 1.48X - 3.86Z + e$$

第四節　母體迴歸參數的統計推論

多元母體迴歸模型的母體迴歸參數 (α, β, δ) 中，α 亦稱為**母體迴**

歸截距，β 及 δ 則稱為**母體迴歸係數**。 本節先說明母體迴歸係數的統計推論，而後再簡要介紹母體迴歸截距的統計推論。

一、母體迴歸係數（β 或 δ）的統計推論

與簡單迴歸分析相同，我們選擇 β（或 δ）的最小平方估計式 $\hat{\beta}$（或 $\hat{\delta}$）當做估計式或檢定統計量。 因此，我們必須知道 $\hat{\beta}$（或 $\hat{\delta}$）的**機率分配**。

從式 (14-25)，

$$\hat{\beta}=\frac{\sum z^2 \sum xy - \sum xz \sum zy}{\sum x^2 \sum z^2 - (\sum xz)^2}$$

$$=\frac{\sum z^2 \sum x(\beta x+\delta z+\varepsilon') - \sum xz \sum z(\beta x+\delta z+\varepsilon')}{\sum x^2 \sum z^2 - (\sum xz)^2} \text{ (註4)}$$

$$=\frac{1}{\sum x^2 \sum z^2 - (\sum xz)^2}[\beta \sum x^2 \sum z^2 + \delta \sum z^2 \sum xz + \sum z^2 \sum x\varepsilon'$$

$$-\beta(\sum xz)^2 - \delta \sum xz \sum z^2 - \sum xz \sum z\varepsilon']$$

$$=\frac{1}{\sum x^2 \sum z^2 - (\sum xz)^2}[\beta(\sum x^2 \sum z^2 - (\sum xz)^2)$$

$$+\sum z^2 \sum x\varepsilon' - \sum xz \sum z\varepsilon']$$

$$=\beta + \frac{1}{\sum x^2 \sum z^2 - (\sum xz)^2}[\sum z^2 \sum x\varepsilon - \sum xz \sum z\varepsilon] \text{ (註5)} \qquad (14-28)$$

從式 (14-28)，我們發現 $\hat{\beta}$ 是 ε_1，ε_2，$\cdots$，ε_n 等常態隨機變數的直線型函數，所以 $\hat{\beta}$ 也呈常態分配。 $\hat{\beta}$ 的**平均數**及**變異數**分別為：

$$E(\hat{\beta})=E[\beta + \frac{1}{\sum x^2 \sum z^2 - (\sum xz)^2}(\sum z^2 \sum x\varepsilon - \sum xz \sum z\varepsilon)]$$

$$=\beta + \frac{1}{\sum x^2 \sum z^2 - (\sum xz)^2}E[\sum z^2 \sum x\varepsilon - \sum xz \sum z\varepsilon]$$

$$=\beta + \frac{1}{\sum x^2 \sum z^2 - (\sum xz)^2}[\sum z^2 E(\sum x\varepsilon) - \sum xz E(\sum z\varepsilon)]$$

$$=\beta$$

$$(\because E(\sum x\varepsilon) = 0 , E(\sum z\varepsilon) = 0)$$

$$V(\hat{\beta}) = E(\hat{\beta} - E(\hat{\beta}))^2$$

$$= E(\hat{\beta} - \beta)^2$$

$$= E[\frac{1}{\sum x^2 \sum z^2 - (\sum xz)^2}(\sum z^2 \sum x\varepsilon - \sum xz \sum z\varepsilon)]^2$$

$$= \frac{1}{[\sum x^2 \sum z^2 - (\sum xz)^2]^2} E[(\sum z^2)^2(\sum x\varepsilon)^2 + (\sum xz)^2(\sum z\varepsilon)^2$$

$$- 2\sum z^2 \sum xz \sum x\varepsilon \sum z\varepsilon]$$

$$= \frac{1}{[\sum x^2 \sum z^2 - (\sum xz)^2]^2}[(\sum z^2)^2 E(\sum x\varepsilon)^2 + (\sum xz)^2 E(\sum z\varepsilon)^2$$

$$- 2\sum z^2 \sum xz E(\sum x\varepsilon \sum z\varepsilon)]$$

$$= \frac{1}{[\sum x^2 \sum z^2 - (\sum xz)^2]^2}[(\sum z^2)^2(\sigma^2 \sum x^2) + (\sum xz)^2(\sigma^2 \sum z^2)$$

$$- 2\sum z^2 \sum xz(\sigma^2 \sum xz)]$$

$$= \frac{\sigma^2 \sum z^2}{[\sum x^2 \sum z^2 - (\sum xz)^2]^2}[\sum x^2 \sum z^2 + (\sum xz)^2]$$

$$= \frac{\sigma^2 \sum z^2}{\sum x^2 \sum z^2 - (\sum xz)^2}$$

所以，

$$\hat{\beta} \sim N\left(\beta, \sigma_{\hat{\beta}}^2 = \frac{\sigma^2 \sum z^2}{\sum x^2 \sum z^2 - (\sum xz)^2}\right) \tag{14-29}$$

即

$$\frac{\hat{\beta} - \beta}{\sqrt{\sigma^2\left(\dfrac{\sum z^2}{\sum x^2 \sum z^2 - (\sum xz)^2}\right)}} \sim N(0,1) \tag{14-30}$$

同理可得：

$$\hat{\delta} \sim N\left(\delta, \sigma_{\hat{\delta}}^2 = \frac{\sigma^2 \sum x^2}{\sum x^2 \sum z^2 - (\sum xz)^2}\right) \tag{14-31}$$

即

$$\frac{\hat{\delta} - \delta}{\sqrt{\sigma^2 \left(\frac{\sum x^2}{\sum x^2 \sum z^2 - (\sum xz)^2} \right)}} \sim N(0,1) \tag{14-32}$$

因此, 在 **母體迴歸變異數** (或 Y 的條件變異數) σ^2 之值已知的情形下, 我們可據式 (14-30) 及 (14-32) 對 β 及 δ 進行統計推論。例如, 就區間估計言, 在某一信任水準 $(1-\alpha)$ 之下, β 或 δ 的信任區間是:

$$\hat{\beta} \pm Z_{\frac{\alpha}{2}} \sqrt{\sigma^2 \left(\frac{\sum z^2}{\sum x^2 \sum z^2 - (\sum xz)^2} \right)} \tag{14-33}$$

$$\hat{\delta} \pm Z_{\frac{\alpha}{2}} \sqrt{\sigma^2 \left(\frac{\sum x^2}{\sum x^2 \sum z^2 - (\sum xz)^2} \right)} \tag{14-34}$$

（此處的 $Z_{\frac{\alpha}{2}}$ 是標準常態分配的 Z 值）

不過如果 σ^2 之值未知時, 我們就必須利用樣本資料估計之。因此, 我們定義 **樣本迴歸變異數** (或稱為 **殘差值變異數**) 如下:

$$s^2_{Y|X,Z} = \frac{1}{n-3} \sum (Y - \hat{Y})^2$$

$$= \frac{1}{n-3} \sum e^2 \tag{14-35}$$

又當我們有一組樣本資料時, 我們亦可利用下面的式子計算 $s^2_{Y|X,Z}$ (註 6):

$$s^2_{Y|X,Z} = \frac{1}{n-3} [\sum Y^2 - \hat{\alpha} \sum Y - \hat{\beta} \sum XY - \hat{\delta} \sum ZY] \tag{14-36}$$

而就式 (14-30) 或 (14-32) 而言, 當式中的 σ^2 以樣本迴歸變異數 $s^2_{Y|X,Z}$ 代之後, 它們不再呈標準常態分配, 而呈自由度是 $n-3$ 的 t 分配 (證明從略), 即:

$$\frac{\hat{\beta} - \beta}{\sqrt{s^2_{Y|X,Z}\left(\dfrac{\sum z^2}{\sum x^2 \sum z^2 - (\sum xz)^2}\right)}} \sim t_{n-3} \qquad (14-37)$$

$$\frac{\hat{\delta} - \delta}{\sqrt{s^2_{Y|X,Z}\left(\dfrac{\sum x^2}{\sum x^2 \sum z^2 - (\sum xz)^2}\right)}} \sim t_{n-3} \qquad (14-38)$$

因此，在 σ^2 之值未知情況下，**母體迴歸係數** β 或 δ 在某一信任水準 $(1-\alpha)$ 之下的**信任區間**是：

$$\hat{\beta} \pm t_{\frac{\alpha}{2}, n-3}\sqrt{s^2_{Y|X,Z}\left(\frac{\sum z^2}{\sum x^2 \sum z^2 - (\sum xz)^2}\right)} \qquad (14-39)$$

$$\hat{\delta} \pm t_{\frac{\alpha}{2}, n-3}\sqrt{s^2_{Y|X,Z}\left(\frac{\sum x^2}{\sum x^2 \sum z^2 - (\sum xz)^2}\right)} \qquad (14-40)$$

【例 14-2】

試利用例 14-1的資料，回答下列各題：

(1)求母體迴歸變異數 σ^2 的估計值。

(2)廠商的廣告費用 (X) 是否對其銷售額 (Y) 有顯著的影響？（顯著水準 5%）

(3)求算「廠商經營年數 (Z) 對銷售額 (Y) 之邊際影響」（即 δ）之區間估計值。（信任水準 95%）

【解】

(1)從例 14-1，我們得到：

$$\begin{cases} \hat{\alpha} = 15.48 \\ \hat{\beta} = 1.48 \\ \hat{\delta} = -3.86 \end{cases}$$

我們以 $s^2_{Y|X,Z}$ 當做 σ^2 的估計式。而從例 14-1，我們得到：

	X	Z	Y	Y^2	XY	ZY
	200	4.0	240	57600	48000	960
	230	5.0	300	90000	69000	1500
	250	2.0	400	160000	100000	800
	300	4.5	600	360000	180000	2700
	270	3.5	280	78400	75600	980
	160	6.0	200	40000	32000	1200
	140	1.8	350	122500	49000	630
	280	3.0	420	176400	117600	1260
	180	1.0	150	22500	27000	150
	170	2.5	300	90000	51000	750
	100	1.5	200	40000	20000	300
	120	1.2	160	25600	19200	192
$\sum =$	2400	36.0	3600	1263000	788400	11422

又從式 (14–36)，知：

$$s^2_{Y|X,Z} = \frac{1}{n-3}[\sum Y^2 - \hat{\alpha}\sum Y - \hat{\beta}\sum XY - \hat{\delta}\sum ZY]$$

$$= \frac{1}{12-3}[1263000 - (15.58)(3600) - (1.48)(788400)$$

$$- (-3.86)(11422)]$$

$$= 9352.10$$

所以 σ^2 的估計值是 9352.10。

(2)㈠根據題意，建立 H_0 及 H_1 如下：

$$\begin{cases} H_0 : \beta = 0 \\ H_1 : \beta \neq 0 \end{cases}$$

㈡選擇 $\hat{\beta}$ 為檢定統計量，且知在 H_0 為真時

$$\frac{\hat{\beta} - (0)}{\sqrt{s^2_{Y|X,Z}\left(\dfrac{\sum z^2}{\sum x^2 \sum z^2 - (\sum xz)^2}\right)}} \sim t_{n-3}$$

㈢在顯著水準 5% 下，建立行動規則如下：

若　$-t_{0.025,9} < t_0 < t_{0.025,9} = 2.262 \longrightarrow A_0$

而若　$t_0 \geq t_{0.025,9}$　或　$t_0 \leq -t_{0.025,9} \longrightarrow A_1$

㈣根據樣本資料，計算 t_0：

從例 14–1，得

$$\sum x^2 = 47600, \quad \sum z^2 = 28.68, \quad \sum xz = 496$$

$$t_0 = \frac{\hat{\beta} - (0)}{\sqrt{s^2_{Y|X,Z}\left(\dfrac{\sum z^2}{\sum x^2 \sum z^2 - (\sum xz)^2}\right)}}$$

$$= \frac{1.48}{\sqrt{(9352.10)\left(\dfrac{28.68}{(47600)(28.68) - (496)^2}\right)}}$$

$$= 3.023 > t_{0.025,9} \longrightarrow A_1$$

㈤$\because t_0 = 3.023 > t_{0.025,9} = 2.262$，所以拒絕 "$\beta = 0$" 的假設。

(3)從例 14–1，得：

$$\hat{\delta} = -3.86$$

又 σ^2 未知，其估計值是　$s^2_{Y|X,Z} = 9352.10$

而　$t_{0.025,9} = 2.262$

所以，在 95% 信任水準下，廠商經營年數 (Z) 對銷售額 (Y) 之邊際影響（即 δ）的區間估計值是：

$$-3.86 \pm 2.262\sqrt{(9352.10)\left(\dfrac{47600}{(47600)(28.68) - (496)^2}\right)}$$

即　$-48.97 \sim 41.25$

二、母體迴歸截距 (α) 的統計推論

要對母體迴歸截距 (α) 進行統計推論之前，我們必須先對多元母體

迴歸模型 $\mu_{Y|X.Z} = \alpha + \beta X + \delta Z$ 中，α 的最小平方估計式 $\hat{\alpha}$ 的機率分配有所認識。而 $\hat{\alpha}$ 是以 α 為平均數，以 $\sigma_{\hat{\alpha}}^2$ 為變異數的常態分配。茲簡要說明如下：

1. $\hat{\alpha}$ 呈常態分配，因為：

$$\hat{\alpha} = \overline{Y} - \hat{\beta}\overline{X} - \hat{\delta}\overline{Z} \quad （式 (14\text{--}27)）$$

$$= (\alpha + \beta\overline{X} + \delta\overline{Z} + \overline{\varepsilon}) - \hat{\beta}\overline{X} - \hat{\delta}\overline{Z}$$

$$(\because \overline{Y} = \alpha + \beta\overline{X} + \delta\overline{Z} + \overline{\varepsilon} \,（見註 4）)$$

$$= \alpha - (\hat{\beta} - \beta)\overline{X} - (\hat{\delta} - \delta)\overline{Z} + \overline{\varepsilon} \tag{14--41}$$

上式中，α、$\beta\overline{X}$、$\delta\overline{Z}$ 都是常數，$\hat{\beta}$ 或 $\hat{\delta}$ 分別都是常態隨機變數，而 $\overline{\varepsilon}\left(= \dfrac{1}{n}\sum\varepsilon\right)$ 是 ε_1, ε_2, $\cdots$, ε_n 等 n 個常態隨機變數的直線型函數，因此，$\hat{\alpha}$ 是常態隨機變數的直線型函數，所以，$\hat{\alpha}$ 是常態隨機變數。

2. $\hat{\alpha}$ 的平均數是 α，變異數是 $\sigma_{\hat{\alpha}}^2 = \dfrac{\overline{X}^2\sum z^2 + \overline{Z}^2\sum x^2 - 2\overline{X}\,\overline{Z}\sum xz}{\sum x^2 \sum z^2 - (\sum xz)^2} + \dfrac{1}{n}$，證明如下：

從式 (14--41)，得到：

$$E(\hat{\alpha}) = E[\alpha - (\hat{\beta} - \beta)\overline{X} - (\hat{\delta} - \delta)\overline{Z} + \overline{\varepsilon}]$$

$$= \alpha - \overline{X}E(\hat{\beta} - \beta) - \overline{Z}E(\hat{\delta} - \delta) + E\left(\frac{1}{n}\sum\varepsilon\right)$$

$$= \alpha - \overline{X}[E(\hat{\beta}) - \beta] - \overline{Z}[E(\hat{\delta}) - \delta] + \frac{1}{n}[E(\sum\varepsilon)]$$

$$= \alpha - \overline{X}(\beta - \beta) - \overline{Z}(\delta - \delta) + \frac{1}{n}(0)$$

$$= \alpha$$

$$V(\hat{\alpha}) = E(\hat{\alpha} - E(\hat{\alpha}))^2$$

$$= E(\hat{\alpha} - \alpha)^2$$

$$=E[-(\hat{\beta}-\beta)\overline{X}-(\hat{\delta}-\delta)\overline{Z}+\overline{\varepsilon}]^2$$

$$(\because \hat{\alpha}=\alpha-(\hat{\beta}-\beta)\overline{X}-(\hat{\delta}-\delta)\overline{Z}+\overline{\varepsilon} \quad (見式 (14\text{--}41)))$$

$$=E[(\hat{\beta}-\beta)^2\overline{X}^2+(\hat{\delta}-\delta)^2\overline{Z}^2+\overline{\varepsilon}^2+2(\hat{\beta}-\beta)(\hat{\delta}-\delta)\overline{X}\,\overline{Z}$$

$$-2(\hat{\beta}-\beta)\overline{X}\overline{\varepsilon}-2(\hat{\delta}-\delta)\overline{Z}\overline{\varepsilon}]$$

$$=\overline{X}^2E(\hat{\beta}-\beta)^2+\overline{Z}^2E(\hat{\delta}-\delta)^2+E(\overline{\varepsilon}^2)+2\overline{X}\,\overline{Z}E[(\hat{\beta}-\beta)(\hat{\delta}-\delta)]$$

$$-2\overline{X}E(\hat{\beta}-\hat{\beta})\overline{\varepsilon}-2\overline{Z}E(\hat{\delta}-\hat{\delta})\overline{\varepsilon}$$

而　　$\because E(\overline{\varepsilon}^2)=\dfrac{\sigma^2}{n}$ 　$(\because \varepsilon \sim N(0,\sigma^2), \therefore \overline{\varepsilon} \sim N\left(0,\dfrac{\sigma^2}{n}\right))$

$$E(\hat{\beta}-\beta)(\hat{\delta}-\delta)=\frac{-\sigma^2\sum xz}{\sum x^2\sum z^2-(\sum xz)^2}\text{'}=\text{Cov}(\hat{\beta},\hat{\delta}) \text{（註 7）}$$

$$\left.\begin{array}{l}E(\hat{\beta}-\hat{\beta})\overline{\varepsilon}=0\\E(\hat{\delta}-\hat{\delta})\overline{\varepsilon}=0\end{array}\right\} \text{（註 8）}$$

$$\therefore V(\hat{\alpha})=\overline{X}^2V(\hat{\beta})+\overline{Z}^2V(\hat{\delta})+\frac{\sigma^2}{n}+2\overline{X}\,\overline{Z}\text{Cov}(\hat{\beta},\hat{\delta})$$

$$=\frac{\sigma^2}{\sum x^2\sum z^2-(\sum xz)^2}\left[\overline{X}^2\sum z^2+\overline{Z}^2\sum x^2-2\overline{X}\,\overline{Z}\sum xz\right]+\frac{\sigma^2}{n}$$

$$=\sigma^2\left[\frac{\overline{X}^2\sum z^2+\overline{Z}^2\sum x^2-2\overline{X}\,\overline{Z}\sum xz}{\sum x^2\sum z^2-(\sum xz)^2}+\frac{1}{n}\right]$$

所以，

$$\hat{\alpha}\sim N\left(\alpha,\sigma_{\hat{\alpha}}^2=\sigma^2\left[\frac{\overline{X}^2\sum z^2+\overline{Z}^2\sum x^2-2\overline{X}\,\overline{Z}\sum xz}{\sum x^2\sum z^2-(\sum xz)^2}+\frac{1}{n}\right]\right) \quad (14\text{--}42)$$

則

$$\frac{\hat{\alpha}-\alpha}{\sqrt{\sigma_{\hat{\alpha}}^2}}\sim N(0,1) \tag{14--43}$$

因此，當 σ^2 之值已知時，$\hat{\alpha}$ 在某一信任水準（例 95%）之下的**信任區間**是：

$$\hat{\alpha} \pm Z_{0.025} \sqrt{\sigma^2 \left[\frac{\overline{X}^2 \sum z^2 + \overline{Z}^2 \sum x^2 - 2\overline{X}\,\overline{Z} \sum xz}{\sum x^2 \sum z^2 - (\sum xz)^2} + \frac{1}{n} \right]} \qquad (14\text{--}44)$$

而當 σ^2 **之值未知時**, $\hat{\alpha}$ 在 95% 信任水準下的**信任區間**是（證明從略）：

$$\hat{\alpha} \pm t_{0.025,\,n-3} \sqrt{s_{Y|X,Z}^2 \left(\frac{\overline{X}^2 \sum z^2 + \overline{Z}^2 \sum x^2 - 2\overline{X}\,\overline{Z} \sum xz}{\sum x^2 \sum z^2 - (\sum xz)^2} + \frac{1}{n} \right)} \quad (14\text{--}45)$$

【例 14–3】

試利用例 14–1 的資料，對多元母體迴歸模型 $\mu_{Y|X,Z} = \alpha + \beta X + \delta Z$ 中的 α 進行區間估計（信任水準 95%）。

【解】

從例 14–1 及 14–2，我們得到：

$$\hat{\alpha} = 15.58, \quad s_{Y|X,Z}^2 = 9352.10$$

$$\overline{X} = 200, \quad \overline{Z} = 3$$

$$\sum x^2 = 47600, \quad \sum z^2 = 28.68, \quad \sum xz = 496$$

又查表得 $\quad t_{0.025,9} = 2.262$

因此，根據式 (14–45)，我們得到 α 在 95% 信任水準下的信任區間是：

$$15.58 \pm 2.262 \sqrt{(9352.10)\left(\frac{(200)^2(28.68) + (3)^2(47600) - 2(200)(3)(496)}{(47600)(28.68) - (496)^2} + \frac{1}{12} \right)}$$

即 $\quad 15.58 \pm 214.26$

亦即 $\quad -198.68 \sim 229.84$ （單位：萬元）

第五節　已知 $X = X_0$，$Z = Z_0$ 之下，Y 之條件平均數$(\mu_{Y|X_0,Z_0})$的區間估計

對於特定小母體（ $X = X_0$，$Z = Z_0$ ）之下，一般而言，Y 的平均數 $\mu_{Y|X_0,Z_0}$ 之值未知，我們應如何去估計呢? 基本上，我們選擇 $\hat{Y}_0$（即樣本迴歸平面於 $X = X_0$，$Z = Z_0$ 時之 Y 值，而 $\hat{Y}_0 = \hat{\alpha} + \hat{\beta}X_0 + \hat{\delta}Z_0$）當做估計式。然而，為了以 $\hat{Y}_0$ 對 $\mu_{Y|X_0,Z_0}$ 進行區間估計，我們必須導出 $\hat{Y}_0$ 的機率分配。

因為 $\hat{Y}_0 = \hat{\alpha} + \hat{\beta}X_0 + \hat{\delta}Z_0$ 式中，$\hat{\alpha}$、$\hat{\beta}$、$\hat{\delta}$ 都是常態隨機變數，且 X_0、Z_0 是特定值，因此，$\hat{Y}_0$ 是常態隨機變數，其平均數及變異數如下：

$$E(\hat{Y}_0) = E(\hat{\alpha} + \hat{\beta}X_0 + \hat{\delta}Z_0)$$

$$= E(\hat{\alpha}) + X_0 E(\hat{\beta}) + Z_0 E(\hat{\delta})$$

$$= \alpha + \beta X_0 + \delta Z_0$$

$$= \mu_{Y|X_0,Z_0}$$

$$\sigma^2_{\hat{Y}_0} = V(\hat{Y}_0)$$

$$= E(\hat{Y}_0 - E(\hat{Y}_0))^2$$

$$= E(\hat{\alpha} + \hat{\beta}X_0 + \hat{\delta}Z_0 - \alpha - \beta X_0 - \delta Z_0)^2$$

$$= E[(\hat{\alpha} - \alpha) + (\hat{\beta} - \beta)X_0 + (\hat{\delta} - \delta)Z_0]^2$$

從式 (14–41)，$\hat{\alpha} - \alpha = -(\hat{\beta} - \beta)\overline{X} - (\hat{\delta} - \delta)\overline{Z} + \overline{\varepsilon}$，將此結果代入上式，我們可得：

$$V(\hat{Y}_0) = E[-(\hat{\beta}-\beta)\overline{X}-(\hat{\delta}-\delta)\overline{Z}+\overline{\varepsilon}+(\hat{\beta}-\beta)X_0+(\hat{\delta}-\delta)Z_0]^2$$

$$=E[(\hat{\beta}-\beta)x_0+(\hat{\delta}-\delta)z_0+\overline{\varepsilon}]^2$$

$$=x_0^2 E(\hat{\beta}-\beta)^2+z_0^2 E(\hat{\delta}-\delta)^2+E(\overline{\varepsilon}^2)$$

$$+2x_0 z_0 E(\hat{\beta}-\beta)(\hat{\delta}-\delta)+2x_0 E(\hat{\beta}-\beta)\overline{\varepsilon}$$

$$+2z_0 E(\hat{\delta}-\delta)\overline{\varepsilon}$$

$$(\because x_0=X_0-\overline{X},\quad z_0=Z_0-\overline{Z})$$

而 $\quad \because E(\hat{\beta}-\beta)(\hat{\delta}-\delta)=\text{Cov}(\hat{\beta},\hat{\delta})=\dfrac{-\sigma^2 \sum xz}{\sum x^2 z^2-(\sum xz)^2}$ （見註 7）

$$\left.\begin{array}{l} E(\hat{\beta}-\beta)\overline{\varepsilon}=0 \\ E(\hat{\delta}-\delta)\overline{\varepsilon}=0 \end{array}\right\} \text{（見註 8）}$$

$$\therefore V(\hat{Y}_0)=x_0^2 V(\hat{\beta})+z_0^2 V(\hat{\delta})+\frac{\sigma^2}{n}+2x_0 z_0 \text{Cov}(\hat{\beta},\hat{\delta})$$

$$=\sigma^2\left[\frac{x_0^2 \sum z^2+z_0^2 \sum x^2-2x_0 z_0 \sum xz}{\sum x^2 \sum z^2-(\sum xz)^2}+\frac{1}{n}\right]$$

所以，

$$\hat{Y}_0 \sim N(\mu_{Y|X_0,Z_0}, \sigma_{\hat{Y}_0}^2=\sigma^2\left[\frac{x_0^2 \sum z^2+z_0^2 \sum x^2-2x_0 z_0 \sum xz}{\sum x^2 \sum z^2-(\sum xz)^2}+\frac{1}{n}\right])$$

因此，當 σ^2 **之值已知時**，$\mu_{Y|X_0,Z_0}$ 在某一信任水準 $1-\alpha$ 之下的**信任區間**是：

$$\hat{Y}_0 \pm Z_{\frac{\alpha}{2}}\sqrt{\sigma^2\left[\frac{x_0^2 \sum z^2+z_0^2 \sum x^2-2x_0 z_0 \sum xz}{\sum x^2 \sum z^2-(\sum xz)^2}+\frac{1}{n}\right]} \qquad (14-46)$$

而當 σ^2 **之值未知時**，$\mu_{Y|X_0,Z_0}$ 在信任水準 $1-\alpha$ 之下的**信任區間**是：

$$\hat{Y}_0 \pm t_{\frac{\alpha}{2},n-3}\sqrt{s_{Y|X,Z}^2\left[\frac{x_0^2 \sum z^2+z_0^2 \sum x^2-2x_0 z_0 \sum xz}{\sum x^2 \sum z^2-(\sum xz)^2}+\frac{1}{n}\right]} \qquad (14-47)$$

【例 14–4】

於例 14–1 中, 試對廣告費用為 300 千元, 經營年數為 4.5 年之廠商的平均銷售額進行區間估計 (信任水準為 95%)。

【解】

(1)從例 14–1, 知樣本迴歸方程式為:

$$\hat{Y} = 15.58 + 1.48X - 3.86Z$$

且 $\overline{X} = 200$, $\overline{Z} = 3.0$, $\overline{Y} = 300$, 又從例 14–2 得到:

$$s_{Y|X,Z}^2 = 9352.10$$

(2)當 $X_0 = 300$, $Z_0 = 4.5$ 時, $\hat{Y}_0$ 為:

$$\hat{Y}_0 = 15.58 + 1.48(300) - 3.86(4.5) = 442.21$$

(3)

$$\therefore \begin{cases} x_0 = X_0 - \overline{X} = 300 - 200 = 100 \\ z_0 = Z_0 - \overline{Z} = 4.5 - 3.0 = 1.5 \end{cases}$$

$$t_{0.025,9} = 2.262 \quad (\text{查表得到})$$

∴當 $X_0 = 300$, $Z_0 = 4.5$ 時, $\mu_{Y|X_0,Z_0}$ 的信任區間 (信任水準為 95%) 是:

$$442.21 \pm 2.262 \sqrt{(9352.10)\left[\frac{(100)^2(28.68) + (1.5)^2(47600) - 2(100)(1.5)(496)}{(47600)(28.68) - (496)^2} + \frac{1}{12}\right]}$$

即 442.21 ± 120.28

亦即 $321.93 \sim 562.49$ (單位: 萬元)

第六節 已知 $X = X_0$, $Z = Z_0$ 之下, 個別 Y 值 (Y_0) 的區間估計

對於母體中的某一個體而言, 若已知其 X 值 ($X = X_0$) 及 Z 值

（$Z = Z_0$），我們將如何預測或估計其 Y 值呢？如例 14–1 中，若已知某一廠商的廣告費用是 300 千元（$X_0 = 300$），經營年數是 4.5 年（$Z_0 = 4.5$），則對此廠商的銷售額（即某個別的 Y 值，以 Y_0 表示之）而言，我們將如何去估計呢？基本上，這個問題與只有一個自變數的情況下，個別 Y 值的估計相同（見第十三章第六節）。我們可以該個體所屬之小母體（即 $X = X_0$，且 $Z = Z_0$）的平均數，即 Y 的條件平均數 $\mu_{Y|X_0, Z_0}$ 去估計 Y_0。但一般而言，$\mu_{Y|X_0, Z_0}$ 之值未知，而我們是以 $\hat{Y}_0$ 去估計 $\mu_{Y|X_0, Z_0}$，因此，我們就以 $\hat{Y}_0$ 去估計 Y_0。

上面所述「**選擇 $\hat{Y}_0$ 做為 Y_0 之估計式**」的情況，就如圖 14–2 所示。

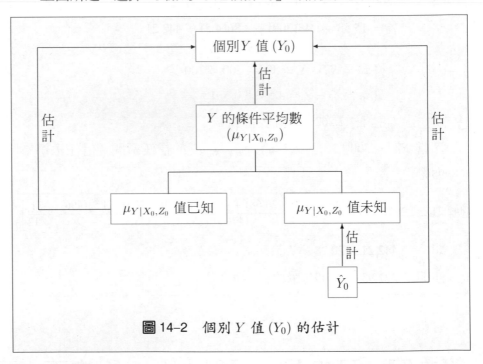

圖 14–2　個別 Y 值 (Y_0) 的估計

當我們以 $\hat{Y}_0$ 對個別 Y 值（Y_0）進行區間估計時，Y_0 的信任區間，將因母體迴歸變異數（$\sigma^2_{Y|X, Z}$）之值為已知或未知，而有所不同（證明從略）：

1.母體迴歸變異數$(\sigma^2_{Y|X,Z})$數值已知的情況下，Y_0 在 $(1-\alpha)$信任水準下的信任區間是：

$$\hat{Y}_0 \pm Z_{\frac{\alpha}{2}} \sqrt{\sigma^2 \left[\frac{x_0^2 \sum Z^2 + z_0^2 \sum x^2 - 2x_0z_0 \sum xz}{\sum x^2 \sum z^2 - (\sum xz)^2} + \frac{1}{n} + 1 \right]} \quad (14\text{--}48)$$

此處 $\begin{cases} x_0 = X_0 - \overline{X} \\ z_0 = Z_0 - \overline{Z} \\ \hat{Y}_0 = \hat{\alpha} + \hat{\beta}X_0 + \hat{\delta}Z_0 \end{cases}$

2.母體迴歸變異數$(\sigma^2_{Y|X,Z})$數值未知時, Y_0 在 $(1-\alpha)$信任水準下的信任區間是：

$$\hat{Y}_0 \pm t_{\frac{\alpha}{2}} \sqrt{s^2_{Y|X,Z} \left[\frac{x_0^2 \sum z^2 + z_0^2 \sum x^2 - 2x_0z_0 \sum xz}{\sum x^2 \sum z^2 - (\sum xz)^2} + \frac{1}{n} + 1 \right]} \quad (14\text{--}49)$$

此處, $s^2_{Y|X,Z}$ 是樣本迴歸變異數。

【例14-5】

試利用例14-1的資料對甲廠商（已知其廣告費用為 305 千元, 經營年數為 4.0 年）的銷售額進行區間估計（信任水準為95%）。

【解】

⑴從例14-1, 得樣本迴歸方程式為：

$$\hat{Y} = 15.58 + 1.48X - 3.86Z$$

且 $\overline{X} = 200$, $\overline{Z} = 3.0$, $\overline{Y} = 300$

又從例14-2, 得：

$$s^2_{Y|X,Z} = 9352.10$$

⑵當 $X_0 = 205$, $Z_0 = 4.0$ 時, $\hat{Y}_0$ 為：

$$\hat{Y}_0 = 15.58 + 1.48(205) - 3.86(4.0) = 303.54$$

(3)而$\because$ $\begin{cases} x_0 = X_0 - \overline{X} = 205 - 200 = 5 \\ z_0 = Z_0 - \overline{Z} = 4.0 - 3.0 = 1.0 \\ t_{0.025,9} = 2.262 \text{ (查表)} \end{cases}$

$\therefore$甲廠商的銷售額(Y_0)在 95% 信任水準下的信任區間是：

$$303.54 \pm 2.262 \sqrt{(9352.10) \left[\frac{(5)^2(28.68) + (1.0)^2(47600) - 2(5)(1.0)(496)}{(47600)(28.68) - (496)^2} + \frac{1}{12} + 1 \right]}$$

即　　　303.54 ± 231.72

亦即，在信任水準為 95% 時，甲廠商銷售額的區間估計值是：

　　　$71.82 \sim 535.26$（千元）

第七節　多元迴歸分析與簡單迴歸分析的比較

　　設若被解釋變數(Y)的重要解釋變數只有 X 和 Z，亦即母體迴歸模型是：

$$Y = \alpha + \beta X + \delta Z + \varepsilon \tag{14-50}$$

則如本章第二節所述，式$(14-50)$中的 β（母體迴歸係數），是指自變數 X 對被解釋變數(Y)的**邊際影響**（或稱為**直接影響**，Direct Effect)，也就是指當 X 變動一單位（Z 維持不變）時，所引起之 Y 的平均值$(\mu_{Y|X,Z})$的變動量。然而，X 可能對 Z 也有影響，而由於 Z 對 Y 有所影響，因此，自變數 X 除了對 Y 有直接影響外，也將透過它對 Z 的影響，進而再影響 Y。此種「X 透過對 Z 的影響，**間接再對** Y 有所影響」，稱為 X 對 Y 的**間接影響**(Indirect Effect)。

　　綜合而言，自變數 X 對 Y 的影響，基本上有兩種途徑，一種是 X

對 Y 的「**直接影響**」，另一種是 X 透過 Z，而後再對 Y 有所影響的「**間接影響**」。我們把**直接影響與間接影響的和**，稱為 X 對 Y 的「**總影響 (Total Effect)**」。即

$$[總影響]=[直接影響]+[間接影響]\qquad\qquad(14{-}51)$$

今若我們利用樣本資料，以普通最小平方法 (OLS)，對式 (14–50) 配出的樣本迴歸方程式為：

$$\hat{Y}=\hat{\alpha}+\hat{\beta}X+\hat{\delta}Z\qquad\qquad(14{-}52)$$

並以同組樣本資料，配出 X 對 Z 有所影響的迴歸方程式為：

$$\hat{Z}=\hat{c}+\hat{d}X\qquad\qquad(14{-}53)$$

則自變數 X 對 Y 的直接影響和間接影響，可以用圖 14–3 表示。

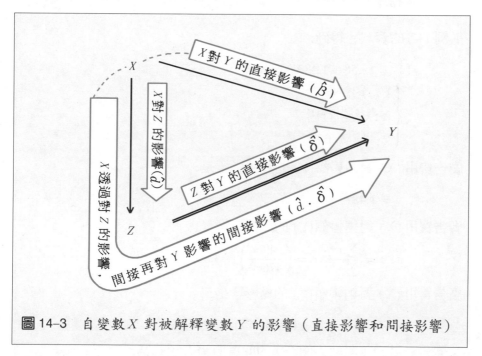

圖 14-3　自變數 X 對被解釋變數 Y 的影響（直接影響和間接影響）

所以，X 對 Y 的總影響是：

$$總影響 = \hat{\beta} + \hat{d} \cdot \hat{\delta} \qquad\qquad (14\text{--}54)$$

假設我們再利用同一組樣本資料，並以普通最小平方法 (OLS)，配出 X 對 Y 的簡單迴歸方程式為：

$$\hat{Y} = \hat{\hat{\alpha}}_* + \hat{\hat{\beta}}_* X \qquad\qquad (14\text{--}55)$$

則 X 對 Y 的總影響，事實上就等於 X 對 Y 的簡單迴歸方程式中的迴歸係數 ($\hat{\hat{\beta}}_*$)。因此，式 (14-54) 可以表達如下：

$$\hat{\beta} + \hat{d} \cdot \hat{\delta} = \hat{\hat{\beta}}_* \text{ (註9)} \qquad\qquad (14\text{--}56)$$

下面的例子（例 14-6），就是利用前面的例子（例 14-1）為例，驗證式 (14-56)，即「直接影響 + 間接影響 = 總影響」。

【例 14-6】

從例 14-1 的資料，得到：

$$\hat{Y} = 15.58 + 1.48X - 3.86Z$$

$$\begin{cases} Y\text{：銷售額} \\ X\text{：廣告費用} \\ Z\text{：經營年數} \end{cases}$$

廣告費用 (X) 對銷售額 (Y) 的直接影響是：

$$\hat{\beta} = 1.48$$

廣告費用 (X) 對銷售額 (Y) 的間接影響是：

$$\hat{d} \cdot \hat{\delta} = \frac{\sum xz}{\sum x^2} \cdot \hat{\delta} = \left(\frac{496}{47600} \right)(-3.86) = -0.04022$$

廣告費用 (X) 對銷售額 (Y) 的總影響是：

$$\hat{\beta} + \hat{d} \cdot \hat{\delta} = 1.48 + (-0.04022) = 1.43978$$

又廣告費用 (X) 對銷售額 (Y) 的簡單迴歸方程式為：

$$\hat{\hat{Y}} = \hat{\hat{\alpha}}_* + \hat{\hat{\beta}}_* X$$

而

$$\hat{\beta}_* = \frac{\sum xy}{\sum x^2} = \frac{68400}{47600} = 1.43697 \doteq \hat{\beta} + \hat{d} \cdot \hat{\delta}$$

附　註

註1:　　採多元迴歸分析方法的理由, 將於第十六章第二節說明。

註2:　　式(14-5) 中, 對 X 取偏微分, 可得:

$$\frac{\partial \mu_{Y|X.Z}}{\partial X} = \beta$$

註3:　　若 X 值和 Z 值之組合的散佈點, 全部落在一直線上, 如圖:

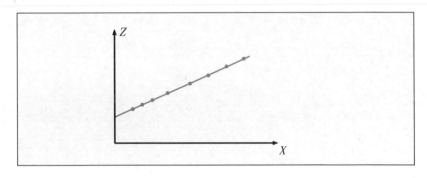

　　　　則稱 X 和 Z 有「**完全的直線型關係**」。

註4:

$$y = \beta x + \delta z + \varepsilon', \quad \text{此乃因為:}$$

$$Y = \alpha + \beta X + \delta Z + \varepsilon$$

$$\overline{Y} = \frac{1}{n} \sum_{i=1}^{n} Y_i$$

$$= \frac{1}{n} \sum_{i=1}^{n} (\alpha + \beta X + \delta Z + \varepsilon)$$

$$= \alpha + \beta \overline{X} + \delta \overline{Z} + \overline{\varepsilon}, \quad \overline{\varepsilon} = \frac{1}{n} \sum \varepsilon$$

$$y = Y - \overline{Y}$$

$$=(\alpha + \beta X + \delta Z + \varepsilon) - (\alpha + \beta \overline{X} + \delta \overline{Z} + \overline{\varepsilon})$$

$$=\beta(X - \overline{X}) + \delta(Z - \overline{Z}) + (\varepsilon - \overline{\varepsilon})$$

$$=\beta x + \delta z + \varepsilon'$$

註5：

$$\sum x\varepsilon' = \sum x\varepsilon \ (\text{或} \sum z\varepsilon' = \sum z\varepsilon)，\text{理由如下：}$$

$$\sum x\varepsilon' = \sum x(\varepsilon - \overline{\varepsilon})$$

$$=\sum x\varepsilon - \overline{\varepsilon} \sum x$$

$$=\sum x\varepsilon$$

$$(\because \sum x = 0)$$

註6：

$$s^2_{Y|X,Z} = \frac{1}{n-3}[\sum Y^2 - \hat{\alpha} \sum Y - \hat{\beta} \sum XY - \hat{\delta} \sum ZY]，\text{理由如下：}$$

$$s^2_{Y|X,Z} = \frac{1}{n-3} \sum (Y - \hat{Y})^2$$

$$=\frac{1}{n-3}[\sum Y^2 + \sum \hat{Y}^2 - 2\sum Y\hat{Y}]$$

而

$$\because \sum \hat{Y}^2 = \sum \hat{Y}(\hat{\alpha} + \hat{\beta}X + \hat{\delta}Z)$$

$$=\hat{\alpha} \sum \hat{Y} + \hat{\beta} \sum X\hat{Y} + \hat{\delta} \sum Z\hat{Y}$$

$$=\hat{\alpha} \sum (Y - e) + \hat{\beta} \sum X(Y - e) + \hat{\delta} \sum Z(Y - e)$$

$$=\hat{\alpha} \sum Y - \hat{\alpha} \sum e + \hat{\beta} \sum XY - \hat{\beta} \sum Xe + \hat{\delta} \sum ZY - \hat{\delta} \sum Ze$$

又從標準方程式 (14–17)、(14–18)及 (14–19)知：

$$\sum e = 0, \quad \sum Xe = 0, \quad \sum Ze = 0,$$

$$\therefore \sum \hat{Y}^2 = \hat{\alpha} \sum Y + \hat{\beta} \sum XY + \hat{\delta} \sum ZY$$

又

$$\because \sum Y\hat{Y} = \sum Y(\hat{\alpha} + \hat{\beta}X + \hat{\delta}Z)$$

$$= \hat{\alpha} \sum Y + \hat{\beta} \sum XY + \hat{\delta} \sum ZY$$

$$\therefore s_{Y|X,Z}^2 = \frac{1}{n-3}[\sum Y^2 + (\hat{\alpha} \sum Y + \hat{\beta} \sum XY + \hat{\delta} \sum ZY)$$

$$-2(\hat{\alpha} \sum Y + \hat{\beta} \sum XY + \hat{\delta} \sum ZY)]$$

$$= \frac{1}{n-3}[\sum Y^2 - \hat{\alpha} \sum Y - \hat{\beta} \sum XY - \hat{\delta} \sum ZY]$$

註7:

$$E(\hat{\beta} - \beta)(\hat{\delta} - \delta) = \frac{-\sigma^2 \sum xz}{\sum x^2 \sum z^2 - (\sum xz)^2} \quad , \text{ 理由如下:}$$

$$\hat{\beta} = \beta + \frac{\sum z^2 \sum x\varepsilon - \sum xz \sum z\varepsilon}{\sum x^2 \sum z^2 - (\sum xz)^2} \quad \text{(見式 (14–28))}$$

$$\hat{\delta} = \delta + \frac{\sum x^2 \sum z\varepsilon - \sum xz \sum x\varepsilon}{\sum x^2 \sum z^2 - (\sum xz)^2}$$

$$E(\hat{\beta}-\beta)(\hat{\delta}-\delta) = E\left(\frac{\sum z^2 \sum x\varepsilon - \sum xz \sum z\varepsilon}{\sum x^2 \sum z^2 - (\sum xz)^2} \right) \left(\frac{\sum x^2 \sum z\varepsilon - \sum xz \sum x\varepsilon}{\sum x^2 \sum z^2 - (\sum xz)^2} \right)$$

$$= \frac{1}{[\sum x^2 \sum z^2 - (\sum xz)^2]^2} E[\sum x^2 \sum z^2 \sum x\varepsilon \sum z\varepsilon$$

$$- \sum xz \sum x^2 (\sum z\varepsilon)^2 - \sum z^2 \sum xz (\sum x\varepsilon)^2$$

$$+ (\sum xz)^2 \sum z\varepsilon \sum x\varepsilon]$$

$$= \frac{1}{[\sum x^2 \sum z^2 - (\sum xz)^2]^2} [\sum x^2 \sum z^2 E(\sum x\varepsilon \sum z\varepsilon)$$

$$- \sum xz \sum x^2 E(\sum z\varepsilon)^2$$

$$- \sum z^2 \sum xz E(\sum x\varepsilon)^2$$

$$+ (\sum xz)^2 E(\sum z\varepsilon \sum x\varepsilon)]$$

$$
=\frac{1}{[\sum x^2 \sum z^2 - (\sum xz)^2]^2}[\sum x^2 \sum z^2(\sigma^2 \sum xz)
$$

$$
-\sum xz \sum x^2(\sigma^2 \sum z^2)
$$

$$
-\sum z^2 \sum xz(\sigma^2 \sum x^2)
$$

$$
+(\sum xz)^2(\sigma^2 \sum xz)]
$$

$$
=\frac{-\sigma^2 \sum xz}{[\sum x^2 \sum z^2 - (\sum xz)^2]^2}[\sum x^2 \sum z^2 - (\sum xz)^2]
$$

$$
=\frac{-\sigma^2 \sum xz}{\sum x^2 \sum z^2 - (\sum xz)^2}
$$

註8:

$$
E(\hat{\beta}-\beta)\bar{\varepsilon}=0, \quad E(\hat{\delta}-\delta)\bar{\varepsilon}=0, \quad \text{理由如下：}
$$

$$
E(\hat{\beta}-\beta)\bar{\varepsilon}=E\left[\frac{\sum z^2 \sum x\varepsilon - \sum xz \sum z\varepsilon}{\sum x^2 \sum z^2 - (\sum xz)^2} \cdot \frac{\sum \varepsilon}{n}\right]
$$

$$
=\frac{1}{n[\sum x^2 \sum z^2 - (\sum xz)^2]} E[\sum z^2 \sum x\varepsilon \sum \varepsilon - \sum xz \sum z\varepsilon \sum \varepsilon]
$$

$$
=\frac{1}{n[\sum x^2 \sum z^2 - (\sum xz)^2]}[\sum z^2 E(\sum x\varepsilon \sum \varepsilon) - \sum xz E(\sum z\varepsilon \sum \varepsilon)]
$$

$$
=\frac{1}{n[\sum x^2 \sum z^2 - (\sum xz)^2]}[\sum z^2(\sigma^2 \sum x) - \sum xz(\sigma^2 \sum z)]
$$

$$
=0 \quad (\because \sum x = \sum z = 0)
$$

同理可得：

$$
E(\hat{\delta}-\delta)\bar{\varepsilon}=0
$$

註9:

$$
\hat{\beta}+\hat{d}\cdot\hat{\delta}=\hat{\hat{\beta}}_* \text{ , 證明如下：}
$$

從式 (14–25) 與式 (14–26) 知：

$$\begin{cases} \hat{\beta} = \dfrac{\sum z^2 \sum xy - \sum xz \sum zy}{\sum x^2 \sum z^2 - (\sum xz)^2} \\ \hat{\delta} = \dfrac{\sum x^2 \sum zy - \sum xz \sum xy}{\sum x^2 \sum z^2 - (\sum xz)^2} \end{cases}$$

又

$$\because \hat{d} = \frac{\sum xz}{\sum x^2}$$

$$\therefore \quad \hat{\beta} + \hat{d} \cdot \hat{\delta} = \frac{\sum z^2 \sum xy - \sum xz \sum zy}{\sum x^2 \sum z^2 - (\sum xz)^2}$$

$$+ \frac{\sum xz}{\sum x^2} \cdot \frac{\sum x^2 \sum zy - \sum xz \sum xy}{\sum x^2 \sum z^2 - (\sum xz)^2}$$

$$= \frac{\sum z^2 \sum xy - \sum xz \sum zy}{\sum x^2 \sum z^2 - (\sum xz)^2} + \frac{\sum xz \sum zy}{\sum x^2 \sum z^2 - (\sum xz)^2}$$

$$- \frac{(\sum xz)^2 \sum xy}{\sum x^2 [\sum x^2 \sum z^2 - (\sum xz)^2]}$$

$$= \frac{\sum x^2 \sum z^2 \sum xy - (\sum xz)^2 \sum xy}{\sum x^2 [\sum x^2 \sum z^2 - (\sum xz)^2]}$$

$$= \frac{\sum xy [\sum x^2 \sum z^2 - (\sum xz)^2]}{\sum x^2 [\sum x^2 \sum z^2 - (\sum xz)^2]}$$

$$= \frac{\sum xy}{\sum x^2}$$

$$= \hat{\hat{\beta}}_*$$

14-1　若以樣本資料對多元母體迴歸模型的消費函數加以估計，其結果如下：

$$\hat{C} = 278 + 0.723Y + 0.425A$$

其中 C: 消費支出，Y: 所得，A: 資產。

而 C, Y, A 的單位為元，現若將 C 的衡量單位改為十元，Y 的衡量單位改為百元，但 A 的衡量單位不變。

請答下列各題：

　1.試寫出新的多元母體迴歸模型的消費函數 $C^* = \alpha^* + \beta^* Y^* + \delta^* A + \varepsilon^*$ 各迴歸參數的最小平方估計值。

　2.又衡量單位的改變是否會影響原模型中有關迴歸係數之假設的檢定？為什麼？

14-2　若利用 103 個樣本資料，以 OLS 方法對多元母體迴歸模型：

$$Y = \alpha + \beta X + \delta Z + \varepsilon$$

加以估計，並得到：

$$\hat{\alpha} = 20, \ \hat{\beta} = 1.3, \ \hat{\delta} = -10$$

今若已知 $s^2_{Y|X,Z} = 25$, $\sum x^2 = 100$, $\sum z^2 = 25$, $\sum xz = 40$, $\sum y^2 = 400$, 請依序回答下列各題：

　1.根據上述資料：

　　(a)$\sigma_{\hat{\beta}}$, $\sigma_{\hat{\delta}}$ 的估計值分別是 $\frac{5}{6}$ 及 $\frac{10}{6}$ 嗎？為什麼？

(b)樣本迴歸方程式可表達如下嗎？為什麼？

$$Y = 20 + 1.3X - 10Z$$

$$(10) \quad \left(\frac{5}{6}\right) \quad \left(\frac{10}{6}\right)$$

2.試問若已知 $X = 20$, $Z = 5$, 則 Y 的平均值是多少？（信任水準為95.4%）（若資訊不足，無法作答，則請說明你須有哪些資訊，並說明如何作答。）

14-3 假設樣本迴歸方程式為 $\hat{Y}_i = \hat{\alpha} + \hat{\beta}X_i$, 而解釋變數 X_i 只有 0 及 1 兩個數值, $X = 0$ 的觀察點有 n_1 個, $X = 1$ 的觀察點有 n_2 個。令 $\overline{Y}_1$ 為 n_1 個觀察點的 Y 的平均數, $\overline{Y}_2$ 為 n_2 個觀察點的 Y 的平均數, 請答下列各題:

1.$\hat{\alpha}$, $\hat{\beta}$可否以 $\overline{Y}_1$, $\overline{Y}_2$ 來表達？證明之。

2.$\sigma_{\hat{\beta}}^2$ 的估計式 $(s_{\hat{\beta}}^2)$ 是否等於 $s_p^2(\frac{1}{n_1} + \frac{1}{n_2})$？

（註: s_p^2 是混合樣本變異數, 即

$$s_p^2 = \frac{1}{n_1 + n_2 - 2}\left[\sum_{i=1}^{n_1}(Y_{1i} - \overline{Y}_1)^2 + \sum_{i=1}^{n_2}(Y_{2i} - \overline{Y}_2)^2\right]）$$

14-4 若有男女各五人, 其薪資資料如下（單位: 千元）:

男 45 12 28 30 40

女 25 18 32 10 15

請答下列各題:

1.若男=1, 女=0, 請配一條**性別對薪水**之影響的迴歸直線。並利用其結果檢定「**性別對薪水無影響**」的說法。（顯著水準 $\alpha =5\%$）

2.分別以DOMT (t test)及 ANOVA (F test)檢定男性、女性平均薪水是否不同（ $\alpha =5\%$ ）？

14-5 若$\hat{C} = \hat{\alpha} + \hat{\beta}Y$ 為母體迴歸模型 $C = \alpha + \beta Y + \varepsilon$ 的最小平方估計式, Y 為可支配所得, C 為消費額, 請答下列各題:

1.若已知 $\hat{\beta} = 0.8$，$\sum\limits_{i=1}^{n}(Y_i - \overline{Y})^2 = 100$，$\sum\limits_{i=1}^{n}(C_i - \overline{C})^2 = 150$，$n_* = 102$，試檢定 β 值是否顯著異於 0？（顯著水準 0.05）

2.若將另一解釋變數「人口」加入原模型內，並利用原樣本資料對新模型估計，得到 $\hat{C} = \hat{b}_0 + \hat{b}_1 Y + \hat{b}_2 N$，又若知 $r_{CN} = 0.85$，$r_{YN} = 0.98$，$\sum\limits_{i=1}^{n}(N - \overline{N})^2 = 300$，求 $\hat{b}_1$ 及 $\hat{b}_2$ 之值。

$$\left(\text{註：} \quad r_{YN} = \frac{\sum yn}{\sqrt{\sum y^2} \cdot \sqrt{\sum n^2}}\right)。$$

3.又你在作答第 2 小題時，必須用到 "$n_* = 102$" 的訊息嗎？

14–6　試問：

1.簡單迴歸分析與多元迴歸分析的異同為何？

2.自變數 (X) 對應變數 (Y) 的**直接影響及間接影響之和**等於其**總影響**嗎？

第十五章 相關分析

第一節 前言

　　本書第四章曾介紹一個用來測度兩隨機變數共同變化之方向及共同變化之密切程度的統計測定數——相關係數(Correlation Coefficient)。在日常生活中，或在社會現象中，我們常想知道兩個變數彼此間如何的共同變化，共同變化的密切程度有多高？例如就某地區的成年人而言，若以 X 表示成年人的身高，Y 表示成年人的體重，而如果我們想知道該地區成年人的身高(X) 與成年人的體重 (Y) 如何的共同變化（相同或相反方向），我們可用兩變數的共變異數 $(\text{Cov}(X, Y))$ 測度之。然而，如我們想進一步知道兩變數共同變化的密切程度多高，我們就必須以兩變數之相關係數(ρ_{XY})測度之。但是，一般而言，某地區成年人身高 (X) 與成年人體重 (Y) 的相關係數（即母體相關係數 ρ_{XY}）數值未知，因此，我們乃利用樣本資料對母體相關係數進行估計。某些情況下，我們也有可能必要利用樣本資料對有關母體相關係數的統計假設進行檢定。相關分析(Correlation Analysis)就是利用樣本資料對母體相關係數進行統計推論（包括估計及假設檢定）的一種統計方法。

　　假如我們有下列的簡單母體迴歸模型：

$$Y = \alpha + \beta X + \varepsilon$$

而我們若以第十三章所介紹的普通最小平方法(OLS)，利用樣本資料進行迴歸分析，得到自變數 (X) 對應變數 (Y) 有正方向影響之結論。此時，

我們很可能想進一步了解 X 對 Y 之正向影響的**密切程度**(The **Strength of the Positive Effect of** X **on** Y)有多高? 類似這樣的問題, 在經濟、商學界可能經常會碰到, 例如:

(1)某地區家庭所得 (X) 對家庭消費支出 (Y) 有正向的影響, 但我們也想了解這種正向影響的密切程度有多高?

(2)各廠牌汽車廣告費用 (X) 對其銷售額 (Y) 有正向的影響, 但其密切程度多高?

(3)各公司研究發展支出 (X) 對公司的利潤 (Y) 有正向的影響, 而這種正方向影響的密切程度有多高?

(4)小學生家庭所得越高 (X), 小學生每週看電視之時間 (Y) 越少, 而 X 對 Y 的負向影響之密切程度有多高?

以上的問題, 我們也可以利用相關分析的統計方法來探討。本章在介紹相關分析的統計方法時, 將就 X 及 Y 兩變數之母體是:

(1)**二元常態隨機變數**(Bivariate Normal Random Variables), 或是

(2)Y 是**常態隨機變數**, 而 X 是**預先選定之變數** (即第十三章介紹之簡單迴歸分析的母體)

兩種情況分別加以介紹。

第二節　二元常態隨機變數之相關分析

一、二元常態隨機變數

定義 15-1　二元常態隨機變數

若 X、Y 分別是隨機變數, $-\infty \leq X \leq \infty$, $-\infty \leq Y \leq \infty$, 且 X、Y 的**聯合機率密度函數**如下:

$$f(X,Y)=\frac{1}{2\pi\sigma_X\sigma_Y\sqrt{1-\rho^2}}e^{-\frac{1}{2}\left(\frac{1}{1-\rho^2}\right)\left[\left(\frac{X-\mu_X}{\sigma_X}\right)^2-2\rho\left(\frac{X-\mu_X}{\sigma_X}\right)\left(\frac{Y-\mu_Y}{\sigma_Y}\right)+\left(\frac{Y-\mu_Y}{\sigma_Y}\right)^2\right]} \quad (15-1)$$

則稱 X、Y 之聯合機率分配為**二元常態分配**(Bivariate Normal Distribution)，X、Y 為二元常態隨機變數 (Bivariate Normal Random Variables)。此時：

$$X \sim N(\mu_X,\sigma_X^2), \quad Y \sim N(\mu_Y,\sigma_Y^2)$$

μ_X,σ_X: X 的平均數及標準差

μ_Y,σ_Y: Y 的平均數及標準差

ρ: X,Y 的相關係數，且 $\rho = \dfrac{\sigma_{XY}}{\sigma_X\sigma_Y}$, $\quad -1 \le \rho \le 1$

（ σ_{XY} 是 X、Y 的共變異數）

在本書的第四章，我們曾強調如果 X、Y 兩隨機變數彼此獨立，則它們的共變異數 (σ_{XY}) 或相關係數 (ρ_{XY}) 分別都是 "0"，而如果 $\sigma_{XY} = 0$ （或 $\rho_{XY} = 0$），X、Y 兩隨機變數不一定獨立。但是，當 X、Y 是二元常態隨機變數，且其相關係數 $\rho = 0$ 時，從上式 (15-1) 我們發現：

$$f(X,Y)=\frac{1}{2\pi\sigma_X\sigma_Y}e^{-\frac{1}{2}\left[\left(\frac{X-\mu_X}{\sigma_X}\right)^2+\left(\frac{Y-\mu_Y}{\sigma_Y}\right)^2\right]}$$

$$=\frac{1}{\sigma_X\sqrt{2\pi}}e^{-\frac{1}{2}\left(\frac{X-\mu_X}{\sigma_X}\right)^2} \cdot \frac{1}{\sigma_Y\sqrt{2\pi}}e^{-\frac{1}{2}\left(\frac{Y-\mu_Y}{\sigma_Y}\right)^2}$$

$$=f(X) \cdot f(Y) \quad (15-2)$$

因此，就 X、Y 二元常態隨機變數而言，如果它們彼此獨立，則其相關係數必為 "0"。而其相關係數若為 "0"，它們彼此必獨立。另外，從式 (15-1)，數理統計學上可以證明 X、Y 若為二元常態隨機變數，則 Y 的**條件平均數**及**條件變異數**分別為：

$$E(Y|X) = \mu_{Y|X} = \mu_Y + \frac{\rho\sigma_Y}{\sigma_X}(X - \mu_X) \quad (15-3)$$

$$V(Y|X) = \sigma_{Y|X}^2 = (1 - \rho^2)\sigma_Y^2 \qquad\qquad (15\text{--}4)$$

當我們遇到計算有關隨機變數 Y 之機率的問題時，如果我們知道 Y 與另一隨機變數 X 是二元常態隨機變數，且知它們的相關係數數值時，我們可以利用式 (15–3) 與式 (15–4)，對有關 Y 隨機變數的機率加以修正。茲以下面的例子說明之。

【例 15–1】

設若我們知道本學年度大學聯考考生英文成績 (Y) 呈常態分配，平均數 (μ_Y) 是 50 分，標準差 (σ_Y) 是 5 分。試問：

(a)若隨機抽一名考生，其英文成績高於 65 分的機率多大？

(b)又若知考生的英文成績 (Y) 及數學成績 (X) 是二元常態分配，而 $\mu_X = 40$, $\sigma_X = 8$, 且 $\rho_{XY} = 0.6$。今若隨機抽一名考生，已知其數學成績是 72 分，試問其英文成績高於 65 分的機率多大？

【解】

(a) $\because$ $Y \sim N(50, 5^2)$

$\therefore$ $P_r(Y \geq 65) = P_r\left(\dfrac{Y - \mu_Y}{\sigma_Y} \geq \dfrac{65 - 50}{5}\right)$

$\qquad\qquad\quad = P_r(Z \geq 3)$

$\qquad\qquad\quad = 0.0015$

(b) $\because$ $X \sim N(40, 8^2)$, $Y \sim N(50, 5^2)$

X、Y 是二元常態分配，$\rho = 0.6$, $X = 72$

$\therefore$ $\mu_{Y|X} = \mu_Y + \dfrac{\rho\sigma_Y}{\sigma_X}(X - \mu_X)$

$\qquad\quad = 50 + \dfrac{(0.6)(5)}{8}(72 - 40)$

$\qquad\quad = 62$

$$\sigma_{Y|X}^2 = (1 - \rho^2)\sigma_Y^2 = (1 - 0.6^2)(5^2)$$

$$= 4^2$$

當 $X = 72$ 時, $Y \sim N(62, 4^2)$

$$\therefore \quad P_r(Y \geq 65 | X = 72)$$

$$= P_r\left(\frac{Y - \mu_{Y|X}}{\sigma_{Y|X}} \geq \frac{65 - 62}{4} \right)$$

$$= P_r(Z \geq 0.75)$$

$$= 0.2266$$

二、二元常態隨機變數相關係數 (ρ) 的估計及假設檢定

前曾介紹母體相關係數 ρ_{XY} （簡寫為 ρ）可用來測度 X、Y 二元常態隨機變數共同變化的方向及共同變化的密切程度，但其數值（一般而言）未知。因此，我們從母體隨機抽出 n 個樣本，定義**樣本相關係數**為：

定義 15-2 樣本相關係數

從 X、Y 二元常態隨機變數之母體中，以簡單隨機抽樣法抽出 n 個樣本，並令 (X_i, Y_i) 為抽出之第 i 個樣本，則**樣本相關係數** (Sample Correlation Coefficient) r_{XY} 為：

$$r_{XY} = \frac{s_{XY}}{s_X \cdot s_Y}$$

$$= \frac{\sum\limits_{i=1}^{n} (X_i - \overline{X})(Y_i - \overline{Y})}{\sqrt{\sum\limits_{i=1}^{n} (X_i - \overline{X})^2} \sqrt{\sum\limits_{i=1}^{n} (Y_i - \overline{Y})^2}} \qquad (15\text{-}5)$$

此處，

$$
\begin{cases}
s_{XY} = \dfrac{1}{n-1} \sum_{i=1}^{n} (X_i - \overline{X})(Y_i - \overline{Y}) \\[3mm]
s_X = \sqrt{s_X^2} = \sqrt{\dfrac{1}{n-1} \sum_{i=1}^{n} (X_i - \overline{X})^2} \\[3mm]
s_Y = \sqrt{s_Y^2} = \sqrt{\dfrac{1}{n-1} \sum_{i=1}^{n} (Y_i - \overline{Y})^2}
\end{cases}
$$

r_{XY} 也稱為**皮爾森相關係數**（Pearson's Product—Moment Correlation Coefficient）。

並以樣本相關係數 r_{XY}（簡寫為 r）當做母體相關係數 ρ 的**估計式**或**檢定統計量**。但如果我們要以樣本相關係數 r 對母體相關係數 ρ 進行區間估計或假設檢定時，我們必須先知道**樣本相關係數 r 的抽樣分配**。

當我們從相關係數 $\rho = 0$ 的母體，以簡單隨機抽樣 (SRS) 的方法抽 n 個樣本時，樣本相關係數 r 的平均數為 0，且呈以 0 為中心的對稱分配。而統計量 $\dfrac{r}{\sqrt{\dfrac{1-r^2}{n-2}}}$，則是呈自由度為 $n-2$ 的 t 分配，即

$$
\frac{r}{\sqrt{\dfrac{1-r^2}{n-2}}} \sim t_{n-2} \tag{15-6}
$$

但是，當我們從相關係數 $\rho \neq 0$ $(\rho = \rho_0 \neq 0)$ 的母體抽樣時，樣本相關係數 r 的平均數不再為 0，且不再呈對稱分配。不過，只要我們將樣本相關係數經過如下的**數學轉換** (Mathematical Transformation)：

$$
r \longrightarrow Z_r = \frac{1}{2} \ln \frac{1+r}{1-r} \tag{15-7}
$$

統計學家費雪兒 (R. A. Fisher) 證明得到 Z_r 接近於常態分配，其平均數、變異數為：

$$\begin{cases} E(Z_r) = \mu_{Z_r} = Z_\rho = \dfrac{1}{2} \ln \dfrac{1+\rho}{1-\rho} \\[2mm] V(Z_r) = \sigma^2_{Z_r} = \dfrac{1}{n-3} \\[2mm] n \text{ 為樣本數，且 } n > 25 \end{cases} \tag{15-8}$$

即　$Z_r \sim N\left(Z_\rho, \dfrac{1}{n-3}\right)$

因此，當我們利用樣本資料所得到的樣本相關係數 (r)，對 X、Y 二元常態隨機變數之相關係數 (ρ) 進行**統計推論**的工作時，可以分成下面三種情況：

⑴**母體相關係數**(ρ)**值未知，以樣本相關係數**(r)**進行估計。**而若要以 r 對 ρ 進行區間估計，則有下面的步驟：

⒜先將樣本相關係數 (r)，以費雪兒的數學轉換法 (式 15–7) 轉換成 Z_r。

⒝在 $n > 25$ 情況下，由於 $Z_r \sim N\left(Z_\rho, \dfrac{1}{n-3}\right)$

所以，

$$\dfrac{Z_r - Z_\rho}{\sqrt{\dfrac{1}{n-3}}} \sim N(0,1) \tag{15-9}$$

由式 (15–9)，我們可以導出 $\boldsymbol{Z}_\rho$ 在某一信任水準（例如 $1 - \alpha = 0.95$）的**信任區間**為：

$$Z_r - 1.96\sqrt{\dfrac{1}{n-3}} \le Z_\rho \le Z_r + 1.96\sqrt{\dfrac{1}{n-3}} \tag{15-10}$$

⒞再把式 (15–10)Z_ρ 的信任區間，透過費雪兒的數學轉換，以得到 ρ 的信任區間。

【例15-2】

若隨機觀察本年大學聯考的 103 名考生, 得到他們英文 (X)、數學 (Y) 成績的相關係數是 0.7, 試據此資料對本年大學聯考全體考生英數成績的相關係數估計。（信任水準 0.95）

【解】

設若 X、Y 是二元常態隨機變數, 且根據題意:

$$n = 103, \quad r = 0.7$$

$$\therefore Z_r = \frac{1}{2} \ln \frac{1+r}{1-r} = \frac{1}{2} \ln \frac{1+0.7}{1-0.7} = 0.8673$$

因此, Z_ρ 的信任區間（信任水準為 0.95）是:

$$0.8673 \pm 1.96 \sqrt{\frac{1}{103-3}}$$

即　　　$0.6713 \le Z_\rho \le 1.0633$

又　　$\because \frac{1}{2} \ln \frac{1+\rho}{1-\rho} = 0.6713, \ \frac{1}{2} \ln \frac{1+\rho}{1-\rho} = 1.0633$

解之, 得:

$$\rho \ 的 \begin{cases} 下界為 0.5858 \\ 上界為 0.7868 \end{cases}$$

$\therefore$ 本年大學聯考全體考生英數成績的相關係數 ρ 的信任區間（信任水準 0.95）是:

$$0.5858 \le \rho \le 0.7868$$

事實上, 由 r（或 ρ）值求算其對應的 Z_r（或 Z_ρ）值, 或者反過來, 要由 Z_r（或 Z_ρ）值求算其對應的 r（或 ρ）值, 都可利用附錄表 (13) [Z_r（或 Z_ρ）與 r（或 ρ）的關聯表] 獲得。就像本例中, 從 $0.6713 \le Z_\rho \le 1.0633$, 查附錄表 (13), 可得其對應的 ρ 值大約是:

$$0.5850 \le \rho \le 0.7857$$

(2)**母體相關係數** $\rho = 0$ **的假設檢定**：對於 $H_0: \rho = 0$, $H_1: \rho \neq 0$ 一組假設的檢定，我們選擇樣本相關係數 (r) 當做檢定統計量。而在虛無假設 $(H_0: \rho = 0)$ 為真的情況下，由於

$$\frac{r}{\sqrt{\dfrac{1 - r^2}{n - 2}}} \sim t_{n-2}$$

因此，可用 t 分配去檢定母體相關係數是否為 "0"。

【例 15-3】

若已知 T 大學學生的身高 (X) 與體重 (Y) 是呈二元常態分配，今若從 T 大學隨機觀察 20 位學生，得其身高與體重的相關係數是 0.7。試利用此資料檢定「T 大學學生身高與體重之相關係數是 "0"」的說法。（顯著水準 0.05）

【解】

根據題意，「假設檢定」的步驟如下：

①建立假設：

$$\begin{cases} H_0: & \rho = 0 \\ H_1: & \rho \neq 0 \end{cases}$$

②選擇樣本相關係數 r 為檢定統計量。

且在 H_0 為真時，

$$\frac{r}{\sqrt{\dfrac{1 - r^2}{n - 2}}} \sim t_{n-2}$$

③建立決策規則如下：

$$若 \quad -t_{0.025, n-2} \leq t_0 = \frac{r_0}{\sqrt{\dfrac{1 - r_0^2}{n - 2}}} \leq t_{0.025, n-2} \longrightarrow A_0$$

而若　　$t_0 > t_{0.025,n-2}$　　或　　$t_0 < -t_{0.025,n-2} \longrightarrow A_1$

④計算得到:

$$t_0 = \frac{0.7}{\sqrt{\dfrac{1 - 0.7^2}{20 - 2}}} = 4.159$$

查表得:

$$t_{0.025,20-2} = 2.101$$

⑤　　$\because t_0 > t_{0.025,n-2}$, $\therefore$ 採 A_1, 亦即

根據樣本資料, 在 0.05 顯著水準時, 「T大學學生身高與體重之相關係數是 "0"」的說法被拒絕。

(3)**母體相關係數 $\rho = \rho_0 (\neq 0)$ 的假設檢定**: 對於 $H_0: \rho = \rho_0$, $H_1: \rho \neq \rho_0$ 一組假設的檢定, 我們還是選擇樣本相關係數 (r) 當做檢定統計量。不過先要將 r 轉換成 Z_r, 而在虛無假設為真 (樣本數 $n > 25$) 的情況下, 因為:

$$Z_r \sim N\left(Z_{\rho_0}, \frac{1}{n-3}\right)$$

所以, 我們可利用常態分配檢定 $\rho = \rho_0 (\neq 0)$ 的假設。

【例 15–4】

寶島國小校長宣稱: 「本校一年級學生零嘴支出 (X) 與家庭所得 (Y) 兩者之間的相關係數是 -0.5」。今若為檢定校長的宣稱, 而從該國小一年級學生中隨機抽 28 名學生, 得到其零嘴支出與家庭所得的相關係數是 -0.2, 試問該校長的宣稱在顯著水準是 0.05 時要被接受嗎?

(已知 X、Y 是**二元常態隨機變數**)

【解】

根據題意, 假設檢定的步驟如下:

①建立假設:

$$\begin{cases} H_0 : \rho = -0.5 \\ H_1 : \rho \neq -0.5 \end{cases}$$

②選擇樣本相關係數 r 為檢定統計量, 且將 r 轉換成:

$$Z_r = \frac{1}{2} \ln \frac{1+r}{1-r}$$

而當 $H_0 : \rho = \rho_0 (= -0.5)$ 為真（且樣本數 $n > 25$）時,

$$Z_r \overset{.}{\sim} N\left(Z_{\rho_0}, \frac{1}{n-3}\right)$$

③建立決策規則如下（顯著水準為 0.05）:

若

$$-1.96 \leq \frac{Z_{r_0} - Z_{\rho_0}}{\sqrt{\dfrac{1}{n-3}}} \leq 1.96 \longrightarrow A_0$$

而若

$$\left.\begin{array}{l} \dfrac{Z_{r_0} - Z_{\rho_0}}{\sqrt{\dfrac{1}{n-3}}} > 1.96 \quad \text{或} \\[4mm] \dfrac{Z_{r_0} - Z_{\rho_0}}{\sqrt{\dfrac{1}{n-3}}} < -1.96 \end{array}\right\} \longrightarrow A_1$$

④計算得到:

$$Z_{r_0} = \frac{1}{2} \ln \frac{1+r_0}{1-r_0} = \frac{1}{2} \ln \frac{1+0.2}{1-0.2} = 0.2027$$

$$Z_{\rho_0} = \frac{1}{2} \ln \frac{1+\rho_0}{1-\rho_0} = \frac{1}{2} \ln \frac{1+(-0.5)}{1-(-0.5)} = -0.5493$$

$$\left[\text{若查附錄表（13）, 可得} \begin{cases} r_0 = 0.2 \text{ 時, 對應之 } Z_{r_0} \doteq 0.2028 \\ \rho_0 = -0.5 \text{ 時, 對應之 } Z_{\rho_0} \doteq -0.55 \end{cases} \right]$$

⑤

$$\therefore \frac{Z_{r_0} - Z_{\rho_0}}{\sqrt{\dfrac{1}{n-3}}} = \frac{0.2027 - (-0.5493)}{\sqrt{\dfrac{1}{28-3}}} = 3.76 > 1.96$$

∴採 A_1 的決策，即「一年級學生零嘴支出 (X) 與家庭所得 (Y) 兩者之間的相關係數是 -0.5」的宣稱，在顯著水準是 0.05 時要被拒絕。

第三節　相關分析與簡單直線型迴歸分析

　　理論上或者直觀上，如果已知道 X, Y 兩變數的因果關係（例如：家庭所得 (X) 對家庭消費支出 (Y) 有所影響（家庭所得對家庭消費支出理論上有正向的影響），學生用功時間的長短 (X) 對其學業成績 (Y) 直觀上有正向的影響），那麼我們如何去測度這種因果關係（X 對 Y 的正向影響）的密切程度有多高呢？這樣的問題，換個方式而言，就如同在簡單直線型迴歸模型中：

$$Y = \alpha + \beta X + \varepsilon \tag{15-11}$$

$$\begin{cases} X是預先選定的變數 \\ Y是隨機變數 \\ \varepsilon_i \sim N(0, \sigma^2), \ i = 1, \ 2, \ \cdots, n \\ \varepsilon_i, \ \varepsilon_{i'}彼此獨立, \ i \neq i' \end{cases}$$

X 對 Y 有直線型影響，但我們如何去測度 X 對 Y 之直線型影響的密切程度呢？基本上，母體判定係數(Population Coefficient of Determination, $\mathbb{R}^2$) 就是測度自變數 X 對應變數 Y 的直線型影響之密切程度的統計測定數。

一、母體判定係數

　　本書第十三章所介紹的簡單直線型迴歸模型（如式 (15–11)）中，就第 i 個小母體之第 j 個個體 Y_{ij} 而言，其與整個大母體 Y 之平均值（以 μ_Y 表示之）之差值，可做如下的分解：

$$Y_{ij} - \mu_Y = (Y_{ij} - \mu_{Y|X_i}) + (\mu_{Y|X_i} - \mu_Y) \qquad (15\text{--}12)$$

式 (15–12) 中，$(Y_{ij} - \mu_Y)$ 稱為**總差值**，可由 Y_{ij} 與 $\mu_{Y|X_i}$ 的差值及 $\mu_{Y|X_i}$ 與 μ_Y 的差值合成，這種情況正如圖 15–1 所示。

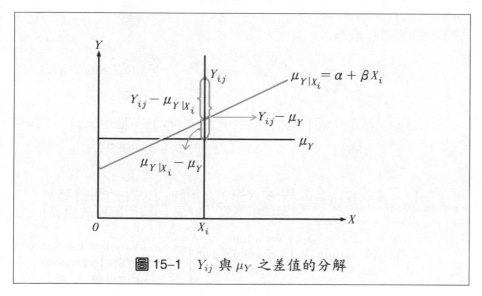

圖 15–1　Y_{ij} 與 μ_Y 之差值的分解

　　$\mu_{Y|X_i}$ 與 μ_Y 之所以有差值存在，是因為 X 對 Y 的直線型影響而產生的，因此，$(\mu_{Y|X_i} - \mu_Y)$ 稱為**迴歸差值** (Deviation due to Regression)。而第 i 個小母體之下，Y_{ij} 與該小母體 Y 之平均值 $(\mu_{Y|X_i})$ 之間的差值，並不是 X 對 Y 的直線型影響所能解釋的（是隨機性的），所以，$(Y_{ij} - \mu_{Y|X_i})$ 稱為**誤差值**(Deviation due to Error) 或**未被解釋的差值** (Deviation Unexplained)。其次，如果我們對式 (15–12) 的左右兩端分別平方，可得：

$$(Y_{ij} - \mu_Y)^2 = (Y_{ij} - \mu_{Y|X_i})^2 + (\mu_{Y|X_i} - \mu_Y)^2$$

$$+ 2(Y_{ij} - \mu_{Y|X_i})(\mu_{Y|X_i} - \mu_Y) \quad (15\text{-}13)$$

針對每一小母體之下的每一個體, 我們都求式 (15-13), 最後全部加總, 可得:

$$\sum_{i=1}^{n} \sum_{j=1}^{N_i} (Y_{ij} - \mu_Y)^2 = \sum_{i=1}^{n} \sum_{j=1}^{N_i} (Y_{ij} - \mu_{Y|X_i})^2 + \sum_{i=1}^{n} \sum_{j=1}^{N_i} (\mu_{Y|X_i} - \mu_Y)^2$$

$$+ 2 \sum_{i=1}^{n} \sum_{j=1}^{N_i} (Y_{ij} - \mu_{Y|X_i})(\mu_{Y|X_i} - \mu_Y) \quad (15\text{-}14)$$

但 ∵ $\displaystyle\sum_{i=1}^{n} \sum_{j=1}^{N_i} (Y_{ij} - \mu_{Y|X_i})(\mu_{Y|X_i} - \mu_Y) = 0$

∴ 式 (15-14) 成為:

$$\sum_{i=1}^{n} \sum_{j=1}^{N_i} (Y_{ij} - \mu_Y)^2 = \sum_{i=1}^{n} \sum_{j=1}^{N_i} (Y_{ij} - \mu_{Y|X_i})^2 + \sum_{i=1}^{n} \sum_{j=1}^{N_i} (\mu_{Y|X_i} - \mu_Y)^2 \quad (15\text{-}15)$$

[總差值平方和] = [誤差值平方和] + [迴歸差值平方和]

(SST)　　　　　　(SSE)　　　　　　(SSR)

$$[Y \text{ 的總變異}] = \begin{bmatrix} \text{未被 } X \text{ 對 } Y \text{ 之迴歸} \\ \text{影響所解釋的變異} \end{bmatrix} + \begin{bmatrix} X \text{ 對 } Y \text{ 的迴歸影} \\ \text{響所解釋的變異} \end{bmatrix}$$

$$\begin{pmatrix} \text{Total Variation} \\ \text{of } Y \end{pmatrix} \quad \begin{pmatrix} \text{Variation} \\ \text{Unexplained or} \\ \text{Variation due} \\ \text{to Error} \end{pmatrix} \quad \begin{pmatrix} \text{Variation Explained} \\ \text{by the Regression} \\ \text{Effect of } X \text{ on } Y \end{pmatrix}$$

而由式 (15-15), 我們定義母體判定係數如下:

定義 15-3　母體判定係數

在**簡單直線型迴歸模型** $Y = \alpha + \beta X + \varepsilon$ 中, Y 的「**總變異**」是由「**誤差項的變異**」以及「**X 對 Y 之直線型影響所解釋的變異**」兩者組成, 即

$$\sum_{i=1}^{n}\sum_{j=1}^{N_i}(Y_{ij}-\mu_Y)^2 = \sum_{i=1}^{n}\sum_{j=1}^{N_i}(Y_{ij}-\mu_{Y|X_i})^2 + \sum_{i=1}^{n}\sum_{j=1}^{N_i}(\mu_{Y|X_i}-\mu_Y)^2$$

而**母體判定係數**(R^2)就是指 Y 的「總變異」中，能由「X 對 Y 之直線型影響所解釋的變異」所占的比例，即

$$R^2 = \frac{\sum_{i=1}^{n}\sum_{j=1}^{N_i}(\mu_{Y|X_i}-\mu_Y)^2}{\sum_{i=1}^{n}\sum_{j=1}^{N_i}(Y-\mu_Y)^2}, \quad 0 \le R^2 \le 1 \tag{15-16}$$

從母體判定係數 (R^2) 的定義，我們知道 $R^2 = 1$ 表示每一小母體之下的每一個體都落在各該小母體之平均數 ($\mu_{Y|X_i}$) 上。而假如越多的個體，其值不落在該小母體之平均數上，則對應的 R^2 值將越小。因此，**母體判定係數 (R^2) 值越大（最大是 1），表示自變數 X 對應變數 Y 之直線型影響的密切程度越高**。再者，$R^2 = 0$ 表示式 (15-16) 的分子 [$\sum_{i=1}^{n}\sum_{j=1}^{N_i}(\mu_{Y|X_i}-\mu_Y)^2$] 為 "0"，此時，$\mu_{Y|X_i} = \mu_Y$ $(i = 1, 2, 3, \cdots, n)$，也就是不管 X 值如何，Y 的平均值都為一定值 (μ_Y)。事實上，這種情況就表示 X 對 Y 沒有直線型的影響。關於這一點，若從母體判定係數的定義式 (15-16) 去推導，我們可以得到如下的式子 (註1)：

$$R^2 = \frac{\sum_{i=1}^{n}\sum_{j=1}^{N_i}(\mu_{Y|X_i}-\mu_Y)^2}{\sum_{i=1}^{n}\sum_{j=1}^{N_i}(Y-\mu_Y)^2} = \frac{\beta^2\sum_{i=1}^{n}\sum_{j=1}^{N_i}(X-\mu_X)^2}{\sum_{i=1}^{n}\sum_{j=1}^{N_i}(Y-\mu_Y)^2} \tag{15-17}$$

從式 (15-17)，我們發現：

$$R^2 = 0 \iff \beta^2 = 0$$

但

$$\beta^2 = 0 \iff \beta = 0$$

然而，在簡單直線型迴歸模型 $Y = \alpha + \beta X + \varepsilon$ 中，"$\beta = 0$" 表示自變數 X 對應變數 Y 沒有直線型的影響。

母體判定係數 ($\mathbb{R}^2$) 除了可用以測度自變數 X 對應變數 Y 之直線型影響的密切程度外，事實上，它正是 X 與 Y 兩變數的母體相關係數的平方，即

$$\mathbb{R}^2 = \rho_{XY}^2 \quad (\text{註} 2)$$

換言之，**母體相關係數** (ρ_{XY}) 就是母體判定係數 ($\mathbb{R}^2$) 的平方根。而**母體判定係數** ($\mathbb{R}^2$) 雖然是**參數**，但它的**數值未知**，因此，我們選擇以**樣本判定係數**(Sample Coefficient of Determination, r^2)對它進行**統計推論**的工作。

二、母體判定係數 ($\mathbb{R}^2$) 的假設檢定

對於**母體判定係數** $\mathbb{R}^2$ 之虛無假設的檢定，基本上，就等於對 $\beta^2 = 0$ （或 $\beta = 0$）之假設的檢定，因此，我們可以採 β 的最小平方估計式 $\hat{\beta}$，當做 β 的檢定統計量，且以 t 分配進行檢定，此乃因為:

$$\frac{\hat{\beta} - \beta}{\sqrt{\dfrac{s_{Y|X}^2}{\sum x^2}}} \sim t_{n-2} \quad （參見第十三章） \tag{15-18}$$

除此之外，我們亦可以**樣本判定係數** (r^2) 當做檢定統計量。

由於母體迴歸直線 $\mu_{Y|X} = \alpha + \beta X$ 是參數（未知），我們利用樣本資料，以普通最小平方法配出樣本迴歸直線 $\hat{Y} = \hat{\alpha} + \hat{\beta} X$ 估計之。而就樣本資料言，第 i 個樣本的 Y 值與樣本平均數 $\overline{Y}$ 之間的差值，亦可做如下的分解:

$$Y_i - \overline{Y} = (Y_i - \hat{Y}_i) + (\hat{Y}_i - \overline{Y}) \tag{15-19}$$

或

$$y_i = e_i + \hat{y}_i$$

式 (15–19)，事實上就如圖 15–2所示。

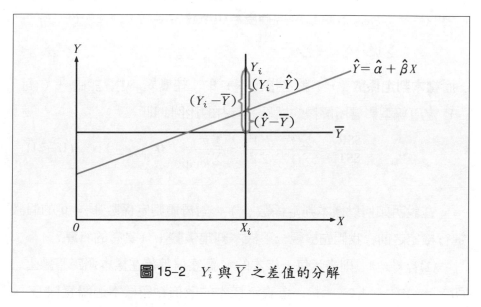

圖 15-2　Y_i 與 $\overline{Y}$ 之差值的分解

假若我們對樣本中的每一個體都求式 (15–19)，再經過平方，而後全部加總，則最後可得:

$$\sum_{i=1}^{n} (Y_i - \overline{Y})^2 = \sum_{i=1}^{n} (Y_i - \hat{Y}_i)^2 + \sum_{i=1}^{n} (\hat{Y}_i - \overline{Y})^2 \qquad (15-20)$$

或

$$\sum_{i=1}^{n} y_i^2 = \sum_{i=1}^{n} e_i^2 + \sum_{i=1}^{n} \hat{y}_i^2 \qquad (15-20)'$$

$$\begin{bmatrix} 樣本\ Y \\ 的總變異 \end{bmatrix} = \begin{bmatrix} 殘差項的 \\ 變\qquad 異 \end{bmatrix} + \begin{bmatrix} X\ 對\ Y\ 的迴歸影 \\ 響所解釋的變異 \end{bmatrix}$$

$$\text{(SST)} \qquad\qquad \text{(SSE)} \qquad\qquad \text{(SSR)}$$

而由式 (15–20)定義樣本判定係數如下:

定義 15-4　樣本判定係數

在**簡單直線型迴歸分析**中，$\hat{Y} = \hat{\alpha} + \hat{\beta}X$ 是母體迴歸直線 $\mu_{Y|X} = \alpha + \beta X$ 的普通最小平方估計式，而樣本 Y 的「**總變異**」是由「**殘差項的變異**」及「**X 對 Y 的迴歸影響所解釋的變異**」兩者組成，即

$$\sum y^2 = \sum e^2 + \sum \hat{y}^2$$

而**樣本判定係數**（r^2）就是指樣本 Y 的「總變異」中，能由「X 對 Y 之直線型影響所解釋的變異」所占的比例，即

$$r^2 = \frac{\text{SSR}}{\text{SST}} = \frac{\sum(\hat{Y} - \overline{Y})^2}{\sum(Y - \bar{Y})^2} = \frac{\sum \hat{y}^2}{\sum y^2}, \qquad 0 \le r^2 \le 1 \qquad (15\text{--}21)$$

在說明如何以樣本判定係數 (r^2)，對母體判定係數 $\mathbb{R}^2 = 0$ 的假設進行檢定之前，我們先檢視一下**樣本判定係數** (r^2) 具有的**特點**：

(1)若 $r^2 = 1$，則表示每一樣本的 Y 觀察值都落在樣本迴歸直線上，即 $Y_i = \hat{Y}_i(i = 1, 2, \cdots, n)$，這表示樣本的散佈點與樣本迴歸直線 $(\hat{Y} = \hat{\alpha} + \hat{\beta}X)$ 完全密合。而若 $r^2 = 0$，則式 (15–21)的分子為 "0"，此種情況表示 $\hat{Y}_i = \overline{Y}(i = 1, 2, \cdots, n)$，即樣本迴歸直線為一水平線 $(\overline{Y})$。

(2)**樣本判定係數可用來測度 X 和 Y 兩變數**（就樣本資料言）**共同變化的密切程度**。此乃因為：

$$r^2 = \frac{\sum \hat{y}^2}{\sum y^2} = \frac{\sum(\hat{\beta}x)^2}{\sum y^2} = \frac{\hat{\beta}^2 \sum x^2}{\sum y^2}$$

$$= \frac{\left(\dfrac{\sum xy}{\sum x^2}\right)^2 \cdot \sum x^2}{\sum y^2}$$

$$= \frac{(\sum xy)^2}{\sum x^2 \sum y^2}$$

$$= \left(\frac{\sum xy}{\sqrt{\sum x^2}\sqrt{\sum y^2}}\right)^2 = r_{XY}^2 \qquad (15\text{--}22)$$

所以, 樣本判定係數正是 X 與 Y 兩變數之樣本相關係數 (r_{XY}) 的平方。

(3)樣本判定係數亦可用來測度**樣本散佈點**（即樣本觀察值 Y_i）與所配之**樣本迴歸直線** $(\hat{Y})$ **兩者間的密合程度**。茲說明如下：

$$\because r^2 = \frac{\sum \hat{y}^2}{\sum y^2} = \frac{\sum \hat{y}^2 \cdot \sum \hat{y}^2}{\sum y^2 \cdot \sum \hat{y}^2} = \frac{(\sum \hat{y}^2)^2}{\sum y^2 \cdot \sum \hat{y}^2}$$

而
$$\sum \hat{y}^2 = \sum \hat{y} \cdot \hat{y}$$
$$= \sum \hat{y}(y - e)$$
$$= \sum \hat{y}y - \sum \hat{y}e$$
$$= \sum \hat{y}y$$
$$(\because \sum \hat{y}e = \sum \hat{\beta}xe = \hat{\beta}\sum xe = 0)$$
$$= \sum y\hat{y}$$
$$\therefore r^2 = \frac{(\sum y\hat{y})^2}{\sum y^2 \cdot \sum \hat{y}^2}$$
$$= \left(\frac{\sum y\hat{y}}{\sqrt{\sum y^2}\sqrt{\sum \hat{y}^2}}\right)^2$$
$$= r^2_{Y\hat{Y}} \tag{15-23}$$

(4)從式 (15-22), 我們可以發現樣本相關係數 (r), 事實上就是樣本判定係數 (r^2) 的平方根, 而且

$$\because r^2 = \frac{\sum \hat{y}^2}{\sum y^2} = \frac{\sum (\hat{\beta}x)^2}{\sum y^2} = \frac{\hat{\beta}^2 \sum x^2}{\sum y^2} \tag{15-24}$$

$$= \hat{\beta}^2 \frac{s_X^2}{s_Y^2} \tag{15-24a}$$

$$\therefore r = \hat{\beta}\frac{s_X}{s_Y} \tag{15-24b}$$

因此, $r > 0 \Longleftrightarrow \hat{\beta} > 0$, $r < 0 \Longleftrightarrow \hat{\beta} < 0$。所以, **樣本相關係數的正值或負值**, 基本上就是顯示樣本資料 X 對 Y 的影響方向；而樣本判定係數

值的大小（ $0 \leq r^2 \leq 1$ ）就是樣本資料 X 對 Y 直線型影響密切程度之高低的指標。圖 15-3 即是 r^2 為 "1"、"0" 及「小於 1，但大於0」的三種情況。

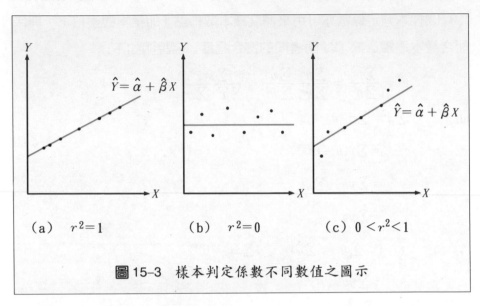

(a)　$r^2 = 1$　　　　(b)　$r^2 = 0$　　　　(c)　$0 < r^2 < 1$

圖 15-3　樣本判定係數不同數值之圖示

當我們要以樣本判定係數 (r^2) 對母體判定係數 $\mathbb{R}^2 = 0$ 的虛無假設檢定時，我們是以統計量 $\left(\dfrac{r^2}{\dfrac{1-r^2}{n-2}} \right)$ 採 F 分配去進行檢定。茲說明於下：

$$\frac{r^2}{\dfrac{1-r^2}{n-2}} = \frac{\sum \hat{y}^2 / \sum y^2}{\dfrac{1-(\dfrac{\sum \hat{y}^2}{\sum y^2})}{n-2}} = \frac{\sum \hat{y}^2}{\dfrac{\sum y^2 - \sum \hat{y}^2}{n-2}}$$

$$= \frac{\sum \hat{y}^2}{\dfrac{\sum e^2}{n-2}} = \frac{\hat{\beta}^2 \sum x^2}{\dfrac{\sum e^2}{n-2}}$$

$$= \frac{\hat{\beta}^2 \sum x^2}{s_{Y|X}^2} = \left(\frac{\hat{\beta}}{\sqrt{\dfrac{s_{Y|X}^2}{\sum x^2}}} \right)^2 \qquad (15-25)$$

而當　　$H_0 : \mathbb{R}^2 = 0$(即 $\beta = 0$) 為真時，

$$\therefore \frac{\hat{\beta}}{\sqrt{\dfrac{s_{Y|X}^2}{\sum x^2}}} \sim t_{n-2}$$

$$\therefore \left(\frac{\hat{\beta}}{\sqrt{\dfrac{s_{Y|X}^2}{\sum x^2}}} \right)^2 \sim F_{1,n-2} \tag{15-25a}$$

因此，　　$H_0 : \mathbb{R}^2 = 0$ 為真時，

$$\frac{r^2}{\dfrac{1 - r^2}{n - 2}} \sim F_{1,n-2} \tag{15-25b}$$

對於母體判定係數 $\mathbb{R}^2 = 0$ 的假設，我們既可以 $\hat{\beta}$ 當檢定統計量，採 t 分配進行檢定，亦可以 r^2 當檢定統計量，採 F 分配去檢定。不過前者是採兩端檢定，後者則是右端檢定。然而，如果我們以 r^2 進行檢定，則根據樣本資料計算樣本判定係數的觀察值時，可利用 r^2 的定義式（式（15-21）），或用式（15-24），亦可用下面式 (15-26) 計算之。

$$r^2 = \frac{\sum (\hat{Y} - \overline{Y})^2}{\sum (Y - \overline{Y})^2} = \frac{\sum \hat{Y}^2 - n\overline{Y}^2}{\sum Y^2 - n\overline{Y}^2}$$

$$= \frac{\hat{\alpha} \sum Y + \hat{\beta} \sum XY - n\overline{Y}^2}{\sum Y^2 - n\overline{Y}^2} \tag{15-26}$$

【例 15-5】

設若據 27 個樣本家庭資料對下面的母體迴歸模型：

　　$Y = \alpha + \beta X + \varepsilon$

　　Y：家庭消費支出

　　X：家庭所得

　　ε：干擾項

以普通最小平方法 (OLS) 配出之樣本迴歸線為：

$$\hat{Y} = 20 + 0.8X, \qquad r^2 = 0.8$$

試問家庭所得 (X) 與家庭消費支出 (Y) 的母體相關係數為 "0" 嗎？（顯著水準為 0.05）

【解】

依題意，即是要檢定 ρ_{XY} 是否等於 "0"，而 $\because \rho_{XY}^2 = \mathbb{R}^2$，$\therefore$ 本題即是要檢定母體判定係數 $\mathbb{R}^2$ 是否等於 "0"。因此，檢定步驟如下：

① 建立假設：

$$\begin{cases} H_0 : \mathbb{R}^2 = 0 \\ H_1 : \mathbb{R}^2 \neq 0 \end{cases}$$

② 選擇樣本判定係數 r^2 為檢定統計量。且在 H_0 為真時，

$$\frac{r^2}{\frac{1-r^2}{n-2}} \sim F_{1, n-2}$$

③ 建立決策規則如下：

若

$$F_0 = \frac{r_0^2}{\frac{1-r_0^2}{n-2}} \leq F_{0.05; 1, n-2} \longrightarrow A_0$$

而若

$$F_0 > F_{0.05; 1, n-2} \longrightarrow A_1$$

④ 計算得到：

$$F_0 = \frac{r_0^2}{\frac{1-r_0^2}{n-2}} = \frac{0.80}{\frac{1-0.80}{27-2}} = 100$$

查表得：

$$F_{0.05; 1, 27-2} = 4.24$$

⑤ $\because F_0 > F_{0.05; 1, n-2}$，$\therefore$ 採 A_1，亦即根據樣本資料，在 0.05 顯著水

準時，家庭所得與家庭消費支出之母體判定係數為 "0" 的說法被拒絕。

【例 15-6】

為探討公司研究發展支出 (X) 對公司利潤 (Y) 如何影響而建立如下的分析模型

$$Y = \alpha + \beta X + \varepsilon \qquad \varepsilon: \text{干擾項}$$

今若隨機觀察 102 家公司而有下面的資料：

$$\sum x^2 = 25 \qquad \overline{X} = 100$$

$$\sum y^2 = 100 \qquad \overline{Y} = 1160$$

設若已知 α 的最小平方估計值為 1000，試問：

(1)寫出利用上述資料所配之樣本迴歸線。

(2)102 家樣本公司之散佈點與所配之樣本迴歸線之密合度多高？

(3)公司研究發展支出越高，公司的利潤越高嗎？（顯著水準為 0.05）

【解】

(1)$\because \hat{\alpha} = \overline{Y} - \hat{\beta}\overline{X} = 1000$

$\therefore \hat{\beta}\overline{X} = \overline{Y} - 1000 = 1160 - 1000 = 160$

$\therefore \hat{\beta} = \dfrac{160}{\overline{X}} = \dfrac{160}{100} = 1.6$

因此，樣本迴歸線為：

$$\hat{Y} = 1000 + 1.6X$$

(2)從式 (15-24)

$$r^2 = \frac{\hat{\beta}^2 \sum x^2}{\sum y^2} = \frac{(1.6)^2(25)}{100} = 0.64$$

$\therefore$ 102 家樣本公司之散佈點與所配之樣本迴歸線之密合度為 0.64。

(3)依題意，即是要檢定 "$\beta > 0$" 的假設，$\therefore$ 檢定的步驟如下：

①建立假設：

$$\begin{cases} H_0 : \beta \leq 0 \\ H_1 : \beta > 0 \end{cases}$$

②選擇 $\hat{\beta}$ 當檢定統計量。且在 H_0 為真時，

$$\frac{\hat{\beta}}{\sqrt{\dfrac{s_{Y|X}^2}{\sum x^2}}} \sim t_{n-2}$$

③建立決策規則如下：

若

$$t_0 = \frac{\hat{\beta}_0}{\sqrt{\dfrac{s_{Y|X}^2}{\sum x^2}}} \leq t_{0.05, n-2} \longrightarrow A_0$$

而若

$$t_0 > t_{0.05, n-2} \longrightarrow A_1$$

④計算 t_0：

$$\because s_{Y|X}^2 = \frac{1}{n-2} \sum e^2 = \frac{1}{n-2} [\sum y^2 - \sum \hat{y}^2]$$

$$= \frac{1}{n-2} [\sum y^2 - \hat{\beta}^2 \sum x^2]$$

$$= \frac{1}{102 - 2} [100 - (1.6)^2 (25)]$$

$$= 0.36$$

$$\therefore t_0 = \frac{\hat{\beta}_0}{\sqrt{\dfrac{s_{Y|X}^2}{\sum x^2}}} = \frac{1.6}{\sqrt{\dfrac{0.36}{25}}} = 13.33$$

查表得　　$t_{0.05, 102-2} \doteq 1.662$

⑤$\because t_0 > t_{0.05, n-2}$　$\therefore$ 採 A_1，亦即根據樣本資料，在 0.05 顯著水準時，「公司研究發展支出越高，公司的利潤越高」的說法被接受。

從簡單迴歸分析或相關分析的結果，假如我們發現自變數 (X) 對應變數 (Y) 有直線型的影響（如例 15–6，得到的結論是接受 "$\beta > 0$" 的假設），或者發現母體判定係數為 "0" 的假設被拒絕（如例 15–5），此時，我們很可能想更進一步了解**自變數對應變數直線型影響的密切程度有多高**？或者說，我們也許想知道**母體判定係數**（或母體相關係數 ρ）**之值多大**？對於這樣的問題，我們可以採用前一節 (本章第二節) 所介紹的方法， 先將樣本相關係數 (r) 透過**費雪兒的數學轉換**成 Z_r，且知 $Z_r \sim N\left(Z_\rho, \dfrac{1}{n-3}\right)$， 再以 Z_r 求 Z_ρ 於某一信任水準（例如 0.95 ）時的信任區間，而後再轉換得到 ρ 的信任區間。

【例 15–7】

前例 15–6 中，試對公司研究發展支出 (X) 與公司利潤 (Y) 之相關係數進行區間估計（信任水準為 0.95 ）。

【解】

從例 15–6，得到樣本判定係數 $r^2 = 0.64$，且

$$\because \hat{\beta} = 1.6 > 0, \ \therefore r = 0.8$$

$$\therefore Z_r = \frac{1}{2} \ln \frac{1+r}{1-r} = 1.0986$$

$\therefore Z_\rho$ 的信任區間（信任水準為 0.95 ）是：

$$1.0986 \pm 1.96 \sqrt{\frac{1}{102 - 3}}$$

即 $\qquad 0.9016 \leq Z_\rho \leq 1.2956$

查附錄表（13），得 ρ 的信任區間約為：

$$0.7171 \leq \rho \leq 0.8606$$

第四節　多元迴歸分析與多元相關分析

本書第十四章曾介紹如何以多元迴歸分析方法，去探討兩個或兩個以上的「**獨立變數**」（**解釋變數**）對「**應變數**」（**被解釋變數**）的影響。然而，當我們要以樣本資料進行分析時，事實上，我們是基於下面的兩個大前提：

⑴被解釋變數 (Y) 的重要決定因素為 X 和 Z。

⑵獨立變數（X 或 Z）對應變數 (Y) 的平均影響分別都為直線型。

而後，我們才於第十四章建立了如下的分析模型：

$$\mu_{Y|X,Z} = \alpha + \beta X + \delta Z$$

或　　　　$$Y = \alpha + \beta X + \delta Z + \varepsilon \tag{15-27}$$

ε 是干擾項，且

$$\begin{cases} \varepsilon_i \sim N(0, \sigma^2), \ i = 1, 2, \cdots, n \\ \varepsilon_i, \varepsilon_{i'} 彼此獨立, \ i \neq i' \end{cases}$$

此時，如果我們進行多元迴歸分析之後，也想知道 X 與 Z 對 Y 之直線型影響的密切程度有多高，則哪一個統計測定數可以回答這樣的問題呢？ **母體多元判定係數** (Population Coefficient of Multiple Determination, $\mathbb{R}^2_{Y|X,Z}$) 就是具有這種功能的一個統計測定數。

一、母體多元判定係數

上式 (15-27) 的母體多元迴歸模型中，就第 i 個小母體的第 j 個個體 Y_{ij} 而言，其與整個大母體 Y 之平均值 (μ_Y) 之差值，可分解如下：

$$Y_{ij} - \mu_Y = (Y_{ij} - \mu_{Y|X,Z}) + (\mu_{Y|X,Z} - \mu_Y) \tag{15-28}$$

式（15-28）表示：Y_{ij} 與 μ_Y 之間的總差值是由 Y_{ij} 與母體迴歸平面 $(\mu_{Y|X,Z})$ 之間的差值和圖 15-4 $\mu_{Y|X,Z}$ 與 μ_Y 之間的差值構成。這種情況，事實上如圖 15–4 所示。

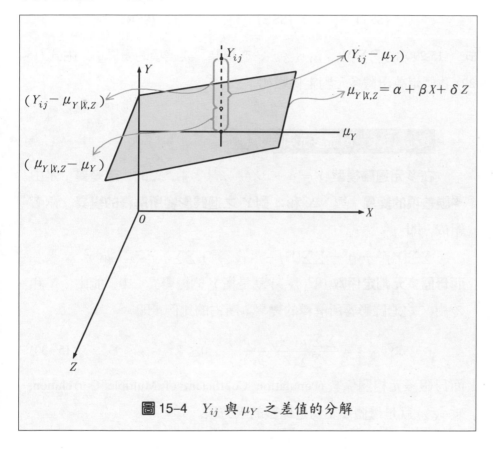

圖 15–4　Y_{ij} 與 μ_Y 之差值的分解

　　然而，$\mu_{Y|X,Z}$ 與 μ_Y 的差值是由 X 和 Z 對 Y 的直線型影響所解釋，但 Y_{ij} 與 $\mu_{Y|X,Z}$ 之間的差值則是隨機性的原因所產生，不能由 X 和 Z 對 Y 的直線型影響所解釋。如果我們將式 (15–28) 平方，而後求加總，最後我們可以得到類似簡單相關分析（本章第三節）之式 (15–15) 的數學式：

$$\sum\sum(Y_{ij}-\mu_Y)^2=\sum\sum(Y_{ij}-\mu_{Y|X,Z})^2+\sum\sum(\mu_{Y|X,Z}-\mu_Y)^2 \qquad (15-29)$$

$$[Y \text{ 的總變異}] = \begin{bmatrix} \text{未被 } X \text{ 和 } Z \text{ 對 } Y \text{ 之迴} \\ \text{歸影響所解釋的變異} \end{bmatrix} + \begin{bmatrix} X \text{ 和 } Z \text{ 對 } Y \text{ 之迴歸} \\ \text{影響所解釋的變異} \end{bmatrix}$$

$$\text{(SST)} \qquad\qquad \text{(SSE)} \qquad\qquad \text{(SSR)}$$

式（15-29）的 $\sum\sum(Y_{ij}-\mu_{Y|X,Z})^2$，亦稱為「誤差項的變異」。由式 (15-29) 我們定義母體多元判定係數如下：

定義 15–5　母體多元判定係數

在**多元迴歸模型** $Y = \alpha + \beta X + \delta Z + \varepsilon$ 中，Y 的「**總變異**」是由「**誤差項的變異**」與「**X 和 Z 對 Y 之迴歸影響所解釋的變異**」兩者組成，即

$$\sum\sum(Y_{ij} - \mu_Y)^2 = \sum\sum(Y_{ij} - \mu_{Y|X,Z})^2 + \sum\sum(\mu_{Y|X,Z} - \mu_Y)^2$$

而**母體多元判定係數** ($\mathbb{R}^2{}_{Y|X,Z}$) 就是指 Y 的總變異」中，能由「X 和 Z 對 Y 之迴歸影響所解釋的變異」所占的比例，即

$$\mathbb{R}^2{}_{Y|X,Z} = \frac{\sum\sum(\mu_{Y|X,Z} - \mu_Y)^2}{\sum\sum(Y - \mu_Y)^2}, \ 0 \le \mathbb{R}^2{}_{Y|X,Z} \le 1 \qquad (15-30)$$

而母體多元相關係數 (Population Coefficient of Multiple Correlation, $\mathbb{R}_{Y|X,Z}$) 就是母體多元判定係數的平方根。

基本上，母體判定係數數值越接近 "1"，表示大母體中之個體 Y 值與母體迴歸平面的密合程度越高，亦即解釋變數 X 和 Z 對被解釋變數 Y 的直線型影響的密切程度越高。反之，$\mathbb{R}^2{}_{Y|X,Z}$ 的值越小（最小為 "0"），表示 X 和 Z 對 Y 的直線型影響的密切程度越低。而若 **X 和 Z 同時對 Y 沒有直線型的影響**（即 $\beta = \delta = 0$)，則

$$\mu_{Y|X.Z} = \alpha + \beta X + \delta Z = \alpha \qquad\qquad (15{-}31)$$

且因為:

$$\mu_Y = \frac{1}{N} \sum_{i=1}^{n} \sum_{j=1}^{N_i} Y_{ij} = \frac{1}{N} \sum \sum (\alpha + \beta X + \delta Z + \varepsilon) \qquad (15{-}32)$$

$$N = \sum_{i=1}^{n} N_i$$

又因為多元母體迴歸模型（式 15–27）中，干擾項 (ε_i) 是以 0 為平均數的常態隨機變數，且 $\beta = \delta = 0$，因此，式 (15–32) 成為:

$$\mu_Y = \alpha \qquad\qquad (15{-}33)$$

於是式 (15–30) 的分子將為 "0"。所以，當 X 和 Z 同時對 Y 完全沒有直線型影響時，母體多元判定係數數值將為 "0"。正因為如此，所以我們於多元迴歸分析模型（式 15–27）中，對於「 X 和 Z 是否同時對 Y 無直線型影響」的假設檢定而言，基本上就等於「母體多元判定係數$\mathbb{R}^2{}_{Y|X.Z}$是否等於 "0"」的假設檢定。

母體多元判定係數 $(\mathbb{R}^2{}_{Y|X.Z})$ 是參數，但是，它的數值一般而言未知，因此，我們以樣本多元判定係數(Sample Coefficient of Multiple Determination, R^2) 對母體多元判定係數進行統計推論的工作。

二、母體多元判定係數$(\mathbb{R}^2{}_{Y|X.Z})$的假設檢定

多元迴歸模型中，對於 "$\beta = \delta = 0$" 的假設檢定，如果我們選擇 β 及 δ 的最小平方估計式 $\hat{\beta}$ 和 $\hat{\delta}$，以 t 分配去進行檢定，我們將遭遇統計學上的問題（註3）。而 "$\beta = \delta = 0$" 的假設，事實上就等於 "$\mathbb{R}^2{}_{Y|X,Z} = 0$" 的假設，因此，當我們不管要檢定 "$\beta = \delta = 0$" 的假設或要檢定 "$\mathbb{R}^2{}_{Y|X,Z} = 0$" 的假設，我們都選用樣本多元判定係數 (R^2) 做為檢定的統計量。

我們利用樣本資料，以普通最小平方法配出樣本迴歸平面 $\hat{Y} = \hat{\alpha} +$

$\hat{\beta}X + \hat{\delta}Z$ ，去估計母體迴歸平面 $\mu_{Y|X,Z} = \alpha + \beta X + \delta Z$ 時，就第 i 個樣本的 Y 值而言，它與樣本平均數 $\overline{Y}$ 之間的差值可做如下的分解：

$$Y_i - \overline{Y} = (Y_i - \hat{Y}_i) + (\hat{Y}_i - \overline{Y}) \tag{15-34}$$

或 $\qquad y_i = e_i + \hat{y}_i$

而式 (15-34) 事實上就如圖 15-5 所示。

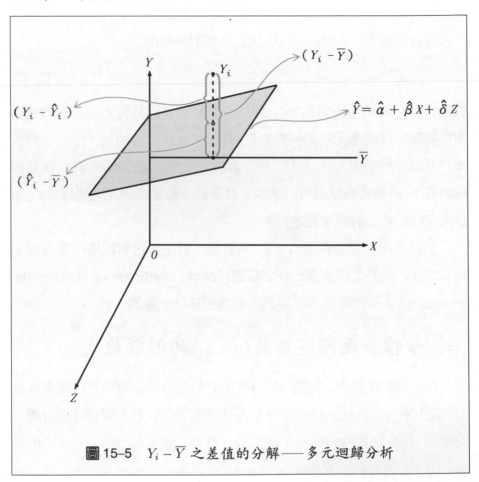

圖 15-5　$Y_i - \overline{Y}$ 之差值的分解——多元迴歸分析

如果我們將式 (15–34) 平方，而後求加總，最後可得到：

$$\sum_{i=1}^{n}(Y_i-\overline{Y})^2 = \sum_{i=1}^{n}(Y_i-\hat{Y})^2 + \sum_{i=1}^{n}(\hat{Y}-\overline{Y})^2 \qquad (15-35)$$

或　　　　$\sum_{i=1}^{n} y_i^2 \quad = \sum_{i=1}^{n} e_i^2 \quad + \sum_{i=1}^{n} \hat{y}_i^2$ 　　　　$(15-35)'$

$$\begin{bmatrix}樣本\ Y\ 的\\ 總變異\end{bmatrix} = \begin{bmatrix}殘差項的\\ 變　異\end{bmatrix} + \begin{bmatrix}X\ 和\ Z\ 對\ Y\ 的迴歸\\ 影響所解釋的變異\end{bmatrix}$$

　　　(SST)　　＝　　(SSE)　　＋　　　(SSR)

而我們由式 (15–35) 定義樣本多元判定係數如下：

定義 15–6　樣本多元判定係數

　　在**多元迴歸分析中**，$\hat{Y}=\hat{\alpha}+\hat{\beta}X+\hat{\delta}Z$ 是母體迴歸平面 $\mu_{Y|X,Z}=\alpha+\beta X+\delta Z$ 的普通最小平方估計式，而樣本 Y 的「**總變異**」是由「**殘差項的變異**」及「**X 和 Z 對 Y 的迴歸影響所解釋的變異**」兩者組成，即

$$\sum y^2 = \sum e^2 + \sum \hat{y}^2$$

而**樣本多元判定係數** (R^2) 就是指樣本 Y 的「總變異」中，能由「X 和 Z 對 Y 之直線型影響所解釋的變異」所占的比例，即

$$R^2 = \frac{\text{SSR}}{\text{SST}} = \frac{\sum(\hat{Y}-\overline{Y})^2}{\sum(Y-\overline{Y})^2} = \frac{\sum \hat{y}^2}{\sum y^2} \qquad (15-36)$$

$$0 \le R^2 \le 1$$

　　樣本多元判定係數 $R^2=1$，表示樣本的散佈點全都落在樣本迴歸平面上，也就是樣本的散佈點與最小平方法配出的樣本迴歸平面完全

密合。而若 R^2 值越接近 "0"，則表示樣本的散佈點與樣本迴歸平面的密合度越低。因此，正如同「相關分析與簡單直線型迴歸分析」(本章第三節) 中所介紹的樣本判定係數 (r^2) 一樣，樣本多元判定係數 (R^2) 數值的大小（0 到 1 之間），可用來測度樣本資料中 X 和 Z 對 Y 之直線型影響的密切程度。而**樣本多元相關係數**(Sample Coefficient of Multiple Correlation, R) 是指樣本多元判定係數開方取正值，因此，樣本多元相關係數亦可測度樣本資料 X 和 Z 對 Y 之直線型影響的密切程度。不過，一般而言，我們總是以 $\boldsymbol{R^2}$ （較少採用 R ）當做「**樣本散佈點和樣本迴歸平面密合度之高低**」或「**樣本資料X 和Z 對 Y 之直線型影響密切程度之高低**」的指標。

以樣本多元判定係數 (R^2) 對母體多元判定係數 $(\mathbb{R}^2{}_{Y|X,Z})$ 進行**假設檢定**時，我們所建立的虛無假設及對立假設為:

$$\begin{cases} H_0 : \mathbb{R}^2{}_{Y|X,Z} = 0 \\ H_1 : \mathbb{R}^2{}_{Y|X,Z} \neq 0 \end{cases}$$

上面的一組假設，基本上就是:

$$\begin{cases} H_0 : \beta = \delta = 0 \\ H_1 : H_0 \ 不真 \end{cases}$$

然而，就對立假設「 $H_1 : H_0$ 不真」而言，事實上就是指 β 和 δ 兩者之中，至少有一個不為 "0"，亦即 X 和 Z 兩個自變數當中，至少有一個自變數對 Y （應變數）有直線型的影響。而當虛無假設 (H_0) 為真時， 統計學上能夠證明樣本統計量 $\dfrac{\text{SSR}/(3-1)}{\text{SSE}/(n-3)}$ 是呈自由度為 $(3-1)$ 和 $(n-3)$ 的 F 分配。亦即

$$\frac{\text{SSR}/(3-1)}{\text{SSE}/(n-3)} \sim F_{(3-1),(n-3)} \tag{15-37}$$

或

$$\frac{R^2/(3-1)}{(1-R^2)/(n-3)} \sim F_{(3-1),(n-3)} \tag{15-37)'}$$

因此，對於 $\beta = \delta = 0$ （或 $\mathbb{R}^2{}_{Y|X.Z} = 0$）**的假設**，我們是以樣本多元判定係數($R^2$) 為**檢定統計量**，採 F **分配**進行檢定（右端檢定）。而計算樣本多元判定係數之觀察值時，我們除了可用 R^2 的**定義式**(式 (15–36))，也可用下面的**計算式**去計算：

$$R^2 = \frac{\sum(\hat{Y} - \overline{Y})^2}{\sum(Y - \overline{Y})^2} = \frac{\sum \hat{Y}^2 - n\overline{Y}^2}{\sum Y^2 - n\overline{Y}^2}$$

$$= \frac{\hat{\alpha}\sum Y + \hat{\beta}\sum XY + \hat{\delta}\sum ZY - n\overline{Y}^2}{\sum Y^2 - n\overline{Y}^2} \qquad (15-38)$$

或

$$R^2 = \frac{\sum \hat{y}^2}{\sum y^2} = \frac{\sum(\hat{\beta}x + \hat{\delta}z)^2}{\sum y^2}$$

$$= \frac{\sum(\hat{\beta}^2 x^2 + \hat{\delta}^2 z^2 + 2\hat{\beta}\hat{\delta}xz)}{\sum y^2}$$

$$= \frac{\hat{\beta}^2 \sum x^2 + \hat{\delta}^2 \sum z^2 + 2\hat{\beta}\hat{\delta}\sum xz}{\sum y^2} \qquad (15-39)$$

【例 15–8】

為探討製造業工人的工作經驗 (X) 及年齡 (Z) 對工人的所得 (Y) 如何的影響，因此建立如下的分析模型：

$$Y = \alpha + \beta X + \delta Z + \varepsilon, \quad \varepsilon: \text{干擾項}$$

今若隨機觀察 23 位工人，而有下面的資料：

$$\overline{X} = 10 \text{（單位：年）}, \quad \sum X^2 = 2340, \quad \sum XZ = 8075$$

$$\overline{Z} = 35 \text{（單位：年）}, \quad \sum Z^2 = 28225, \quad \sum XY = 115260$$

$$\overline{Y} = 500 \text{（單位：百元）}, \quad \sum Y^2 = 57523600, \quad \sum ZY = 402745$$

試答下面各題：

(1)請利用 23 位工人的資料，對上述模型估計。

(2)求算**樣本多元判定係數**。

(3)工人的工作經驗 (X) 及年齡 (Z) 同時對工人的所得 (Y) 沒有直線型
的影響嗎？（顯著水準為 5%）

【解】

(1)
$$\sum x^2 = \sum X^2 - n\overline{X}^2 = 2340 - (23)(10^2) = 40$$

$$\sum z^2 = \sum Z^2 - n\overline{Z}^2 = 28225 - (23)(35^2) = 50$$

$$\sum y^2 = \sum Y^2 - n\overline{Y}^2 = 57523600 - (23)(500^2) = 2360$$

$$\sum xz = \sum XZ - n\overline{X}\,\overline{Z} = 8075 - (23)(10)(35) = 25$$

$$\sum xy = \sum XY - n\overline{X}\,\overline{Y} = 115260 - (23)(10)(500) = 260$$

$$\sum zy = \sum ZY - n\overline{Z}\,\overline{Y} = 402745 - (23)(35)(500) = 245$$

$$\hat{\beta} = \frac{\sum z^2 \sum xy - \sum xz \sum zy}{\sum x^2 \sum z^2 - (\sum xz)^2} = \frac{(50)(260) - (25)(245)}{(40)(50) - 25^2} = 5$$

$$\hat{\delta} = \frac{\sum x^2 \sum zy - \sum xz \sum xy}{\sum x^2 \sum z^2 - (\sum xz)^2} = \frac{(40)(245) - (25)(260)}{(40)(50) - 25^2} = 2.4$$

$$\hat{\alpha} = \overline{Y} - \hat{\beta}\overline{X} - \hat{\delta}\overline{Z} = 500 - (5)(10) - 2.4(35) = 366$$

∴多元母體迴歸模型 $Y = \alpha + \beta X + \delta Z + \varepsilon$ 的最小平方估計式是：

$$\hat{Y} = 366 + 5X + 2.4Z$$

(2)樣本多元判定係數 (R^2) 可用式 (15–38) 或式 (15–39) 計算：

$$R^2 = \frac{\hat{\alpha}\sum Y + \hat{\beta}\sum XY + \hat{\delta}\sum ZY - n\overline{Y}^2}{\sum Y^2 - n\overline{Y}^2}$$

$$= \frac{(366)(11500) + (5)(115260) + (2.4)(402745) - (23)(500^2)}{57523600 - (23)(500^2)}$$

$$= 0.8$$

或

$$R^2 = \frac{\hat{\beta}^2 \sum x^2 + \hat{\delta}^2 \sum z^2 + 2\hat{\beta}\hat{\delta} \sum xz}{\sum y^2}$$

$$= \frac{(5^2)(40) + (2.4^2)(50) + 2(5)(2.4)(25)}{2360}$$

$$= 0.8$$

(3)檢定工人的工作經驗 (X) 及年齡 (Z)，是否同時對工人的所得 (Y) 沒有直線型的影響，步驟如下：

①建立假設：
$$\begin{cases} H_0: \beta = \delta = 0 \text{（或 } H_0: \mathbb{R}^2{}_{Y|X,Z} = 0\text{）} \\ H_1: H_0 \text{ 不真（或 } H_1: \mathbb{R}^2{}_{Y|X,Z} \neq 0\text{）} \end{cases}$$

②選擇樣本多元判定係數 (R^2) 為檢定統計量。而當 H_0 為真時，
$$\frac{R^2/(3-1)}{(1-R^2)/(n-3)} \sim F_{(3-1),(n-3)}$$

③建立決策規則如下：

　　若
$$F_0 \leq F_* = F_{0.05;(3-1),(n-3)} \longrightarrow A_0$$
$$F_0 > F_* \longrightarrow A_1$$
　　而　$F_0 = \dfrac{R_0^2/(3-1)}{(1-R_0^2)/(n-3)}$

　　（R_0^2 是根據樣本資料計算得到的樣本多元判定係數觀察值。）

④計算 F_0：
$$F_0 = \frac{0.8/(3-1)}{(1-0.8)/(23-3)} = 40$$

　　查附錄表（10），得：
$$F_{0.05;2,20} = 3.49 = F_*$$

⑤ $\because F_0 > F_*$，$\therefore$ 採 A_1 的決策，亦即根據樣本資料，在顯著水準為 0.05 時，工人工作經驗 (X) 和年齡 (Z) 同時對工人所得 (Y) 沒有直線型影響的假設被拒絕。

多元迴歸模型 $Y = \alpha + \beta X + \delta Z + \varepsilon$ 中，假如我們是以式 (15–37)，即

$$\frac{\text{SSR}/(3-1)}{\text{SSE}/(n-3)} \sim F_{(3-1),(n-3)}$$

去檢定 $\beta = \delta = 0$ 的假設，則基本上就和第十二章的變異數分析法類似。因此，我們可列成如表 15–1 的**變異數分析表**。

表 15–1 多元迴歸模型 $Y = \alpha + \beta X + \delta Z + \varepsilon$ 中，$\beta = \delta = 0$ 之假設檢定的變異數分析表 (ANOVA)

變異來源	差值平方之和 (SS)	自由度 (df)	差值平方之和的平均 (MS)	檢定統計量
由 X 和 Z 對 Y 之迴歸影響所解釋的變異	$\begin{aligned}\text{SSR} &= \sum(\hat{Y}-\overline{Y})^2 \\ &= \sum \hat{y}^2 \\ &= \hat{\beta}^2 \sum x^2 \\ &\quad + \hat{\delta}^2 \sum z^2 \\ &\quad + 2\hat{\beta}\hat{\delta}\sum xz\end{aligned}$	$(3-1)$	$\text{MSR} = \dfrac{\text{SSR}}{(3-1)}$	$\dfrac{\text{MSR}}{\text{MSE}} \sim F_{(3-1),(n-3)}$
由殘差項導致的變異	$\begin{aligned}\text{SSE} &= \sum(Y-\hat{Y})^2 \\ &= \sum e^2\end{aligned}$	$(n-3)$	$\begin{aligned}\text{MSE} &= \dfrac{\text{SSE}}{n-3} \\ &= s_{Y|X,Z}^2\end{aligned}$	
Y 的總變異	$\begin{aligned}\text{SST} &= \sum(Y-\overline{Y})^2 \\ &= \sum y^2\end{aligned}$	$(n-1)$		

就前例 15–8 而言，我們列出其變異數分析表如表 15–2:

表15-2 工人工作經驗 (X) 和年齡 (Z) 對工人所得 (Y) 之迴歸影響的變異數分析表——例 15-8

變異來源	差值平方之和 (SS)	自由度 (df)	差值平方之和的平均 (MS)	檢定統計量
由 X 和 Z 對 Y 之迴歸影響所解釋的變異	$\begin{aligned} SSR &= \sum \hat{y}^2 \\ &= \hat{\beta}^2 \sum x^2 + \hat{\delta}^2 \sum z^2 \\ &\quad + 2\hat{\beta}\hat{\delta} \sum xz \\ &= 1888 \end{aligned}$	$(3-1)$	$\begin{aligned} MSR &= \frac{SSR}{(3-1)} \\ &= \frac{1888}{2} \\ &= 944 \end{aligned}$	$\begin{aligned} \frac{MSR}{MSE} &= \frac{944}{23.6} \\ &= 40 \end{aligned}$
由殘差項導致的變異	$\begin{aligned} SSE &= \sum e^2 \\ &= \sum y^2 - \sum \hat{y}^2 \\ &= 472 \end{aligned}$	$(23-3)$	$\begin{aligned} MSE &= \frac{SSE}{23-3} \\ &= \frac{472}{20} \\ &= 23.6 \end{aligned}$	
Y 的總變異	$\begin{aligned} SST &= \sum y^2 \\ &= 2360 \end{aligned}$	$(23-1)$		

第五節 等級相關分析

一、等級相關係數

本章第二節所介紹的相關分析，也稱為**皮爾森的相關分析**(Pearson's Correlation Analysis)。皮爾森的相關分析適用於二元常態隨機變數。而假如 X、Y 兩隨機變數是下面的情況：

⑴X、Y 兩隨機變數當中，有一個是常態隨機變數，另一個為度量時只具有「大小序列」(Ordinal)之意義的變數。

⑵X 和 Y 兩隨機變數都為度量時只具有「大小序列」之意義的變數。

此時，X 與 Y 兩變數共同變化的方向及密切程度，不再以皮爾森相關係數去測度，而是以史皮爾曼 (C.E. Spearman, 1863~1945) 所介紹的**等級相關係數**去測度。

定義 15-7　史皮爾曼母體等級相關係數

若以 X、Y 表**二元母體**(Bivariate Population)，且母體中共有 N 個個體，而 (X_i, Y_i) 是第 i 個個體對應的 X 值及 Y 值 $(i = 1, 2, \cdots, N)$。今對全體 N 個個體分別就 X 值、Y 值排名或給予**等級**（按值從大到小），並令第 i 個個體 X 值（Y 值）對應的排名為 $R_{X_i}(R_{Y_i})$，則**史皮爾曼母體等級相關係數**(Spearman's Population Rank Correlation Coefficient, ρ_s) 就是 R_X 和 R_Y 的相關係數，即

$$\rho_s = \rho_{R_X R_Y} = \frac{\sum\limits_{i=1}^{N}(R_{X_i} - \mu_{R_{X_i}})(R_{Y_i} - \mu_{R_{Y_i}})}{\sqrt{\sum\limits_{i=1}^{N}(R_{X_i} - \mu_{R_{X_i}})^2}\sqrt{\sum\limits_{i=1}^{N}(R_{Y_i} - \mu_{R_{Y_i}})^2}} \quad (15{-}40)$$

$$-1 \le \rho_s \le 1$$

從定義（15-7），我們發現**母體等級相關係數**(ρ_s)有下面的**特點**：

(1) $\rho_s > 0$，表示二元母體 (X, Y) 對應的等級 (R_X, R_Y) 之間朝著相同的方向共同變化。$\rho_s < 0$，表示 R_X 與 R_Y 朝相反的方向共同變化。

(2) $|\rho_s|$ 值越接近 1，表示 R_X 與 R_Y 共同變化的密切程度越高。

(3) ρ_s 是母體參數，一般而言其值未知。

由於母體等級相關係數 (ρ_s) 之值常是未知，通常我們以**史皮爾曼樣本等級相關係數**(Spearman's Sample Rank Correlation Coefficient, r_s) 當做它的**估計式**。並且以樣本等級相關係數 (r_s) 對母體等級相關係數 (ρ_s) 進行假設的檢定。

定義 15-8　史皮爾曼樣本等級相關係數

　　從 X、Y **二元母體**中，以簡單隨機抽樣法抽出 n 個樣本，並令 R_{X_i} 與 R_{Y_i} 為抽出之第 i 個樣本，就其 X 值及 Y 值分別排序後對應之**等級 (Rank)**，則**史皮爾曼樣本等級相關係數** (r_s) 為：

$$r_s = \frac{\sum\limits_{i=1}^{n}(R_{X_i}-\overline{R}_X)(R_{Y_i}-\overline{R}_Y)}{\sqrt{\sum\limits_{i=1}^{n}(R_{X_i}-\overline{R}_X)^2}\sqrt{\sum\limits_{i=1}^{n}(R_{Y_i}-\overline{R}_Y)^2}} \qquad (15\text{-}41)$$

$$\overline{R}_X = \frac{1}{n}\sum_{i=1}^{n}R_{X_i}, \ \ \overline{R}_{Y_i} = \frac{1}{n}\sum_{i=1}^{n}R_{Y_i}$$

$$-1 \le r_s \le 1$$

二、樣本等級相關係數的計算

　　設若從 X、Y 二元母體中，以簡單隨機抽樣法抽出 11 個個體 $(n=11)$，且按 X 值及 Y 值分別排序後，對應之等級 R_X 及 R_Y 如下：

樣本個體	A	B	C	D	E	F	G	H	I	J	K
R_X	6	7	1	3	2	5	8	4	11	9	10
R_Y	6	7	1	3	2	5	8	4	11	9	10

直觀地我們知道此時 $r_s = 1$，而如果按 r_s 的定義式 (15-41)，我們也可計算得到 $r_s = 1$。但如果該 11 個樣本個體，R_X 及 R_Y 的排序如下：

樣本個體	A	B	C	D	E	F	G	H	I	J	K
R_X	6	7	1	3	2	5	8	4	11	9	10
R_Y	6	5	11	9	10	7	4	8	1	3	2

則直觀上或按 r_s 的定義式 (15–41)，我們都可以得到 $r_s = -1$。

實際上，我們從 r_s 的**定義式**(15–41)，可以導出樣本等級相關係數的另一個**簡捷的計算公式**如下（註4）：

$$r_s = 1 - \frac{6 \sum_{i=1}^{n} d_i^2}{n(n^2 - 1)} \tag{15–42}$$

$$d_i = R_{X_i} - R_{Y_i}$$

如果樣本中每一個個體的 R_Y 等級完全與 R_X 等級一致，即 $R_{X_i} = R_{Y_i}$，$i = 1, 2, 3, \cdots, n$，則

$$\begin{cases} d_i = 0 \\ \sum_{i=1}^{n} d_i^2 = 0 \end{cases}$$

因此，

$$r_s = 1 - \frac{6 \sum_{i=1}^{n} d_i^2}{n(n^2 - 1)} = 0$$

而若樣本中每一個個體 R_Y 的等級順序，剛好與 R_X 的等級順序反過來，如下：

樣本個體	R_X	R_Y	$d = R_X - R_Y$	d^2
A	5	7	−2	4
B	3	9	−6	36
C	7	5	2	4
D	10	2	8	64
E	4	8	−4	16
F	11	1	10	100
G	9	3	6	36
H	2	10	−8	64
I	6	6	0	0
J	8	4	4	16
K	1	11	−10	100
				$\sum d^2 = 440$

則樣本等級相關係數為：

$$r_s = 1 - \frac{6 \sum_{i=1}^{n} d_i^2}{n(n^2-1)} = 1 - \frac{6(440)}{11(11^2-1)} = -1$$

三、母體等級相關係數的假設檢定

對於 X、Y 二元母體而言，其對應的等級(R_X, R_Y)彼此間無直線型關係存在的假設檢定，前面(本章第五節之第一小節)曾提到是以樣本等級相關係數 (r_s) 當做檢定統計量。進行假設檢定時，首先，建立我們要檢定的虛無假設 (H_0) 及對立假設 (H_1) 為：

$$\begin{cases} H_0: \rho_s = 0 \ (\text{即} R_X, R_Y \text{無直線型關係}) \\ H_1: \rho_s \neq 0 \end{cases}$$

而當 $H_0: \rho_s = 0$ 為真時，檢定統計量 r_s 是呈對稱的分配，其平均數為 0，變異數為 $\frac{1}{n-1}$，即

$$r_s \sim \text{對稱分配} \left(0, \frac{1}{n-1} \right) \tag{15-43}$$

由於對立假設為 $H_1: \rho_s \neq 0$，因此，我們以兩端檢定的方法去建立行動規則如下：

若

$$_L r_s^* \leq {}_O r_s \leq {}_R r_s^* \longrightarrow \text{採} A_0$$

而若

$$\begin{cases} {}_O r_s > {}_R r_s^* \\ \text{或}\, {}_O r_s < {}_L r_s^* \end{cases} \longrightarrow \text{採} A_1$$

$$\begin{cases} {}_O r_s : \text{樣本等級相關係數觀察值} \\ {}_R r_s^* : \text{右端判定點，且} P_r(r_s \geq {}_R r_s^* | H_0: \rho_s = 0) = \dfrac{\alpha}{2} \\ \qquad (\alpha \text{是顯著水準}) \\ {}_L r_s^* : \text{左端判定點，且} P_r(r_s \leq {}_L r_s^* | H_0: \rho_s = 0) = \dfrac{\alpha}{2} \\ |{}_L r_s^*| = {}_R r_s^* \end{cases}$$

當我們對 $\rho_s = 0$ 的假設進行檢定時，只要顯著水準 α 的值確定，則**臨界值（判定點 r_s^* 的值）**可從附錄表（14）查表獲得。

【例15-9】

設若從某大學 82 年度考進該大學經濟系，並於 84 年度已修完統計學之學生中，隨機抽 10 位學生，得到他們大學聯考的數學成績 (X) 及統計學成績 (Y) 如下：

學生	大學聯考數學成績 (X)	統計學成績 (Y)
A	63	50
B	35	60
C	64	78
D	85	82
E	42	70
F	55	85
G	70	90
H	30	62
I	50	80
J	78	92

試據此資料檢定「某大學經濟系學生的大學聯考數學成績之等級 (R_X) 與統計學成績之等級 (R_Y)，彼此間有正相關的關係」的宣稱。（顯著水準 0.05 ）

【解】

根據題意，檢定假設的步驟如下：

(1)建立假設：
$$\begin{cases} H_0: \rho_s \leq 0 \\ H_1: \rho_s > 0 \end{cases}$$

(2)選擇 r_s 為檢定統計量。且 $H_0: \rho_s = 0$ 為真時，
$$r_s \sim 對稱分配\left(0, \frac{1}{n-1}\right)$$

(3)建立行動規則如下:

若

$$_O r_s \leq r_s^* \longrightarrow 採 A_0$$

若

$$_O r_s > r_s^* \longrightarrow 採 A_1$$

而

$$P_r(r_s \geq r_s^* \mid H_0 \ 為真) = \alpha(= 0.05)$$

(4)10 個樣本學生對應之 R_X 及 R_Y 如下:

學生	X	Y	R_X	R_Y	d	d^2
A	63	50	5	10	-5	25
B	35	60	9	9	0	0
C	64	78	4	6	-2	4
D	85	82	1	4	-3	9
E	42	70	8	7	1	1
F	55	85	6	3	3	9
G	70	90	3	2	1	1
H	30	62	10	8	2	4
I	50	80	7	5	2	4
J	78	92	2	1	1	1
						$\sum d^2 = 58$

$$\therefore \quad _O r_s = 1 - \frac{6\sum d^2}{n(n^2-1)}$$

$$= 1 - \frac{6(58)}{10(10^2-1)}$$

$$= 0.6485$$

查附錄表 (14), 得:

$$r_s^* = 0.5515$$

(5)$\because _O r_s > r_s^*$, $\therefore$ 採 A_1 的決策, 即根據樣本資料, 「某大學經濟系學

生的大學聯考數學成績之等級 (R_X) 與統計學成績之等級 (R_Y) 彼此間有正相關的關係」，在顯著水準為 0.05 時被接受。

當我們利用樣本資料計算樣本等級相關係數的數值時，如果有二個或二個以上之個體，其對應的 X 值彼此相等（**Tie**），則這些個體都以順列下來之等級的平均值給予等級。例如，若有三個個體的 X 值彼此相等，而他們順列下來之等級若為 2, 3, 4, 則該三個個體每一個都給予相同的等級 "3" $\left(= \dfrac{2+3+4}{3}\right)$。下面的例子就是樣本資料中，有三個個體 X 值相等，有兩個個體 Y 值彼此相等的情況下，進行有關母體等級相關係數之假設檢定的問題。

【例 15–10】

設若下面資料是隨機觀察 9 家生產同一規格（尺寸）之電視機廠商，消費者對廠牌評價的分數 (X) 及各廠牌該尺寸電視機之價格 (Y) 的資料：

廠商	消費者的評價 (X)	價格 (Y)	R_X	R_Y	d	d^2
A	70分	21000元	7	8	−1	1
B	90	32100	1	1	0	0
C	60	20000	9	9	0	0
D	85	31800	3	2	1	1
E	76	25500	6	7	−1	1
F	80	28000	5	5.5	−0.5	0.25
G	85	28000	3	5.5	−2.5	6.25
H	65	29000	8	4	4	16
I	85	30000	3	3	0	
						$\sum d^2 = 25.5$

試問消費者對廠牌評價的等級 (R_X) 與產品價格的等級 (R_Y) 有無關聯？（顯著水準 0.05 ）

【解】

根據題意，假設檢定的步驟如下：

(1)建立假設：

$$\begin{cases} H_0: \rho_s = 0 \ (\ R_X \text{ 與 } R_Y \text{ 沒有關聯}) \\ H_1: \rho_s \neq 0 \ (\ R_X \text{ 與 } R_Y \text{ 有關聯}) \end{cases}$$

(2)選擇 r_s 為檢定統計量。且 $H_0: \rho_s = 0$ 為真時，

$$r_s \sim \text{對稱分配}\left(0, \frac{1}{n-1}\right)$$

(3)建立行動規則如下：

若

$$_L r_s^* \leq {_O} r_s \leq {_R} r_s^* \longrightarrow \text{採} A_0$$

而若

$$\begin{cases} {_O} r_s > {_R} r_s^* \\ \text{或}{_O} r_s < {_L} r_s^* \end{cases} \longrightarrow \text{採} A_1$$

(4)計算 ${_O} r_s$ ，得到：

$$\begin{aligned} {_O} r_s &= 1 - \frac{6 \sum d^2}{n(n^2 - 1)} \\ &= 1 - \frac{6(25.5)}{9(9^2 - 1)} \\ &= 0.7875 \end{aligned}$$

已知顯著水準 $\alpha = 0.05$，查附錄表 (14)

得

$$\begin{cases} {_R} r_s^* = 0.6833 \\ {_L} r_s^* = -0.6833 \end{cases}$$

(5)$\because {_O} r_s > {_R} r_s^*$，$\therefore$採 A_1 的決策，即在顯著水準 0.05 時，根據上述樣

本資料,「消費者對廠牌評價的等級 (R_X) 與產品價格的等級 (R_Y) 無關聯」的說法被拒絕。

以樣本等級相關係數(r_s) 對母體等級相關係數(ρ_s) 進行假設的檢定時,如果樣本數足夠大 $(n > 30)$,則在$H_0 : \rho_s = 0$ 為真的情況下,檢定統計量(即樣本等級相關係數 r_s)幾乎接近常態分配,其平均數為0,變異數為 $\dfrac{1}{n-1}$。即

$$r_s \stackrel{.}{\sim} N\left(0, \frac{1}{n-1}\right) , n > 30 \tag{15-44}$$

或

$$\frac{r_s - 0}{\sqrt{\dfrac{1}{n-1}}} \stackrel{.}{\sim} N(0,1), \ n > 30 \tag{15-44a}$$

亦即

$$r_s \sqrt{n-1} \stackrel{.}{\sim} N(0,1), \ n > 30 \tag{15-44b}$$

然而,如果樣本數雖然夠大 $(n > 30)$,但資料中就 X 的等級(或就 Y 的等級)而言,若有好幾個 **"Tie"** (結), 則式 (15-44b)中,$r_s\sqrt{n-1}$ 此統計量必須經過修正,而後才接近標準常態分配。即

$$\frac{r_s\sqrt{n-1}}{\sqrt{1-C_X}\sqrt{1-C_Y}} \stackrel{.}{\sim} N(0,1), \ n > 30 \tag{15-45}$$

$$C_X = \sum_{j=1}^{J} \frac{q_j^3 - q_j}{n^3 - n}$$

$$\begin{cases} q_j : 就 X 的等級而言,第 j 個結的個體數 \\ 而 X 共有 J 個結 \end{cases}$$

$$C_Y = \sum_{k=1}^{K} \frac{q_k^3 - q_k}{n^3 - n}$$

$$\begin{cases} q_k:\text{就 } Y \text{ 的等級而言, 第 } k \text{ 個結的個體數} \\ \text{而 } Y \text{ 共有 } K \text{ 個結} \end{cases}$$

【例 15-11】

某學者為探討某國立實驗小學學童父母對學校的滿意程度是否一致, 乃設計一份問卷（分數 0~100 分, 分數越高表示滿意程度越高）, 並從學童（父母均在, 且同住）中隨機抽 31 位, 對其父母親訪問調查, 且按父親得分高低排名 (R_X), 母親得分高低排名 (R_Y) 而有下面的資料:

學童編號	R_X	R_Y	d	d^2	學童編號	R_X	R_Y	d	d^2	學童編號	R_X	R_Y	d	d^2
No.1	29*	31	−2	4	No.11	2	5	−3	9	No.21	10.5•	8$^\Omega$	2.5	6.25
2	3	18▲	−15	225	12	18▲	29	−11	121	22	29*	16⊙	13	169
3	13	8$^\Omega$	5	25	13	23	13	10	100	23	7	10	−3	9
4	15	11	4	16	14	18▲	6	12	144	24	6	14	−8	64
5	4	16⊙	−12	144	15	21	20	1	1	25	24	23	1	1
6	16	3	13	169	16	29*	26	3	9	26	5	16⊙	−11	121
7	27	4	23	529	17	20	12	8	64	27	8	8$^\Omega$	0	0
8	1	1	0	0	18	9	28	−19	361	28	22	21	1	1
9	14	2	12	144	19	18▲	24	−6	36	29	12	19	−7	49
10	25	22	3	9	20	10.5•	30	−19.5	380.25	30	31	25	6	36
										31	26	27	−1	1

試據此資料檢定「父母對學校滿意程度相一致」的說法。（顯著水準 5%）

【解】

根據題意, 檢定假設的步驟如下:

⑴建立假設:

$$\begin{cases} H_0 : \rho_s \leq 0 \\ H_1 : \rho_s > 0 \text{ (父母對學校滿意程度相一致)} \end{cases}$$

(2)選擇 r_s 為檢定統計量。而資料中:

R_X 有三個結 (29,29, 29/18, 18, 18/10.5, 10.5)

R_Y 有兩個結 (8, 8, 8/16, 16, 16)

且

$$n = 31 > 30$$

$$\therefore \quad \frac{r_s \sqrt{n-1}}{\sqrt{1 - C_X} \sqrt{1 - C_Y}} \overset{.}{\sim} N(0, 1)$$

(3)建立行動規則如下:

若

$$Z_0 \leq Z_* = 1.64 \longrightarrow 採 A_0$$

而若

$$Z_0 > Z_* \longrightarrow 採 A_1$$

(4)計算 Z_0:

$$or_s = 1 - \frac{6 \sum d^2}{n(n^2 - 1)} = 1 - \frac{6(2947.5)}{31(961 - 1)} = 0.4057$$

$$C_X = \sum_{j=1}^{3} \frac{q_j^3 - q_j}{n^3 - n} = \frac{1}{31^3 - 31} [(3^3 - 3) + (3^3 - 3) + (2^2 - 2)]$$

$$= \frac{54}{29760}$$

$$C_Y = \sum_{k=1}^{2} \frac{q_k^3 - q_k}{n^3 - n} = \frac{1}{31^3 - 31} [(3^3 - 3) + (3^3 - 3)]$$

$$= \frac{48}{29760}$$

$$Z_0 = \frac{or_s \sqrt{n-1}}{\sqrt{1 - C_X} \sqrt{1 - C_Y}}$$

$$= \frac{(0.4057)(\sqrt{30})}{\sqrt{1 - \frac{54}{29760}}\sqrt{1 - \frac{48}{29760}}}$$

$$= 2.226$$

(5) $\because Z_0 > Z_*$，$\therefore$ 採 A_1 的決策，即根據樣本資料，「學童父親對學校滿意程度之等級 (R_X) 與母親對學校滿意程度之等級 (R_Y) **彼此間有正相關**（父母對學校**滿意程度相一致**）」的說法，在顯著水準為 5% 時被接受。

$$\fbox{附 \quad 註}$$

註1:

$$\mathbb{R}^2 \xRightarrow{\text{定義}} \frac{\sum_{i=1}^{n}\sum_{j=1}^{N_i}(\mu_{Y|X_i}-\mu_Y)^2}{\sum_{i=1}^{n}\sum_{j=1}^{N_i}(Y-\mu_Y)^2}$$

而

$$Y = \alpha + \beta X + \varepsilon$$

$$\sum_{i=1}^{n}\sum_{j=1}^{N_i} Y_{ij} = \sum_i\sum_j \alpha + \sum_i\sum_j \beta X_i + \sum_i\sum_j \varepsilon_{ij}$$

以 $N = \sum_{i=1}^{n} N_i$ 除上式，得:

$$\mu_Y = \alpha + \beta\mu_X \qquad (\sum_{i=1}^{n}\sum_{j=1}^{N_i} \varepsilon = 0)$$

而 $\because \mu_{Y|X} = \alpha + \beta X$

$$\therefore \mu_{Y|X} - \mu_Y = \beta(X - \mu_X)$$

$$\therefore \sum_i\sum_j(\mu_{Y|X}-\mu_Y)^2 = \beta^2\sum_i\sum_j(X-\mu_X)^2$$

因此，

$$\mathbb{R}^2 = \frac{\beta^2\sum_i\sum_j(X-\mu_X)^2}{\sum_i\sum_j(Y-\mu_Y)^2}$$

註2: 從註1，我們可得到:

$$Y - \mu_Y = \beta(X - \mu_X) + \varepsilon$$

以 $(X - \mu_X)$ 分別乘上式左右兩端，得:

$$(X - \mu_X)(Y - \mu_Y) = \beta(X - \mu_X)^2 + (X - \mu_X)\varepsilon$$

$$\therefore \sum_i \sum_j (X - \mu_X)(Y - \mu_Y) - \beta \sum_i \sum_j (X - \mu_X)^2 + \sum_i \sum_j (X - \mu_X)\varepsilon$$

而上式中，$\because X$ 是預先選定的變數，

$$\therefore \sum \sum (X - \mu_X)\varepsilon = 0$$

因此，$\displaystyle \sum_i \sum_j (X - \mu_X)(Y - \mu_Y) = \beta \sum_i \sum_j (X - \mu_X)^2$

$$\therefore \beta = \frac{\displaystyle \sum_i \sum_j (X - \mu_X)(Y - \mu_Y)}{\displaystyle \sum_i \sum_j (X - \mu_X)^2} \text{代入式 (15–17)}$$

得:

$$\mathbb{R}^2 = \frac{[\sum_i \sum_j (X - \mu_X)(Y - \mu_Y)]^2}{\sum_i \sum_j (X - \mu_X)^2 \sum_i \sum_j (Y - \mu_Y)^2}$$

$$= \left[\frac{\displaystyle \sum_i \sum_j (X - \mu_X)(Y - \mu_Y)}{\sqrt{\displaystyle \sum_i \sum_j (X - \mu_X)^2} \sqrt{\displaystyle \sum_i \sum_j (Y - \mu_Y)^2}} \right]^2$$

$$= \rho_{XY}^2$$

註3: 參見 Gujarati, D. (1978), ch.7.

註4:

$$r_s = \frac{\displaystyle \sum_{i=1}^{n} (R_X - \overline{R}_X)(R_Y - \overline{R}_Y)}{\sqrt{\displaystyle \sum_{i=1}^{n} (R_X - \overline{R}_X)^2} \sqrt{\displaystyle \sum_{i=1}^{n} (R_Y - \overline{R}_Y)^2}}$$

$$= \frac{\sum R_X R_Y - n\overline{R}_X \overline{R}_Y}{\sqrt{\sum R_X^2 - n\overline{R}_X^2} \sqrt{\sum R_Y^2 - n\overline{R}_Y^2}} \qquad \text{ⓐ}$$

$$\because \begin{cases} \overline{R}_X = \frac{1}{n}\sum R_X = \frac{1}{n}(1+2+3+\cdots+n) = \frac{n+1}{2} & \text{ⓑ} \\[2mm] \overline{R}_Y = \frac{1}{n}\sum R_Y = \frac{1}{n}(1+2+3+\cdots+n) = \frac{n+1}{2} & \text{ⓒ} \\[2mm] \sum R_X^2 = \sum R_Y^2 = 1^2+2^2+3^2+\cdots+n^2 = \frac{n(n+1)(2n+1)}{6} & \text{ⓓ} \\[2mm] d = R_X - R_Y \\[2mm] \sum d^2 = \sum(R_X - R_Y)^2 = \sum R_X^2 - 2\sum R_X R_Y + \sum R_Y^2 \\[2mm] 2\sum R_X R_Y = \sum R_X^2 + \sum R_Y^2 - \sum d^2 \\[2mm] \sum R_X R_Y = \frac{n(n+1)(2n+1)}{6} - \frac{1}{2}\sum d^2 & \text{ⓔ} \end{cases}$$

∴將ⓑ、ⓒ、ⓓ、ⓔ代入ⓐ, 整理化簡, 最後可得:

$$r_s = 1 - \frac{6\sum d^2}{n(n^2-1)}$$

練習題

15–1　若 $\hat{\beta}$ 是 Y 對 X 的樣本迴歸線 $(\hat{Y} = \hat{\alpha} + \hat{\beta}X)$ 的斜率（OLS 法求得），而 $\hat{\beta}^*$ 為 X 對 Y 的樣本迴歸線 $(\hat{X} = \hat{\alpha}^* + \hat{\beta}^*Y)$ 的斜率（OLS 法求得）。請判定下列敘述之真偽，並請說明理由。

1. $\hat{\beta} = r_{XY} \cdot \dfrac{s_Y}{s_X}$

2. $\hat{\beta}^* = r_{XY} \cdot \dfrac{s_X}{s_Y}$

3. $\hat{\beta}\hat{\beta}^* = r_{XY}^2$

4. $\hat{\beta}^* = \dfrac{1}{\hat{\beta}}$

（註:s_X、s_Y 分別為 X、Y 的樣本標準差，r_{XY} 為樣本相關係數）。

15–2　以下為隨機抽出之五對父子的身高資料（單位: 吋）:

兒子身高 (X)	68	66	72	73	66
父親身高 (Y)	64	66	71	70	69

今若已知 X 及 Y 形成**二元常態分配**(Bivariate Normal Distribution)，請答下列各題:

1. 計算 X、Y 的**樣本相關係數**。

2. 在 $\alpha = 5\%$ 之下，是否拒絕 $\rho_{XY} = 0$ 的假設?

15–3　隨機抽取 35 個家庭，得其家庭所得 (X) 與消費支出 (Y) 的相關係數 $r_{XY} = 0.6$，試檢定 ρ_{XY} 是否為 $0.5(\alpha = 0.05)$? 並求 ρ_{XY} 的 95% **信任區間**。

15–4 某汽水廠商按汽水顏色類別之不同，獨立各抽查五個銷售區，得各種汽水之銷售量的資料（單位：箱）如下：

區	無色	粉紅色	橘紅色
1	265	312	279
2	287	283	251
3	251	308	285
4	291	279	242
5	272	296	265

試依下列方法檢定汽水顏色的不同是否影響銷售量？ $(\alpha = 0.05)$

1. ANOVA

2. 迴歸分析（虛擬變數處理）法求出樣本迴歸方程式，並檢定汽水顏色的不同是否影響銷售量？（本小題作答若有困難，可留待第十六章再練習。）

$$
\begin{aligned}
&\text{注意：}\\
&\mu_{Y|D_1,D_2} = \beta_0 + \beta_1 D_1 + \beta_2 D_2\\
&\quad \text{令} D_1 = \begin{cases} 1, & \text{粉紅色}\\ 0, & \text{其他} \end{cases}\\
&\qquad\quad D_2 = \begin{cases} 1, & \text{橘紅色}\\ 0, & \text{其他} \end{cases}
\end{aligned}
$$

15–5 下面是某獨占廠商隨機觀察 16 個經銷商，而得到的資料，其中 Y 為廠商的銷售額（十萬元），X_1 是電視廣告費（萬元）， X_2 是報紙廣告費（萬元），

經銷商	X_1	X_2	Y	經銷商	X_1	X_2	Y
1	2	2	8.74	9	4	2	16.11
2	2	3	10.53	10	4	3	16.31
3	2	4	10.99	11	4	4	16.46
4	2	5	11.97	12	4	5	17.69
5	3	2	12.74	13	5	2	19.65
6	3	3	12.83	14	5	3	18.86
7	3	4	14.69	15	5	4	19.93
8	3	5	15.30	16	5	5	20.51

試答下列各題:

1.利用上述資料，配出**樣本迴歸方程式**。（母體迴歸方程式為

$\mu_{Y|X_1,X_2} = \beta_0 + \beta_1 X_1 + \beta_2 X_2$）。

2.求算迴歸係數的標準誤。

3.製作變異數分析表。

4.求算**樣本多元判定係數**。

5.在顯著水準 $\alpha = 0.05$ 下，請檢定 $H_0 : \beta_1 = \beta_2 = 0$。

15–6　阿強對臺電公司的投資額 (I) 建立一多元母體迴歸模型如下:

$I = \alpha + \beta_1 C + \beta_2 M + \varepsilon$

其中 C 代表資本額，M 代表公司的市場價值。阿強收集 1965～

1984 共20 年的資料，整理得到下列統計量的數據:

變數	平均數	標準差	變異數
I	42.89	19.11	365.20
C	86.64	62.26	3876.92
M	670.91	222.39	49458.17

請試完成下列各數值:

1.SSR=_____（自由度 2）， SSE=1773.23（自由度_____），
SST=_____（自由度 19）。

2.殘差值總合 $\sum\limits_{i=1}^{20} e_i =$ _____（理由）； 樣本迴歸變異數
$s_{I|C.M}^2 =$ _____。

3.判定係數 $R^2 =$ _____。

15–7　已知臺北市家庭的所得 (X，單位: 千元) 對家庭的電費 (Y，單位: 百元) 的平均影響是線性的，即 $E(Y|X) = \alpha + \beta X$ （或 $Y = \alpha + \beta X + \varepsilon$），請答下列各題:

1.若從臺北市隨機抽 20 個家庭，發現 $r_{XY} = 0.5$, $\overline{X} = 10$, $\overline{Y} = 15$, $s_X = 5$, $s_Y = 8$,

a.試以 OLS 法配樣本迴歸線。

b.分別以迴歸分析法與相關分析法，分析 X 對 Y 是否有線性影響。兩種方法有何異同？ ($\alpha = 0.05$)

c.若電力公司想知道家庭所得為 "10"（千元）的那些家庭，其電費平均水準的點估計值是多少？試提供訊息。

d.已知某甲之家庭所得為 "10"（千元），請對該某甲之家庭電費作區間估計。 （信任水準為 0.95）

2.某乙認為在回答上述 b、c、d 時，除了對 ε 有「平均數為 0」、「變異數齊一」、「無自我相關」等假設外，尚須有「常態分配」之假設，你的看法如何？理由。

3.某丙以為另有一新變數 W（家庭孩子數目）也對家庭電費有線性影響，於是利用同組資料，以多元迴歸分析法配出樣本迴歸方程式，得其判定係數為 0.7，試問某丙的看法在 $\alpha = 0.05$ 之顯著水準下，要被接受嗎？理由。

15–8　某項入學測驗，每一份試卷分別由兩位評分者給予 A、B、C、D、E 五種評分標準（ A為最優秀, E為最差），而得下列資料:

評分者\試卷	1	2	3	4	5
甲	D	A	C	B	E
乙	C	B	E	A	D

1.求甲、乙二位評分人之評分標準的相關係數，並檢定甲、乙二人之評分標準是否**彼此獨立**。$(\alpha = 0.10)$

2.若申請入學者有 50 人（並非 5 人），而甲、乙二位評分人也依同樣方法進行評分，並求得相關係數為 0.6，則你將如何檢定甲、乙二人之評分是否會**互相影響**？$(\alpha = 0.10)$

15-9　試以**史皮爾曼的檢定法**(Spearman's Test)檢定下列資料中之 X 與 Y 是否**彼此相關**？$(\alpha = 0.05)$

X	3.1	2.5	4.45	2.75	5	5	2.9	4.75
Y	50	20	62	30	75	60	42	60

15-10　設有甲、乙、丙三人利用相同的資料 $(n = 20)$，估計其所設定的模型：

甲：$Y_i = \alpha_1 + \beta_1 X_i + \varepsilon_i$

乙：$Y_i = \alpha_2 + \beta_2 \dfrac{X_i}{100} + \varepsilon_i'$

丙：$Y_i^* = \alpha_3 + \beta_3 X_i^* + \varepsilon_i^*$（其中 $Y_i^* = \dfrac{Y_i - \overline{Y}}{s_Y}$, $X_i^* = \dfrac{X_i - \overline{X}}{s_X}$, $r_{XY} = 0.8$）

請答下列各題：

1.$\hat{\alpha}_1$ 與 $\hat{\alpha}_2$, $\hat{\beta}_1$ 與 $\hat{\beta}_2$ 是否相同？理由。

2.$\hat{\alpha}_3$, $\hat{\beta}_3$ 各為多少？

3.甲、乙、丙三人所得到之判定係數各為多少？

4.丁認為有另一變數 Z 會影響 Y，即 $Y_i = \alpha_4 + \beta_4 X_i + \delta Z_i + \varepsilon_i^{**}$，

試問:

a.$\hat{\beta}_1$ 與 $\hat{\beta}_4$ 是否相等? 理由。

b.試說明如何檢定 $\beta_4 = \delta = 0$ 的假設?

c.若丁就其模型，得到樣本多元判定係數為 0.8，試問 $\beta_4 = \delta = 0$ 的假設要被接受嗎? （顯著水準為 5%）

15-11 何謂「**樣本判定係數**」? 其值為 0 時所代表的意義為何?

15-12 請解釋下列名詞:

1.二元常態隨機變數 (Bivariate Normal Random Variables)

2.樣本等級相關係數 (Sample Rank Correlation Coefficient)

3.母體多元判定係數 (Population Coefficient of Multiple Determination)

4.相關係數 (Correlation Coefficient)

第十六章 迴歸、相關分析之問題的探討

第一節 前言

本書第十三、十四、及十五章所介紹的簡單迴歸分析、多元迴歸分析、以及相關分析，其內容著重於介紹：

(1)如何以**普通最小平方法**（OLS），配出樣本迴歸直線（或樣本迴歸平面），以估計母體迴歸模型。

(2)如何對母體迴歸參數（即母體迴歸截距及母體迴歸係數），進行**統計推論**的工作。

(3)如何進行**預測**（Prediction or Forecasting）的工作。

(4)如何以樣本相關係數（ r ），對二元常態隨機變數之母體相關係數（ ρ ），進行**假設的檢定**或**區間估計**。

(5)如何以樣本判定係數（ R^2 ），對母體判定係數（ $\mathbb{R}^2$ ）是否為 "0" 的假設，進行檢定的工作。

然而，迴歸分析或相關分析在實證應用時，基本上還必須注意下面的問題：

(1)**母體迴歸模型的設定**（Specification）是否恰當？如果有**設定錯誤**（Specification Error），將產生何種問題？

(2)多元迴歸模型中，如何去比較各個解釋變數對被解釋變數之**邊際影響**（直接影響）的相對重要性？

(3)多元迴歸模型中，有無**線性重合**（Multicollinearity）的問題存在？

若有線性重合的問題，我們應如何補救？

(4)當母體迴歸模型不是直線型時，如何以樣本資料去估計母體迴歸模型？

(5)迴歸分析模型中，如果自變數（解釋變數）是**質化**（Qualitative）或**類別** (Categorized) 的變數時，如何處理？

(6)就被解釋變數 Y 而言，假如我們設定了兩個多元迴歸模型，而兩個模型所包含的自變數不完全一致，此時，我們將如何去比較哪一個模型的自變數對被解釋變數之變異（ Variation）的解釋能力較高？

(7)母體迴歸模型中的干擾項（誤差項，ε_i）是否符合「平均數為 "0"」、「**變異數齊一性**」(Homoscedasticity)、「**非自我相關**」(Nonauto-correlation)、以及「**常態分配**」等的假設？換言之，若以本書第十四章的二元直線型迴歸母體模型為例：

$$Y = a + \beta X + \delta Z + \varepsilon, \ \varepsilon \quad \text{是干擾項} \tag{16-1}$$

則在實證應用時，我們應注意下面的假設：

$$\begin{cases} \varepsilon_i \sim N(0, \sigma_i^2) \\ \sigma_i^2 = \sigma^2, \ i = 1, 2, \cdots, n \\ \varepsilon_i, \varepsilon_{i'} \ \text{彼此獨立}, i \neq i' \end{cases} \tag{16-2}$$

是否都成立？

以上這些問題，本書將在本章以下的各節做淺要的介紹。若要深入的探討，請參考計量經濟學專書的介紹。

第二節　母體迴歸模型設定錯誤的問題

對於母體迴歸模型設定錯誤之問題的探討，本節將分別從兩個角度（忽略一個重要的解釋變數及包含一個不重要的解釋變數）去說明。

一、忽略一個重要的解釋變數 (Omission of an Important Explanatory Variable)

當我們進行迴歸分析時，設若我們根據理論知道，影響被解釋變數 (Y) 的重要解釋變數有 X 和 Z，亦即**正確的母體迴歸模型**是：

$$Y = a + \beta X + \delta Z + \varepsilon \tag{16-3}$$

例如，根據理論我們知道豬肉需求量 (Y) 的重要決定因素有豬肉價格 (X) 和牛肉價格 (Z)。但是，假如我們只想要了解「豬肉價格 (X) 變動一單位，豬肉需求量 (Y) 將變動多少單位？亦即 $\beta = ?$」或者當我們沒有 Z 的資料時。於此兩種情況下，我們很可能會採用下列的**錯誤模型**：

$$Y = a + \beta X + \varepsilon_* \tag{16-4}$$

並以樣本資料，採用普通最小平方法，對式 (16-4) 進行估計。如果我們這樣做，我們就忽略了一個重要的解釋變數 (Z)。**忽略一個重要的解釋變數**，母體迴歸係數 (β) 的最小平方估計式 $(\hat{\beta})$ 仍具不偏性嗎？以 $\hat{\beta}$ 對 β 進行統計推論的工作，不會產生任何問題嗎？這些問題都值得進行實證應用者的注意。

從式 (16-4)，β 的最小平方估計式 $\hat{\beta}$ 的計算公式如下：

$$\hat{\beta} = \frac{\sum xy}{\sum x^2} \tag{16-5}$$

而從第十四章的註 4，我們知道：

$$y = Y - \overline{Y} = \beta x + \delta z + \varepsilon', \tag{16-6}$$

$$\varepsilon' = \varepsilon - \overline{\varepsilon}$$

將式 (16-6) 代入式 (16-5)，我們可得：

$$\hat{\beta} = \frac{1}{\sum x^2} \sum x(\beta x + \delta z + \varepsilon')$$

$$= \beta + \frac{\delta \sum xz}{\sum x^2} + \frac{\sum x\varepsilon'}{\sum x^2}$$

$$= \beta + \frac{\delta \sum xz}{\sum x^2} + \frac{\sum x(\varepsilon - \bar{\varepsilon})}{\sum x^2}$$

$$= \beta + \frac{\delta \sum xz}{\sum x^2} + \frac{\sum x\varepsilon}{\sum x^2} \tag{16-7}$$

$$\therefore E(\hat{\beta}) = E\left[\beta + \frac{\delta \sum xz}{\sum x^2} + \frac{\sum x\varepsilon}{\sum x^2} \right]$$

$$= \beta + \delta \frac{\sum xz}{\sum x^2}$$

$$= \beta + \delta \cdot d_{ZX} \tag{16-8}$$

$$d_{ZX} = \frac{\sum xz}{\sum x^2}$$

因此，$\hat{\beta}$ 是否為 β 的不偏誤估計式，決定於 "δ" 是否為 "0"，或 "d_{ZX}" 是否等於 "0"。一般說來，既然 Z 是 Y 的一個重要解釋變數，因此 $\delta \neq 0$，所以，$\hat{\beta}$ 是否具不偏性，完全決定於 d_{ZX} 是否為 "0"。當被忽略的解釋變數 (Z)，與被包含於所採用之錯誤模型（式 16-4）內的解釋變數 (X)，兩者之間若**無相關**（Uncorrelated），即 "$d_{ZX} = 0$"（註 1），則 $\hat{\beta}$ **仍具不偏性**，但母體迴歸截距 (a) 的最小平方估計式($\hat{a}$)，則是**具偏誤性**。茲說明如下：

$$\hat{a} = \bar{Y} - \hat{\beta}\bar{X} \tag{16-9}$$

從第十四章的註 4，得到:

$$\bar{Y} = a + \beta\bar{X} + \delta\bar{Z} + \bar{\varepsilon} \tag{16-10}$$

將式 (16-10)代入式 (16-9)，我們可得:

$$\hat{a} = a + \beta\bar{X} + \delta\bar{Z} + \bar{\varepsilon} - \hat{\beta}\bar{X} \tag{16-11}$$

$$\therefore E(\hat{a}) = a + \beta\overline{X} + \delta\overline{Z} + E(\overline{\varepsilon}) - \overline{X}E(\hat{\beta})$$

$$= a + \beta\overline{X} + \delta\overline{Z} + 0 - \overline{X}(\beta + \delta \cdot d_{ZX})$$

$$= a + \beta\overline{X} + \delta\overline{Z} - \beta\overline{X} - \delta d_{ZX}\overline{X}$$

$$= a + \delta(\overline{Z} - d_{ZX}\overline{X}) \tag{16-12}$$

因此，當 $d_{ZX} = 0$，

$$E(\hat{a}) = a + \delta\overline{Z} \neq a \tag{16-13}$$

所以，儘管 Z 與 X 無相關，$\hat{a}$ 仍然具偏誤性。

　　然而，當我們誤用錯誤的模型（式 16-4）時，在 $d_{ZX} = 0$ 的情況下，$\hat{\beta}$ 雖然具不偏性，但是以 $\hat{\beta}$ 對母體迴歸係數 β 進行區間估計，與就正確模型（式 16-3）中（令 $\hat{a}, \hat{\beta}, \hat{\delta}$ 是式（16-3）中 a, β, δ 的最小平方估計式），以 $\hat{\beta}$ 對母體迴歸係數 β 進行區間估計，兩者互相比較有何不同？我們先就正確的模型（式 16-3）而言，從第十四章的式（14-33），我們知道，在信任係數為 $1 - \alpha$ 時，母體迴歸係數 β 的信任區間是：

$$\hat{\beta} \pm Z_{\frac{\alpha}{2}}\sqrt{\sigma_{\hat{\beta}}^2}$$

而

$$\sigma_{\hat{\beta}}^2 = \frac{\sigma^2 \sum z^2}{\sum x^2 \sum z^2 - (\sum xz)^2}$$

$$= \frac{\sigma^2 \sum z^2}{\sum x^2 \sum z^2 - (0)^2}$$

$$(\because d_{ZX} = 0, \ \therefore \sum xz = 0)$$

$$= \frac{\sigma^2}{\sum x^2}$$

我們再就錯誤的模型（式 16-4）來看，從式（16-7）與式（16-8），得到 $\hat{\beta}$ 是呈以 "β" 為平均數（$\because d_{ZX} = 0$）的「常態分配」，而其變異數 $\sigma_{\hat{\beta}}^2$ 為：

$$\sigma_{\hat{\hat{\beta}}}^2 = \text{Var}(\hat{\hat{\beta}}) = E[\,\hat{\hat{\beta}} - E(\hat{\hat{\beta}})]^2$$

$$= E[\,\hat{\hat{\beta}} - \beta]^2$$

$$= E[\beta + \frac{\delta \sum xz}{\sum x^2} + \frac{\sum x\varepsilon}{\sum x^2} - \beta]^2$$

$$= E\left(\frac{\sum x\varepsilon}{\sum x^2}\right)^2$$

$$(\because \sum xz = 0)$$

$$= \frac{\sigma^2}{\sum x^2}$$

因此,

$$\hat{\hat{\beta}} \sim N(\beta, \sigma_{\hat{\hat{\beta}}}^2)$$

所以, β 在信任係數為 $1 - \alpha$ 時, 其信任區間是:

$$\hat{\hat{\beta}} \pm Z_{\frac{\alpha}{2}} \sqrt{\sigma_{\hat{\hat{\beta}}}^2}$$

但是當 $d_{ZX} = 0$ 時, 正確模型中的 $\hat{\beta}$ 為(見第十四章, 式(14–25)):

$$\hat{\beta} = \frac{\sum z^2 \sum xy - \sum xz \sum zy}{\sum x^2 \sum z^2 - (\sum xz)^2} \qquad (16\text{--}14)$$

$$= \frac{\sum z^2 \sum xy}{\sum x^2 \sum z^2}$$

$$(\because d_{ZX} = 0, \ \therefore \sum xz = 0)$$

$$= \frac{\sum xy}{\sum x^2}$$

$$= \hat{\hat{\beta}}$$

因此, 我們得到結論如表 16–1所示。

表 16-1 以最小平方估計式對母體迴歸係數(β)進行區間估計
——$d_{ZX}=0$（正確模型與錯誤模型的比較）

以最小平方估計式對 β進行區間估計	正確模型 $Y=a+\beta X+\delta Z+\varepsilon$		錯誤模型 $Y=a+\beta X+\varepsilon_*$
β 的最小平方估計式	$\hat{\beta}=\dfrac{\sum z^2\sum xy-\sum xz\sum zy}{\sum x^2\sum z^2-(\sum xz)^2}$ $=\dfrac{\sum xy}{\sum x^2}$	$\Longleftrightarrow$ 完全一致	$\dot{\beta}=\dfrac{\sum xy}{\sum x^2}$
β的最小平方估計式之機率分配	$\hat{\beta}\sim N(\beta,\sigma_{\hat{\beta}}^2)$ $\sigma_{\hat{\beta}}^2=\dfrac{\sigma^2\sum z^2}{\sum x^2\sum z^2-(\sum xz)^2}=\dfrac{\sigma^2}{\sum x^2}$	$\Longleftrightarrow$ 完全一致	$\hat{\dot{\beta}}\sim N(\beta,\sigma_{\hat{\dot{\beta}}}^2)$ $\sigma_{\hat{\dot{\beta}}}^2=\dfrac{\sigma^2}{\sum x^2}$
β的信任區間 ♠ （信任係數是 $1-\alpha$）	$\hat{\beta}\pm Z_{\frac{\alpha}{2}}\sqrt{\sigma_{\hat{\beta}}^2}$	$\Longleftrightarrow$ 完全一致	$\hat{\dot{\beta}}\pm Z_{\frac{\alpha}{2}}\sqrt{\sigma_{\hat{\dot{\beta}}}^2}$

註：♠ $Z_{\frac{\alpha}{2}}$是標準常態的 Z值。

然而，如果被忽略的解釋變數(Z)與被包含於錯誤模型內的解釋變數(X)，兩者之間**有相關**，即"$d_{ZX}\neq 0$"，則採用錯誤模型 ($Y=a+\beta X+\varepsilon_*$)去進行迴歸分析，將有何種影響？此種情況下，我們想知道$\hat{\dot{\beta}}$（$\hat{\dot{\beta}}$ 是 β的 OLS）仍具不偏性嗎？$\hat{\dot{a}}$是a的偏誤估計式嗎？此外，以$\hat{\dot{\beta}}$對 β 進行區間估計時， β 的信任區間大小如何？以下我們就上述三個問題加以說明。

⑴從式（16–8），

$$E(\hat{\dot{\beta}})=\beta+\delta\cdot d_{ZX}\neq\beta \qquad (16-15)$$

$$(\because \delta\neq 0,\ d_{ZX}\neq 0)(16.15)$$

$\therefore\hat{\dot{\beta}}$ 在$d_{ZX}\neq 0$情況下，是 β 的**偏誤估計式**。

⑵從式（16–12），

$$E(\hat{\dot{a}})=a+\delta(\overline{Z}-d_{ZX}\overline{X})\neq a \quad（除非 \overline{Z}=d_{ZX}\overline{X}） \qquad (16-16)$$

$\therefore$一般而言，$\hat{\dot{a}}$ 在$d_{ZX}\neq 0$情況下，仍是 a 的**偏誤估計式**。

(3) $\hat{\hat{\beta}}$ 的變異數 $\sigma_{\hat{\hat{\beta}}}^2$（在 $d_{ZX} \neq 0$ 情況下）為：

$$\sigma_{\hat{\hat{\beta}}}^2 = \mathbf{V}(\hat{\hat{\beta}}) = E[\,\hat{\hat{\beta}} - E(\hat{\hat{\beta}})]^2$$

$$= E\left[\beta + \frac{\delta \sum xz}{\sum x^2} + \frac{\sum x\varepsilon}{\sum x^2} - \beta - \delta d_{ZX}\right]^2$$

$$= E\left[\frac{\sum x\varepsilon}{\sum x^2}\right]^2$$

$$\left(\because d_{ZX} = \frac{\sum xz}{\sum x^2}\right)$$

$$= \frac{\sigma^2}{\sum x^2} \tag{16–17}$$

$\therefore \hat{\hat{\beta}}$ 的機率分配為：

$$\hat{\hat{\beta}} \sim N\left(\beta + \delta d_{ZX}, \sigma_{\hat{\hat{\beta}}}^2 = \frac{\sigma^2}{\sum x^2}\right) \tag{16–18}$$

$$\frac{\hat{\hat{\beta}} - (\beta + \delta d_{ZX})}{\sqrt{\sigma_{\hat{\hat{\beta}}}^2}} \sim N(0,1) \tag{16–19}$$

$$P_r\left(-Z_{\frac{\alpha}{2}} \leq \frac{\hat{\hat{\beta}} - (\beta + \delta d_{ZX})}{\sqrt{\sigma_{\hat{\hat{\beta}}}^2}} \leq Z_{\frac{\alpha}{2}}\right) = 1 - \alpha \tag{16–20}$$

$$\therefore P_r\left(\hat{\hat{\beta}} - Z_{\frac{\alpha}{2}}\sqrt{\sigma_{\hat{\hat{\beta}}}^2} \leq (\beta + \delta d_{ZX}) \leq \hat{\hat{\beta}} + Z_{\frac{\alpha}{2}}\sqrt{\sigma_{\hat{\hat{\beta}}}^2}\right) = 1 - \alpha \tag{16–21}$$

$\therefore (\beta + \delta d_{ZX})$ 的信任區間（信任係數是 $1 - \alpha$）為：

$$\hat{\hat{\beta}} \pm Z_{\frac{\alpha}{2}}\sqrt{\sigma_{\hat{\hat{\beta}}}^2} \tag{16–22}$$

$\therefore \beta$ 的信任區間（信任係數是 $1 - \alpha$）是：

$$(\hat{\hat{\beta}} - \delta \cdot d_{ZX}) \pm Z_{\frac{\alpha}{2}}\sqrt{\sigma_{\hat{\hat{\beta}}}^2} \tag{16–23}$$

因此，當我們採用錯誤模型，而以 $\hat{\hat{\beta}}$ 運用式（16–22），對 β 進行

區間估計時，我們得到的是$(\beta + \delta d_{ZX})$的信任區間，而不是β的信任區間。

　　我們就$d_{ZX} \neq 0$（即$\Sigma xz \neq 0$）情況下，以最小平方估計式對母體迴歸係數(β)進行區間估計時，從正確模型與錯誤模型的角度加以比較，如表16-2所示。

表16-2　以最小平方估計式對母體迴歸係數(β)進行區間估計——$d_{ZX} \neq 0$（正確模型與錯誤模型的比較）

以最小平方估計式 對β進行區間估計	正確模型 $Y = a + \beta X + \delta Z + \varepsilon$	錯誤模型 $Y = a + \beta X + \varepsilon_*$
β的最小平方估計式	$\hat{\beta} = \dfrac{\sum z^2 \sum xy - \sum xz \sum zy}{\sum x^2 \sum z^2 - (\sum xz)^2}$	$\hat{\hat{\beta}} = \dfrac{\sum xy}{\sum x^2}$
β的最小平方估計式 之機率分配	$\hat{\beta} \sim N(\beta, \sigma_{\hat{\beta}}^2)$ $\sigma_{\hat{\beta}}^2 = \dfrac{\sigma^2 \sum z^2}{\sum x^2 \sum z^2 - (\sum xz)^2}$	$\hat{\hat{\beta}} \sim N(\beta + \delta d_{ZX}, \sigma_{\hat{\hat{\beta}}}^2)$ $\sigma_{\hat{\hat{\beta}}}^2 = \dfrac{\sigma^2}{\sum x^2}$
β的信任區間♠ （信任係數是$1 - \alpha$）	$\hat{\beta} \pm Z_{\frac{\alpha}{2}} \sqrt{\sigma_{\hat{\beta}}^2}$	$(\hat{\hat{\beta}} - \delta d_{ZX}) \pm Z_{\frac{\alpha}{2}} \sqrt{\sigma_{\hat{\hat{\beta}}}^2}$

註：♠ $Z_{\frac{\alpha}{2}}$是標準常態的Z值。

二、包含一個不重要的解釋變數（Inclusion of an Irrelevant Explanatory Variable）

　　如果正確的母體迴歸模型是：

$$Y = a + \beta X + \varepsilon \tag{16-24}$$

但是當我們進行迴歸分析時，卻把**不重要的變數** (Z) **放進分析的模型**，而誤用了下面的模型：

$$Y = a + \beta X + \delta Z + \varepsilon_*, \ \delta = 0 \tag{16-25}$$

並以普通最小平方法去估計式（16–25），於此情況下，將造成何種影響？

若令 $\hat{a}, \hat{\beta}, \hat{\delta}$ 是式（16–25）各迴歸參數的最小平方估計式，則 $\hat{a}, \hat{\beta}, \hat{\delta}$ 具不偏性嗎？又 $\hat{\beta}$ 的變異數 $(\sigma_{\hat{\beta}}^2)$ 與 $\hat{\hat{\beta}}$（$\hat{\hat{\beta}}$ 是以正確模型進行迴歸分析時，式（16–24）中母體迴歸係數 β 的最小平方估計式）的變異數 $(\sigma_{\hat{\hat{\beta}}}^2)$ 相較，何者為小？

從第十四章，我們知道 $\hat{\beta}$ 的計算公式為：

$$\hat{\beta} = \frac{\sum z^2 \sum xy - \sum xz \sum zy}{\sum x^2 \sum z^2 - (\sum xz)^2} \tag{16–26}$$

而從式（16–24），得到：

$$y = Y - \overline{Y} = a + \beta X + \varepsilon - (a + \beta \overline{X} + \overline{\varepsilon})$$

$$= \beta(X - \overline{X}) + (\varepsilon - \overline{\varepsilon})$$

$$= \beta x + \varepsilon' \tag{16–27}$$

將式（16–27）代入式（16–26），得到：

$$\hat{\beta} = \frac{1}{\sum x^2 \sum z^2 - (\sum xz)^2} [\sum z^2 \sum x(\beta x + \varepsilon') - \sum xz \sum z(\beta x + \varepsilon')]$$

$$= \frac{1}{\sum x^2 \sum z^2 - (\sum xz)^2} [\beta(\sum x^2 \sum z^2 - (\sum xz)^2)$$

$$+ (\sum z^2 \sum x\varepsilon' - \sum xz \sum z\varepsilon')]$$

$$= \beta + \frac{\sum z^2 \sum x\varepsilon' - \sum xz \sum z\varepsilon'}{\sum x^2 \sum z^2 - (\sum xz)^2} \tag{16–28}$$

而

$$E(\hat{\beta}) = \beta + E[\frac{\sum z^2 \sum x\varepsilon' - \sum xz \sum z\varepsilon'}{\sum x^2 \sum z^2 - (\sum xz)^2}]$$

$$= \beta + 0$$

$$= \beta \tag{16–29}$$

同理可證得:

$$E(\hat{\delta}) = \delta = 0 \tag{16-30}$$

因此,從式(16-29)及式(16-30),我們發現 $\hat{\beta}$ 及 $\hat{\delta}$ 分別都具備不偏誤性。

此外,從第十四章,我們知道 $\hat{a}$ 的計算公式為:

$$\hat{a} = \overline{Y} - \hat{\beta}\overline{X} - \hat{\delta}\overline{Z}$$

$$= (a + \beta\overline{X} + \overline{\varepsilon}) - \hat{\beta}\overline{X} - \hat{\delta}\overline{Z} \tag{16-31}$$

$$\therefore E(\hat{a}) = E[(a + \beta\overline{X} + \overline{\varepsilon}) - \hat{\beta}\overline{X} - \hat{\delta}\overline{Z}]$$

$$= a + \beta\overline{X} + E(\overline{\varepsilon}) - E(\hat{\beta}\overline{X}) - E(\hat{\delta}\overline{Z})$$

$$= a + \beta\overline{X} + 0 - \beta\overline{X} - \delta\overline{Z}$$

$$= a - \delta\overline{Z}$$

$$= a \tag{16-32}$$

$$(\because \delta = 0)$$

因此,我們發現 $\hat{a}$ 也具不偏誤性。

又從式(16-28)及式(16-29),我們可以導出 $\hat{\beta}$ 的變異數為:

$$\sigma_{\hat{\beta}}^2 = \frac{\sigma^2 \sum z^2}{\sum x^2 \sum z^2 - (\sum xz)^2}$$

$$= \frac{\sigma^2 \sum z^2}{\sum x^2 \sum z^2 \left[1 - \frac{(\sum xz)^2}{\sum x^2 \sum z^2}\right]}$$

$$= \frac{\sigma^2 \sum z^2}{\sum x^2 \sum z^2 [1 - r_{XZ}^2]}$$

$$= \frac{\sigma^2}{\sum x^2 (1 - r_{XZ}^2)} \tag{16-33}$$

但是，就正確的模型（式 16–24）而言，母體迴歸係數 (β) 的最小平方估計式($\hat{\beta}$)之變異數為：

$$\sigma_{\hat{\beta}}^2 = \frac{\sigma^2}{\sum x^2} \tag{16--34}$$

比較式（16–33）和式（16–34），我們得到：

$$\sigma_{\hat{\beta}}^2 > \sigma_{\hat{\hat{\beta}}}^2 \,(\text{除非 } r_{XZ}^2 = 0) \tag{16--35}$$

綜合上面的說明，我們發現：當我們把一個不重要的變數 (Z)放進分析的模型，而以最小平方法對錯誤模型進行迴歸分析，於此情況下，雖然最小平方估計式 ($\hat{\beta}$) 仍具不偏性，但是與$\hat{\hat{\beta}}$（正確模型之下，母體迴歸係數 (β)的最小平方估計式）相較，$\hat{\hat{\beta}}$ 具相對有效性。

第三節 自變數對被解釋變數之邊際影響的相對重要性

設若我們為探討夫妻都就業的家庭，其家庭所得 (X)、家庭年幼子女數 (Z) 對家庭消費支出 (Y) 如何的影響，因而建立了下面的母體迴歸模型：

$$Y = a + \beta X + \delta Z + \varepsilon \tag{16--36}$$

ε 是干擾項，且

$$\begin{cases} \varepsilon_i \sim N(0, \sigma_i^2) \\ \sigma_i^2 = \sigma^2, \ i = 1, 2, \cdots, n \\ \varepsilon_i, \varepsilon_{i'} \quad \text{彼此獨立} \end{cases}$$

今若我們觀察 28 個樣本家庭，得其家庭所得 (X)、年幼子女數 (Z) 及家庭消費支出 (Y)的資料，並以普通最小平方法（OLS），配出樣本迴歸方程式如下：

$$\hat{Y} = 19.4 + 0.6X + 0.3Z, \qquad R^2 = 0.81 \qquad\qquad (16\text{--}37)$$
$$\quad (10) \quad (0.2) \quad (0.1)$$

且

$$\begin{cases} \overline{X} = 100, & \overline{Z} = 2, & \overline{Y} = 80 \\ s_X^2 = 25, & s_Z^2 = 1.44, & s_Y^2 = 9 \end{cases}$$

式（16–37）中，括弧內的數值分別為 $s_{\hat{a}}, s_{\hat{\beta}}$, 及 $s_{\hat{\delta}}$。

　　對於上述的情況下，當然我們可以運用樣本所得到的結果（如式（16–37））對下列的虛無假設：

(1) $H_0 : a = 0$

(2) $H_0 : \beta = 0$ $\qquad\qquad\qquad\qquad\qquad\qquad (16\text{--}38)$

(3) $H_0 : \delta = 0$

分別進行檢定。且可利用式（16–37）的樣本多元判定係數值 $(R^2 = 0.81)$，對虛無假設：

(4) $H_0 : \beta = \delta = 0$ $\qquad\qquad\qquad\qquad\qquad (16\text{--}39)$

進行檢定。然而，我們如何運用式（16–37）的結果，去比較 X 和 Z 對 Y 之邊際影響（或稱為直接影響，Direct Effect）的相對重要性呢？此時，我們不能以「迴歸係數估計值之絕對值」的大小，做為比較的標準，這是因為迴歸係數估計值本身受到自變數度量時，所採用的計量單位所影響（註2）。因此，我們可採用**貝塔係數**（Beta Coefficient），做為比較「**自變數對被解釋變數之直接影響的相對重要性**」的準則。

一、貝塔係數

> ### 定義 16-1　貝塔係數(Beta Coefficient)
>
> 若令 $\hat{Y} = \hat{a} + \hat{\beta}X + \hat{\delta}Z$ 是母體多元迴歸模型:
>
> $$Y = a + \beta X + \delta Z + \varepsilon$$
>
> 的最小平方估計式, 則迴歸係數估計式 $(\hat{\beta}, \hat{\delta})$ 的**貝塔係數**（Beta Coeff. ）是:
>
> $$\text{Beta}_{\hat{\beta}} = \hat{\beta} \cdot \frac{s_X}{s_Y}$$
>
> $$\text{Beta}_{\hat{\delta}} = \hat{\delta} \cdot \frac{s_Z}{s_Y}$$
>
> 此處, s_X、 s_Z、 s_Y 分別是自變數(X, Z) 及被解釋變數 (Y) 的樣本標準差。

　　當我們以樣本資料配出樣本迴歸方程式之後, 我們先就每一個自變數計算其貝塔係數值, 再就貝塔係數絕對值之大小順列。而哪一個自變數對應的貝塔係數絕對值越大, 則該自變數對被解釋變數之直接影響的相對重要性就越高。以式（16-37）為例:

$$\text{Beta}_{\hat{\beta}} = (0.6) \left(\frac{5}{3} \right) = 1.0$$

$$\text{Beta}_{\hat{\delta}} = (0.3) \left(\frac{1.2}{3} \right) = 0.12$$

因此, 我們得到家庭所得 (X) 與年幼子女數 (Z) 相較, 前者對家庭消費支出(Y) 的直接影響, 相對地較為重要。

二、標準差化迴歸係數

　　假如我們將多元母體迴歸模型（式 16-36）經過標準差化, 也就是

將式（16–36）的解釋變數（X 和 Z）以及被解釋變數 (Y)、干擾項 (ε) 分別加以**標準差化**，而將原母體迴歸模型**轉換**為：

$$Y_* = a_* + \beta_* X_* + \delta_* Z_* + \varepsilon_* \tag{16-40}$$

式（16–40）中，β_*（或 δ_*）稱為**母體之標準差化迴歸係數** (Population Standardized Regression Coefficient)。而 β_*，事實上就是當 Z_* 維持不變時，X_* 變動一單位（相當於 X 變動一個標準差）所引起的 $\mu_{Y_* | X_*, Z_*}$ 的變動量。

　　若我們令式（16–40）的最小平方估計式為：

$$\hat{Y}_* = \hat{a}_* + \hat{\beta}_* X_* + \hat{\delta}_* Z_* \tag{16-41}$$

則從第十四章，我們知道標準差化迴歸係數估計式 $(\hat{\beta}_*)$ 的計算公式如下：

$$\hat{\beta}_* = \frac{\sum z_*^2 \sum x_* y_* - \sum x_* z_* \sum z_* y_*}{\sum x_*^2 \sum z_*^2 - (\sum x_* z_*)^2} \tag{16-42}$$

式（16–42）中，

$$\begin{cases} x_* = X_* - \overline{X}_* \\ z_* = Z_* - \overline{Z}_* \\ y_* = Y_* - \overline{Y}_* \end{cases}$$

而

$$X_* = \frac{X - \overline{X}}{s_X}, \quad Z_* = \frac{Z - \overline{Z}}{s_Z}, \quad Y_* = \frac{Y - \overline{Y}}{s_Y}$$

$$\overline{X}_* = \frac{1}{n} \sum X_* = \frac{1}{n} \sum \left(\frac{X - \overline{X}}{s_X} \right) = 0$$

同理

$$\overline{Z}_* = 0, \quad \overline{Y}_* = 0$$

$$\therefore x_* = X_*, \ z_* = Z_*, \ y_* = Y_* \tag{16-43}$$

將式（16–43）的結果，代回式（16–42），我們可以得到：

$$\hat{\beta}_* = \frac{\sum Z_*^2 \sum X_* Y_* - \sum X_* Z_* \sum Z_* Y_*}{\sum X_*^2 \sum Z_*^2 - (\sum X_* Z_*)^2}$$

$$= \frac{\sum\left(\frac{Z-\overline{Z}}{s_Z}\right)^2 \sum\left(\frac{X-\overline{X}}{s_X}\right)\left(\frac{Y-\overline{Y}}{s_Y}\right) - \sum\left(\frac{X-\overline{X}}{s_X}\right)\left(\frac{Z-\overline{Z}}{s_Z}\right)\sum\left(\frac{Z-\overline{Z}}{s_Z}\right)\left(\frac{Y-\overline{Y}}{s_Y}\right)}{\sum\left(\frac{X-\overline{X}}{s_X}\right)^2 \sum\left(\frac{Z-\overline{Z}}{s_Z}\right)^2 - \left[\sum\left(\frac{X-\overline{X}}{s_X}\right)\left(\frac{Z-\overline{Z}}{s_Z}\right)\right]^2}$$

$$= \frac{\frac{1}{s_Z^2 s_X s_Y}[\sum z^2 \sum xy - \sum xz \sum zy]}{\frac{1}{s_X^2 s_Z^2}[\sum x^2 \sum z^2 - (\sum xz)^2]}$$

$$= \frac{\frac{1}{s_Y}}{\frac{1}{s_X}}\left[\frac{\sum z^2 \sum xy - \sum xz \sum zy}{\sum x^2 \sum z^2 - (\sum xz)^2}\right]$$

$$= \left[\frac{\sum z^2 \sum xy - \sum xz \sum zy}{\sum x^2 \sum z^2 - (\sum xz)^2}\right] \cdot \frac{s_X}{s_Y}$$

$$= \hat{\beta} \cdot \frac{s_X}{s_Y} = \text{Beta}_{\hat{\beta}} \tag{16–44}$$

（ $\hat{\beta}$ 是原母體迴歸係數之最小平方估計式）

同理可得：

$$\hat{\delta}_* = \hat{\delta} \cdot \frac{s_Z}{s_Y} = \text{Beta}_{\hat{\delta}} \tag{16–45}$$

從式（16–44）和（16–45），我們發現：用來度量自變數對被解釋變數之直接影響的相對重要性的貝塔係數，事實上就是標準差化迴歸係數估計式。

第四節　線性重合的問題

本書在第十四章介紹多元迴歸分析方法時，對於多元直線型母體迴

歸模型：

$$\mu_{Y|X,Z} = a + \beta X + \delta Z$$

或

$$Y = a + \beta X + \delta Z + \varepsilon, \ \varepsilon \text{ 是干擾項} \qquad (16-46)$$

曾做了一些假設，其中的一個假設就是「獨立變數 X 和 Z，彼此之間沒有完全的直線型關係」。本章這一節，基本上就是要進一步去了解，為何進行多元迴歸分析時，必須有如上所述的假設？換句話說，如果獨立變數 X 和 Z 彼此之間存在著完全的直線型關係，將會產生何種問題？再者，如果獨立變數 X 和 Z 之間，雖然不是存在著「**完全的直線型關係**」，但是卻存在著「**高度的直線型關係**」，則將會造成何種問題？

一、線性重合問題的本質

> ## 定義 16-2　**完全線性重合 (Perfect Multicollinearity)**
>
> 　　對於多元直線型母體迴歸模型 $Y = a + \beta X + \delta Z + \varepsilon$ 而言，當我們以樣本資料，採用最小平方法（OLS），去配樣本迴歸方程式，以估計母體迴歸模型時，若獨立變數 **X** 和 **Z** 彼此之間存在著**完全的直線關係**（即 $r_{XZ}^2 = 1$），則稱為有「**完全線性重合問題**」存在。

　　當我們**進行多元迴歸分析**時，若有「**完全線性重合**（Perfect Multi-collinearity）」**問題存在**時，則由於母體迴歸係數（β 或 δ）的最小平方估計式（$\hat{\beta}$ 或 $\hat{\delta}$）的計算公式（以 $\hat{\beta}$ 為例）為：

$$\hat{\beta} = \frac{\sum z^2 \sum xy - \sum xz \sum zy}{\sum x^2 \sum z^2 - (\sum xz)^2} \qquad (16-47)$$

從式（16-47），我們得：

$$\hat{\beta}=\frac{\sum z^2 \sum xy - \sum xz \sum zy}{\sum x^2 \sum z^2 \left[1 - \dfrac{(\sum xz)^2}{\sum x^2 \sum z^2}\right]}$$

$$=\frac{\sum z^2 \sum xy - \sum xz \sum zy}{\sum x^2 \sum z^2 [1 - r_{XZ}^2]} \tag{16-48}$$

然而，因為 X 和 Z 存在著完全直線型關係（即 $r_{XZ}^2 = 1$），所以，式（16-48）的分母等於 "0"。此外，在 X 和 Z 存在著完全直線型關係的情況下，我們可以證明得到，式（16-48）的分子亦等於 "0"（註3）。因此，當進行多元迴歸分析時，自變數 X 和 Z 若存在著完全直線型關係時，式（16-48）成為：

$$\hat{\beta} = \frac{0}{0} \tag{16-49}$$

由於式（16-49）是一個**不定式**（Indeterminate Expression），因此，我們利用樣本資料，**無法計算得到母體迴歸係數(β)的估計值**。

不過，假如獨立變數 X 和 Z 之間，雖然不是完全的直線型關係，但是却有高度的線性關係時，即

$$r_{XZ}^2 \neq 1, \text{但} r_{XZ}^2 \longrightarrow 1 \tag{16-50}$$

此種情況下，我們運用樣本資料，雖然可以就式（16-48）$\hat{\beta}$ 的計算公式，計算得到母體迴歸係數 (β) 的估計值，但是，當我們要以 $\hat{\beta}$ 對母體迴歸係數進行統計推論（以區間估計為例）的工作時，我們將遭遇困難。因為從第十四章，我們知道：（式（14-29））

$$\hat{\beta} \sim N\left(\beta, \frac{\sigma^2 \sum z^2}{\sum x^2 \sum z^2 - (\sum xz)^2} = \sigma_{\hat{\beta}}^2\right)$$

$$\therefore \sigma_{\hat{\beta}}^2 = V(\hat{\beta}) = \frac{\sigma^2 \sum z^2}{\sum x^2 \sum z^2 [1 - r_{XZ}^2]}$$

$$= \frac{\sigma^2}{\sum x^2 [1 - r_{XZ}^2]} \tag{16-51}$$

而當 $r^2_{XZ} \longrightarrow 1$，式（16–51）的分母將越小，以致於 $\sigma^2_{\hat{\beta}}$ 值越大，因而導致母體迴歸係數 (β) 之**信任區間的寬度加大**。茲以 $r^2_{XZ} = 0$ 與 $r^2_{XZ} = 0.90$ 為例，比較兩種情況下，所得到的母體迴歸係數 (β) 的信任區間分別為：

(1)當 $r^2_{XZ} = 0$，信任係數為 0.95時，

$$P_r \left(\hat{\beta} - 1.96\sqrt{\frac{\sigma^2}{\sum x^2}} \leq \beta \leq \hat{\beta} + 1.96\sqrt{\frac{\sigma^2}{\sum x^2}} \right) = 0.95 \qquad (16-52)$$

即在 0.95 的信任水準下，母體迴歸係數 β 的信任區間為：

$$\hat{\beta} - 1.96\sqrt{\frac{\sigma^2}{\sum x^2}} \sim \hat{\beta} + 1.96\sqrt{\frac{\sigma^2}{\sum x^2}}$$

而 β 之信任區間的寬度為：

$$(2)(1.96)\sqrt{\frac{\sigma^2}{\sum x^2}}$$

(2)當 $r^2_{XZ} = 0.9$，信任係數為 0.95時，

$$P_r \left(\hat{\beta} - 1.96\sqrt{\frac{\sigma^2}{\sum x^2(0.1)}} \leq \beta \leq \hat{\beta} + 1.96\sqrt{\frac{\sigma^2}{\sum x^2(0.1)}} \right) = 0.95$$
$$(16-53)$$

即

$$P_r \left(\hat{\beta} - (3.16)(1.96)\sqrt{\frac{\sigma^2}{\sum x^2}} \leq \beta \leq \hat{\beta} + (3.16)(1.96)\sqrt{\frac{\sigma^2}{\sum x^2}} \right) = 0.95$$
$$(16-53)'$$

亦即在 0.95 的信任水準下，母體迴歸係數 β 的信任區間為：

$$\hat{\beta} - (3.16)(1.96)\sqrt{\frac{\sigma^2}{\sum x^2}} \sim \hat{\beta} + (3.16)(1.96)\sqrt{\frac{\sigma^2}{\sum x^2}}$$

而 β 之信任區間的寬度為：

$$(2)(3.16)(1.96)\sqrt{\frac{\sigma^2}{\sum x^2}}$$

由上面的說明，綜而言之，當我們進行多元迴歸分析時，如果獨立變數 X 和 Z 沒有「完全線性重合問題」存在，但若 X 和 Z 有高度直線型關係時，我們仍然有「**高度線性重合**」（ High Multicollinearity）的問題。

定義 16-3　高度線性重合(High Multicollinearity)

對於多元直線型母體迴歸模型 $Y = a + \beta X + \delta Z + \varepsilon$ 而言，當我們以樣本資料，採用最小平方法（OLS），去配樣本迴歸方程式，並對母體迴歸係數進行統計推論（以區間估計為例）工作時，若獨立變數 X 和 Z 沒有完全直線型關係存在 $(r^2_{XY} \neq 1)$，但卻有**高度直線型關係存在時** $(r^2_{XZ} \longrightarrow 1)$，稱為有「**高度線性重合問題**」。此時，以 $\hat{\beta}$ （ β 的 OLS）對 β 進行區間估計時，將造成 β 之信任區間寬度增大（既定的信任水準下）的問題。

二、線性重合問題的發現與補救

由前面（本章第四節第一小節）的說明，我們知道進行多元迴歸分析時，如果獨立變數 X 和 Z 有完全線性重合問題存在，我們利用樣本資料，無法計算得到母體迴歸係數的估計值。而若 X 和 Z 雖然沒有完全線性關係，但卻有高度線性關係時，我們儘管可以計算得到母體迴歸係數的估計值，但進行統計推論時，仍有困難存在。因此，採用多元迴歸分析方法，進行實證分析工作時，必須注意多元迴歸分析模型中，有無「**線性重合的問題** （**Problems of Multicollinearity**）」存在？

然而，如何去發現（Detect）多元迴歸分析模型中，有無「線性重合」的問題呢？在只有 X 和 Z 兩個獨立變數的多元迴歸分析模型下 [如

式（16-46）：$Y = a + \beta X + \delta Z + c$]，我們可以直接利用樣本資料，計算 X 和 Z 的相關係數 r_{XZ}，而：

(1)如果 $r_{XZ}^2 = 1$，我們判斷多元迴歸分析模型，有「**完全線性重合問題**」存在。

(2)如果 $r_{XZ}^2 \neq 1$，但 $r_{XZ}^2 \longrightarrow 1$（例如 $r_{XZ}^2 = 0.90$），我們認定多元迴歸分析模型有「**高度線性重合問題**」存在。

假如母體迴歸模型中，有三個或三個以上的獨立變數時，例如：

$$Y = a + \beta_1 X_1 + \beta_2 X_2 + \cdots + \beta_K X_K + \varepsilon \qquad (16-54)$$

我們如何去發現有無「線性重合的問題」？一般說來，假如有下面的情形時，我們懷疑有「高度線性重合問題」存在：

(1)當去掉（或加進）一個解釋變數時，迴歸係數估計值變化量很大。（但變化量多大，才算是很大？頗有爭議。）

(2)模型中，重要的解釋變數之迴歸係數之 t 值，不具統計上顯著性。

以上的方法，是發現有無「高度線性重合問題」存在的「非正式方法（Informal Method）」。至於檢查多元迴歸模型有無存在著「高度線性重合問題」的「正式的方法（Formal Method）」，則是以「**變異數膨脹因式**」做為評斷的標準。

定義 16-4　變異數膨脹因式(Variance Inflationary Factor)

在多元直線型母體迴歸模型中：

$$Y = a + \beta_1 X_1 + \beta_2 X_2 + \cdots + \beta_K X_K + \varepsilon$$

就第 i 個解釋變數 X_i 而言，其**變異數膨脹因式**（VIF_i）為：

$$\text{VIF}_i = \frac{1}{1 - R_i^2}$$

又 R_i^2 是以 X_i 當做被解釋變數（應變數），而以 X_i 以外的其他自變

數（像 $X_1, X_2, \cdots, X_{i-1}, X_{i+1}, \cdots, X_K$）當做獨立變數，再以樣本資料配迴歸方程式，進而得到的樣本多元判定係數。

就多元迴歸模型中，有 K 個獨立變數的情況而言（如式（16–54）），採用「變異數膨脹因式（VIF）」去評斷，有無「高度線性重合問題」存在的步驟如下：

⑴針對模型中的每一個獨立變數 $(X_i, \ i = 1, 2, \cdots, K)$，分別求算其 VIF 值。

⑵從 K 個VIF 值中，找出數值最大的一個。

⑶若最大的 VIF，其值大於 10，則判斷多元迴歸模型有「高度線性重合問題」存在。或

⑷求算 VIF 的平均值 $\left(= \dfrac{1}{K} \sum\limits_{i=1}^{K} \text{VIF}_i \right)$，而如果 VIF 的平均值比 "1" 大得很多，則判斷多元迴歸模型有「高度線性重合問題」存在。（但是比 "1" 大多少，才稱得上「大得很多」呢? 頗具爭議性。）

【例 16–1】

為分析日治時代農家消費支出受各重要決定因素（農家可支配所得、農家耕地面積、農家人口數、農家年幼子女數）如何的影響。設若我們有 1918年的 22戶農家資料如下：

農家番號	消費支出 (Y)	可支配所得 (X_1)	耕地面積 (X_2)	農家人口數 (X_3)	年幼子女數（1～7歲）(X_4)	年幼子女數（8～14歲）(X_5)
No. 1	781.92元	805.83元	1.5650甲	6人	0人	1人
No. 2	1096.92	1195.68	3.5550	10	3	4
No. 3	1554.63	2269.11	9.1297	15	4	2
No. 4	560.66	557.14	1.0000	8	2	1
No. 5	864.39	1192.21	2.5850	14	2	4

農家番號	消費支出 (Y)	可支配所得 (X₁)	耕地面積 (X₂)	農家人口數 (X₃)	年幼子女數 (1～7歲) (X₄)	年幼子女數 (8～14歲) (X₅)
No. 6	1193.74	1436.06	2.6300	14	4	2
No. 7	1047.09	1544.82	4.3000	15	4	2
No. 8	929.32	1329.60	3.5700	8	2	0
No. 9	842.73	1414.40	3.1900	8	2	1
No.10	278.28	306.03	1.6600	5	2	1
No.11	1333.02	1154.80	2.5800	12	3	2
No.12	1620.84	1877.94	4.8280	12	3	1
No.13	377.67	538.23	3.0970	3	0	0
No.14	833.66	497.12	2.1250	8	0	3
No.15	925.36	855.51	2.8300	13	0	3
No.16	662.31	472.97	1.8130	10	3	0
No.17	702.85	757.84	3.9300	9	2	3
No.18	991.50	1027.76	2.0955	15	5	4
No.19	603.08	683.57	1.9700	9	1	3
No.20	777.41	679.37	2.9550	13	1	2
No.21	575.24	683.11	3.2300	10	2	3
No.22	490.76	610.02	2.4000	6	3	1

試就上述資料,以最小平方法配出樣本迴歸方程式,並以「變異數膨脹因式,VIF」,檢查模型中有無「高度線性重合問題」存在。

【解】

1.就上述資料,以最小平方法,採用電腦軟體(LIMDEP),得到樣本迴歸方程式如下:

$$\hat{Y} = 118.010 + 0.593X_1 - 25.661X_2 + 28.106X_3 - 23.295X_4 + 1.089X_5$$

$$(1.019) \quad (4.017) \quad (-0.705) \quad (1.552) \quad (-0.704) \quad (0.030)$$

$R^2 = 0.8232$, 又括弧內是 t 值。

2.運用上述資料，分別就每一個解釋變數 (X_i) ，計算其 $VIF_i (i = 1, 2, 3, 4, 5)$，得到的結果如下：

Variable	R_i^2	$(1 - R_i^2)$	$VIF_i = \dfrac{1}{(1 - R_i^2)}$
X_1	0.8777	0.1223	8.1766
X_2	0.6395	0.3605	2.7739
X_3	0.7105	0.2895	3.4542
X_4	0.4258	0.5742	1.7416
X_5	0.3935	0.6065	1.6488

註：VIF_i 的平均值為 3.5590。

而 $\because VIF_i$ 的最大值未超過"10"，且 VIF_i 的平均值並沒有比 "1" 大得很多，

$\therefore$ 評斷多元迴歸模型中，沒有「高度線性重合」的問題。

除了「變異數膨脹因式，VIF」的方法以外，還有其他的方法（例如 R^2 Delete），也可用來檢查多元迴歸模型有無「高度線性重合問題」的存在。有興趣的讀者，請參考計量經濟學專書的介紹。

一般說來，進行多元迴歸分析時，模型中的獨立變數（解釋變數），難免都有線性重合的問題存在。因此，我們必須注意「線性重合問題」是「可以忍受」，還是「有害的」（Harmful）？有些學者認為以「多元迴歸分析」方法進行實證分析時，假如在顯著水準為 5%時，F 值具統計上顯著性，但是所有的迴歸係數的 t 值，都不具統計上顯著性，此種情況下，應認定「線性重合問題」是「有害的」。

運用多元迴歸分析方法，進行實證分析時，假如我們發現模型中有「高度線性重合問題」存在，而且是「有害的」，那麼我們可採用哪些方法去補救呢？基本上，我們很難說一定要用哪一個方法，不過在沒有

任何事前的（或理論上）有關母體迴歸係數的訊息下，可以參考採用下面的方法：

(1)把 VIF 最大的那一個解釋變數，從模型中去掉。不過這種處理方法，很可能會因為去掉該解釋變數，而引起模型的「設定誤差」(Specification Error) 問題。

(2)增加樣本數 (n)。樣本數增大之後，一般而言，迴歸係數估計式（例如 $\hat{\beta}$）的變異數 $(\sigma_{\hat{\beta}}^2)$ 將變小，如此，迴歸係數估計式的標準誤 $(\sigma_{\hat{\beta}})$ 也隨著減小，因此，以 $\hat{\beta}$ 對母體迴歸係數 (β) 進行區間估計時，同樣的信任水準下，β 的信任區間減小，精確度因而提高。

(3)採用「脊形迴歸」(Ridge Regression) 方法，進行實證分析。不過，以「脊形迴歸」法所得到的估計式，是母體迴歸係數的偏誤估計式，但其變異數比「最小平方估計式」(Least-Square Estimator) 的為小。關於「脊形迴歸」法，有興趣的讀者，請參考計量經濟學專書的介紹。

第五節　非直線型迴歸模型的估計

本書在第十三、十四章，介紹簡單及多元迴歸分析方法時，事前都有一個「假設」，即解釋變數對被解釋變數的影響是「直線型」的。然而，有些場合下（根據樣本資料提供的訊息，或者根據理論），解釋變數對被解釋變數的影響，並不是直線型。對於這種情況，我們如何進行迴歸分析的工作呢？

設若我們為探討：解釋變數 (X) 對被解釋變數 (Y) 影響的方向如何？數量上如何的影響？而在建立母體迴歸模型之前，假如我們運用收集到的樣本資料，繪出樣本資料的散佈圖 (Scatter Diagram) 如圖 16–1 所示：

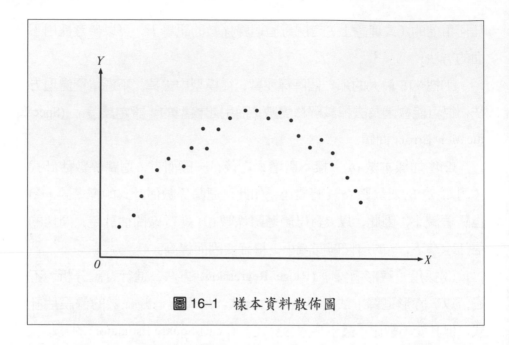

圖 16-1　樣本資料散佈圖

則根據樣本資料散佈圖所提供的訊息，解釋變數對被解釋變數的影響，很顯然的，不是「直線型」，而是「非直線型」(Nonlinear)。因此，我們建立的母體迴歸模型為「**二次式模型**」(Quadratic Model)，如下:

$$Y = a + \beta X + \delta X^2 + \varepsilon \tag{16-55}$$

此時，我們令 $Z = X^2$，並將式（16-55）寫成:

$$Y = a + \beta X + \delta Z + \varepsilon \tag{16-56}$$

而後，把式（16-56）看成第十四章所介紹的多元（二元）母體迴歸模型，再利用樣本資料對式（16-56）進行估計。式（16-56）中，母體迴歸係數 (β, δ) 的最小平方估計式 $(\hat{\beta}, \hat{\delta})$ 的計算公式，完全與第十四章的式（14-25）及式（14-26）一樣，即

$$\hat{\beta} = \frac{\sum z^2 \sum xy - \sum xz \sum zy}{\sum x^2 \sum z^2 - (\sum xz)^2} \tag{16-57}$$

$$\hat{\delta} = \frac{\sum x^2 \sum zy - \sum xz \sum xy}{\sum x^2 \sum z^2 - (\sum xz)^2} \qquad (16-58)$$

下面的例子，就是根據樣本資料的散佈圖，建立二次式的母體迴歸模型，而後配出樣本迴歸方程式。

【例 16-2】

設若我們知道影響小學生零嘴支出 (Y) 的重要解釋變數是家庭給予小孩的零用錢 (X) 。今若隨機觀察 16 個小學生，而有下面的資料：

小學生	零嘴支出 (Y)	零用錢 (X)
No. 1	180元	480元
2	160	180
3	290	300
4	310	320
5	30	50
6	240	250
7	130	150
8	60	90
9	220	220
10	100	500
11	380	430
12	340	350
13	250	450
14	100	125
15	330	400
16	80	100

試答下列各題：

(1)繪出樣本資料的散佈圖。

(2)根據樣本資料的散佈圖，建立分析「小學生零用錢 (X) 對零嘴支出

(Y) 如何影響？」的模型。

(3)利用樣本資料對你所建立的模型估計。

【解】

(1)樣本資料的散佈圖如下:

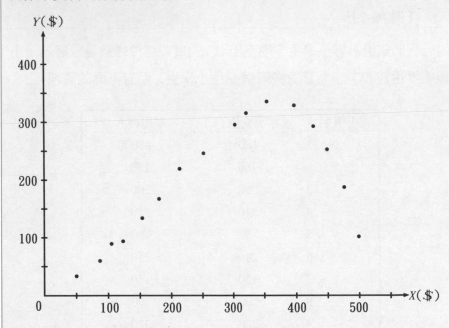

(2)根據樣本資料的散佈圖, 建立分析的模型如下（二次式模型）:

$$Y = a + \beta X + \delta X^2 + \varepsilon$$

或

$$Y = a + \beta X + \delta Z + \varepsilon, \ Z = X^2$$

(3)利用樣本資料, 以最小平方法, 採用電腦軟體（MINITAB）, 去
   估計所建立的模型, 得到:

$$\hat{Y} = -162 + 2.78X - 0.00416X^2$$

$$(-3.11)(6.27) \quad (-5.34)$$

$R^2 = 0.808$, 又括弧內是 t 值。

茲將本例, 以 MINITAB 軟體進行迴歸分析, 得到的結果, 列於表 16–3。

表 16–3 **以 MINITAB 軟體進行迴歸分析的結果 (例 16–2)**

MTB > let C3=C2*C2

MTB > print C1 C2 C3

ROW	C1	C2	C3
1	180	480	230400
2	160	180	32400
3	290	300	90000
4	310	320	102400
5	30	50	2500
6	240	250	62500
7	130	150	22500
8	60	90	8100
9	220	220	48400
10	100	500	250000
11	380	430	184900
12	340	350	122500
13	250	450	202500
14	100	125	15625
15	330	400	160000
16	80	105	11025

$$\begin{cases} C1 : Y \\ C2 : X \\ C3 : Z = X^2 \end{cases}$$

MTB > Regress C1 2 C2 C3

The regression equation is

C1 = − 162 + 2.78 C2 − 0.00416 C3

Predictor	Coef	Stdev	t-ratio	p
Constant	−162.41	52.29	−3.11	0.008
C2	2.7806	0.4436	6.27	0.000
C3	−0.0041638	0.0007790	−5.34	0.000

s=52.08 R-sq = 80.8% R-sq(adj) = 77.8%

Analysis of Variance

SOURCE	DF	SS	MS	F	p
Regression	2	148134	74067	27.30	0.000
Error	13	35266	2713		
Total	15	183400			

SOURCE	DF	SEQ SS
C2	1	70636
C3	1	77498

Unusual Observations

Obs.	C2	C1	Fit	Stdev.Fit	Residual	St.Resid
10	500	100.0	186.9	32.4	−86.9	−2.13R
11	430	380.0	263.4	19.1	116.6	2.41R

R denotes an obs. with a large st. resid.

MTB >   paper

除了樣本提供的訊息外，也許另外的情況下（例如根據理論），我
們也有可能建立了「非直線型」的母體迴歸模型。設若我們想探討「生
產因素的投入量，對產量如何的影響」？因此，我們根據經濟理論，而
假設生產函數是 Cobb-Douglas 的生產函數，即

$$Q = AK^{\beta_1} L^{\beta_2} \tag{16-59}$$

此時，我們先將 Cobb-Douglas 的生產函數，取以 "e" 為底的對數，加以
轉換，因而建立了「雙對數的母體迴歸模型」(Log-Log Model) 如下：

$$\log_e Q = \log_e A + \beta_1 (\log_e K) + \beta_2 (\log_e L) + \varepsilon \tag{16-60}$$

或

$$Q_* = a_* + \beta_1 K_* + \beta_2 L_* + \varepsilon \tag{16-61}$$

而 $\begin{cases} Q_* = \log_e Q \\ a_* = \log_e A \\ K_* = \log_e K \\ L_* = \log_e L \end{cases}$

然後，再運用收集到的資料，以最小平方法對式 (16–61) 估計，得到式 (16–61) 的估計式如下：

$$\hat{Q}_* = \hat{a}_* + \hat{\beta}_1 K_* + \hat{\beta}_2 L_* \tag{16–62}$$

事實上，式（16–59）的 β_1（或 β_2）是用來測度「生產因素 K（或 L）的投入量變動百分之一時，所引起的產量變動的百分比多大」？而 "$\beta_1 + \beta_2 \gtreqless 1$" 反映生產函數是「規模報酬遞增」、「規模報酬不變」、抑或「規模報酬遞減」？

　　然而，當重要的解釋變數若只有一個 (X) 的情況下，母體迴歸模型應建立成何種「非直線型」的函數型態呢？一般說來，除了參考「理論」外，不外乎參考前面所述的「樣本資料所提供的訊息」。假如樣本資料的散佈圖如圖 16–2所示：

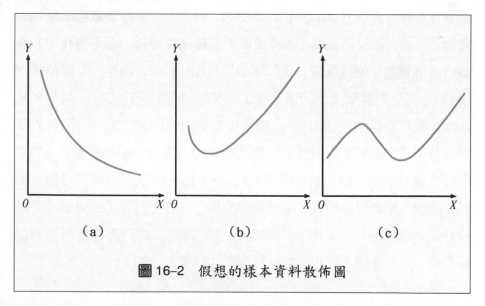

圖 16-2　假想的樣本資料散佈圖

則就(a)而言，我們建立的母體迴歸模型可為「**倒數型的模型**」 (Reciprocal Model)，如下：

$$Y = a + \beta \left(\frac{1}{X} \right) + \varepsilon \qquad (16-63)$$

就(b)而言，母體迴歸模型可建立成「**二次式模型**」：

$$Y = a + \beta X + \delta X^2 + \varepsilon \qquad (16-64)$$

而就(c)而言，母體迴歸模型可建立為「**三次式模型**」：

$$Y = a + \beta_1 X + \beta_2 X^2 + \beta_3 X^3 + \varepsilon \qquad (16-65)$$

建立了母體迴歸模型之後，我們再運用收集的樣本資料，採最小平方法，配出樣本迴歸方程式，以估計所建立的母體迴歸模型。

第六節　虛擬變數 (Dummy Variable)

直到目前為止，本書在介紹簡單或多元迴歸分析方法時，一方面，被解釋變數是**量化** (Quantitative) 的變數，再方面，解釋變數也是量化的變數。不過，當我們面臨「解釋變數不是量化的變數，而是**質化** (Qualitative) 的變數」的情況時，我們應如何處理？例如，決定「家庭消費支出 (Y)」高低的重要決定因素，除了「家庭可支配所得 (X)」以外，其他像「家庭的居住地區 (D)」，也是重要的決定因素，因此，當我們探討或分析「家庭可支配所得 (X) 對家庭消費支出 (Y) 如何影響？」的問題時，我們不能忽略「家庭居住地區(D)」這一個重要的解釋變數。然而，由於「家庭居住地區」這個解釋變數，它是「質化」的變數（若設只分成兩種類別：「都市」、「鄉村」），因此，我們在建立母體迴歸模型時，必須先將「質化」的解釋變數加以量化，如下：

$$Y = a + \beta X + \delta D + \varepsilon \tag{16-66}$$

$$D = \begin{cases} 1, \text{若家庭居住地區是「都市」} \\ 0, \text{若家庭居住地區是「鄉村」} \end{cases}$$

Y：家庭消費支出

X：家庭可支配所得

　ε：干擾項

對於質化的解釋變數 (D) 而言，如果它只有分成兩種類別（如式（16-66）中，「居住地區 (D)」只分成「都市」及「鄉村」兩種類別），此時，我們稱它為「**虛擬變數**」(**Dummy Variable**) 或「**雙類別變數**」(**Binary Variable**)。

　　式（16-66）的母體迴歸模型，亦可寫成：

$$\mu_{Y|X,D} = a + \beta X + \delta D \tag{16-67}$$

而當 $D = 1$ 時（表示都市家庭），式（16-67）成為：

$$\mu_{Y|X,D=1} = (a + \delta) + \beta X \tag{16-68}$$

式（16-68）中，基本上，"$(a+\delta)$" 即是都市家庭的「自發性消費支出」(Autonomous Consumption Expenditure)，而 "βX" 則是「誘發性消費支出」(Induced Consumption Expenditure)。再看，當 $D = 0$ 時（表示鄉村家庭），式（16-67）成為：

$$\mu_{Y|X,D=0} = a + \beta X \tag{16-69}$$

式（16-69）中，"a" 是鄉村家庭的「自發性消費支出」，而 "βX" 是「誘發性消費支出」。因此，我們所建立的母體迴歸模型（式（16-67）），事實上，隱含著一個假設，即都市家庭及鄉村家庭，其「家庭可支配所得 (X)」對「家庭消費支出 (Y)」的**邊際影響**完全一樣。而 "δ" 則是代表都市家庭與鄉村家庭自發性消費支出之差。

對於上面所介紹二個解釋變數當中，一為量化 (X)，另一為質化 (D) 的多元母體迴歸模型（式（16–67））而言，我們可以圖示如圖16–3。

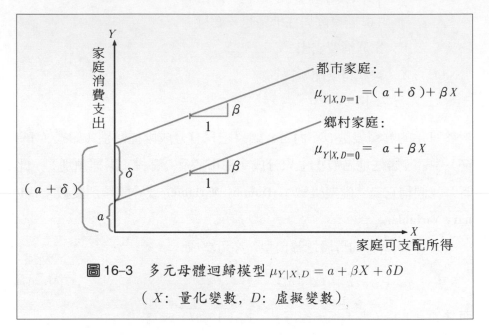

圖16–3　多元母體迴歸模型 $\mu_{Y|X,D} = a + \beta X + \delta D$
（X：量化變數，D：虛擬變數）

建立了母體迴歸模型之後，接著我們運用收集到的樣本資料，對上面所建立的多元母體迴歸模型，採用**最小平方法**，配出樣本迴歸方程式：

$$\hat{Y} = \hat{a} + \hat{\beta}X + \hat{\delta}D \tag{16–70}$$

以進行多元迴歸分析。如此，我們一方面可以對 "β" 進行區間估計，以了解「家庭可支配所得 (X)」對「家庭消費支出 (Y)」如何的影響，另一方面，我們也可以檢定「都市家庭與鄉村家庭，自發性消費支出彼此相等（即 $\delta = 0$）」的假設。

上面所舉的例子中，假如我們考慮家庭可支配所得 (X)，對家庭消費支出 (Y) 的**邊際影響**，很可能因為家庭居住地區是都市或是鄉村而有所不同時，我們建立的母體迴歸模型應修正，而為下面的式子：

$$\mu_{Y|X,D} = a + \beta X + \delta D + rXD \qquad\qquad (16\text{--}71)$$

$$D = \begin{cases} 1, & \text{若家庭居住地區是「都市」} \\ 0, & \text{若家庭居住地區是「鄉村」} \end{cases}$$

然而，當 $D=1$（表示都市家庭）及 $D=0$（表示鄉村家庭）時，式（16–71）分別成為：

$$\mu_{Y|X,D=1} = (a + \delta) + (\beta + r)X \qquad\qquad (16\text{--}72)$$

及 $\qquad\qquad \mu_{Y|X,D=0} = a + \beta X \qquad\qquad\qquad (16\text{--}73)$

所以，式（16–71）中：

　　　a: 鄉村家庭的自發性消費支出

　　　$a+\delta$: 都市家庭的自發性消費支出

　　　β: 鄉村家庭可支配所得對消費支出的邊際影響

　　　$\beta+r$: 都市家庭可支配所得對消費支出的邊際影響

式（16–71）的母體迴歸模型，事實上可如圖 16–4 所示。

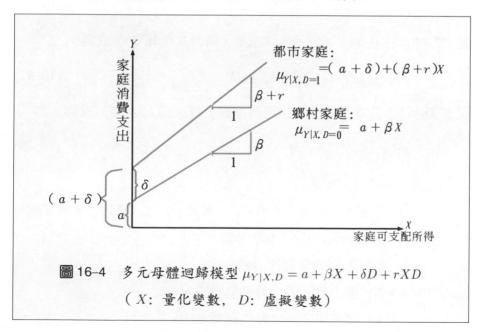

圖 16–4　多元母體迴歸模型 $\mu_{Y|X,D} = a + \beta X + \delta D + rXD$

　　　（X: 量化變數，　D: 虛擬變數）

　　　　進行迴歸分析時，假如質化的（也可稱為「屬質的」(Attribute)）解釋變數，不僅僅只是分成兩種類別，而是分成三種（或以上）的類別，例如家庭的居住地區，分成「都市」、「城鎮」及「鄉村」，於此種情況下，我們在建立母體迴歸模型時，就必須以兩個虛擬變數的方式處理，而為如下的模型：

$$Y = a + \beta X + \delta_1 D_1 + \delta_2 D_2 + \varepsilon \qquad (16-74)$$

或　　　$\mu_{Y|X, D_1, D_2} = a + \beta X + \delta_1 D_1 + \delta_2 D_2$ 　　　　　　　　(16-75)

$$D_1 = \begin{cases} 1, & \text{若家庭居住地區是「都市」} \\ 0, & \text{其他} \end{cases}$$

$$D_2 = \begin{cases} 1, & \text{若家庭居住地區是「城鎮」} \\ 0, & \text{其他} \end{cases}$$

而當 $D_1 = 1$，且 $D_2 = 0$（表示都市家庭）時，式（16-75）成為：

$$\mu_{Y|X, D_1=1, D_2=0} = (a + \delta_1) + \beta X \qquad (16-76)$$

當 $D_1 = 0$，且 $D_2 = 1$（表示城鎮家庭）時，式（16-75）成為：

$$\mu_{Y|X, D_1=0, D_2=1} = (a + \delta_2) + \beta X \qquad (16-77)$$

又當 $D_1 = 0$，且 $D_2 = 0$（表示鄉村家庭）時，式（16-75）成為：

$$\mu_{Y|X, D_1=0, D_2=0} = a + \beta X \qquad (16-78)$$

所以，式（16-75）中：

　　　　β: 家庭（不論是「都市」、「城鎮」、或「鄉村」）可支配所
　　　　　　　得對消費支出的邊際影響

　　　　a: 鄉村家庭的自發性消費支出

　　　　$a + \delta_1$: 都市家庭的自發性消費支出

　　　　$a + \delta_2$: 城鎮家庭的自發性消費支出

然而，對於 $D_1 = 0$ 且 $D_2 = 0$ （鄉村家庭）此類別而言，我們通常將它稱為「**參考組**」(Reference Group)。

我們可利用樣本資料對式（16–75）的估計結果，進而檢定「都市及鄉村家庭自發性消費支出彼此相等（即 $\delta_1 = 0$）」的假設，或對「城鎮及鄉村家庭自發性消費支出之差（即 δ_2）」進行區間估計等統計推論的工作。

第七節 迴歸模型配適度的比較

以樣本資料進行多元直線型迴歸分析時，「**樣本多元判定係數**」(R^2) 可用來測度「**所有的解釋變數對被解釋變數之直線型影響的密切程度**」，換句話說，它也是用來測度「**迴歸模型配適度**」(Goodness of Fit of a Regression Model) 的一個指標。然而，當我們運用樣本資料進行實證分析時，就被解釋變數 (Y) 而言，假如我們設定了兩個多元迴歸模型，而它們所包含的解釋變數，並不完全一致，例如：

[模型 A] $\quad Y = a_0 + a_1 X_1 + a_2 X_2 + a_3 X_3 + a_4 X_4 + \varepsilon_A$ $\qquad$ (16–79)

[模型 B] $\quad Y = \beta_0 + \beta_1 X_1 + \beta_2 X_2 + \beta_6 X_6 + \beta_7 X_7 + \beta_8 X_8 + \varepsilon_B$ $\qquad$ (16–80)

而當我們運用樣本資料對上述模型 (A, B)，以最小平方法進行估計，得到：

$$\hat{Y}_A = \hat{a}_0 + \hat{a}_1 X_1 + \hat{a}_2 X_2 + \hat{a}_3 X_3 + \hat{a}_4 X_4 \qquad (16\text{–}79)'$$

$$\hat{Y}_B = \hat{\beta}_0 + \hat{\beta}_1 X_1 + \hat{\beta}_2 X_2 + \hat{\beta}_6 X_6 + \hat{\beta}_7 X_7 + \hat{\beta}_8 X_8 \qquad (16\text{–}80)'$$

此時，如果我們想要比較 A 與 B 兩個模型中，哪一個模型的解釋變數對被解釋變數之變異 (Variation) 的解釋能力較高？換句話說，如果我們

想知道哪一個模型的「配適度」(Goodness of Fit)較佳？那麼，我們應以哪一個統計測定數做為回答這個問題的根據呢？一般說來，我們不應直接以「樣本多元判定係數」(R^2) 做為判斷的指標。因為，進行多元迴歸分析時，隨著放進模型內的解釋變數個數的增加，樣本多元判定係數 (R^2) 的值，就跟著提高。這種情形，從第十五章，樣本多元判定係數的定義式（15–36），可進一步表達成下式（16–81），而加以說明：

$$R^2 = \frac{\text{SSR}}{\text{SST}} = \frac{\sum(\hat{Y} - \overline{Y})^2}{\sum(Y - \overline{Y})^2} = \frac{\sum \hat{y}^2}{\sum y^2}$$

$$= \frac{\sum y^2 - \sum e^2}{\sum y^2} = 1 - \frac{\sum e^2}{\sum y^2} \tag{16–81}$$

從式（16–81），直觀上，當解釋變數的個數一增加，$\sum e^2$ 隨著降低，所以 R^2 的值就跟著上升。(註4) 因此，統計學家另外再定義「**調整的樣本多元判定係數**」(Adjusted R^2)，做為比較或評斷模型配適度的標準。

定義 16–5　調整的樣本多元判定係數

設若多元母體迴歸模型為：

$$Y = \beta_0 + \beta_1 X_1 + \beta_2 X_2 + \cdots + \beta_K X_K + \varepsilon$$

今以樣本資料，採用最小平方法去估計母體迴歸模型，而得到的樣本迴歸方程式為：

$$\hat{Y} = \hat{\beta}_0 + \hat{\beta}_1 X_1 + \hat{\beta}_2 X_2 + \cdots + \hat{\beta}_K X_K$$

則**調整的樣本多元判定係數**(Adjusted R^2，通常以 $\overline{R}^2$ 表達之)為：

$$\overline{R}^2 = \text{Adjusted } R^2 = 1 - \frac{\sum e^2 / [n - (K + 1)]}{\sum y^2 / (n - 1)}$$

$$= 1 - \frac{\text{MSE}}{\text{MST}} = 1 - \frac{s^2_{Y|X_1, X_2, \cdots, X_K}}{s^2_Y}$$

[$K + 1$：母體迴歸參數的個數]

　　從調整的樣本多元判定係數的定義式，我們可以發現，"Adjusted R^2" 與 "R^2" 不同的最大特點是：Adjusted R^2 的值，不必然隨著模型中解釋變數個數的增加而增加。此外，Adjusted R^2 的值，必然比 R^2 的值為小。這是因為：

$$\overline{R}^2 = \text{Adjusted } R^2 = 1 - \frac{\sum e^2/[n-(K+1)]}{\sum y^2/(n-1)}$$

$$= 1 - \frac{\sum e^2}{\sum y^2} \cdot \frac{(n-1)}{[n-(K+1)]}$$

$$= 1 - \frac{\sum y^2 - \sum \hat{y}^2}{\sum y^2} \cdot \frac{(n-1)}{[n-(K+1)]}$$

$$= 1 - \left(1 - \frac{\sum \hat{y}^2}{\sum y^2}\right) \cdot \left[\frac{n-1}{n-(K+1)}\right]$$

$$= 1 - (1 - R^2)\left[\frac{n-1}{n-(K+1)}\right]$$

$$< 1 - (1 - R^2) \qquad\qquad (16\text{–}82)$$

　　不過，「調整的樣本多元判定係數」雖可用來比較兩個迴歸模型的配適度，但值得注意的是：當我們進行實證分析時，我們不應以 "Adjusted R^2" 的高低，做為選擇模型的根據。基本上，我們在選擇實證模型時，更應該注意下面的兩點：

　　⑴所選用的模型，是否與理論較為符合？

　　⑵就母體迴歸係數而言，所選用的模型是否較能得到可靠的估計值。

　　一般說來，以迴歸分析方法進行實證分析時，除了計算樣本多元判定係數 (R^2)，通常也列算出調整的樣本多元判定係數 (Adjusted R^2)。而多數的電腦軟體，列印迴歸方程式時，都同時列印出 R^2 及 Adjusted R^2 的值。請讀者參見本章例 16–2 的表 16–3。

第八節　干擾項常態分配的假設

運用樣本資料，採用**普通最小平方法** (OLS) 對母體迴歸模型（以簡單迴歸分析為例）：

$$Y_i = \alpha + \beta X_i + \varepsilon_i \tag{16-83}$$

進行估計時，對於**干擾項** (ε_i) 而言，我們假設它是呈以 "0" 為平均數的**常態分配**（見第十三章第二節）。然而，基本上我們如何去檢定「干擾項(ε_i) 呈常態分配」的假設呢? 亦即，對於下列的一組假設：

$$\begin{cases} H_0: \varepsilon_i \quad \text{呈常態分配} \\ H_1: H_0 \quad \text{不真} \end{cases} \tag{16-84}$$

我們將如何去檢定呢?

由於干擾項(ε_i) 的不可觀測 (Unobservable)，所以，我們可運用**殘差值** (e_i) **的散佈圖** (Residual Plot) 來檢查式（16-84）。其步驟如下：

(1)以樣本資料對母體迴歸方程式估計，亦即運用樣本資料，以普通最小平方法配出樣本迴歸方程式：

$$\hat{Y}_i = \hat{\alpha} + \hat{\beta} X_i \tag{16-85}$$

(2)求算殘差值 $e_i = Y_i - \hat{Y}_i$

(3)將 e_i 標準差化，得到**標準差化殘差值** (Standardized Residual)，並以 e_i' 表示之，而

$$e_i' = \frac{e_i - \bar{e}_i}{\sqrt{s_e^2}} \tag{16-86}$$

式（16-86）中，

$$\bar{e}_i = \frac{1}{n} \sum e_i = 0 \quad （見第十三章）$$

s_e^2 是殘差值變異數, 亦即

$$s_e^2 = \frac{1}{n-2} \sum e^2$$

所以, 式（16–86）亦可寫成:

$$e_i' = \frac{e_i}{s_e}, \; s_e = \sqrt{s_e^2} \qquad\qquad (16\text{–}86)'$$

　(4)將 n 個 $(\hat{Y}, e')$ 的數對畫在直角座標圖上（以橫軸表示 $\hat{Y}$, 縱軸表示 e'）, 而得到標準化殘差值的散佈圖。

　(5)如果標準化殘差值的散佈圖, 如圖 16–5所示, 亦即大約有 68% 的散佈點是落在 $-1 \leq e_i' \leq 1$ 範圍內, 而大約有 95%的散佈點係落在 $-2 \leq e_i' \leq 2$ 範圍內, 則在這種情況下, 我們判斷干擾項是呈常態分配。

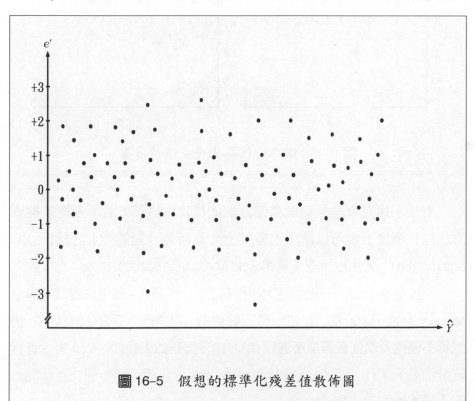

圖 16–5　假想的標準化殘差值散佈圖

(6)如果標準化殘差值的散佈圖, 如圖 16-6 (a)或圖 16-6 (b)所示, 即絕大部份的散佈點是落在 $-1 \leq e'_i \leq 1$ 範圍內（圖 16-6 (a)）, 或者大部份的散佈點落在 $-3 \leq e'_i \leq 0$, 而只有少數的散佈點落在 $e'_i \geq 0$ 範圍內（圖 16-6 (b)）, 則在這兩種情況下, 我們判斷干擾項不呈常態分配。

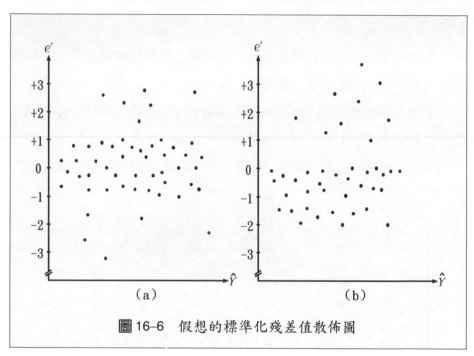

圖 16-6   假想的標準化殘差值散佈圖

對於干擾項 (ε_i) 是否呈常態分配的檢定, 除了上面所介紹的檢查方法外, 事實上也可以採用本書第十七章所要介紹的「卡方檢定 (Chi Square Test)」方法去檢查（見第十七章第二節的說明）。

干擾項 (ε_i) 常態分配的假設如果不成立, 從高氏–馬可夫定理(Gauss-Markov Theorem), 我們知道母體迴歸係數 (β) 的最小平方估計式 $(\hat{\beta})$ 仍然具不偏性及最佳直線型不偏性(BLUE); 但是如果我們要以 $\hat{\beta}$ 對 β 進行統計推論的工作（區間估計或假設的檢定）, 我們必須特別注意一點, 即「樣本數一定要相當大」。

第九節　變異數齊一性的檢定

採用一因素變異數分析方法 (One Factor ANOVA) 探討 r 個母體平均數彼此是否相等（$H_0 : \mu_1 = \mu_2 = \cdots = \mu_r$ 是否為真）的問題時，基本上，必須具備一個假設，即假設 r 個母體的變異數彼此相等 ($\sigma_1^2 = \sigma_2^2 = \cdots = \sigma_r^2$)。亦即假設**變異數齊一性**(Homogeneity 或 Homoscedasticity)。而本書在第十二章第二節，曾介紹「**Hartley 方法**」，並說明如何以 Hartley 方法去檢定 "$\sigma_1^2 = \sigma_2^2 = \cdots = \sigma_r^2$"的假設。

以迴歸分析方法去探討解釋變數 (X) 對被解釋變數 (Y) 如何影響時，對於母體迴歸模型（以簡單直線型迴歸模型為例）：

$$Y_i = \alpha + \beta X_i + \varepsilon_i \quad (i = 1, 2, \cdots, n) \qquad (式 (16\text{-}83))$$

一般而言，我們假設干擾項 (ε_i) 具變異數齊一性，亦即我們假設：

$$\sigma_i^2 = \sigma^2, \ i = 1, 2, \cdots, n \tag{16-87}$$

然而，當我們以**普通最小平方法** (OLS) 估計母體迴歸模型（式 (16-83)）時，如果干擾項有「**變異數不齊一性**(Heterocedasticity)」的問題存在，則母體迴歸係數 (β) 的最小平方估計式 $(\hat{\beta})$，雖然仍然具「**不偏性**」及「**一致性**」，但是**不具「有效性」**。（註5）計量經濟學家認為：相對於時間數列資料 (Time-Series Data)而言，當我們運用橫斷面資料 (Cross-Section Data)進行迴歸分析時，「變異數不齊一性」的問題較為常見。因此，如果以橫斷面的資料進行「實證分析」時，基本上我們應了解有無「變異數不齊一性」的問題存在。也就是說，我們應檢查「變異數齊一性」的假設是否成立？

由於干擾項（或稱誤差項 (ε_i)）的不可觀測，因此對於「變異數齊

一性」的檢查，我們可採用**殘差值平方**(e_i^2)的散佈圖去進行粗略的分析。其步驟如下：

(1)先利用樣本資料，以普通最小平方法配出樣本迴歸方程式 $(\hat{Y}_i = \hat{\alpha} + \hat{\beta}X_i)$。

(2)而後，進一步求算殘差值的平方 $(e_i^2 = (Y_i - \hat{Y}_i)^2)$。

(3)最後再將 n 個 (X, e^2) 的數對畫在直角座標圖上，以橫軸代表 X，縱軸代表 e^2，而得到**殘差值平方的散佈圖**。

(4)如果殘差值平方 (e_i^2) 的散佈圖如圖 16–7 (a)所示，我們判斷「變異數齊一性」的假設成立。然而，如果殘差值平方 (e_i^2) 的散佈圖如圖 16–7 (b)或 (c)，則我們認定干擾項有「變異數不齊一性」的問題存在。

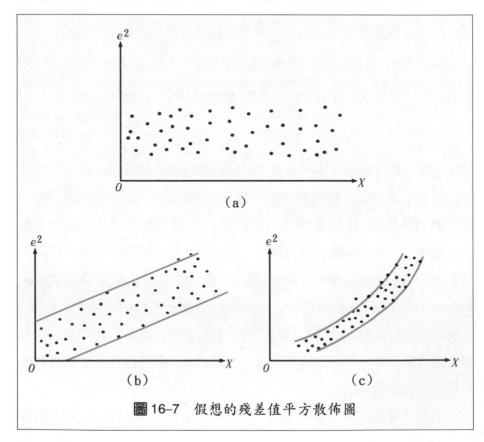

圖 16–7　假想的殘差值平方散佈圖

　　上面所介紹「以殘差值平方 (e_i^2) 的散佈圖發現有無變異數不齊一性問題存在」的方法，由於完全依賴「目視」來判斷，所以相當地主觀。因此，統計學家另外再提出較為客觀的判斷方法。其中一個較為簡單的方法，是利用「**等級相關係數**(Rank Correlation Coefficient)」去判斷。其步驟如下：

　　(1)運用樣本資料，以普通最小平方法配出樣本迴歸方程式 $(\hat{Y}_i = \hat{\alpha} + \hat{\beta} X_i)$。

　　(2)求算殘差值 (e_i)，並取絕對值 $(|e_i|)$。

　　(3)就 $|e_i|$ 給予等級 (Rank)，並就 X_i 給予等級。

　　(4)令 r_s 是 $|e_i|$ 與 X_i 的等級相關係數，並以 r_s 去檢定下列的一組假設：

$$\begin{cases} H_0: \rho_s = 0 \text{（即變異數具齊一性）} \\ H_1: \rho_s \neq 0 \text{（即變異數不具齊一性）} \end{cases} \quad (16\text{-}88)$$

然而，以史皮爾曼的樣本等級相關係數 (r_s) 去檢定母體等級相關係數 (ρ_s) 是否等於 "0" 的統計方法，本書在第十五章第五節（等級相關分析）已詳加介紹，此處不再贅述。

　　關於變異數齊一性的問題，除了可用殘差值平方的散佈圖或等級相關分析的方法去進行簡單的分析外，還有更進一步的檢定方法，例如 **White 檢定**(White's Test)、 Goldfeld-Quandt 檢定或 Breusch-Pagan 檢定。這些檢定方法請參見計量經濟學專書的介紹。（註6）

　　如果根據樣本資料，採用上面介紹的檢定方法，結果發現「變異數齊一性」的假設並不成立，那麼我們應如何估計我們所建立的母體迴歸模型呢？一般說來，可用**加權最小平方法** (Weighted Least Square Method) 進行估計。關於加權最小平方估計法，有興趣的讀者可以參考計量經濟學專書的介紹。

第十節　自我相關的問題

前面第十三章及第十四章所介紹的簡單迴歸分析及多元迴歸分析的統計方法，對於母體迴歸模型的干擾項（或稱誤差項，以 "ε" 表示之）而言，我們假設它們彼此互相獨立；也就是說，我們假設干擾項彼此「非自我相關」(Nonautocorrelation)。若以簡單迴歸分析為例：

$$Y_i = \alpha + \beta X_i + \varepsilon_i \quad (i = 1, 2, \cdots, n) \qquad (式 (16\text{--}83))$$

我們假設式 (16–83) 中的干擾項 (ε_i) 彼此獨立，亦即：

　　ε_i 與 $\varepsilon_{i'}$ 彼此獨立，$i \neq i'$

而本書第十三章（或第十四章）所介紹的統計推論方法，例如以 $\hat{\beta}$（式(16–83) 母體迴歸係數 β 的最小平方估計式）對母體迴歸係數 (β) 進行假設的檢定，或以 $\hat{\beta}$ 對 β 進行區間估計等等的工作，基本上是以干擾項彼此獨立的假設為基礎的。因此，當我們以 "$\hat{\beta}$" 對 "β" 進行統計推論的工作時，事實上有必要了解「干擾項彼此獨立的假設」是否成立。對於「干擾項彼此是否獨立」的檢驗，可以利用殘差值的散佈圖或用杜賓–華森檢定法(Durbin-Watson Test)去探討。

一、自我相關問題的發現

由於干擾項的不可觀測，對於「干擾項彼此是否獨立」的檢驗，一般而言，我們可以運用標準化殘差值(e') 的散佈圖(Residuals Plots)加以探討，也可以就(e_{i-1}, e_i)數對的直角座標圖加以檢查。假如標準化殘差值的散佈圖如圖 16–8 (a)所示，我們判斷干擾項彼此獨立（或彼此「非自我相關」）；但是，如果標準化殘差值的散佈圖如圖 16–8 (b)或 (c)所示，則我們懷疑干擾項彼此並不獨立。再看圖 16–8 (d)，標準化殘差值

幾乎呈「以 "0" 為中心，規則性地擺動」的形狀，那麼我們也認定干擾項彼此並不獨立。

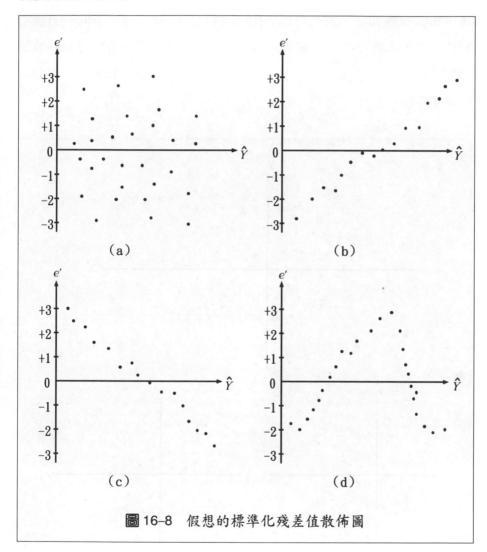

圖 16-8　假想的標準化殘差值散佈圖

除了上面所介紹的殘差值散佈圖外，我們也可以將相鄰的殘差值的數對，即 (e_{i-1}, e_i)，畫在直角座標圖上，而後根據圖形判斷干擾項是否存在「一階自我相關」(First-Order Autocorrelation)。為便於了解，我們可參考下面假想的圖形做為判斷的幫助。假如 (e_{i-1}, e_i) 數對的散佈

圖如圖 16–9 (a)所示，我們判斷干擾項 (ε_i) 彼此獨立（亦即干擾項沒有一階自我相關的關係存在）。然而，如果 $(e_{i-1},\ e_i)$ 數對的散佈圖如圖 16–9 (b)，很明顯的，我們可以看出 e_i 與 e_{i-1} 之間，有正方向的直線型關係存在；而圖 16–9 (c)，則顯示 e_i 與 e_{i-1} 之間，存在著負方向的直線型關係。因此，若 $(e_{i-1},\ e_i)$ 數對的散佈圖如圖 16–9 的 (b)或(c)，那麼我們判斷干擾項彼此不獨立（亦即干擾項有一階自我相關存在）。

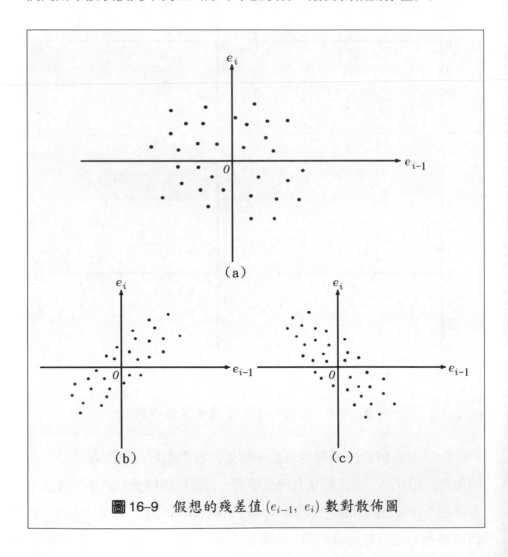

圖 16–9　假想的殘差值 $(e_{i-1},\ e_i)$ 數對散佈圖

　　我們除了可用殘差值 $(e_{i-1},\ e_i)$ 數對的散佈圖，粗略地檢查干擾項有無一階自我相關的關係存在，我們也可以採用「**杜賓-華森檢定**」(**Durbin-Watson Test**, 簡寫為 **D-W Test**) 的方法。以 D-W 檢定法去檢定干擾項彼此是否「非自我相關」時，我們的虛無假設 (H_0) 為 ε_i 與 ε_{i-1} 彼此獨立（或干擾項沒有一階自我相關），以數學式表示，則為:

$$H_0 : \rho = 0,\ \rho\ 是\ \varepsilon_i,\ \varepsilon_{i-1}\ 的相關係數 \qquad (16\text{--}89)$$

而對立假設 (H_1) 則有下面三種情況:

$$H_1 : \rho \neq 0 \qquad\qquad (16\text{--}90\ \text{ⓐ})$$

$$H_1 : \rho > 0 \qquad\qquad (16\text{--}90\ \text{ⓑ})$$

$$H_1 : \rho < 0 \qquad\qquad (16\text{--}90\ \text{ⓒ})$$

因此，對於干擾項彼此獨立與否的問題，如果採用**D-W 檢定法**去探討，那麼我們所要檢定的一組假設，將會有下面的三種情況:

(A) $\begin{cases} H_0 : \rho = 0 \\ H_1 : \rho \neq 0 \end{cases}$ $\qquad\qquad (16\text{--}91\text{ⓐ})$

(B) $\begin{cases} H_0 : \rho = 0 \\ H_1 : \rho > 0 \end{cases}$ $\qquad\qquad (16\text{--}91\text{ⓑ})$

(C) $\begin{cases} H_0 : \rho = 0 \\ H_1 : \rho < 0 \end{cases}$ $\qquad\qquad (16\text{--}91\text{ⓒ})$

對於式 (16–89) $\rho = 0$ 的檢定，J. Durbin 和 G. S. Watson 提出的檢定統計量（**D-W 統計量**）為:

$$d = \frac{\sum\limits_{i=2}^{n}(e_i - e_{i-1})^2}{\sum\limits_{i=1}^{n} e_i^2} \qquad\qquad (16\text{--}92)$$

然而，由於 ε_i 與 ε_{i-1} 的相關係數 (ρ) 的點估計式為：

$$\hat{\rho} = \frac{\sum_{i=2}^{n} (e_i - \bar{e}_i)(e_{i-1} - \bar{e}_{i-1})}{\sqrt{\sum_{i=1}^{n} (e_i - \bar{e}_i)^2} \sqrt{\sum_{i=2}^{n} (e_{i-1} - \bar{e}_{i-1})^2}} \qquad (16\text{--}93)$$

而因為 $\bar{e}_i = 0$, $\bar{e}_{i-1}$ 也幾乎等於 0, 且由於 $\sum e_i^2$ 與 $\sum e_{i-1}^2$ 兩者之間只差一個觀察值，所以

$$\sum_{i=2}^{n} e_i^2 \doteq \sum_{i=1}^{n} e_i^2 \doteq \sum_{i=2}^{n} e_{i-1}^2 \qquad (16\text{--}94)$$

因此，式 (16–93) 可以寫成：

$$\hat{\rho} \doteq \frac{\sum_{i=2}^{n} e_i e_{i-1}}{\sum_{i=1}^{n} e_i^2} \qquad (16\text{--}95)$$

再看，式 (16–92)

$$d = \frac{\sum_{i=2}^{n} e_i^2 + \sum_{i=2}^{n} e_{i-1}^2 - 2\sum_{i=2}^{n} e_i e_{i-1}}{\sum_{i=1}^{n} e_i^2} \doteq \frac{2\sum_{i=2}^{n} e_i^2 - 2\sum_{i=2}^{n} e_i e_{i-1}}{\sum_{i=1}^{n} e_i^2}$$

$$\therefore d \doteq 2 - 2\frac{\sum_{i=2}^{n} e_i e_{i-1}}{\sum_{i=1}^{n} e_i^2} = 2 - 2\hat{\rho} = 2(1 - \hat{\rho}) \qquad (16\text{--}96)$$

由於 $\hat{\rho}$ 的值域在 -1 至 $+1$ 之間，所以，從式 (16–96)，我們可以發現 d 統計量的值介於 $0 \sim 4$。

　　杜賓－華森 (D-W) d 統計量的機率分配較為複雜，有興趣的讀者可以參考計量經濟學專書的介紹。而在 α 風險（或稱為顯著水準）為 5%（或 1%），且 n 大於 15 的情況下，d 統計量的臨界值或判定值 $(d_L$ 及 $d_U)$ 如附錄表 (15)。以下分別就對立假設為 $\rho \neq 0$、$\rho > 0$ 及 $\rho < 0$ 三種情況，簡要說明檢定「干擾項無自我相關」之假設時，我們應如何建立行動規則。

第一種情況（如式 (16–91ⓐ)）：

$$\begin{cases} H_0 : \rho = 0 \\ H_1 : \rho \neq 0 \end{cases}$$

為避免符號太複雜起見，假若我們仍以 "d" 表示 D-W 之 d 統計量的觀察值，則

　　若

$$d_U < d < 4 - d_U \longrightarrow 採 A_0 （即 H_0 不被拒絕）$$

$$d < d_L \ 或 \ d > 4 - d_L \longrightarrow 採 A_1 （即 H_0 被拒絕）$$

　　而若

$$\left. \begin{cases} d_L \leq d \leq d_U \\ 4 - d_U \leq d \leq 4 - d_L \end{cases} \right\} \longrightarrow \begin{array}{l} 無法決定採 A_0 或 A_1 \\ (\text{Test is Inconclusive}) \end{array}$$

第二種情況（如式 (16–91ⓑ)）：

$$\begin{cases} H_0 : \ \rho = 0 \\ H_1 : \ \rho > 0 \end{cases}$$

　　若

$$d > d_U \longrightarrow 採 A_0 （即 H_0 不被拒絕）$$

$$d < d_L \longrightarrow 採 A_1 （即 H_0 被拒絕）$$

　　而若

$$d_L \leq d \leq d_U \longrightarrow 無法決定採 A_0 或採 A_1$$

第三種情況（如式 (16–91ⓒ)）：

$$\begin{cases} H_0 : \ \rho = 0 \\ H_1 : \ \rho < 0 \end{cases}$$

　　若

$$d < 4 - d_U \longrightarrow 採 A_0 （即 H_0 不被拒絕）$$

$$d > 4 - d_L \longrightarrow 採 A_1 （即 H_0 被拒絕）$$

　　而若

$$4 - d_U < d < 4 - d_L \longrightarrow 無法決定採 A_0 或 A_1$$

　　一般而言，以時間數列資料進行實證分析時，干擾項常常有自我相關的問題存在。在舉例檢定干擾項有無自我相關之前，我們先將以上介紹之 D-W 檢定法的行動規則摘要如表 16-4，並圖示如圖 16-10。

表 16-4　D-W 檢定的行動規則

d 統計量	行動規則
$0 < d < d_L$	拒絕 H_0，接受 H_1: $\rho > 0$
$d_L \leq d \leq d_U$	不確定之區間 (Indeterminate Zone)
$d_U < d < 4 - d_U$	H_0 不被拒絕
$4 - d_U \leq d \leq 4 - d_L$	不確定之區間
$4 - d_L < d < 4$	拒絕 H_0，接受 H_1: $\rho < 0$

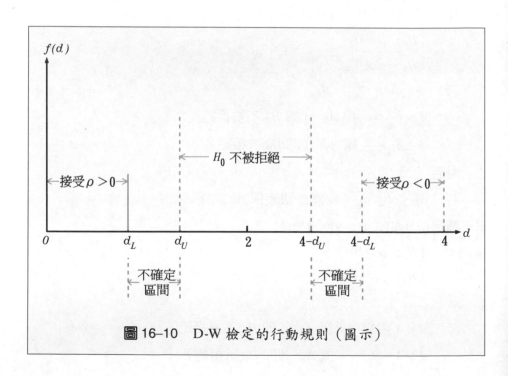

圖 16-10　D-W 檢定的行動規則（圖示）

【例16-3】

設若隨機觀察 20 家製造業廠商，得到廠商之銷售額 (Sales) 及雇用人數 (Size) 的資料如下：

(1)試據此資料，採用普通最小平方法(OLS)估計下面的模型：

$$\text{Sales} = \alpha + \beta\,\text{Size} + \varepsilon$$

(2)並檢定干擾項(ε) 有無「一階自我相關」存在？（顯著水準為 5%）

【解】

以電腦軟體 "MINITAB"，作答本問題，得到的結果，列印如下表 16-5：

Firm	Size	Sales
No. 1	20	120
2	35	300
3	30	253
4	60	560
5	25	215
6	30	360
7	28	250
8	32	400
9	40	352
10	50	452
11	70	680
12	35	320
13	15	120
14	40	410
15	48	450
16	65	700
17	70	650
18	39	360
19	43	390
20	50	465

表 16-5 例 16-3 之 MINITAB 報表

MTB > name c1='Size' c2='Sales'

MTB > print c1 c2

ROW	Size	Sales
1	20	120
2	35	300
3	30	253
4	60	560
5	25	215
6	30	360
7	28	250
8	32	400
9	40	352
10	50	452

11	70	680
12	35	320
13	15	120
14	40	410
15	48	450
16	65	700
17	70	650
18	39	360
19	43	390
20	50	465

MTB > desc c1 c2

	N	MEAN	MEDIAN	TRMEAN	STDEV	SEMEAN
Size	20	41.25	39.50	41.11	15.85	3.55
Sales	20	390.4	375.0	388.2	165.6	37.0

	MIN	MAX	Q1	Q3
Size	15.00	70.00	30.00	50.00
Sales	120.0	700.0	264.8	461.8

MTB > regress c2 1 c1 (put st.res. in c3 (fits in c4));

SUBC > residuals c5;

SUBC > dw.

The regression equation is

Sales $= -27.4 + 10.1$ Size

Predictor	Coef	Stdev	t-ratio	p
Constant	-27.41	26.66	-1.03	0.317
Size	10.1275	0.6051	16.74	0.000

s=41.82   R-sq=94.0%   R-sq(adj)=93.6%

Analysis of Variance

SOURCE	DF	SS	MS	F	p
Regression	1	489828	489828	280.11	0.000
Error	18	31477	1749		
Total	19	521305			

Obs.	Size	Sales	Fit	Stdev. Fit	Residual	St. Resid
1	20.0	120.00	175.14	15.90	−55.14	−1.43
2	35.0	300.00	327.05	10.09	−27.05	−0.67
3	30.0	253.00	276.42	11.57	−23.42	−0.58
4	60.0	560.00	580.24	14.70	−20.24	−0.52
5	25.0	215.00	225.78	13.57	−10.78	−0.27
6	30.0	360.00	276.42	11.57	83.58	2.08R
7	28.0	250.00	256.16	12.32	−6.16	−0.15
8	32.0	400.00	296.67	10.90	103.33	2.56R
9	40.0	352.00	377.69	9.38	−25.69	−0.63
10	50.0	452.00	478.97	10.75	−26.97	−0.67
11	70.0	680.00	681.51	19.75	−1.51	−0.04
12	35.0	320.00	327.05	10.09	−7.05	−0.17
13	15.0	120.00	124.50	18.43	−4.50	−0.12
14	40.0	410.00	377.69	9.38	32.31	0.79
15	48.0	450.00	458.71	10.20	−8.71	−0.21
16	65.0	700.00	630.88	17.15	69.12	1.81
17	70.0	650.00	681.51	19.75	−31.51	−0.85
18	39.0	360.00	367.56	9.45	−7.56	−0.19
19	43.0	390.00	408.07	9.41	−18.07	−0.44
20	50.0	465.00	478.97	10.75	−13.97	−0.35

R denotes an obs. with a large st. resid.

Durbin-Watson statistic = 2.13

MTB > print c1–c5

ROW	Size	Sales	St. Res.	Y Fits	Residu
1	20	120	−1.42568	175.141	−55.141
2	35	300	−0.66662	327.053	−27.053
3	30	253	−0.58269	276.416	−23.416
4	60	560	−0.51701	580.240	−20.240
5	25	215	−0.27250	225.779	−10.779
6	30	360	2.07991	276.416	83.584
7	28	250	−0.15417	256.161	−6.161
8	32	400	2.55938	296.671	103.329

9	40	352	−0.63042	377.691	−25.691
10	50	452	−0.66724	478.965	−26.965
11	70	680	−0.04109	681.515	−1.515
12	35	320	−0.17380	327.053	−7.053
13	15	120	−0.11999	124.504	−4.504
14	40	410	0.79283	377.691	32.309
15	48	450	−0.21479	458.710	−8.710
16	65	700	1.81229	630.877	69.123
17	70	650	−0.85499	681.515	−31.515
18	39	360	−0.18566	367.563	−7.563
19	43	390	−0.44356	408.073	−18.073
20	50	465	−0.34556	478.965	−13.965

從 MINITAB 的報表（見表16–5）：

(1)我們發現母體迴歸模型的最小平方估計式為：

$$\hat{Sales} = -27.4 + 10.1 \ Size, \quad R^2 = 0.94$$

(2)而 Durbin-Watson 之 $d = 2.13$

又我們要檢定的一組假設為：

$$\begin{cases} H_0: \ \varepsilon \ 沒有一階自我相關 \ (\rho = 0) \\ H_1: \ H_0 \ 不真 \ (\rho \neq 0) \end{cases}$$

今查附錄表 (15)，得 $d_L = 1.20$, $d_U = 1.41$

而∵

$$d_U < d = 2.13 < 4 - d_U$$

∴H_0 不被拒絕，亦即承認「ε 沒有一階自我相關的存在」。（顯著水準為 0.05）

【例 16-4】

為分析「台灣的出口值如何影響進口值」的問題, 今從經建會 1994 年 6 月出版之 *Taiwan Statistical Data Book* 得到下面的資料:

(1)試利用此時間數列的資料, 以普通最小平方法 (OLS)估計下面的模型:

$$\text{Imports} = \alpha + \beta \text{ Exports} + \varepsilon$$

(2)並檢定干擾項有無「一階正的自我相關」存在? (顯著水準為1%)

【解】

以電腦軟體 "MINITAB", 作答本問題, 得到的結果, 列印如下表 16-6:

Merchandise Trade
(Customs Statistics,
us $ million)

Year	Exports (at f.o.b. Prices)	Imports (at c.i.f. Prices)
1971	2060	1844
1972	2988	2514
1973	4483	3792
1974	5639	6966
1975	5309	5952
1976	8166	7599
1977	9361	8511
1978	12687	11027
1979	16103	14774
1980	19811	19733
1981	22611	21200
1982	22204	18888
1983	25123	20287
1984	30456	21959
1985	30726	20102
1986	39862	24181
1987	53679	34983
1988	60667	49673
1989	66304	52265
1990	67214	54716
1991	76178	62861
1992	81470	72007
1993	84917	77061

表 16–6　例 16–4 之 MINITAB 報表

```
MTB > name c1='Year' c2='Exports' c3='Imports'
MTB > print c1 c2 c3
```

ROW	Year	Exports	Imports
1	1971	2060	1844
2	1972	2988	2514
3	1973	4483	3792
4	1974	5639	6966
5	1975	5309	5952
6	1976	8166	7599
7	1977	9361	8511
8	1978	12687	11027
9	1979	16103	14774
10	1980	19811	19733
11	1981	22611	21200
12	1982	22204	18888
13	1983	25123	20287
14	1984	30456	21959
15	1985	30726	20102
16	1986	39862	24181
17	1987	53679	34983
18	1988	60667	49673
19	1989	66304	52265
20	1990	67214	54716
21	1991	76178	62861
22	1992	81470	72007
23	1993	84917	77061

```
MTB > regress c3 1 c2;
SUBC > dw.
```

The regression equation is

Imports = −145 + 0.824 Exports

Predictor	Coef	Stdev	t-ratio	p
Constant	−145	1246	−0.12	0.908
Exports	0.82382	0.02941	28.01	0.000

s=3830　　　R−sq=97.4%　　　R-sq(adj)=97.3%

Analysis of Variance

SOURCE	DF	SS	MS	F	p
Regression	1	11507696640	11507696640	784.68	0.000
Error	21	307974816	14665467		
Total	22	11815671808			

Unusual Observations

Obs.	Exports	Imports	Fit	Stdev. Fit	Residual	St.Resid
16	39862	24181	32694	827	−8513	−2.28R
17	53679	34983	44077	1012	−9094	−2.46R
23	84917	77061	69811	1735	7250	2.12R

R denotes an obs. with a large st. resid.

Durbin-Watson statistic = 0.50

從 MINITAB 的報表（見表16–6）：

(1)我們得到母體迴歸模型的最小平方估計式為：

$$\text{Imports} = -145 + 0.824 \text{ Exports}, \quad R^2 = 0.974$$

(2)而 Durbin-Watson 之 $d = 0.50$

又我們要檢定的一組假設為：

$$\begin{cases} H_0: \varepsilon \text{ 沒有一階自我正相關 } (\rho = 0) \\ H_1: \varepsilon \text{ 有一階自我正相關 } (\rho > 0) \end{cases}$$

今查附錄表 (15)，得 $d_L = 1.02$，$d_U = 1.19$

而∵

$$0 < d = 0.50 < d_L$$

∴在顯著水準為0.01時，我們採「拒絕 H_0，接受 $H_1 : \rho > 0$」的行動。亦即承認「干擾項 (ε) 有一階自我正相關的存在」。

以上的兩個例子，在檢定干擾項有無一階自我相關時，都是採用 D-W 檢定法。假如我們也將上面兩個例子，以 MINITAB 軟體，求算標準化殘差值，並繪出**標準化殘差值的散佈圖**，其結果如表 16–7 及表 16–8。

表 16–7　「例 16–3 之標準化殘差值散佈圖」的 MINITAB 報表

MTB > gplot c3 c4;

SUBC > title 'Standardized Residuals Plot';

SUBC > file 'plots5'.

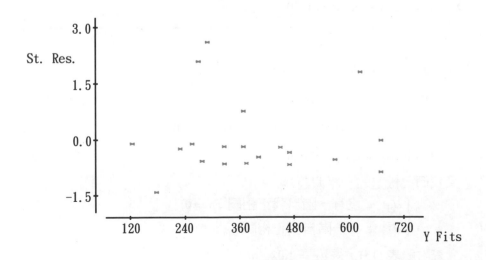

Standardized Residuals Plot

表16-8　「例16-4之標準化殘差值散佈圖」的MINITAB報表

MTB > gplot c4 c5;

SUBC > title 'Standardized Residuals plot for Imports';

SUBC > file 'plots7'.

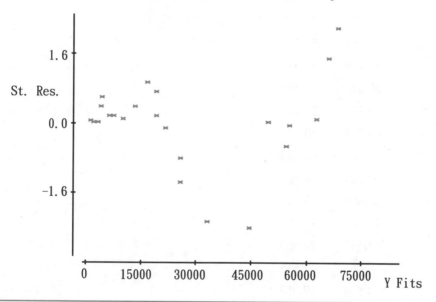

從表16-7的殘差值散佈圖，我們發現其形狀比較接近圖16-8的(a)圖，因此我們判斷干擾項彼此非自我相關。而表16-8的殘差值散佈圖形狀頗類似圖16-8的(d)圖，因此我們認定干擾項彼此並不獨立。

我們進一步再觀察上面兩個例子（例16-3及例16-4）的**殘差值** (e_{i-1}, e_i) **數對散佈圖**（請見表16-9及表16-10）。我們發現例16-3之 (e_{i-1}, e_i) 數對散佈圖與圖16-9的(a)圖較接近，因此我們斷定干擾項彼此獨立。而例16-4之 (e_{i-1}, e_i) 數對散佈圖則與圖16-9的(b)圖頗類似，所以我們判斷干擾項彼此有一階自我正相關。

表 16-9 「例 16-3 之 (e_{i-1}, e_i) 數對散佈圖」的 MINITAB 報表

```
MTB > lag 1 c5 c6
MTB > name c5='Residu' c6='Lag Res.'
MTB > print c5 c6
```

ROW	Residu	Lag Res.
1	−55.141	*
2	−27.053	−55.141
3	−23.416	−27.053
4	−20.240	−23.416
5	−10.779	−20.240
6	83.584	−10.779
7	−6.161	83.584
8	103.329	−6.161
9	−25.691	103.329
10	−26.965	−25.691
11	−1.515	−26.965
12	−7.053	−1.515
13	−4.504	−7.053
14	32.309	−4.504
15	−8.710	32.309
16	69.123	−8.710
17	−31.515	69.123
18	−7.563	−31.515
19	−18.073	−7.563
20	−13.965	−18.073

```
MTB > gplot c5 c6;
SUBC > title 'Plots for Lag Residuals vs. Residuals';
SUBC > file 'plots3'.
```

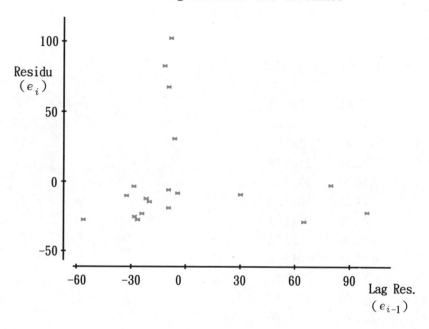

Plots for Lag Residuals v.s. Residuals

$N_* = 1$

表 16-10　「例16-4之 (e_{i-1}, e_i) 數對散佈圖」的 MINITAB 報表

MTB > lag 1 c6 c7

MTB > name c6='Residu' c7='Lag Res.'

MTB > print c6 c7

ROW	Residu	Lag Res.
1	291.92	*
2	197.42	291.92
3	243.81	197.42
4	2465.48	243.81
5	1723.34	2465.48
6	1016.70	1723.34
7	944.23	1016.70
8	720.22	944.23
9	1653.06	720.22
10	3557.35	1653.06
11	2717.67	3557.35
12	740.96	2717.67
13	−264.76	740.96
14	−2986.17	−264.76
15	−5065.60	−2986.17
16	−8512.99	−5065.60
17	−9093.66	−8512.99
18	−160.49	−9093.66
19	−2212.35	−160.49
20	−511.02	−2212.35
21	249.29	−511.02
22	5035.65	249.29
23	7249.95	5035.65

MTB > gplot c6 c7;

SUBC > title 'Plots for Lag Residuals vs. Residuals';

SUBC > file 'plots4'.

Plots for Lag Residuals v.s. Residuals

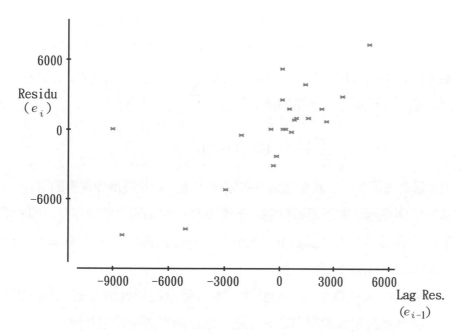

$N_* = 1$

　　以上不管是就殘差值散佈圖或就 (e_{i-1}, e_i) 數對散佈圖，或者是 **D-W** 檢定，對於例 16–3 而言，我們都判斷干擾項彼此獨立；而對於例 16–4 而言，我們則都判斷干擾項彼此不獨立。

　　如果根據 D-W 檢定的結果，發現「干擾項非自我相關」的假設並不成立，那麼我們應如何處理自我相關的問題呢？換句話說，我們應如何去估計母體迴歸模型呢？對於「**自我相關問題的補救**」，本書僅非常簡要地介紹於下面，更深入的探討，請參考計量經濟學專書的介紹。

二、自我相關問題的補救

以迴歸分析方法進行實證分析時，如果迴歸模型有自我相關的問題存在，於此情況下，假如我們採用普通最小平方法 (OLS) 去估計母體迴歸模型 $(Y = \alpha + \beta X + \varepsilon)$，則母體迴歸係數 (β) 的最小平方估計式 $(\hat{\beta})$，雖然仍具不偏誤性，但其變異數不再是 $\dfrac{\sigma^2}{\sum x^2}$。此時，如果我們仍然以下面的區間（見第十三章第四節）：

$$\hat{\beta} \pm t_{\frac{\alpha}{2}} \sqrt{\frac{s_{Y|X}^2}{\sum x^2}} \qquad (\text{式 (13–50)})$$

對 β 進行區間估計，將會遭遇某些問題（請見計量經濟學專書的討論）。基於這個原因，如果迴歸模型之干擾項有自我相關的問題存在，則我們不以普通最小平方法去估計，而改採「**一般化最小平方法** (Generalized Least Square, **GLS**)」進行估計。

關於**一般化最小平方估計法**，本書僅做扼要性的介紹，詳細的內容，請參見計量經濟學專書的介紹。茲以簡單迴歸模型為例：

$$Y_i = \alpha + \beta X_i + \varepsilon_i \qquad (\text{式 (16–83)})$$

設若我們已知式 (16–83) 的干擾項 (ε_i) 彼此不獨立，且知它們彼此間存在著一階自我相關，亦即

$$\varepsilon_i = \rho \varepsilon_{i-1} + u_i \tag{16–97}$$

但 $u_i, u_{i'}$ 彼此獨立 $(i \neq i')$

則從式 (16–83)，知

$$Y_{i-1} = \alpha + \beta X_{i-1} + \varepsilon_{i-1} \tag{16–98}$$

將式 (16–98) 左右兩端分別各乘以 ρ，得到：

$$\rho Y_{i-1} = \rho\alpha + \rho\beta X_{i-1} + \rho\varepsilon_{i-1} \qquad (16\text{--}99)$$

並將式 (16-83) 減式 (16-99)，整理可得到：

$$Y_i - \rho Y_{i-1} = \alpha(1-\rho) + \beta(X_i - \rho X_{i-1}) + \varepsilon_i - \rho\varepsilon_{i-1} \qquad (16\text{--}100)$$

但從式 (16-97)，知 $\varepsilon_i - \rho\varepsilon_{i-1} = u_i$，所以，式 (16-100) 可以改寫為：

$$Y_i - \rho Y_{i-1} = \alpha(1-\rho) + \beta(X_i - \rho X_{i-1}) + u_i \qquad (16\text{--}101)$$

事實上，式 (16-101) 可稱為**一般化差分方程式** (Generalized Difference Equation)。然而，若令：

$$\begin{cases} Y_i^* = Y_i - \rho Y_{i-1} \\ X_i^* = X_i - \rho X_{i-1} \end{cases} \qquad (16\text{--}102)$$

並令

$$\alpha^* = \alpha(1-\rho) \qquad (16\text{--}103)$$

則式 (16-101) 成為：

$$Y_i^* = \alpha^* + \beta X_i^* + u_i \qquad (16\text{--}104)$$

式 (16-104) 中的 α^* 及 β 為參數，而 u_i 為彼此獨立的新干擾項。然後，我們再以普通最小平方法對式 (16-104) 進行估計，以得到 β 的一般化最小平方估計值。不過，在將式 (16-83) 轉換成式 (16-104) 時，我們將面臨 ρ 的值未知的問題，因此對於式 (16-102) 中的 ρ，我們就以 $\hat{\rho}$（見式 (16-95)）估計之。

綜而言之，以**一般化最小平方法估計簡單迴歸模型**的步驟如下：

1.以普通最小平方法 (OLS) 對 $Y_i = \alpha + \beta X_i + \varepsilon_i$ 估計，得到

$$\hat{Y}_i = \hat{\alpha} + \hat{\beta} X_i$$

2.令 $\varepsilon_i = \rho\varepsilon_{i-1} + u_i$，而 $u_i, u_{i'}$ 彼此獨立，並以 D-W 檢定 $\varepsilon_i, \varepsilon_{i-1}$ 彼此獨立否，設若檢定結果，發現干擾項 (ε_i) 有一階自我相關的問題存在

（即拒絕 $\rho = 0$ 的虛無假設）。

3.求算 $e_i = Y_i - \hat{Y}_i$，並計算 ρ 的估計值 $(\hat{\rho})$，而

$$\hat{\rho} = \frac{\sum\limits_{i=2}^{n} e_i e_{i-1}}{\sum\limits_{i=1}^{n} e_i^2}$$

4.將 Y_i, X_i 轉換為 Y_i^*, X_i^*，而

$$\begin{cases} Y_i^* = Y_i - \hat{\rho} Y_{i-1} \\ X_i^* = X_i - \hat{\rho} X_{i-1} \end{cases}$$

5.以普通最小平方法 (OLS) 對式 (16–104)

$$Y_i^* = \alpha^* + \beta X_i^* + u_i$$

估計，得到

$$\hat{Y}_i^* = \hat{\alpha}^* + \hat{\beta} X_i^*$$

6.$\hat{\beta}$ 即為 β 的一般化最小平方估計式（值）：

而 $\hat{\alpha}^*$ 是 α^* 的估計式，又從式 (16–103) 知道：

$$\alpha = \frac{\alpha^*}{1 - \rho}$$

因此，α 的一般化最小平方估計式（值）為:

$$\hat{\alpha} = \frac{\hat{\alpha}^*}{1 - \hat{\rho}}$$

附　註

註1: X, Z 兩變數彼此無相關時，他們的共變異數為 "0"，而 X, Z 的共變異數為

$$s_{XZ}=\frac{1}{n-1}\sum(X-\overline{X})(Z-\overline{Z})$$

$$=\frac{1}{n-1}\sum xz$$

∴當 X, Z 兩變數無相關時，$\sum xz = 0$，因此

$$d_{ZX}=\frac{\sum xz}{\sum x^2}=0$$

註2: 以簡單迴歸為例: 設若甲、乙兩人利用同一組樣本資料，去分析廣告費用對銷售額的影響。就銷售額 (Y) 而言，甲、乙兩人所採的度量單位相同，但廣告費用，甲、乙兩人所採的度量單位不同。若甲、乙利用樣本資料配出的迴歸方程式如下:

$$\begin{cases}甲: \hat{Y}=\hat{a}+\hat{\beta}X,\ X: 單位千元\\ 乙: \hat{Y}=\hat{\hat{a}}+\hat{\hat{\beta}}X',\ X': 單位萬元\end{cases}$$

則∵ $\hat{\beta}=\dfrac{\sum xy}{\sum x^2}$, $\hat{\hat{\beta}}=\dfrac{\sum x'y}{\sum x'^2}$

而又∵ $X'=\dfrac{X}{10}$, $\overline{X}'=\dfrac{\overline{X}}{10}$

$$x'=X'-\overline{X}'=\frac{x}{10}$$

$$\therefore \hat{\hat{\beta}}=\frac{\sum x'y}{\sum x'^2}=\frac{\frac{1}{10}\sum xy}{\frac{1}{100}\sum x^2}=\frac{1}{10}\frac{\sum xy}{\sum x^2}=\frac{1}{10}\hat{\beta}\neq\hat{\beta}$$

註3: 當 X 和 Z 存在著完全直線型關係時，Z 可以表達成:

$$Z=c+dX$$

$$\therefore \overline{Z} = c + d\overline{X}$$

$$\therefore z = Z - \overline{Z} = (c + dX) - (c + d\overline{X})$$

$$= d(X - \overline{X})$$

$$= dx$$

因此，式(16–48) 之 $\hat{\beta}$ 計算公式的分子:

$$\sum z^2 \sum xy - \sum xz \sum zy = \sum (dx)^2 \sum xy - \sum x(dx) \sum (dx)y$$

$$= d^2 \sum x^2 \sum xy - d^2 \sum x^2 \sum xy$$

$$= 0$$

註4: 迴歸分析模型中，若解釋變數的個數增加，則 $\sum e^2$ 值降低，R^2 值上升。其數學證明，請參見計量經濟學專書的介紹。

註5: 參見計量經濟學教科書的介紹，或見 Gujarati, D. (1978).

註6: 參見 Ramanathan, R.(1992).

練 習 題

16–1　若 $\hat{C} = \hat{\alpha} + \hat{\beta}Y$ 為母體迴歸模型 $C = \alpha + \beta Y + \varepsilon$ 的最小平方估計式，Y 為可支配所得，C 為消費額，請答下列各題（第1、2 小題與第十四章練習題第五之第1、2 小題相同）：

1. 若已知 $\hat{\beta} = 0.8$, $\sum\limits_{i=1}^{n}(Y_i - \overline{Y})^2 = 100$, $\sum\limits_{i=1}^{n}(C_i - \overline{C})^2 = 150$, $n = 102$, 試檢定 β 值是否顯著異於 0？（顯著水準 0.05）

2. 若將另一解釋變數「人口」加入原模型內，並利用原樣本資料對新模型估計，得到 $\hat{C} = \hat{b_0} + \hat{b_1}Y + \hat{b_2}N$，又若知 $r_{CN} = 0.85, r_{YN} = 0.98$, $\sum\limits_{i=1}^{n}(N - \overline{N})^2 = 300$，求 $\hat{b_1}$ 及 $\hat{b_2}$ 之值。

3. 就模型 $C = b_0 + b_1 Y + b_2 N + \varepsilon_*$ 而言，由第 2 小題的資料，你認為是否會發生**線性重合**的問題？若由某研究得知 $b_2 = \frac{2}{3}b_1$，則你如何由這項結果解決所遭遇的問題？

4. 從第 2 小題所得到的結果，試問「可支配所得」和「人口」何者對於消費有較重要的影響？請寫出你的判定方法。

16–2　今有 12 塊土地並任意分成三組，在其他因素均控制的情況下，分別施以三種不同的 A、B、C 肥料於三組土地上，並觀察其收穫量如下：

<u>A</u>　75　70　66　69
<u>B</u>　74　78　72　68
<u>C</u>　60　64　65　55

若為探討肥料種類的不同，是否對收穫量有所影響，而建立分析

的模型為:

$$\mu_{Y|D_1,D_2} = \beta_0 + \beta_1 D_1 + \beta_2 D_2$$

$$\begin{cases} D_1 = 1, \text{如果使用 A 肥料} \\ D_1 = 0, \text{其他} \end{cases}$$

$$\begin{cases} D_2 = 1, \text{如果使用 B 肥料} \\ D_2 = 0, \text{其他} \end{cases}$$

請答下列各題:

1.試利用上述資料配迴歸方程式 $\hat{Y} = \hat{\beta}_0 + \hat{\beta}_1 D_1 + \hat{\beta}_2 D_2$，並指出母體迴歸模型中母體迴歸係數與母體迴歸截距的意義。

2.試分別檢定 (i) A 與 C 肥料; (ii) B 與 C 肥料對平均收穫量之差異是否顯著? ($\alpha = 5\%$)

3.試以 ANOVA 方法檢定肥料不同是否影響收穫量? ($\alpha = 5\%$)

16–3 下表是隨機觀察 8 個家庭, 得到的資料。為利用虛擬變數的統計方法探討家長所得 (Y) 如何受教育年數 (E) 與居住地區 (D) 的影響 $(\mu_{Y|E,D} = \beta_0 + \beta_1 E + \beta_2 D)$, 請答下列各題:

1.解釋 β_1 與 β_2 之意義。

2.試利用下面的樣本資料, 配出樣本迴歸方程式 $\hat{Y} = \hat{\beta}_0 + \hat{\beta}_1 E + \hat{\beta}_2 D$ 。

居住地區	教育年數 E	家長所得 Y
都市 $D = 1$	15	8000
	18	11000
	12	9000
	16	12000
鄉村 $D = 0$	13	5000
	10	3000
	11	6000
	14	10000

16–4　若**真實模型**為 $Y_i = \alpha + \beta X_i + \delta Z_i + \varepsilon_i$，但某甲誤以為自變數 Z 不重要，因而進行簡單迴歸分析，並得樣本迴歸線為 $\hat{Y} = \hat{\alpha} + \hat{\beta} X$，則他將會遭遇何種問題？

16–5　若**真實模型**為 $Y_i = \alpha + \beta X_i + \varepsilon_i$，但某乙隨意加入一不重要之變數 Z，而進行多元迴歸分析，並得到樣本迴歸線為 $\hat{Y} = \hat{\alpha} + \hat{\beta} X + \hat{\delta} Z$，則某乙所估計出之 $\hat{\beta}$ 與真實模型中 β 的 OLS $(\hat{\hat{\beta}})$ 相比較，將有何不同？

16–6　請答下列各題：

　　1.何謂「**調整的（修正的）樣本多元判定係數 $(\overline{R}^2)$**」？

　　2.一個迴歸模型的樣本多元判定係數 (R^2) 之數值，一般而言，隨著模型中解釋變數個數的增多而加大，所以為了避免任意增加不相干的解釋變數，我們可用哪一個統計測定數來重新判定迴**歸式的解釋能力**？

16–7　請解釋下列名詞：

　　1.母體標準化迴歸係數 (Population Standardized Regression Coefficient)

　　2.貝塔係數 (Beta Coefficient)

　　3.虛擬變數 (Dummy Variable)

　　4.杜賓–華森檢定 (Durbin-Watson Test)

第十七章　卡方檢定

第一節　前言

　　本書於第九章第二節曾介紹**卡方分配**，並於該章第六節及第十一章第五節說明如何運用卡方分配，以樣本變異數 (s_X^2) 對母體變異數 (σ_X^2) 進行區間估計及假設檢定的推論工作。此外，從本書第九章第三節，我們發現，事實上可以運用卡方分配，以混合樣本變異數 (s_p^2) 對共同的母體變異數 (σ^2) 進行區間估計或假設檢定。然而，卡方分配除了運用於有關母體變異數的推論工作外，其他像**配適度的檢定**(Tests for Goodness-of-Fit) 及**獨立性的檢定**(Tests for Statistical Independence)，也是運用卡方分配去進行檢定的工作。對於配適度的檢定及獨立性的檢定而言，統計學上通稱為**卡方檢定 (Chi-Square Tests)**。

第二節　配適度的檢定

　　前面第八～十一章所介紹以樣本統計量對母體參數進行統計推論的工作時，基本上，我們必須先知道該特定**統計量的機率分配型態**。而統計量呈何種分配型態，則端看我們對其所來自的母體分配設定 (Specified) 呈何種分配，例如：

　　⑴欲對某廠商生產之袖珍型電算機壽命 (X) 的平均數 (μ_X) 進行區間估計時，我們是以樣本平均數 $(\overline{X})$，呈常態分配(σ_X^2 值已知情況下)或

呈 t 分配 (σ_X^2 值未知情況下) 即

$$\frac{\overline{X} - \mu_X}{\sqrt{\dfrac{\sigma_X^2}{n}}} \sim N(0, 1) \tag{17-1}$$

$$\frac{\overline{X} - \mu_X}{\sqrt{\dfrac{s_X^2}{n}}} \sim t_{n-1} \tag{17-2}$$

去導出 μ_X 的區間估計式。但式 (17-1) 及 (17-2) 的成立，必須先設定 X 母體呈常態分配。

　　(2)欲對母體比例 (p) 進行推論工作時，我們選擇樣本比例 (p') 當做估計式，而以 p' 呈二項分配，即

$$p' \sim b(p, \frac{pq}{n}) \tag{17-3}$$

畫出 Clopper & Pearson 圖，而後利用該圖並根據樣本比例的觀察值以找出 p 的區間估計值。但式 (17-3) 的成立，必須先設定原母體呈二項分配。

　　因此，事實上我們必須對樣本資料所來自的母體，其「分配型態是否與我們所設定的分配型態符合」加以檢定。

　　隨機變數的機率分配型態，除了常態分配、二項分配外，尚有單一分配（矩形分配）、波阿松分配、指數分配等。我們可以利用樣本資料檢查隨機變數是否呈我們所設定的分配型態。凡是**利用樣本資料檢定母體分配是否呈我們所設定的分配型態**（亦即檢定樣本資料是否與我們所設定的母體分配型態符合一致（相配適））**的統計方法，叫做配適度的檢定。**

　　配適度的檢定，從母體參數數值已知或未知的角度而分，可分成母體參數數值已知的配適度檢定及母體參數數值未知的配適度檢定。本書將就母體參數數值已知及未知情況下，分別說明如何利用卡方分配對隨機變數是否呈我們所設定的分配型態（**二項分配、單一分配、波阿松分**

配或常態分配）進行配適度的檢定。

一、配適度的檢定──母體參數數值已知

如果令 X 是 n 次試行中，出現成功的次數，今欲檢定 X 是否呈二項分配，則按照本書第十章（統計假設的檢定 (II)）的介紹，檢定的步驟如下：

㈠建立檢定的假設

$$\begin{cases} H_0: X \text{ 呈二項分配，且平均數是 } np，變異數是 } npq。 \\ \qquad 即 X \sim b(np, npq) \text{（註 1）} \\ H_1: H_0 \text{ 不真。} \end{cases}$$

㈡選擇檢定統計量

統計學家皮爾森 (K. Pearson) 提出如下的統計量：

$$C = \sum_{i=1}^{k} \frac{(O_i - E_i)^2}{E_i} \tag{17-4}$$

當做檢定的統計量。式 (17-4) 中，O_i 是實際試行 n 次時，出現第 i 種類別的**觀察次數**（Observed Frequency，或稱**實際次數**），E_i 是當 H_0 為真時，試行 n 次出現第 i 種類別的**預期次數**（Expected Frequency，或稱**理論次數**），k 是每次試行共有 k 種類別（本問題之下，每次試行，不是出現成功，就是出現失敗，所以只有兩種類別，因此 $k = 2$）。

有了檢定統計量之後，在建立行動規則之前，我們必須知道檢定統計量呈何種機率分配型態。而數理統計學上能夠證明在 n 非常大 ($n \longrightarrow \infty$) 時，C **幾乎接近於卡方分配**，其自由度是 $k-1$，即
當 $n \longrightarrow \infty$ 時，

$$C = \sum_{i=1}^{k} \frac{(O_i - E_i)^2}{E_i} \sim \chi^2_{k-1}$$

對於 $k = 2$（每次試行，只有成功或失敗兩種類別）的情況下，C 之所以呈卡方分配（當 n 很大），我們可以簡要的證明如下：

$$C = \sum_{i=1}^{2} \frac{(O_i - E_i)^2}{E_i}$$

$$= \frac{(O_1 - E_1)^2}{E_1} + \frac{(O_2 - E_2)^2}{E_2}$$

$$= \frac{(O_1 - np)^2}{np} + \frac{(n - O_1 - nq)^2}{nq}$$

$$(\because E_1 = np, \quad E_2 = nq, \quad O_2 = n - O_1)$$

$$= \frac{(O_1 - np)^2}{np} + \frac{(n - O_1 - n(1 - p))^2}{nq}$$

$$(\because \quad q = 1 - p)$$

$$= \frac{(O_1 - np)^2}{np} + \frac{(-O_1 + np)^2}{nq}$$

$$= \frac{(O_1 - np)^2 q + (O_1 - np)^2 p}{npq}$$

$$= \frac{(O_1 - np)^2 (q + p)}{npq}$$

$$= \frac{(O_1 - np)^2}{npq}$$

$$= \left(\frac{O_1 - np}{\sqrt{npq}}\right)^2 \tag{17-5}$$

式 (17–5) 中，O_1 是 n 次試行中出現成功的次數。然而，在 H_0 為真（即 $O_1 \sim b(np, npq)$）的情形下，根據**中央極限定理**，在 $n \longrightarrow \infty$ 時，

$$O_1 \overset{.}{\sim} N(np, npq)$$

所以

$$\frac{O_1 - np}{\sqrt{npq}} \overset{.}{\sim} N(0, 1)$$

因此，式 (17–5) 是標準常態隨機變數的平方，而從本書第九章第二節的定理 9–1，我們可以發現式 (17–5) 呈卡方分配，自由度是 1，即

$$C = \sum_{i=1}^{2} \frac{(O_i - E_i)^2}{E_i} \overset{.}{\sim} \chi_1^2, \quad \text{當} \, n \longrightarrow \infty \tag{17-6}$$

㈢建立行動規則

由於虛無假設 (H_0) 為真時，觀察次數與理論次數將越接近，兩者的差值（絕對值）將越小，此種情況下，$\dfrac{(O_i - E_i)^2}{E_i}$ 也越小，因此，其對應的 C 值也越小，所以 C 的觀察值越小，我們採 A_0（接受 H_0）的決策；反之，如果 C 的觀察值越大，我們就採 A_1（接受 H_1）的決策。而正因為如此，所以我們應把選定的 α 風險放置於虛無假設為真時，檢定統計量之機率分配的右端，如圖 17–1 所示。

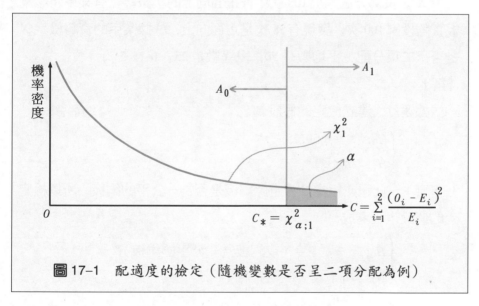

圖 17–1　配適度的檢定（隨機變數是否呈二項分配為例）

從上面的說明，我們知道應採右端檢定，並找出判定點 $C_* = \chi^2_{\alpha;1}$，且建立行動規則為：

若
$$C_0 \le C_* = \chi^2_{\alpha;1}，\text{採 } A_0 \text{ 的決策。}$$

而若
$$C_0 > C_*，\text{採 } A_1 \text{ 的決策。}$$
$$C_0 \text{ 為 } C \text{ 的觀察值。}$$

㈣根據樣本資料, 計算檢定統計量的觀察值 (即 C_0)

㈤做成結論

下面就是檢定隨機變數是否呈我們所設定的分配型態 (母體參數數值已知) 的兩個例子。

【例 17-1】

若令 X 是投擲一個銅板 100 次中, 正面向上的次數。今有某甲將該銅板實際投擲 100 次, 發現有 58 次是正面向上, 試據某甲的資料檢定 X 是否呈**二項分配**, 平均數是 50, 變異數是 25。 $(\alpha = 5\%)$

【解】

㈠根據題意, 建立檢定的假設為:

$$\begin{cases} H_0: & X \sim b(50, 25) \\ H_1: & H_0 不真 \end{cases}$$

事實上, 此題亦相當於檢定此銅板是否為一公平的銅板, 所以檢定的假設也可寫成:

$$\begin{cases} H_0: & p = q = \dfrac{1}{2} \ (或銅板為一公平的銅板) \\ H_1: & H_0 不真 \end{cases}$$

㈡以 $C = \sum_{i=1}^{2} \dfrac{(O_i - E_i)^2}{E_i}$ 為檢定統計量。

㈢建立行動規則如下:

若

$$C_0 \leq C_* = \chi^2_{0.05;1} = 3.84, \ 採 A_0 \quad (接受 H_0)。$$

而若

$$C_0 > C_*, \ 採 A_1 \quad (接受 H_1)。$$

㈣計算 C_0:

$$O_1 = 58, \quad O_2 = n - O_1 = 42$$

$$E_1 = np = 50, \quad E_2 = nq = 50$$

$$C_0 = \frac{(58 - 50)^2}{50} + \frac{(42 - 50)^2}{50}$$

$$= 1.28 + 1.28$$

$$= 2.56$$

$$\because C_0 < C_*, \quad \therefore \text{採 } A_0 \text{ 的決策}。$$

㈤結論：根據某甲的資料，在顯著水準為 5% 時，接受「X 呈二項分配，平均數是 50，變異數是 25」的假設，亦即接受「該銅板為一公平的銅板」的說法。

【例 17-2】

若令 X 是投擲一粒骰子面向上的點數。今有某乙將該粒骰子實際投擲 120 次，發現點 1，點 2，$\cdots$，點 6 向上的次數分別是 23, 15, 12, 17, 29, 24, 試據某乙的資料檢定 X 是否呈**單一分配**，平均數是 3.5 $(= \dfrac{N+1}{2})$，變異數是 $\dfrac{35}{12} (= \dfrac{N^2-1}{12})$。（$\alpha = 5\%$）

【解】

㈠根據題意，建立檢定的假設為：

$$\begin{cases} H_0: & X \sim U(3.5, \dfrac{35}{12})，即 X 的機率函數為： \\ & f(X) = \dfrac{1}{6}, \quad X = 1, 2, \cdots, 6 \\ H_1: & H_0 \text{ 不真} \end{cases}$$

與例 17-1 類似，本題亦相當於檢定此粒骰子是否為一公平的骰子，所以檢定的假設也可寫成：

$$\begin{cases} H_0: \ p_1 = p_2 = \cdots = p_6 = \dfrac{1}{6}, \quad p_1 \text{是出現點 1 向上的機率,} \\ \qquad \text{其餘類推。（或骰子為一公平的骰子）} \\ H_1: \ H_0 \text{ 不真} \end{cases}$$

(二)以 $C = \displaystyle\sum_{i=1}^{6} \frac{(O_i - E_i)^2}{E_i}$ 為檢定統計量。

(三)建立行動規則如下:

若

$$C_0 \le C_* = \chi^2_{\alpha; \nu}, \quad \text{採 } A_0 \quad (\text{接受 } H_0)。$$

而若

$$C_0 > C_*, \quad \text{採 } A_1 \quad (\text{接受 } H_1)。$$

而

$$\nu = k - 1 = 6 - 1 = 5, \ \therefore C_* = \chi^2_{0.05; 5} = 11.10$$

(四)計算 C_0:

C_0 的計算, 可列表如下:

表 17-1　C_0 的計算——例 17-2

類別	觀察次數 O_i	預期次數 $E_i = np_i$	$O_i - E_i$	$(O_i - E_i)^2$	$\dfrac{(O_i - E_i)^2}{E_i}$
點1	23	20	3	9	0.45
2	15	20	-5	25	1.25
3	12	20	-8	64	3.20
4	17	20	-3	9	0.45
5	29	20	9	81	4.05
6	24	20	4	16	0.80
總計	120	120	0		$C_0 = 10.2$

$$C_0 = \sum_{i=1}^{6} \frac{(O_i - E_i)^2}{E_i}$$
$$= 10.2$$

而 $\because C_0 < C_*$，$\therefore$ 採 A_0 的決策。

(五)結論: 根據某乙的資料，接受「 X 呈單一分配」的假設，亦即接受「該骰子為一公平的骰子」的說法。（顯著水準 $\alpha = 5\%$）

當我們以卡方分配進行配適度的檢定時，必須注意下面幾點:

(1)樣本資料應以**簡單隨機抽樣**的方法取得。

(2)**樣本數**要相當大。

(3)當檢定統計量是呈**自由度為** 1 **的卡方分配**時，若 $n < 50$，則在計算 C_0 過程中，應做連續化校正的工作。即 C_0 以下面的方式進行**連續化校正**(Yate's Correction for Continuity):

$$C_0 = \sum_{i=1}^{k} \frac{(|O_i - E_i| - \frac{1}{2})^2}{E_i} \ (\text{註 2})$$

(4)各類別的**預期次數**至少要大於或等於 5，即 $E_i \geq 5$；若某一類別的預期次數小於 5，則須將該類別與相鄰的類別合併。本章第二節的例題中就有 $E_i < 5$ 的情形。

(5)計算 C_0 時，可用下面的**簡捷計算公式**:

$$C_0 = \sum_{i=1}^{k} \frac{O_i^2}{E_i} - n \ (\text{註 3})$$

二、配適度的檢定——母體參數數值未知

前面一節，我們知道在母體參數數值已知情況下，如何以卡方檢定檢查隨機變數是否呈所設定的分配型態。然而，很多情況下，母體參數數值常常未知。而當**母體參數數值未知**時，計算檢定統計量 (式 (17-4)):

$$C = \sum_{i=1}^{k} \frac{(O_i - E_i)^2}{E_i}$$

的觀察值將遭遇困難。因為，式 (17–4) 中的 $E_i(= np_i)$ 將因為第 i 類別對應的機率未知而無法求得，因此，我們以適當的方法對 E_i 加以估計（以 $\hat{E}_i$ 表達之），並以

$$C = \sum_{i=1}^{k} \frac{(O_i - \hat{E}_i)^2}{\hat{E}_i} \tag{17–7}$$

當做檢定統計量。而在 n 大時，C 將接近於卡方分配，但自由度不再是 $k-1$，而是 $k-1-w$，即

當 $n \longrightarrow \infty$ 時，

$$C = \sum_{i=1}^{k} \frac{(O_i - \hat{E}_i)^2}{\hat{E}_i} \sim \chi^2_{k-1-w}$$

k: 類別數

w: 計算 $\hat{E}_i$ 時，有 w 個母體參數要被估計。

下面的三個例子就是以卡方檢定去檢查隨機變數是否呈所設定的分配型態（母體參數數值未知）。

【例 17–3】

為檢定某甲廠商所生產之燈泡壽命是否呈常態分配，若隨機觀察 500 個燈泡，而有如下的資料：

壽命（小時）	個數 (O_i)
100~120	20
120~140	80
140~160	230
160~180	120
180~200	50

試問在顯著水準 $\alpha = 5\%$ 下，甲廠商所生產之燈泡壽命呈**常態分配**的說法可以接受嗎？

【解】

令 X 是甲廠商所生產之燈泡的壽命，根據題意：

㈠建立檢定的假設為：

$$\begin{cases} H_0: & X \text{ 呈常態分配（平均數是 } \mu_X, \text{ 變異數是 } \sigma_X^2, \text{ 但值} \\ & \text{未知）} \\ H_1: & H_0 \text{ 不真} \end{cases}$$

㈡以 $C = \sum_{i=1}^{k} \frac{(O_i - E_i)^2}{E_i}$ 當做檢定統計量，但因各類別對應的機率

(p_i) 未知，$E_i(= np_i)$ 也未知，因此以 $\hat{E}_i$ 估計之。所以，乃以 $C = \sum_{i=1}^{k} \frac{(O_i - \hat{E}_i)^2}{\hat{E}_i}$ 當做檢定統計量。

㈢建立行動規則：

若

$$C_0 \le C_* = \chi_{0.05;\nu}^2, \text{ 採 } A_0 \text{ 的決策。}$$

而若

$$C_0 > C_*, \text{ 採 } A_1 \text{ 的決策。}$$

㈣計算 C_0：

當 H_0 為真時，第 i 類別（例：$100 \le X \le 120$）對應的機率是：

$$p_i = P_r(100 \le X \le 120)$$

$$= P_r(\frac{100 - \mu_X}{\sigma_X} \le \frac{X - \mu_X}{\sigma_X} \le \frac{120 - \mu_X}{\sigma_X})$$

$$= P_r(\frac{100 - \mu_X}{\sigma_X} \le Z \le \frac{120 - \mu_X}{\sigma_X})$$

但 $\because X$ 的平均數 (μ_X) 及變異數 (σ_X^2) 值未知，$\therefore$ 必須利用樣本資料先加以估計。若 μ_X、σ_X^2 分別以 $\overline{X}$ 及 s_X^2 估計之，則可得估計值如下：

$$\overline{X}_0 = \frac{1}{500}[(110)(20) + (130)(80) + (150)(230) + (170)(120) + (190)(50)]$$

$$= 154$$

$$s_0^2 = \frac{1}{499}[((110)^2(20) + (130)^2(80) + \cdots + (190)^2(50)) - (500)(154)^2]$$

$$\doteq 368.74$$

$$s_0 \doteq 19.20$$

$$\therefore P_r(100 \leq X \leq 120) = P_r(\frac{100 - 154}{19.2} \leq Z \leq \frac{120 - 154}{19.2})$$

$$= P_r(-2.81 \leq Z \leq -1.77)$$

$$= 0.0359$$

即以 0.0359 當做 "$100 \leq X \leq 120$" 此類別之機率的估計值。因此，此類別預期次數之估計值為：

$$\hat{E}_i = n\hat{p}_i = (500)(0.0359)$$

$$= 17.95$$

如此，我們計算各類別機率的估計值及預期次數的估計值，並進而計算 C_0，如下表：

表 17–2　C_0 的計算──例 17–3

類　別	觀察次數 O_i	各類別機率之估計值 $\hat{p}_i$	預期次數估計值 $\hat{E}_i = n\hat{p}_i$	$O_i - \hat{E}_i$	$\dfrac{(O_i - \hat{E}_i)^2}{\hat{E}_i}$
100小時以下	0 ⎫ 20	$P_r(X < 100) = 0.0026$	1.30 ⎫ 合併	0.75	0.029
$100 \sim 120$	20 ⎭	$P_r(100 \leq X \leq 120) = 0.0359$	17.95 ⎭ 19.25		
$120 \sim 140$	80	$P_r(120 \leq X \leq 140) = 0.1943$	97.15	-17.15	3.028
$140 \sim 160$	230	$P_r(140 \leq X \leq 160) = 0.3890$	194.50	35.50	6.479
$160 \sim 180$	120	$P_r(160 \leq X \leq 180) = 0.2898$	144.90	-24.90	4.279
$180 \sim 200$	50 ⎫ 50	$P_r(180 \leq X \leq 200) = 0.0803$	40.15 ⎫ 合併	5.80	0.761
200或以上	0 ⎭	$P_r(X \geq 200) = 0.0081$	4.05 ⎭ 44.20		
	500	1.0000	500.00	0.00	14.576

從表 17–2，得 $C_0 = 14.576$。然而，

$\because$ 在計算 $\hat{E}_i$ 的過程中，有 μ_X 及 σ_X^2 兩個母體參數要被估計，

$\therefore$ 自由度為 5–1–2，因此 $C_* = \chi_{0.05;2}^2 = 5.99$。

而 $\because C_0 > C_*$，$\therefore$ 採 A_1 的決策。

㈤結論: 根據樣本資料, 拒絕「甲廠商所生產之燈泡壽命呈常態分
　　配」的說法。（顯著水準 $\alpha = 5\%$）

【例 17-4】

設電信局宣稱「臺北市市區 104 查號臺每分鐘打進該臺要求查詢電
話號碼的通數」呈**波阿松分配**。今若於一個月內隨機觀察 100 個 1 分
鐘, 而有下面的資料:

每分鐘打進 該臺的通數	個數 $(O_i)^*$
0	2
1	10
2	25
3	15
4	20
5	16
6	4
7	6
8	0
9	1
10	1
超過 10	0

*指 100 個 1 分鐘當中, 有多少個 1 分鐘是每分鐘打進該臺的通數是
　第 i 種類別。例如左欄數字是 3, 右欄數字是 15, 表示 100 個 1 分鐘
　當中, 有 15 個 1 分鐘是每分鐘打進該臺的通數都是 3。
試據上述資料檢定電信局的宣稱。（顯著水準 10%）

【解】

令 X 是臺北市市區 104 查號臺每分鐘打進該臺要求查詢電話號碼的通數，按照題意：

(一)建立檢定的假設：

$$\begin{cases} H_0: & X \text{ 呈波阿松分配（平均數是 } \lambda \text{，變異數是 } \lambda \text{，但值} \\ & \text{未知）。} \\ H_1: & H_0 \text{ 不真} \end{cases}$$

(二)以 $C = \sum_{i=1}^{k} \dfrac{(O_i - E_i)^2}{E_i}$ 當做檢定統計量，但因各類別對應的機率 (p_i) 未知，$E_i(= np_i)$ 也未知，因此以 $\hat{E}_i$ 估計之。所以，乃以

$\sum_{i=1}^{k} \dfrac{(O_i - \hat{E}_i)^2}{\hat{E}_i}$ 當做檢定統計量。

(三)建立行動規則：

若

$$C_0 \le C_* = \chi^2_{0.10;\nu} \text{，採 } A_0 \text{ 的決策。}$$

而若

$$C_0 > C_* \text{，採 } A_1 \text{ 的決策。}$$

(四)計算 C_0：

當 H_0 為真時，第 i 類別（例 $X = 3$）對應的機率是：

$$p_i = P_r(X = 3)$$

$$= \frac{e^{-\lambda} \lambda^3}{3!}$$

但 $\because X$ 的平均數 (λ) 之值未知，$\therefore$ 必須利用樣本資料先加以估計。

若以 $\hat{\lambda} = \dfrac{\sum_{1}^{k} x_i O_i}{n}$ 估計之，則可得 λ 的估計值如下：

$$\hat{\lambda}_0 = \frac{1}{100}[(0)(2) + (1)(10) + (2)(25) + (3)(15) + \cdots + (10)(1)]$$

$$= 3.5$$

$$\therefore P_r(X=3) = \frac{e^{-3.5}(3.5)^3}{3!} = 0.2158$$（或查附錄表 (4) 之波阿松

機率表可得）。因此，以 0.2158 當做 "$X = 3$" 此類別之機率

的估計值。所以，$X = 3$ 此類別預期次數之估計值為：

$$\hat{E}_i = n\hat{p}_i = 100(0.2158)$$

$$= 21.58$$

依此，我們計算各類別機率的估計值及預期次數的估計值，並進而

計算 C_0，如下表：

表 17-3　C_0 的計算——例 17-4

類　　別 （每分鐘打進的 通數 (x_i)）	觀察次數 O_i	各類別機率之估計值 $\hat{p}_i$	預期次數估計值 $\hat{E}_i$	$O_i - \hat{E}_i$	$\dfrac{(O_i - \hat{E}_i)^2}{\hat{E}_i}$
0	2 ⎫ 12	0.0302	3.02 ⎫ 13.59	−1.59	0.186
1	10 ⎭	0.1057	10.57 ⎭		
2	25	0.1850	18.50	6.50	2.284
3	15	0.2158	21.58	−6.58	2.006
4	20	0.1888	18.88	1.12	0.066
5	16	0.1322	13.22	2.78	0.585
6	4	0.0771	7.71	−3.71	1.785
7	6 ⎫	0.0385	3.85 ⎫		
8	0 ⎪	0.0169	1.69 ⎪		
9	1 ⎬ 8	0.0066	0.66 ⎬ 6.53	1.48	0.336
10	1 ⎪	0.0023	0.23 ⎪		
超過 10	0 ⎭	0.0009	0.09 ⎭		
	100	1.0000	100.00	0.00	7.248

從表 17-3，得 $C_0 = 7.248$。然而，

$\because$ 在計算 $\hat{E}_i$ 的過程中，有 "λ" 此母體參數要被估計，

$\therefore$ 自由度為 7-1-1，因此 $C_* = \chi^2_{0.10;5} = 9.24$

而 $\because C_0 < C_*$，$\therefore$ 採 A_0 的決策。

(五)結論：根據樣本資料，接受「臺北市市區 104 查號臺每分鐘打進該臺
要求查詢電話號碼的通數呈波阿松分配」的宣稱。（顯著水準 10%）

【例 17-5】

設若從臺灣全島生育三個小孩的家庭中隨機觀察 100 個家庭，並得到下面的資料：

三個小孩中是女孩的個數	家 庭 數 (O_i)
0	28
1	40
2	10
3	22

試據上述資料檢定臺灣全島生育三個小孩的家庭，其女孩子個數是否呈**二項分配**。（顯著水準5%）

【解】

令 X 是臺灣全島生育三個小孩的家庭中，其女孩子的個數，按照題意：

㈠建立檢定的假設：

$$\begin{cases} H_0: & X \text{ 呈二項分配（平均數是 } 3p \text{，變異數是 } 3p(1-p) \text{，但} \\ & p \text{ 的值未知）；} p \text{ 是每生育一個小孩時，出現是女孩} \\ & \text{的機率} \\ H_1: & H_0 \text{ 不真} \end{cases}$$

㈡以 $C = \sum_{i=1}^{k} \dfrac{(O_i - E_i)^2}{E_i}$ 當做檢定統計量。但因各類別對應的機率未知，各類別的預期次數 (E_i) 也未知，因此以 $\hat{E}_i$ 估計之。所以，乃以 $\sum_{i=1}^{k} \dfrac{(O_i - \hat{E}_i)^2}{\hat{E}_i}$ 當做檢定統計量。

㈢建立行動規則：

若

$$C_0 \le C_* = \chi^2_{0.05;\nu}, \text{採} A_0 \text{ 的決策。}$$

而若

$$C_0 > C_*, \text{採} A_1 \text{ 的決策。}$$

(四)計算 C_0：

當 H_0 為真時，第 i 類別（例 $X = 2$）對應的機率是：

$$P_r(X = 2) = \binom{3}{2} p^2 (1-p)^1$$

但 $\because$ p 之值未知，我們若以 100 個家庭中（共生育 300 個小孩），女孩子所占的比例 $\hat{p} = \dfrac{\sum x_i O_i}{3 \times 100}$ 估計之，則可得 p 的估計值為：

$$\hat{p}_0 = \frac{(0)(28) + (1)(40) + (2)(10) + (3)(22)}{3 \times 100}$$

$$= 0.42$$

$$\therefore P_r(X = 2) = \binom{3}{2} (0.42)^2 (0.58)^1 = 0.3070$$

依此，我們計算各類別機率的估計值，及預期次數的估計值，並計算 C_0 如下表：

表 17-4　C_0 的計算——例 17-5

類　　別 （生育三個小孩之家庭的女孩子個數 (x_i)）	觀察次數 O_i	各類別機率之估計值 $\hat{P}_r(X = x_i)$	預期次數估計值 $\hat{E}_i$	$O_i - \hat{E}_i$	$\dfrac{(O_i - \hat{E}_i)^2}{\hat{E}_i}$
0	28	0.1951	19.51	8.49	3.695
1	40	0.4239	42.39	−2.39	0.135
2	10	0.3070	30.70	−20.70	13.957
3	22	0.0740	7.40	14.60	28.805
	100	1.0000	100.00	0.00	46.592

從表 17-4，得 $C_0 = 46.592$。而

$\because$ 在計算 $\hat{E}_i$ 的過程中，有 "p" 此母體參數要被估計，

$\therefore$ 自由度為 4-1-1，因此 $C_* = \chi^2_{0.05;2} = 5.99$

又 $\because C_0 > C_*$，$\therefore$ 採 A_1 的決策。

(五)結論：根據樣本資料，在顯著水準 $\alpha = 5\%$ 之下，「臺灣全島生育三個小孩的家庭，其女孩子的個數呈二項分配」的假設要被拒絕。

第三節　獨立性的檢定

卡方分配除了應用於前面一節所介紹的**配適度檢定**外，還可以應用於**獨立性的檢定**。很多情況下，我們可能想要對兩個隨機變數之間的關係（獨立或相依）進行統計假設檢定的工作。而假如我們所面臨的問題是：

(1)關於 X、Y 兩個常態隨機變數之間的關係（獨立或相依）的推論工作，例如 X 與 Y 之相關係數是否等於零 ($\rho_{XY} = 0$ 或 $\rho_{XY} \neq 0$) 的假設檢定，或其相關係數是否等於某一特定值（但不是零）的假設檢定。

(2)關於兩個雖然不是常態的隨機變數，但卻是**序列** (Ordinal Scale) 的隨機變數，它們彼此之間的關係（獨立或相依）的推論工作。

對於上述的問題，我們可運用前面一章所介紹的**相關分析方法**及**等級相關分析方法**去探討。然而，有些情況下，很可能兩個隨機變數既都不是常態，也都不是序列的隨機變數，而卻分別都是**類別的隨機變數** (Categorical Random Variable or Nominal Random Variable)。對於這種兩個都是類別隨機變數的情況而言，它們之間是彼此獨立或是彼此相依（不獨立）的假設檢定，前面一章所介紹的相關分析方法或等級相關分析方法不再適用，而必須採用本節所要介紹的**獨立性檢定的方法**。

我們日常生活中所關心的一些環保、社會問題，或商場上所面臨的問題，諸如：

(1)臺北市民對於「體育館是否適於興建在關渡平原上的看法──贊

成、不贊成、無意見」與「市民教育水準的高低──大專或以上，高中、高職，初中或以下」兩者是獨立不相關或是彼此不獨立而相依呢？

⑵臺灣的選民對「臺灣是否應該廢省的看法──應該、不必要、無意見」與「選民支持那個黨派──國民黨、民進黨、新黨、其他」兩者之間是獨立呢？或是不獨立呢？

⑶臺灣的大學生對於臺灣應否興建核四廠的看法與大學生的性別彼此是否獨立不相關？

⑷廠商採用的廣告方式（設若有 A、B、C 三種方式）與廠商的銷售額（設若分成高、中、低三種類別）彼此獨立嗎？

⑸某廠牌洗髮精的女性顧客中對該洗髮精種類（設若有茉莉花、玫瑰花、紫仙花及薄荷四種品味）的偏好情形與女性顧客的身份類別（設若分成上班族、學生、家庭主婦及其他四種類別）彼此獨立與否？

上面的每一問題所涉及的兩個變數，分別都是**類別的變數**，因此，必須採用**獨立性檢定**的統計方法，去探討他們彼此之間是**獨立不相關**或是**不獨立而相依**。而如果他們彼此之間是相依（或彼此有關聯），則**關聯的程度**如何？本節將先對獨立性檢定的步驟予以扼要的說明，而後以實例進行獨立性的檢定，最後再介紹測度兩個類別變數彼此間關聯程度的統計測定數。

一、獨立性檢定的步驟

設若有 X 及 Y 兩個都是類別的隨機變數，且 X 有 r 種類別，Y 有 k 種類別，且 X 及 Y 兩變數的**聯合次數分配表**為：

表 17-5 X, Y 的聯合次數分配表

Y / X	I	II	III	⋯	⋯	k	$N_i.$
I	N_{11}	N_{12}	N_{13}	⋯	⋯	N_{1k}	$N_1.$
II	N_{21}	N_{22}	N_{23}	⋯	⋯	N_{2k}	$N_2.$
⋮	⋮	⋮	⋮			⋮	⋮
⋮	⋮	⋮	⋮			⋮	⋮
r	N_{r1}	N_{r2}	N_{r3}	⋯	⋯	N_{rk}	$N_r.$
$N._j$	$N._1$	$N._2$	$N._3$	⋯	⋯	$N._k$	$\sum N_i. = \sum N._j = N$

表 17–5 中，

$$
\begin{cases}
N & = \text{母體總次數。} \\
N_{ij} & = \text{母體中，就 } X \text{ 變數而言，屬於第 } i \text{ 類別，且 } Y \text{ 變數屬} \\
& \quad \text{於第 } j \text{ 類別的個體數。} \\
N_i. & = \text{母體中，就 } X \text{ 變數而言，屬於第 } i \text{ 類別之個體數。} \\
N._j & = \text{母體中，就 } Y \text{ 變數而言，屬於第 } j \text{ 類別之個體數。}
\end{cases}
$$

從 X, Y 的聯合次數分配表，我們可以導出 X, Y 的**聯合機率分配表**如表 17–6。

表 17–6 X, Y 的聯合機率分配表

Y / X	I	II	III	⋯	⋯	k	$p_i.$
I	p_{11}	p_{12}	p_{13}	⋯	⋯	p_{1k}	$p_1.$
II	p_{21}	p_{22}	p_{23}	⋯	⋯	p_{2k}	$p_2.$
⋮	⋮	⋮	⋮			⋮	⋮
⋮	⋮	⋮	⋮			⋮	⋮
r	p_{r1}	p_{r2}	p_{r3}	⋯	⋯	p_{rk}	$p_r.$
$p._j$	$p._1$	$p._2$	$p._3$	⋯	⋯	$p._k$	$\sum p_i. = \sum p._j = 1$

表 17-6 中，

$$
\begin{cases}
p_{ij} = P_r\,(\ X = \text{第}\,i\,\text{類別，且}\,Y = \text{第}\,j\,\text{類別}） \\
p_{i\cdot} = P_r\,(\ X = \text{第}\,i\,\text{類別}） \\
p_{\cdot j} = P_r\,(\ Y = \text{第}\,j\,\text{類別}）
\end{cases}
$$

假如 X, Y 兩變數彼此獨立，則其聯合機率就等於邊際機率的相乘積，即

$$
p_{ij} = p_{i\cdot}\,p_{\cdot j}
$$

而當我們要檢定 X, Y 兩變數彼此是否獨立不相關時，依照本書第十章的介紹，檢定的步驟如下：

(一)建立檢定的假設：

$$
\begin{cases}
H_0: & X, Y \text{ 兩變數彼此獨立不相關} \\
H_1: & X, Y \text{ 兩變數彼此不獨立}
\end{cases}
$$

(二)選擇檢定的統計量：

從母體中，以簡單隨機抽樣法抽出 n 個個體，得到按 X, Y 交叉分類的「**觀察的聯合次數**(Observed Joint Frequency)」**分配表**如表 17-7。

表 17-7　X, Y 的觀察的聯合次數分配表

X ╲ Y	I	II	$\cdots$	$\cdots$	k	$O_{i\cdot}$
I	O_{11}	O_{12}	$\cdots$	$\cdots$	O_{1k}	$O_{1\cdot}$
II	O_{21}	O_{22}	$\cdots$	$\cdots$	O_{2k}	$O_{2\cdot}$
$\vdots$	$\vdots$	$\vdots$			$\vdots$	$\vdots$
$\vdots$	$\vdots$	$\vdots$			$\vdots$	$\vdots$
r	O_{r1}	O_{r2}	$\cdots$	$\cdots$	O_{rk}	$O_{r\cdot}$
$O_{\cdot j}$	$O_{\cdot 1}$	$O_{\cdot 2}$	$\cdots$	$\cdots$	$O_{\cdot k}$	$\sum O_{i\cdot} = \sum O_{\cdot j} = n$

表 17-7 中,

$\begin{cases} O_{ij} = \text{樣本中,就 } X \text{ 變數而言,屬於第 } i \text{ 類別,且 } Y \text{ 變數屬} \\ \qquad \text{於第 } j \text{ 類別的個體數,亦即「觀察的聯合次數」。} \\ O_{i\cdot} = \text{樣本中,就 } X \text{ 變數而言,屬於第 } i \text{ 類別的個體數,亦} \\ \qquad \text{即「觀察的邊際次數」。} \\ O_{\cdot j} = \text{樣本中,就 } Y \text{ 變數而言,屬於第 } j \text{ 類別的個體數,亦} \\ \qquad \text{即「觀察的邊際次數」。} \end{cases}$

並以下面的統計量:

$$C = \sum_{i=1}^{r} \sum_{j=1}^{k} \frac{(O_{ij} - E_{ij})^2}{E_{ij}} \qquad (17-8)$$

當做檢定的統計量。式 (17-8) 中,E_{ij} 是當 H_0 為真時,樣本中就 X 變數而言,屬於第 i 類別,且 Y 變數屬於第 j 類別的「**預期的聯合次數 (Expected Joint Frequency)**」。因此,

$$E_{ij} = np_{ij} = np_{i\cdot}p_{\cdot j} \qquad (17-9)$$

但因為 $p_{i\cdot}$(或 $p_{\cdot j}$)之值未知,E_{ij} 之值也因而未知,所以我們以

$$\begin{cases} \hat{p}_{i\cdot} = \dfrac{O_{i\cdot}}{n} \text{ 去估計} p_{i\cdot} \\ \hat{p}_{\cdot j} = \dfrac{O_{\cdot j}}{n} \text{ 去估計} p_{\cdot j} \end{cases}$$

即以

$$\hat{E}_{ij} = n\hat{p}_{i\cdot}\hat{p}_{\cdot j} = n\frac{O_{i\cdot}}{n}\frac{O_{\cdot j}}{n} = \frac{O_{i\cdot}O_{\cdot j}}{n} \text{ 去估計} E_{ij},$$

也因此而改以

$$C = \sum_{i=1}^{r} \sum_{j=1}^{k} \frac{(O_{ij} - \hat{E}_{ij})^2}{\hat{E}_{ij}} \qquad (17-10)$$

當做**檢定統計量**。而在 n 大時,C **將接近於卡方分配**,自由度是 $(r-1)(k-1)$,即 (註4)

當 $n \longrightarrow \infty$ 時,

$$C = \sum_{i=1}^{r} \sum_{j=1}^{k} \frac{(O_{ij} - \hat{E}_{ij})^2}{\hat{E}_{ij}} \stackrel{.}{\sim} \chi^2_{(r-1)(k-1)}$$

r: X 變數有 r 種類別

k: Y 變數有 k 種類別

㈢建立行動規則:

在顯著水準是 α 時, 建立行動規則為:

若

$$C_0 \leq C_* = \chi^2_{\alpha;(r-1)(k-1)}, \text{ 採 } A_0 \text{ 的決策。}$$

而若

$$C_0 > C_*, \text{ 採 } A_1 \text{ 的決策。}$$

C_0 是式 (17–10) C 的觀察值。

㈣根據樣本資料, 計算檢定統計量的觀察值 (C_0)。C_0 的計算, 亦可用

下面的**簡捷計算公式**（註 5）:

$$C_0 = \sum_{i=1}^{r} \sum_{j=1}^{k} \frac{O_{ij}^2}{\hat{E}_{ij}} - n \qquad\qquad (17\text{–}11)$$

㈤做成結論。

下面的三個例子, 就是檢定兩個類別變數彼此是否獨立的問題。

二、獨立性檢定的例子

【例 17–6】

設若從臺灣的大學生中, 隨機觀察 100 名, 而有下面的資料:

對興建核四廠的看法　　性別	支　持	反　對	無意見	合　計
男	15人	35人	10人	60人
女	10	15	15	40
合　計	25	50	25	100

試據上述資料檢定「臺灣的大學生對**興建核四廠的看法**與大學生的**性別**彼此**獨立不相關**」的假設。（顯著水準5%）

【解】

㈠建立檢定的假設:

$\begin{cases} H_0: \text{臺灣的大學生對興建核四廠的看法與大學生的性別彼} \\ \quad\quad \text{此獨立不相關} \\ H_1: H_0 \text{ 不真} \end{cases}$

㈡以 $C = \displaystyle\sum_{i=1}^{r} \sum_{j=1}^{k} \frac{(O_{ij} - \hat{E}_{ij})^2}{\hat{E}_{ij}}$ 當做檢定統計量。

㈢建立行動規則:

若　　$C_0 \leq C_* = \chi^2_{0.05;(2-1)(3-1)}$，採 A_0 的決策。

而若　$C_0 > C_*$，採 A_1 的決策。

㈣計算 C_0:

當 H_0 為真時，第 ij 類別（例 $i=1, j=2$）對應的機率為:

$$p_{12} = p_{1 \cdot} \cdot p_{\cdot 2}$$

但∵ $p_{1 \cdot}$, $p_{\cdot 2}$ 之值未知，∴以

$$\begin{cases} \hat{p}_{1 \cdot} = \dfrac{O_{1 \cdot}}{n} = \dfrac{60}{100} \text{ 去估計} p_{1 \cdot} \\ \hat{p}_{\cdot 2} = \dfrac{O_{\cdot 2}}{n} = \dfrac{50}{100} \text{ 去估計} p_{\cdot 2} \end{cases}$$

因此，以

$$\hat{E}_{12} = n\hat{p}_{1 \cdot} \cdot \hat{p}_{\cdot 2} = (100)(\frac{60}{100})(\frac{50}{100}) = 30 \text{ 去估計} E_{12}$$

依此, 計算 $\hat{E}_{ij}$, 並列於表 17–8:

表17–8 「觀察的」與「預期的」聯合次數分配表*──例 17–6

對興建核四廠的看法　　　性　別	支　持	反　對	無意見	合　計
男	15(15)	35(30)	10(15)	60
女	10(10)	15(20)	15(10)	40
合　計	25	50	25	100

*括弧內的數值是 $\hat{E}_{ij}$。

從表 17–8, 計算 C_0 如下:

$$C_0 = \sum_{i=1}^{2} \sum_{j=1}^{3} \frac{(O_{ij} - \hat{E}_{ij})^2}{\hat{E}_{ij}} = \frac{(15-15)^2}{15} + \frac{(35-30)^2}{30} + \frac{(10-15)^2}{15}$$

$$+ \frac{(10-10)^2}{10} + \frac{(15-20)^2}{20} + \frac{(15-10)^2}{10}$$

$$= 6.25$$

而 $\because$ $C_0 = 6.25 > C_* = \chi^2_{0.05;(2-1)(3-1)} = 5.99$

$\therefore$ 採 A_1 的決策。

㈤結論: 在顯著水準 5% 之下, 拒絕「臺灣的大學生對興建核四廠的看法與大學生的性別彼此獨立不相關」的假設。

【例 17–7】

若從某廠牌洗髮精的女性顧客中, 隨機觀察 200 名, 而有下面的資料:

對洗髮精品味的偏好 \ 身份類別	茉莉花	玫瑰花	紫仙花	薄 荷	合 計
上 班 族	15人	20人	20人	15人	70人
學 生	10	15	7	8	40
家庭主婦	10	5	30	15	60
其 他	5	10	8	7	30
合 計	40	50	65	45	200

試問該廠牌洗髮精女性顧客對**洗髮精品味的偏好**與其**身份類別獨立無關**嗎？（顯著水準5%）

【解】

㈠建立檢定的假設：

$$\begin{cases} H_0: \text{某廠牌洗髮精女性顧客對洗髮精品味的偏好與其身份} \\ \qquad \text{類別獨立無關} \\ H_1: \ H_0 \text{不真} \end{cases}$$

㈡以 $C = \sum\limits_{i=1}^{r} \sum\limits_{j=1}^{k} \dfrac{(O_{ij} - \hat{E}_{ij})^2}{\hat{E}_{ij}}$ 當做檢定統計量。

㈢建立行動規則：

若 $\quad C_0 \leq C_* = \chi^2_{0.05;(4-1)(4-1)}$，採 A_0 的決策。

而若 $\quad C_0 > C_*$，採 A_1 的決策。

㈣計算 C_0：

當 H_0 為真時，第 ij 類別（例 $i = 2, j = 3$）對應的機率為：

$$p_{23} = p_{2\cdot}\cdot p_{\cdot 3}$$

但∵ $p_{2\cdot}$，$p_{\cdot 3}$ 之值未知，∴以

$$\begin{cases} \hat{p}_{2\cdot} = \dfrac{O_{2\cdot}}{n} = \dfrac{40}{200} \text{ 去估計} p_{2\cdot} \\ \hat{p}_{\cdot 3} = \dfrac{O_{\cdot 3}}{n} = \dfrac{65}{200} \text{ 去估計} p_{\cdot 3} \end{cases}$$

因此，以

$$\hat{E}_{23} = n\hat{p}_2 \cdot \hat{p}_{\cdot 3} = (200)(\frac{40}{200})(\frac{65}{200}) = 13 \text{ 去估計 } E_{23}$$

依此，計算 $\hat{E}_{ij}$，並列於下表：

表 17-9　「觀察的」與「預期的」聯合次數分配表 * ── 例 17-7

對洗髮精品味的偏好 身份類別	茉莉花	玫瑰花	紫仙花	薄 荷	合 計
上 班 族	15(14)	20(17.5)	20(22.75)	15(15.75)	70
學　　生	10(8)	15(10)	7(13)	8(9)	40
家庭主婦	10(12)	5(15)	30(19.5)	15(13.5)	60
其　　他	5(6)	10(7.5)	8(9.75)	7(6.75)	30
合　　計	40	50	65	45	200

* 括弧內的數值是 $\hat{E}_{ij}$。

從表 17-9，計算 C_0 如下：

$$C_0 = \sum_{i=1}^{4} \sum_{j=1}^{4} \frac{O_{ij}^2}{\hat{E}_{ij}} - n$$

$$= (\frac{15^2}{14} + \frac{20^2}{17.5} + \cdots + \frac{8^2}{9.75} + \frac{7^2}{6.75}) - 200$$

$$= 220.821 - 200$$

$$= 20.821$$

而 $\because C_0 = 20.821 > C_* = \chi_{0.05;(4-1)(4-1)}^2 = 16.9$

$\therefore$ 採 A_1 的決策。

㈤結論：在顯著水準 5% 之下，拒絕「某廠牌洗髮精女性顧客對洗髮精品味的偏好與其身份類別獨立無關」的假設。

對 X、Y 兩個**類別的變數**進行獨立性的檢定時，假如 X 變數分成 r

種類別，Y 變數分成 k 種類別，則就母體而言，X 及 Y 的聯合次數分配表（如表 17-5），或就樣本資料而言，X 及 Y 的**觀察的聯合次數分配表**（如表 17-7）都是 r 列與 k 欄（聯）的長方形表，這樣的一個長方形表，叫做「**列聯表**」(Contingency Tables — r by k)。以卡方分配進行 X 及 Y 兩個類別變數的「**獨立性的檢定**」，基本上，就是利用樣本資料所得到的列聯表，去檢定 X（類別橫寫於列）及 Y（類別縱寫於聯）兩變數彼此是**獨立**(Independence)──虛無假設 (H_0) 為真？或彼此是**相依** (Contingency)──對立假設 (H_1) 為真？因此，「獨立性的檢定」在統計學上也叫做「**列聯表的檢定**」(Contingency Table Tests)。

當我們進行列聯表的檢定時，如果 $r = 2$, $k = 2$，且樣本資料的聯合次數分配表為：

表 17-10　列聯表 * ($r = 2$, $k = 2$)

Y \ X	I	II	合　計
I	a	b	$a + b$
II	c	d	$c + d$
合計	$a + c$	$b + d$	$a + b + c + d = n$

* $a = O_{11}$, $b = O_{12}$, $C = O_{21}$, $d = O_{22}$。

則檢定統計量的觀察值 (C_0)，可用下面的**簡捷計算公式**計算 (註6)：

$$C_0 = \frac{n(ad - bc)^2}{(a + b)(a + c)(c + d)(b + d)} \qquad (17-12)$$

下面的例子就是 $r = 2$, $k = 2$ 的列聯表的檢定。

【例 17-8】

設若從臺大今年的應屆畢業生當中，隨機觀察 100 名，而有下面的資料：

是否重修過任何一科 性別	是	否	合計
男	20人	35人	55人
女	13	32	45
合　計	33	67	100

試問「臺大今年的應屆畢業生**是否重修過任何一科**與學生的**性別**彼此**獨立無關**」的說法可以接受嗎？（顯著水準 5%）

【解】

㈠根據題意，建立檢定的假設為：

$$\begin{cases} H_0: \text{臺大今年的應屆畢業生是否重修過任何一科與學生的} \\ \quad\quad\text{性別獨立無關} \\ H_1: \ H_0 \ \text{不真} \end{cases}$$

㈡以 $C = \sum\limits_{i=1}^{r} \sum\limits_{j=1}^{k} \dfrac{(O_{ij} - \hat{E}_{ij})^2}{\hat{E}_{ij}}$ 當做檢定統計量。

㈢建立行動規則：

若

$$C_0 \le C_* = \chi^2_{0.05;(2-1)(2-1)}，採 \ A_0 \ 的決策。$$

而若

$$C_0 > C_*，採 \ A_1 \ 的決策。$$

㈣計算 C_0：

$\because r = 2, \ k = 2, \ \therefore$ 以式 (17–12) 計算 C_0 如下：

$$C_0 = \frac{n(ad-bc)^2}{(a+b)(a+c)(c+d)(b+d)}$$

$$= \frac{100[(20)(32) - (35)(13)]^2}{(20+35)(20+13)(13+32)(35+32)}$$

$$= \frac{3422500}{5472225}$$

$$= 0.625$$

而 $\quad \because C_0 = 0.625 < C_* = \chi^2_{0.05;(2-1)(2-1)} = 3.84$

$\quad \therefore$ 採 A_0 的決策。

㈤結論: 在顯著水準 5% 之下, 「臺大今年的應屆畢業生是否重修過任何一科與學生的性別獨立無關」的說法不被拒絕。

從本節所介紹的獨立性檢定的步驟及例子, 我們知道獨立性檢定的基本原理與配適度的檢定大同小異。但以卡方分配進行獨立性的檢定時, 我們仍必須注意下面幾點:

⑴樣本資料必須以**簡單隨機抽樣法**取得。

⑵**樣本數**要相當大。

⑶ $\hat{E}_{ij}$ 必須大於或等於 5; 假如 $\hat{E}_{ij} < 5$, 則將樣本數擴大或將該類別與相鄰的類別合併。 $(i = 1, 2, \cdots, r; \ j = 1, 2, \cdots, k)$

⑷當 $r = 2$, $k = 2$, 檢定統計量 (式 (17–10)) 在 n 大時, 接近卡方分配, 自由度是 1。此時, 檢定統計量觀察值 (C_0) 的計算, 必須進行如下的**連續化校正**:

$$C_0 = \sum_{i=1}^{2} \sum_{j=1}^{2} \frac{(|O_{ij} - \hat{E}_{ij}| - \frac{1}{2})^2}{\hat{E}_{ij}}$$

或

$$C_0 = \frac{n[|ad - bc| - \frac{n}{2}]^2}{(a+b)(a+c)(c+d)(b+d)}$$

但如果 n 相當大 $(n > 50)$，且 $\hat{E}_{ij} \geq 10$，則連續化校正的工作可以忽略。

三、關聯程度的測度

當我們進行獨立性的檢定時，假如結論是採 A_1 的決策（如例 17–6 及例 17–7），則表示樣本資料支持 X、Y 兩個類別變數彼此相依（有關聯）的假設。然而，假如我們想更進一步去探討 X、Y 之間的**關聯程度** (Strength of Association) 到底有多高，我們應如何去測度呢? 測度 X 及 Y 兩個類別變數（也稱為質化變數 (Qualitative Variables) 或屬質變數 (Attribute Variables)）彼此間**關聯程度**的統計測定數有多種，本節僅介紹其中兩種很簡單但很粗略的方法。

㈠列聯係數（Contingency Coefficient）

列聯係數是測度兩個類別變數彼此間關聯程度的最簡單的一個統計測定數。

> **定義 17–1　列聯係數**
>
> **列聯係數**（以 Cont. Coeff. 表示之）是用來測度兩個**類別變數**彼此間**關聯程度**的統計測定數，其定義式是:
>
> $$\text{Cont. Coeff.} = \sqrt{\frac{C_0}{n + C_0}}$$
>
> $\begin{cases} C_0 \text{ 是 } C \text{ 的觀察值，而 } C = \sum\limits_{i=1}^{r} \sum\limits_{j=1}^{k} \dfrac{(O_{ij} - \hat{E}_{ij})^2}{\hat{E}_{ij}} \\ n \text{ 是樣本數} \end{cases}$

就前面例 17–6 及例 17–7而言，其列聯係數分別是:

【例 17-6】

$$\because n = 100, \ C_0 = 6.25$$

$$\therefore \text{Cont. Coeff.} = \sqrt{\frac{6.25}{100 + 6.25}}$$

$$= 0.2425$$

【例 17-7】

$$\because n = 200, \ C_0 = 20.821$$

$$\therefore \text{Cont. Coeff.} = \sqrt{\frac{20.821}{200 + 20.821}}$$

$$= 0.3071$$

從列聯係數的定義式，我們知道列聯係數的計算相當容易，且其值越接近 "0"，表示 X、Y 兩個類別變數的關聯程度越低，而其值越接近 "1"，表示關聯程度越高。但是就 X、Y 兩個類別變數而言，計算其列聯係數時，應注意下面幾點：

(1)只有在 X 及 Y 兩個變數的樣本資料，僅適合採用卡方檢定進行獨立性檢定（亦即只有在 X 及 Y 都是類別變數的情況下），而且檢定的結果是採 A_1 的決策（即拒絕 H_0 ： X 及 Y 彼此無關）的情況下，才進一步去計算列聯係數。

(2)當以 X 及 Y 兩個類別變數的樣本資料計算而得的列聯係數越接近 "1" 時，表示關聯程度越高，但列聯係數值一定比 "1" 小。這也就是說：當 X、Y 彼此是完全相關 (Completely Dependent) 的情況下，其對應的列聯係數值仍小於 "1"。茲以 $r = 2$， $k = 2$ 為例說明如下：

當 X 及 Y 兩個類別變數完全關聯時，若個體就 X 變數而言，屬於第 I 類別，其對應的 Y 變數全屬於第 I 類別，而個體就 X 變數而言，屬

於第 II 類別, 其對應的 Y 變數全屬於第 II 類別 (即 $b = 0$, $c = 0$, $a + d =$ n), 則其 C_0 (式 (17–12)) 為: (註7)

$$C_0 = \frac{n(ad - bc)^2}{(a+b)(a+c)(c+d)(b+d)}$$

$$= \frac{n(ad)^2}{(a)(a)(d)(d)}$$

$$= n$$

所以, 其對應的列聯係數是:

$$\text{Cont. Coeff.} = \sqrt{\frac{C_0}{C_0 + n}}$$

$$= \sqrt{\frac{n}{n + n}}$$

$$= \sqrt{\frac{1}{2}}$$

$$= 0.707 < 1$$

　　(3)就兩套樣本資料而言 (設若一套是 X 及 Y 兩個類別變數, 其樣本數是 n, 另一套是 Z 及 W 兩個類別變數, 其樣本數是 m), 只有在樣本數相等 $(n = m)$ 時, 才能以列聯係數值的大小做為比較關聯程度高低的標準, 這是因為**列聯係數的值域** (Range) 隨著樣本數大小的不一樣而有所改變。

　　(4)列聯係數不能與其他測度關聯程度的測定數比較。

　　(5)只能利用樣本資料計算而得的列聯係數對母體的列聯係數進行點估計, 但無法進行區間估計或假設的檢定。

㈡克拉默爾 V (Cramer's V)

　　克拉默爾 V 也是用來測度兩個類別變數彼此間**關聯程度**的另一個簡單的統計測定數。

定義 17–2 克拉默爾 V

克拉默爾 V（以 V 表示之）是測度兩個類別變數彼此間的**關聯程度**的統計測定數，其定義式是：

$$V = \sqrt{\frac{C_0}{n(q-1)}}$$

$$\begin{cases} C_0\text{是}C\text{的觀察值，而}C = \sum\limits_{i=1}^{r} \sum\limits_{j=1}^{k} \dfrac{(O_{ij} - \hat{E}_{ij})^2}{\hat{E}_{ij}} \\ n\text{是樣本數} \\ q\text{是}(r,k)\text{的極小值} \end{cases}$$

從 V 的定義式，我們知道 V 的值域介於 "0" 與 "1" 之間（註8）；假如 $V = 0$，表示 X 及 Y 兩個類別變數彼此 無關聯 (No Association)，而若 $V = 1$，則表示 X 及 Y 彼此有 完全的關聯 (Perfect Association)。就前面例 17–6 及例 17–7 而言，其 V 分別是：

【例 17–6】

$$\because n = 100,\ C_0 = 6.25,\ r = 2,\ k = 3$$

$$\therefore V = \sqrt{\frac{6.25}{(100)(2-1)}}$$

$$= 0.25$$

【例 17–7】

$$\because n = 200,\ C_0 = 20.821,\ r = 4,\ k = 4$$

$$\therefore V = \sqrt{\frac{20.821}{(200)(4-1)}}$$

$$= 0.1863$$

第四節　總結

　　本章所介紹的「**卡方檢定**」，是檢定一個隨機變數是否呈我們所設定（假設）的分配型態、或是檢定兩個類別變數彼此是否獨立無關聯的統計方法。由於進行卡方檢定時，所採用的檢定統計量 (C)，只有在 n 大時才接近卡方分配，所以，這種檢定方法只是一種「**近似的檢定方法** (Approximate Methods for Tests)」，因此，當樣本資料適合採用他種方法進行假設檢定時，卡方檢定法的檢定能力 (Power) 就相對地較差，也因此於此種情況下，我們應避免採用卡方檢定法。

　　假如樣本資料只適合以**卡方檢定法**，進行**配適度的檢定**或**獨立性的檢定**，我們仍必須注意:

　　⑴樣本數是否足夠大（通常要求 $n > 40$）？

　　⑵樣本資料是否以簡單隨機抽樣法取得？

　　⑶預期次數（E_{ij} 或 $\hat{E}_{ij}$）是否大於（或等於）5？

　　⑷是否必須進行連續化校正的工作？

　　本章也介紹兩個測度「**兩個類別變數彼此關聯程度**」的統計測定數（**列聯係數及克拉默爾 V**）。這兩個測定數只是很粗略的測定數，其他用來測度「兩個類別變數關聯程度」的統計測定數有 PRE(Proportional Reduction in Error)、LAMBDA(λ)以及 GAMMA(γ) 等，有興趣的讀者，請參見 Ott, Larson and Mendenhall (1987)。

$$\fbox{附　註}$$

註1:　　n 次的試行中 (i) 每次的試行不是出現成功, 就是出現失敗;　(ii)
　　　　每次的試行, 出現成功的機率為 p, 出現失敗的機率為 $q(=1-p)$;
　　　　且 (iii) 每次的試行彼此獨立。而 X 是 n 次試行中出現成功的次
　　　　數。

註2:　　進行 **連續化校正** 時, 若有某一類別, 其 $|O_i - E_i| < \dfrac{1}{2}$, 則該一
　　　　類別不必做連續化校正。

註3:　　C_0 的 **簡捷計算公式**, 證明於下:

$$C_0 = \sum_{i=1}^{k} \frac{(O_i - E_i)^2}{E_i}$$

$$= \sum_{i=1}^{k} \frac{O_i^2 - 2O_i E_i + E_i^2}{E_i}$$

$$= \sum_{i=1}^{k} \frac{O_i^2}{E_i} - 2 \sum_{i=1}^{k} O_i + \sum_{i=1}^{k} E_i$$

$$= \sum_{i=1}^{k} \frac{O_i^2}{E_i} - n$$

$$\left(\because \sum_{i=1}^{k} O_i = \sum_{i=1}^{k} E_i = n \right)$$

註4:　　X 及 Y 兩變數交叉分類, 共有 rk 個類別, 而在計算 $\hat{E}_{ij}$ 時,
　　　　有 $(r-1)$ 個 $p_{i\cdot}$ 要被估計, 有 $(k-1)$ 個 $p_{\cdot j}$ 要被估計, 所以式
　　　　(17-10) 呈卡方分配, 自由度是:

$$rk - 1 - (r-1) - (k-1) = rk - r - k + 1$$

$$= (r-1)(k-1)$$

註5:　　式 (17-11) 的證明與 (註3) 完全相同。

註6: 從式 (17–11)，知:

$$C_0 = \sum_{i=1}^{2} \sum_{j=1}^{2} \frac{O_{ij}^2}{\hat{E}_{ij}} - n$$

$$= \left[\frac{a^2}{\dfrac{(a+b)(a+c)}{n}} + \frac{b^2}{\dfrac{(a+b)(b+d)}{n}} + \frac{c^2}{\dfrac{(a+c)(c+d)}{n}} + \frac{d^2}{\dfrac{(c+d)(b+d)}{n}} \right] - n$$

$$= \frac{n}{(a+b)(a+c)(c+d)(b+d)} [a^2(c+d)(b+d) + b^2(a+c)(c+d)$$

$$+ c^2(a+b)(b+d) + d^2(a+b)(a+c)$$

$$- (a+b)(a+c)(c+d)(b+d)]$$

$$= \frac{n}{(a+b)(a+c)(c+d)(b+d)} [(a^2bc + a^2bd + a^2cd + a^2d^2)$$

$$+ (b^2ac + b^2c^2 + b^2cd + b^2ad)$$

$$+ (c^2ab + c^2b^2 + c^2ad + c^2bd)$$

$$+ (d^2a^2 + d^2ab + d^2ac + d^2bc)$$

$$- (a^2bc + a^2bd + a^2cd + a^2d^2$$

$$+ ab^2c + ab^2d + abcd + abd^2$$

$$+ abc^2 + abcd + ac^2d + acd^2$$

$$+ b^2c^2 + b^2cd + bc^2d + bcd^2)]$$

$$= \frac{n}{(a+b)(a+c)(c+d)(b+d)} [(a^2d^2 - abcd) + (b^2c^2 - abcd)]$$

$$= \frac{n}{(a+b)(a+c)(c+d)(b+d)} [ad(ad - bc) - bc(ad - bc)]$$

$$= \frac{n}{(a+b)(a+c)(c+d)(b+d)} [(ad - bc)(ad - bc)]$$

$$= \frac{n(ad - bc)^2}{(a+b)(a+c)(c+d)(b+d)} \quad \text{所以，式 (17–12) 得證。}$$

註7: X 及 Y 兩個類別變數完全關聯時的另一種情況是: 個體就 X 變

數而言，屬於第 I 類別，其對應的 Y 變數全屬於第 II 類別，而個體就 X 變數而言，屬於第 II 類別，其對應的 Y 變數全屬於第 I 類別（即 $a = 0,\ d = 0,\ b + c = n$），此時，其 C_0 為：

$$C_0 = \frac{n(ad - bc)^2}{(a + b)(a + c)(c + d)(b + d)}$$

$$= \frac{n(-bc)^2}{(b)(c)(c)(b)}$$

$$= n$$

所以，其對應的**列聯係數**仍是 $0.707 (< 1)$。

註8: X 及 Y 兩個類別變數**完全關聯**時，以 $r = 2,\ k = 2$ 為例，其對應的 $C_0 = n$，所以，其對應的**克拉默爾** V 為：

$$V = \sqrt{\frac{C_0}{n(q - 1)}}$$

$$= \sqrt{\frac{n}{n(2 - 1)}}$$

$$= 1$$

練習題

17-1 某甲投擲四個公平的銅板，並令 X 是每次投擲之四個銅板當中出現正面的個數。今某甲投擲該四個銅板 500 次，而有下面的資料：

四個銅板當中 出現正面的個數 (X)	次數
0	25
1	120
2	175
3	130
4	50

試答下列各題：

1. 請問在顯著水準為 0.05 下，上述的資料是否符合「X 呈二項分配」的假設？為什麼？

2. 求算 P 值 (P Value)。

17-2 設若隨機觀察臺北市的 500 個家庭，而得到他們的家庭消費支出（單位：萬元）資料如下：

家庭消費支出(Y)	家庭數 (O_i)
40以下	1
40~60	24
60~80	52
80~100	147
100~120	200
120~140	75
140以上	1
	500

試利用上面的資料檢定「臺北市家庭的消費支出呈**常態分配**」的
說法。（顯著水準為 5%）

17-3 某學者為了解臺北市民對興建核四廠的看法與市民的教育程度是
否彼此獨立無關。設若該學者隨機抽出 150 位臺北市民，而有下
面的資料：

教育程度＼對興建核四廠的看法	贊 成	不贊成	無意見
大學或研究所	20人	14人	16人
高中、職	30	28	17
初中或以下	0	18	7

試答下列各題：

1. 根據上面的資料，臺北市民對興建核四廠的看法 (X) 與市民的
教育程度 (Y) 彼此**獨立無關**嗎？（顯著水準為 5%）

2. 如果你在第 1 小題，拒絕「X 與 Y 彼此獨立」的說法，請問你
將如何去測度 X 與 Y 彼此間的**關聯程度**？並請計算其值。

17-4 假如你想要探討「臺灣各產業之市場集中度，對廠商的研究發展
(R & D) 支出有無影響」的問題，你可否採用**一因素變異數分析
法**或**卡方檢定法**？請說明如何用各該方法探討上述問題。（並說
明如何**抽樣**？如何**分析**？又各該方法必須有**哪些假設**？）

17-5 請解釋下列名詞：

1. 配適度的檢定 (Test for Goodness-of-Fit)

2. 獨立性的檢定 (Test for Statistical Independence)

3. 列聯係數 (Contingency Coefficient)

4. 克拉默爾 V (Cramer's V)

附　錄

【統　計　表】

表 (1)　　　對數表　　441

表 (2)　　　二項機率表　　444

表 (3)　　　累加二項機率表　　451

表 (4)　　　波阿松機率表　　461

表 (5)　　　標準常態機率表　　468

表 (6)　　　指數分配機率表　　470

表 (7)　　　指數函數表　　472

表 (8A)　　卡方分配之卡方值　　474

表 (8B)　　卡方分配之卡方值　　476

表 (9)　　　t 分配之 t 值　　478

表 (10)　　F 分配之 F 值　　482

表 (11)　　亂數表　　494

表 (12)　　Hartley h-統計量的臨界值　　498

表 (13)　　Z_r 與 r 的關聯　　500

表 (14)　　史皮爾曼 (Spearman) 檢定統計量的臨界值　　501

表 (15)　　杜賓－華森(Durbin-Watson) d-統計量的臨界值　　502

表 (1)　對數表（$\log_{10} N$ 的尾數數值）

N	0	1	2	3	4	5	6	7	8	9
0	$-\infty$	00000	30103	47712	60206	69897	77815	84510	90309	95424
10	00000	00432	00860	01284	01703	02119	02531	02938	03342	03743
11	04139	04532	04922	05308	05690	06070	06446	06819	07188	07555
12	07918	08279	08636	08991	09342	09691	10037	10380	10721	11059
13	11394	11727	12057	12385	12710	13033	13354	13672	13988	14301
14	14613	14922	15229	15534	15836	16137	16435	16732	17026	17319
15	17609	17898	18184	18469	18752	19033	19312	19590	19866	20140
16	20412	20683	20952	21219	21484	21748	22011	22272	22531	22789
17	23045	23300	23533	23805	24055	24304	24551	24797	25042	25285
18	25527	25768	26007	26245	26482	26717	26951	27184	27416	27646
19	27875	28103	28330	28556	28780	29003	29226	29447	29667	29885
20	30103	30320	30535	30750	30963	31175	31387	31597	31806	32015
21	32222	32428	32634	32838	33041	33244	33445	33646	33846	34044
22	34242	34439	34635	34830	35025	35218	35411	35603	35793	35984
23	36173	36361	36549	36736	36922	37107	37291	37475	37658	37840
24	38021	38202	38382	38561	38739	38917	39094	39270	39445	39620
25	39794	39967	40140	40312	40483	40654	40824	40993	41162	41330
26	41497	41664	41830	41996	42160	42325	42488	42651	42813	42975
27	43136	43297	43457	43616	43775	43933	44091	44248	44404	44560
28	44716	44871	45025	45179	45332	45484	45637	45788	45939	46090
29	46240	46389	46538	46687	46835	46982	47129	47276	47422	47567
30	47712	47857	48001	48144	48287	48430	48572	48714	48855	48996
31	49136	49276	49415	49554	49693	49831	49969	50106	50243	50379
32	50515	50651	50786	50920	51055	51188	51322	51455	51587	51720
33	51851	51983	52114	52244	52375	52504	52634	52763	52892	53020
34	53148	53275	53403	53529	53656	53782	53908	54033	54158	54283
35	54407	54531	54654	54777	54900	55023	55145	55267	55388	55509
36	55630	55751	55871	55991	56110	56229	56348	56467	56585	56703
37	56820	56937	57054	57171	57287	57403	57519	57634	57749	57864
38	57978	58092	58206	58320	58433	58546	58659	58771	58883	58995
39	59106	59218	59329	59439	59550	59660	59770	59879	59988	60097
40	60206	60314	60423	60531	60638	60746	60853	60959	61066	61172

N	0	1	2	3	4	5	6	7	8	9
41	61278	61384	61490	61595	61700	61805	61909	62014	62118	62221
42	62325	62428	62531	62634	62737	62839	62941	63043	63144	63246
43	63347	63448	63548	63649	63749	63849	63949	64048	64147	64246
44	64345	64444	64542	64640	64738	64836	64933	65031	65128	65225
45	65321	65418	65514	65610	65706	65801	65896	65992	66087	66181
46	66276	66370	66464	66558	66652	66745	66839	66932	67025	67117
47	67210	67302	67394	67486	67578	67669	67761	67852	67943	68034
48	68124	68215	68305	68395	68485	68574	68664	68753	68842	68931
49	69020	69108	69197	69285	69373	69461	69548	69636	69723	69810
50	69897	69984	70070	70157	70243	70329	70415	70501	70586	70672
51	70757	70842	70927	71012	71096	71181	71265	71349	71433	71517
52	71600	71684	71767	71850	71933	72016	72099	72181	72263	72346
53	72428	72509	72591	72673	72754	72835	72916	72997	73078	73159
54	73239	73320	73400	73480	73560	73640	73719	73799	73878	73957
55	74036	74115	74194	74273	74351	74429	74507	74586	74663	74741
56	74819	74896	74974	75051	75128	75205	75282	75358	75435	75511
57	75587	75664	75740	75815	75891	75967	76042	76118	76193	76268
58	76343	76418	76492	76567	76641	76716	76790	76864	76938	77012
59	77085	77159	77232	77305	77379	77452	77525	77597	77670	77743
60	77815	77887	77960	78032	78104	78176	78247	78319	78390	78462
61	78533	78604	78675	78746	78817	78888	78958	79029	79099	79169
62	79239	79309	79379	79449	79518	79588	79657	79727	79796	79865
63	79934	80003	80072	80140	80209	80277	80346	80414	80482	80550
64	80618	80686	80754	80821	80889	80956	81023	81090	81158	81224
65	81291	81358	81425	81491	81558	81624	81690	81757	81823	81889
66	81954	82020	82086	82151	82217	82282	82347	82413	82478	82543
67	82607	82672	82737	82802	82866	82930	82995	83059	83123	83187
68	83251	83315	83378	83442	83506	83569	83632	83696	83759	83822
69	83885	83948	84011	84073	84136	84198	84261	84323	84386	84448
70	84510	84572	84634	84696	84757	84819	84880	84942	85003	85065
71	85126	85187	85248	85309	85370	85431	85491	85552	85612	85673
72	85733	85794	85854	85914	85974	86034	86094	86153	86213	86273
73	86332	86392	86451	86510	86570	86629	86688	86747	86806	86864
74	86923	86982	87040	87099	87157	87216	87274	87332	87390	87448
75	87506	87564	87622	87679	87737	87795	87852	87910	87967	88024

N	0	1	2	3	4	5	6	7	8	9
76	88081	88138	88195	88252	88309	88366	88423	88480	88536	88593
77	88649	88705	88762	88818	88874	88930	88986	89042	89098	89154
78	89209	89265	89321	89376	89432	89487	89542	89597	89653	89708
79	89763	89818	89873	89927	89982	90037	90091	90146	90200	90255
80	90309	90363	90417	90472	90526	90580	90634	90687	90741	90795
81	90849	90902	90956	91009	91062	91116	91169	91222	91275	91328
82	91381	91434	91487	91540	91593	91645	91698	91751	91803	91855
83	91908	91960	92012	92065	92117	92169	92221	92273	92324	92376
84	92428	92480	92531	92583	92634	92686	92737	92788	92840	92891
85	92942	92993	93044	93095	93146	93197	93247	93298	93349	93399
86	93450	93500	93551	93601	93651	93702	93752	93802	93852	93902
87	93952	94002	94052	94101	94151	94201	94250	94300	94349	94399
88	94448	94498	94547	94596	94645	94694	94743	94792	94841	94890
89	94939	94988	95036	95085	95134	95182	95231	95279	95328	95376
90	95424	95472	95521	95569	95617	95665	95713	95761	95809	95856
91	95904	95952	95999	96047	96095	96142	96190	96237	96284	96332
92	96379	96426	96473	96520	96567	96614	96661	96708	96755	96802
93	96848	96895	96942	96988	97035	97081	97128	97174	97220	97267
94	97313	97359	97405	97451	97497	97543	97589	97635	97681	97727
95	97772	97818	97864	97909	97955	98000	98046	98091	98137	98182
96	98227	98272	98318	98363	98408	98453	98498	98543	98588	98632
97	98677	98722	98767	98811	98856	98900	98945	98989	99034	99078
98	99123	99167	99211	99255	99300	99344	99388	99432	99476	99520
99	99564	99607	99651	99695	99739	99782	99826	99870	99913	99957

資料來源: 取自 Pfaffenberger and Patterson (1987), Appendix Table
B.8.

表(2)　二項機率表 $\left[f(x)=\begin{pmatrix}n\\x\end{pmatrix}p^x q^{n-x},\ x=0,1,2,\cdots,n\right]$

n	x	.05	.10	.15	.20	.25	.30	.35	.40	.45	.50
1	0	.9500	.9000	.8500	.8000	.7500	.7000	.6500	.6000	.5500	.5000
	1	.0500	.1000	.1500	.2000	.2500	.3000	.3500	.4000	.4500	.5000
2	0	.9025	.8100	.7225	.6400	.5625	.4900	.4225	.3600	.3025	.2500
	1	.0950	.1800	.2550	.3200	.3750	.4200	.4550	.4800	.4950	.5000
	2	.0025	.0100	.0225	.0400	.0625	.0900	.1225	.1600	.2025	.2500
3	0	.8574	.7290	.6141	.5120	.4219	.3430	.2746	.2160	.1664	.1250
	1	.1354	.2430	.3251	.3840	.4219	.4410	.4436	.4320	.4084	.3750
	2	.0071	.0270	.0574	.0960	.1406	.1890	.2389	.2880	.3341	.3750
	3	.0001	.0010	.0034	.0080	.0156	.0270	.0429	.0640	.0911	.1250
4	0	.8145	.6561	.5220	.4096	.3164	.2401	.1785	.1296	.0915	.0625
	1	.1715	.2916	.3685	.4096	.4219	.4116	.3845	.3456	.2995	.2500
	2	.0135	.0486	.0975	.1536	.2109	.2646	.3105	.3456	.3675	.3750
	3	.0005	.0036	.0115	.0256	.0469	.0756	.1115	.1536	.2005	.2500
	4	.0000	.0001	.0005	.0016	.0039	.0081	.0150	.0256	.0410	.0625
5	0	.7738	.5905	.4437	.3277	.2373	.1681	.1160	.0778	.0503	.0312
	1	.2036	.3280	.3915	.4096	.3955	.3602	.3124	.2592	.2059	.1562
	2	.0214	.0729	.1382	.2048	.2637	.3087	.3364	.3456	.3369	.3125
	3	.0011	.0081	.0244	.0512	.0879	.1323	.1811	.2304	.2757	.3125
	4	.0000	.0004	.0022	.0064	.0146	.0284	.0488	.0768	.1128	.1562
	5	.0000	.0000	.0001	.0003	.0010	.0024	.0053	.0102	.0185	.0312
6	0	.7351	.5314	.3771	.2621	.1780	.1176	.0754	.0467	.0277	.0156
	1	.2321	.3543	.3993	.3932	.3560	.3025	.2437	.1866	.1359	.0938
	2	.0305	.0984	.1762	.2458	.2966	.3241	.3280	.3110	.2780	.2344
	3	.0021	.0146	.0415	.0819	.1318	.1852	.2355	.2765	.3032	.3125
	4	.0001	.0012	.0055	.0154	.0330	.0595	.0951	.1382	.1861	.2344
	5	.0000	.0001	.0004	.0015	.0044	.0102	.0205	.0369	.0609	.0938
	6	.0000	.0000	.0000	.0001	.0002	.0007	.0018	.0041	.0083	.0156
7	0	.6983	.4783	.3206	.2097	.1335	.0824	.0490	.0280	.0152	.0078
	1	.2573	.3720	.3960	.3670	.3115	.2471	.1848	.1306	.0872	.0547
	2	.0406	.1240	.2097	.2753	.3115	.3177	.2985	.2613	.2140	.1641
	3	.0036	.0230	.0617	.1147	.1730	.2269	.2679	.2903	.2918	.2734

n	x	.05	.10	.15	.20	p .25	.30	.35	.40	.45	.50
	4	.0002	.0026	.0109	.0287	.0577	.0972	.1442	.1935	.2388	.2734
	5	.0000	.0002	.0012	.0043	.0115	.0250	.0466	.0774	.1172	.1641
	6	.0000	.0000	.0001	.0004	.0013	.0036	.0084	.0172	.0320	.0547
	7	.0000	.0000	.0000	.0000	.0001	.0002	.0006	.0016	.0037	.0078
8	0	.6634	.4305	.2725	.1678	.1001	.0576	.0319	.0168	.0084	.0039
	1	.2793	.3826	.3847	.3355	.2670	.1977	.1373	.0896	.0548	.0312
	2	.0515	.1488	.2376	.2936	.3115	.2965	.2587	.2090	.1569	.1094
	3	.0054	.0331	.0839	.1468	.2076	.2541	.2786	.2787	.2568	.2188
	4	.0004	.0046	.0815	.0459	.0865	.1361	.1875	.2322	.2627	.2734
	5	.0000	.0004	.0026	.0092	.0231	.0467	.0808	.1239	.1719	.2188
	6	.0000	.0000	.0002	.0011	.0038	.0100	.0217	.0413	.0703	.1094
	7	.0000	.0000	.0000	.0001	.0004	.0012	.0033	.0079	.0164	.0312
	8	.0000	.0000	.0000	.0000	.0000	.0001	.0002	.0007	.0017	.0039
9	0	.6302	.3874	.2316	.1342	.0751	.0404	.0207	.0101	.0046	.0020
	1	.2985	.3874	.3679	.3020	.2253	.1556	.1004	.0605	.0339	.0176
	2	.0629	.1722	.2597	.3020	.3003	.2668	.2162	.1612	.1110	.0703
	3	.0077	.0446	.1069	.1762	.2336	.2668	.2716	.2508	.2119	.1641
	4	.0006	.0074	.0283	.0661	.1168	.1715	.2194	.2508	.2600	.2461
	5	.0000	.0008	.0050	.0165	.0389	.0735	.1181	.1672	.2128	.2461
	6	.0000	.0001	.0006	.0028	.0087	.0210	.0424	.0743	.1160	.1641
	7	.0000	.0000	.0000	.0003	.0012	.0039	.0098	.0212	.0407	.0703
	8	.0000	.0000	.0000	.0000	.0001	.0004	.0013	.0035	.0083	.0176
	9	.0000	.0000	.0000	.0000	.0000	.0000	.0001	.0003	.0008	.0020
10	0	.5987	.3487	.1969	.1074	.0563	.0282	.0135	.0060	.0025	.0010
	1	.3151	.3874	.3474	.2684	.1877	.1211	.0725	.0403	.0207	.0098
	2	.0746	.1937	.2759	.3020	.2816	.2335	.1757	.1209	.0763	.0439
	3	.0105	.0574	.1298	.2013	.2503	.2668	.2522	.2150	.1665	.1172
	4	.0010	.0112	.0401	.0881	.1460	.2001	.2377	.2508	.2384	.2051
	5	.0001	.0015	.0085	.0264	.0584	.1029	.1536	.2007	.2340	.2461
	6	.0000	.0001	.0012	.0055	.0162	.0368	.0689	.1115	.1596	.2051
	7	.0000	.0000	.0001	.0008	.0031	.0090	.0212	.0425	.0746	.1172
	8	.0000	.0000	.0000	.0001	.0004	.0014	.0043	.0106	.0229	.0439
	9	.0000	.0000	.0000	.0000	.0000	.0001	.0005	.0016	.0042	.0098
	10	.0000	.0000	.0000	.0000	.0000	.0000	.0000	.0001	.0003	.0010
11	0	.5688	.3138	.1673	.0859	.0422	.0198	.0088	.0036	.0014	.0005

n	x	.05	.10	.15	.20	p .25	.30	.35	.40	.45	.50
	1	.3293	.3835	.3248	.2362	.1549	.0932	.0518	.0266	.0125	.0054
	2	.0867	.2131	.2866	.2953	.2581	.1998	.1395	.0887	.0513	.0269
	3	.0137	.0710	.1517	.2215	.2581	.2568	.2254	.1774	.1259	.0806
	4	.0014	.0158	.0536	.1107	.1721	.2201	.2428	.2365	.2060	.1611
	5	.0001	.0025	.0132	.0388	.0803	.1321	.1830	.2207	.2360	.2256
	6	.0000	.0003	.0023	.0097	.0268	.0566	.0985	.1471	.1931	.2256
	7	.0000	.0000	.0003	.0017	.0064	.0173	.0379	.0701	.1128	.1611
	8	.0000	.0000	.0000	.0002	.0011	.0037	.0102	.0234	.0462	.0806
	9	.0000	.0000	.0000	.0000	.0001	.0005	.0018	.0052	.0126	.0269
	10	.0000	.0000	.0000	.0000	.0000	.0000	.0002	.0007	.0021	.0054
	11	.0000	.0000	.0000	.0000	.0000	.0000	.0000	.0000	.0002	.0005
12	0	.5404	.2824	.1422	.0687	.0317	.0138	.0057	.0022	.0008	.0002
	1	.3413	.3766	.3012	.2062	.1267	.0712	.0368	.0174	.0075	.0029
	2	.0988	.2301	.2924	.2835	.2323	.1678	.1088	.0639	.0339	.0161
	3	.0173	.0852	.1720	.2362	.2581	.2397	.1954	.1419	.0923	.0537
	4	.0021	.0213	.0683	.1329	.1936	.2311	.2367	.2128	.1700	.1208
	5	.0002	.0038	.0193	.0532	.1032	.1585	.2039	.2270	.2225	.1934
	6	.0000	.0005	.0040	.0155	.0401	.0792	.1281	.1766	.2124	.2256
	7	.0000	.0000	.0006	.0033	.0115	.0291	.0591	.1009	.1489	.1934
	8	.0000	.0000	.0001	.0005	.0024	.0078	.0199	.0420	.0762	.1208
	9	.0000	.0000	.0000	.0001	.0004	.0015	.0048	.0125	.0277	.0537
	10	.0000	.0000	.0000	.0000	.0000	.0002	.0008	.0025	.0068	.0161
	11	.0000	.0000	.0000	.0000	.0000	.0000	.0001	.0003	.0010	.0029
	12	.0000	.0000	.0000	.0000	.0000	.0000	.0000	.0000	.0001	.0002
13	0	.5133	.2542	.1209	.0550	.0238	.0097	.0037	.0013	.0004	.0001
	1	.3512	.3672	.2774	.1787	.1029	.0540	.0259	.0113	.0045	.0016
	2	.1109	.2448	.2937	.2680	.2059	.1388	.0836	.0453	.0220	.0095
	3	.0214	.0997	.1900	.2457	.2517	.2181	.1651	.1107	.0660	.0349
	4	.0028	.0277	.0838	.1535	.2097	.2337	.2222	.1845	.1350	.0873
	5	.0003	.0055	.0266	.0691	.1258	.1803	.2154	.2214	.1989	.1571
	6	.0000	.0008	.0063	.0230	.0559	.1030	.1546	.1968	.2169	.2095
	7	.0000	.0001	.0011	.0058	.0186	.0442	.0833	.1312	.1775	.2095
	8	.0000	.0000	.0001	.0011	.0047	.0142	.0336	.0656	.1089	.1571
	9	.0000	.0000	.0000	.0001	.0009	.0034	.0101	.0243	.0495	.0873
	10	.0000	.0000	.0000	.0000	.0001	.0006	.0022	.0065	.0162	.0349
	11	.0000	.0000	.0000	.0000	.0000	.0001	.0003	.0012	.0036	.0095

n	x	p									
		.05	.10	.15	.20	.25	.30	.35	.40	.45	.50
	12	.0000	.0000	.0000	.0000	.0000	.0000	.0000	.0001	.0005	.0016
	13	.0000	.0000	.0000	.0000	.0000	.0000	.0000	.0000	.0000	.0001
14	0	.4877	.2288	.1028	.0440	.0178	.0068	.0024	.0008	.0002	.0001
	1	.3593	.3559	.2539	.1539	.0832	.0407	.0181	.0073	.0027	.0009
	2	.1229	.2570	.2912	.2501	.1802	.1134	.0634	.0317	.0141	.0056
	3	.0259	.1142	.2056	.2501	.2402	.1943	.1366	.0845	.0462	.0222
	4	.0037	.0348	.0998	.1720	.2202	.2290	.2022	.1549	.1040	.0611
	5	.0004	.0078	.0352	.0860	.1468	.1963	.2178	.2066	.1701	.1222
	6	.0000	.0013	.0093	.0322	.0734	.1262	.1759	.2066	.2088	.1833
	7	.0000	.0002	.0019	.0092	.0280	.0618	.1082	.1574	.1952	.2095
	8	.0000	.0000	.0003	.0020	.0082	.0232	.0510	.0918	.1398	.1833
	9	.0000	.0000	.0000	.0003	.0018	.0066	.0183	.0408	.0762	.1222
	10	.0000	.0000	.0000	.0000	.0003	.0014	.0049	.0136	.0312	.0611
	11	.0000	.0000	.0000	.0000	.0000	.0002	.0010	.0033	.0093	.0222
	12	.0000	.0000	.0000	.0000	.0000	.0000	.0001	.0005	.0019	.0056
	13	.0000	.0000	.0000	.0000	.0000	.0000	.0000	.0001	.0002	.0009
	14	.0000	.0000	.0000	.0000	.0000	.0000	.0000	.0000	.0000	.0001
15	0	.4633	.2059	.0874	.0352	.0134	.0047	.0016	.0005	.0001	.0000
	1	.3658	.3432	.2312	.1319	.0668	.0305	.0126	.0047	.0016	.0005
	2	.1348	.2669	.2856	.2309	.1559	.0916	.0476	.0219	.0090	.0032
	3	.0307	.1285	.2184	.2501	.2252	.1700	.1110	.0634	.0318	.0139
	4	.0049	.0428	.1156	.1876	.2252	.2186	.1792	.1268	.0780	.0417
	5	.0006	.0105	.0449	.1032	.1651	.2061	.2123	.1859	.1404	.0916
	6	.0000	.0019	.0132	.0430	.0917	.1472	.1906	.2066	.1914	.1527
	7	.0000	.0003	.0030	.0138	.0393	.0811	.1319	.1771	.2013	.1964
	8	.0000	.0000	.0005	.0035	.0131	.0348	.0710	.1181	.1647	.1964
	9	.0000	.0000	.0001	.0007	.0034	.0116	.0298	.0612	.1048	.1527
	10	.0000	.0000	.0000	.0001	.0007	.0030	.0096	.0245	.0515	.0916
	11	.0000	.0000	.0000	.0000	.0001	.0006	.0024	.0074	.0191	.0417
	12	.0000	.0000	.0000	.0000	.0000	.0001	.0004	.0016	.0052	.0139
	13	.0000	.0000	.0000	.0000	.0000	.0000	.0001	.0003	.0010	.0032
	14	.0000	.0000	.0000	.0000	.0000	.0000	.0000	.0000	.0001	.0005
	15	.0000	.0000	.0000	.0000	.0000	.0000	.0000	.0000	.0000	.0000
16	0	.4401	.1853	.0743	.0281	.0100	.0033	.0010	.0003	.0001	.0000
	1	.3706	.3294	.2097	.1126	.0535	.0228	.0087	.0030	.0009	.0002

n	x	p									
		.05	.10	.15	.20	.25	.30	.35	.40	.45	.50
	2	.1463	.2745	.2775	.2111	.1336	.0732	.0353	.0150	.0056	.0018
	3	.0359	.1423	.2285	.2463	.2079	.1465	.0888	.0468	.0215	.0085
	4	.0061	.0514	.1311	.2001	.2252	.2040	.1553	.1014	.0572	.0278
	5	.0008	.0137	.0555	.1201	.1802	.2099	.2008	.1623	.1123	.0667
	6	.0001	.0028	.0180	.0550	.1101	.1649	.1982	.1983	.1684	.1222
	7	.0000	.0004	.0045	.0197	.0524	.1010	.1524	.1889	.1969	.1746
	8	.0000	.0001	.0009	.0055	.0197	.0487	.0923	.1417	.1812	.1964
	9	.0000	.0000	.0001	.0012	.0058	.0185	.0442	.0840	.1318	.1746
	10	.0000	.0000	.0000	.0002	.0014	.0056	.0167	.0392	.0755	.1222
	11	.0000	.0000	.0000	.0000	.0002	.0013	.0049	.0142	.0337	.0667
	12	.0000	.0000	.0000	.0000	.0000	.0002	.0011	.0040	.0115	.0278
	13	.0000	.0000	.0000	.0000	.0000	.0000	.0002	.0008	.0029	.0085
	14	.0000	.0000	.0000	.0000	.0000	.0000	.0000	.0001	.0005	.0018
	15	.0000	.0000	.0000	.0000	.0000	.0000	.0000	.0000	.0001	.0002
	16	.0000	.0000	.0000	.0000	.0000	.0000	.0000	.0000	.0000	.0000
17	0	.4181	.1668	.0631	.0225	.0075	.0023	.0007	.0002	.0000	.0000
	1	.3741	.3150	.1893	.0957	.0426	.0169	.0060	.0019	.0005	.0001
	2	.1575	.2800	.2673	.1914	.1136	.0581	.0260	.0102	.0035	.0010
	3	.0415	.1556	.2359	.2393	.1893	.1245	.0701	.0341	.0144	.0052
	4	.0076	.0605	.1457	.2093	.2209	.1868	.1320	.0796	.0411	.0182
	5	.0010	.0175	.0668	.1361	.1914	.2081	.1849	.1379	.0875	.0472
	6	.0001	.0039	.0236	.0680	.1276	.1784	.1991	.1839	.1432	.0944
	7	.0000	.0007	.0065	.0267	.0668	.1201	.1685	.1927	.1841	.1484
	8	.0000	.0001	.0014	.0084	.0279	.0644	.1134	.1606	.1883	.1855
	9	.0000	.0000	.0003	.0021	.0093	.0276	.0611	.1070	.1540	.1855
	10	.0000	.0000	.0000	.0004	.0025	.0095	.0263	.0571	.1008	.1484
	11	.0000	.0000	.0000	.0001	.0005	.0026	.0090	.0242	.0525	.0944
	12	.0000	.0000	.0000	.0000	.0001	.0006	.0024	.0081	.0215	.0472
	13	.0000	.0000	.0000	.0000	.0000	.0001	.0005	.0021	.0068	.0182
	14	.0000	.0000	.0000	.0000	.0000	.0000	.0001	.0004	.0016	.0052
	15	.0000	.0000	.0000	.0000	.0000	.0000	.0000	.0001	.0003	.0010
	16	.0000	.0000	.0000	.0000	.0000	.0000	.0000	.0000	.0000	.0001
	17	.0000	.0000	.0000	.0000	.0000	.0000	.0000	.0000	.0000	.0000
18	0	.3972	.1501	.0536	.0180	.0056	.0016	.0004	.0001	.0000	.0000
	1	.3763	.3002	.1704	.0811	.0338	.0126	.0042	.0012	.0003	.0001
	2	.1683	.2835	.2556	.1723	.0958	.0458	.0190	.0069	.0022	.0006

n	x	p									
		.05	.10	.15	.20	.25	.30	.35	.40	.45	.50
	3	.0473	.1680	.2406	.2297	.1704	.1046	.0547	.0246	.0095	.0031
	4	.0093	.0700	.1592	.2153	.2130	.1681	.1104	.0614	.0291	.0117
	5	.0014	.0218	.0787	.1507	.1988	.2017	.1664	.1146	.0666	.0327
	6	.0002	.0052	.0301	.0816	.1436	.1873	.1941	.1655	.1181	.0708
	7	.0000	.0010	.0091	.0350	.0820	.1376	.1792	.1892	.1657	.1214
	8	.0000	.0002	.0022	.0120	.0376	.0811	.1327	.1734	.1864	.1669
	9	.0000	.0000	.0004	.0033	.0139	.0386	.0794	.1284	.1694	.1855
	10	.0000	.0000	.0001	.0008	.0042	.0149	.0385	.0771	.1248	.1669
	11	.0000	.0000	.0000	.0001	.0010	.0046	.0151	.0374	.0742	.1214
	12	.0000	.0000	.0000	.0000	.0002	.0012	.0047	.0145	.0354	.0708
	13	.0000	.0000	.0000	.0000	.0000	.0002	.0012	.0044	.0134	.0327
	14	.0000	.0000	.0000	.0000	.0000	.0000	.0002	.0011	.0039	.0117
	15	.0000	.0000	.0000	.0000	.0000	.0000	.0000	.0002	.0009	.0031
	16	.0000	.0000	.0000	.0000	.0000	.0000	.0000	.0000	.0001	.0006
	17	.0000	.0000	.0000	.0000	.0000	.0000	.0000	.0000	.0000	.0001
	18	.0000	.0000	.0000	.0000	.0000	.0000	.0000	.0000	.0000	.0000
19	0	.3774	.1351	.0456	.0144	.0042	.0011	.0003	.0001	.0000	.0000
	1	.3774	.2852	.1529	.0685	.0268	.0093	.0029	.0008	.0002	.0000
	2	.1787	.2852	.2428	.1540	.0803	.0358	.0138	.0046	.0013	.0003
	3	.0533	.1796	.2428	.2182	.1517	.0869	.0422	.0175	.0062	.0018
	4	.0112	.0798	.1714	.2182	.2023	.1491	.0909	.0467	.0203	.0074
	5	.0018	.0266	.0907	.1636	.2023	.1916	.1468	.0933	.0497	.0222
	6	.0002	.0069	.0374	.0955	.1574	.1916	.1844	.1451	.0949	.0518
	7	.0000	.0014	.0122	.0443	.0974	.1525	.1844	.1797	.1443	.0961
	8	.0000	.0002	.0032	.0166	.0487	.0981	.1489	.1797	.1771	.1442
	9	.0000	.0000	.0007	.0051	.0198	.0514	.0980	.1464	.1771	.1762
	10	.0000	.0000	.0001	.0013	.0066	.0220	.0528	.0976	.1449	.1762
	11	.0000	.0000	.0000	.0003	.0018	.0077	.0233	.0532	.0970	.1442
	12	.0000	.0000	.0000	.0000	.0004	.0022	.0083	.0237	.0529	.0961
	13	.0000	.0000	.0000	.0000	.0001	.0005	.0024	.0085	.0233	.0518
	14	.0000	.0000	.0000	.0000	.0000	.0001	.0006	.0024	.0082	.0222
	15	.0000	.0000	.0000	.0000	.0000	.0000	.0001	.0005	.0022	.0074
	16	.0000	.0000	.0000	.0000	.0000	.0000	.0000	.0001	.0005	.0018
	17	.0000	.0000	.0000	.0000	.0000	.0000	.0000	.0000	.0001	.0003
	18	.0000	.0000	.0000	.0000	.0000	.0000	.0000	.0000	.0000	.0000
	19	.0000	.0000	.0000	.0000	.0000	.0000	.0000	.0000	.0000	.0000

n	x	p									
		.05	.10	.15	.20	.25	.30	.35	.40	.45	.50
20	0	.3585	.1216	.0388	.0115	.0032	.0008	.0002	.0000	.0000	.0000
	1	.3774	.2702	.1368	.0576	.0211	.0068	.0020	.0005	.0001	.0000
	2	.1887	.2852	.2293	.1369	.0669	.0278	.0100	.0031	.0008	.0002
	3	.0596	.1901	.2428	.2054	.1339	.0716	.0323	.0123	.0040	.0011
	4	.0133	.0898	.1821	.2182	.1897	.1304	.0738	.0350	.0139	.0046
	5	.0022	.0319	.1028	.1746	.2023	.1789	.1272	.0746	.0365	.0148
	6	.0003	.0089	.0454	.1091	.1686	.1916	.1712	.1244	.0746	.0370
	7	.0000	.0020	.0160	.0545	.1124	.1643	.1844	.1659	.1221	.0739
	8	.0000	.0004	.0046	.0222	.0609	.1144	.1614	.1797	.1623	.1201
	9	.0000	.0001	.0011	.0074	.0271	.0654	.1158	.1597	.1771	.1602
	10	.0000	.0000	.0002	.0020	.0099	.0308	.0686	.1171	.1593	.1762
	11	.0000	.0000	.0000	.0005	.0030	.0120	.0336	.0710	.1185	.1602
	12	.0000	.0000	.0000	.0001	.0008	.0039	.0136	.0355	.0727	.1201
	13	.0000	.0000	.0000	.0000	.0002	.0010	.0045	.0146	.0366	.0739
	14	.0000	.0000	.0000	.0000	.0000	.0002	.0012	.0049	.0150	.0370
	15	.0000	.0000	.0000	.0000	.0000	.0000	.0003	.0013	.0049	.0148
	16	.0000	.0000	.0000	.0000	.0000	.0000	.0000	.0003	.0013	.0046
	17	.0000	.0000	.0000	.0000	.0000	.0000	.0000	.0000	.0002	.0011
	18	.0000	.0000	.0000	.0000	.0000	.0000	.0000	.0000	.0000	.0002
	19	.0000	.0000	.0000	.0000	.0000	.0000	.0000	.0000	.0000	.0000
	20	.0000	.0000	.0000	.0000	.0000	.0000	.0000	.0000	.0000	.0000

資料來源: 取自 Lee (1993), Appendix Table A1.

表 (3)　累加二項機率表 $\left[F(x) = \Sigma_{X \le x} \binom{n}{X} p^X q^{n-X}\right]$

n	x	p					
		.05	.10	.20	.30	.40	.50
1	0	.9500	.9000	.8000	.7000	.6000	.5000
	1	1.0000	1.0000	1.0000	1.0000	1.0000	1.0000
2	0	.9025	.8100	.6400	.4900	.3600	.2500
	1	.9975	.9900	.9600	.9100	.8400	.7500
	2	1.0000	1.0000	1.0000	1.0000	1.0000	1.0000
3	0	.8574	.7290	.5120	.3430	.2160	.1250
	1	.9927	.9720	.8960	.7840	.6480	.5000
	2	.9999	.9990	.9920	.9730	.9360	.8750
	3	1.0000	1.0000	1.0000	1.0000	1.0000	1.0000
4	0	.8145	.6561	.4096	.2401	.1296	.0625
	1	.9860	.9477	.8192	.6517	.4752	.3125
	2	.9995	.9963	.9728	.9163	.8208	.6875
	3	1.0000	.9999	.9984	.9919	.9744	.9375
	4		1.0000	1.0000	1.0000	1.0000	1.0000
5	0	.7738	.5905	.3277	.1681	.0778	.0313
	1	.9774	.9185	.7373	.5282	.3370	.1875
	2	.9988	.9914	.9421	.8369	.6826	.5000
	3	1.0000	.9995	.9933	.9692	.9130	.8125
	4		1.0000	.9997	.9976	.9898	.9688
	5			1.0000	1.0000	1.0000	1.0000
6	0	.7351	.5314	.2621	.1176	.0467	.0156
	1	.9672	.8857	.6554	.4202	.2333	.1094
	2	.9978	.9841	.9011	.7443	.5443	.3438
	3	.9999	.9987	.9830	.9295	.8208	.6563
	4	1.0000	.9999	.9984	.9891	.9590	.8906
	5		1.0000	.9999	.9993	.9959	.9844
	6			1.0000	1.0000	1.0000	1.0000
7	0	.6983	.4783	.2097	.0824	.0280	.0078
	1	.9556	.8503	.5767	.3294	.1586	.0625
	2	.9962	.9743	.8520	.6471	.4199	.2266
	3	.9998	.9973	.9667	.8740	.7102	.5000

n	x	.05	.10	.20	.30	.40	.50
					p		
	4	1.0000	.9998	.9953	.9712	.9037	.7734
	5		1.0000	.9996	.9962	.9812	.9375
	6			1.0000	.9998	.9984	.9922
	7				1.0000	1.0000	1.0000
8	0	.6634	.4305	.1678	.0576	.0168	.0039
	1	.9428	.8131	.5033	.2553	.1064	.0352
	2	.9942	.9619	.7969	.5518	.3154	.1445
	3	.9996	.9950	.9437	.8059	.5941	.3633
	4	1.0000	.9996	.9896	.9420	.8263	.6367
	5		1.0000	.9988	.9887	.9502	.8555
	6			.9999	.9987	.9915	.9648
	7			1.0000	.9999	.9993	.9961
	8				1.0000	1.0000	1.0000
9	0	.6302	.3874	.1342	.0404	.0101	.0020
	1	.9288	.7748	.4362	.1960	.0705	.0195
	2	.9916	.9470	.7382	.4628	.2318	.0898
	3	.9994	.9917	.9144	.7297	.4826	.2539
	4	1.0000	.9991	.9804	.9012	.7334	.5000
	5		.9999	.9969	.9747	.9006	.7461
	6		1.0000	.9997	.9957	.9750	.9102
	7			1.0000	.9996	.9962	.9805
	8				1.0000	.9997	.9980
	9					1.0000	1.0000
10	0	.5987	.3487	.1074	.0282	.0060	.0010
	1	.9139	.7361	.3758	.1493	.0464	.0107
	2	.9885	.9298	.6778	.3828	.1673	.0547
	3	.9990	.9872	.8791	.6496	.3823	.1719
	4	.9999	.9984	.9672	.8497	.6331	.3770
	5	1.0000	.9999	.9936	.9526	.8338	.6230
	6		1.0000	.9991	.9894	.9452	.8281
	7			.9999	.9999	.9877	.9453
	8			1.0000	1.0000	.9983	.9893
	9					.9999	.9990
	10					1.0000	1.0000

n	x	p					
		.05	.10	.20	.30	.40	.50
11	0	.5688	.3138	.0859	.0198	.0036	.0005
	1	.8981	.6974	.3221	.1130	.0302	.0059
	2	.9848	.9104	.6174	.3127	.1189	.0327
	3	.9984	.9815	.8369	.5696	.2963	.1133
	4	.9999	.9972	.9496	.7897	.5328	.2744
	5	1.0000	.9997	.9883	.9218	.7535	.5000
	6		1.0000	.9980	.9784	.9006	.7256
	7			.9998	.9957	.9707	.8867
	8			1.0000	.9994	.9941	.9673
	9				1.0000	.9993	.9941
	10					1.0000	.9995
	11						1.0000
12	0	.5404	.2824	.0687	.0138	.0022	.0002
	1	.8816	.6590	.2749	.0850	.0196	.0032
	2	.9804	.8891	.5583	.2528	.0834	.0193
	3	.9978	.9744	.7946	.4925	.2253	.0730
	4	.9998	.9957	.9274	.7237	.4382	.1938
	5	1.0000	.9995	.9806	.8821	.6652	.3872
	6		.9999	.9961	.9614	.8418	.6128
	7		1.0000	.9994	.9905	.9427	.8062
	8			.9999	.9983	.9847	.9270
	9			1.0000	.9998	.9972	.9807
	10				1.0000	.9997	.9968
	11					1.0000	.9998
	12						1.0000
13	0	.5133	.2542	.0550	.0097	.0013	.0001
	1	.8646	.6213	.2336	.0637	.0126	.0017
	2	.9755	.8661	.5017	.2025	.0579	.0112
	3	.9969	.9658	.7473	.4206	.1686	.0461
	4	.9997	.9935	.9009	.6543	.3530	.1334
	5	1.0000	.9991	.9700	.8346	.5744	.2905
	6		.9999	.9930	.9376	.7712	.5000
	7		1.0000	.9988	.9818	.9023	.7095
	8			.9998	.9960	.9679	.8666

n	x	p .05	.10	.20	.30	.40	.50
	9			1.0000	.9993	.9922	.9539
	10				.9999	.9987	.9888
	11				1.0000	.9999	.9983
	12					1.0000	.9999
	13						1.0000
14	0	.4877	.2288	.0440	.0068	.0008	.0001
	1	.8470	.5846	.1979	.0475	.0081	.0009
	2	.9699	.8416	.4481	.1608	.0398	.0065
	3	.9958	.9559	.6982	.3552	.1243	.0287
	4	.9996	.9908	.8702	.5842	.2793	.0898
	5	1.0000	.9985	.9561	.7805	.4859	.2120
	6		.9998	.9884	.9067	.6925	.3953
	7		1.0000	.9976	.9685	.8499	.6047
	8			.9996	.9917	.9417	.7880
	9			1.0000	.9983	.9825	.9102
	10				.9998	.9961	.9713
	11				1.0000	.9994	.9935
	12					.9999	.9991
	13					1.0000	.9999
	14						1.0000
15	0	.4633	.2059	.0352	.0047	.0005	.0000
	1	.8290	.5490	.1671	.0353	.0052	.0005
	2	.9638	.8159	.3980	.1268	.0271	.0037
	3	.9945	.9444	.6482	.2969	.0905	.0176
	4	.9994	.9873	.8358	.5155	.2173	.0592
	5	.9999	.9978	.9389	.7216	.4032	.1509
	6	1.0000	.9997	.9819	.8689	.6098	.3036
	7		1.0000	.9958	.9500	.7869	.5000
	8			.9992	.9848	.9050	.6964
	9			.9999	.9963	.9662	.8491
	10			1.0000	.9993	.9907	.9408
	11				.9999	.9981	.9824
	12				1.0000	.9997	.9963
	13					1.0000	.9995

n	x	.05	.10	.20	.30	.40	.50
	14						1.0000
16	0	.4401	.1853	.0281	.0033	.0003	.0000
	1	.8108	.5147	.1407	.0261	.0033	.0003
	2	.9571	.7892	.3518	.0994	.0183	.0021
	3	.9930	.9316	.5981	.2459	.0651	.0106
	4	.9991	.9830	.7982	.4499	.1666	.0384
	5	.9999	.9967	.9183	.6598	.3288	.1051
	6	1.0000	.9995	.9733	.8247	.5272	.2272
	7		.9999	.9930	.9256	.7161	.4018
	8		1.0000	.9985	.9743	.8577	.5982
	9			.9998	.9929	.9417	.7728
	10			1.0000	.9984	.9809	.8949
	11				.9997	.9951	.9616
	12				1.0000	.9991	.9894
	13					.9999	.9979
	14					1.0000	.9997
	15						1.0000
17	0	.4181	.1668	.0225	.0023	.0002	.0000
	1	.7922	.4818	.1182	.0193	.0021	.0001
	2	.9497	.7618	.3096	.0774	.0123	.0012
	3	.9912	.9174	.5489	.2019	.0464	.0064
	4	.9988	.9779	.7582	.3887	.1260	.0245
	5	.9999	.9953	.8943	.5968	.2639	.0717
	6	1.0000	.9992	.9623	.7752	.4478	.1662
	7		.9999	.9891	.8954	.6405	.3145
	8		1.0000	.9974	.9597	.8011	.5000
	9			.9995	.9873	.9081	.6855
	10			.9999	.9968	.9652	.8338
	11			1.0000	.9993	.9894	.9283
	12				.9999	.9975	.9755
	13				1.0000	.9995	.9936
	14					.9999	.9988
	15					1.0000	.9999
	16						1.0000

				p			
n	x	.05	.10	.20	.30	.40	.50
18	0	.3972	.1501	.0180	.0016	.0001	.0000
	1	.7735	.4503	.0991	.0142	.0013	.0001
	2	.9419	.7338	.2713	.0600	.0082	.0007
	3	.9891	.9018	.5010	.1646	.0328	.0038
	4	.9985	.9718	.7164	.3327	.0942	.0154
	5	.9998	.9936	.8671	.5344	.2088	.0481
	6	1.0000	.9988	.9487	.7217	.3743	.1189
	7		.9998	.9837	.8593	.5634	.2403
	8		1.0000	.9957	.9404	.7368	.4073
	9			.9991	.9790	.8653	.5927
	10			.9998	.9939	.9424	.7597
	11			1.0000	.9986	.9797	.8811
	12				.9997	.9942	.9519
	13				1.0000	.9987	.9846
	14					.9998	.9962
	15					1.0000	.9993
	16						.9999
	17						1.0000
19	0	.3774	.1351	.0144	.0011	.0001	.0000
	1	.7547	.4203	.0829	.0104	.0008	.0000
	2	.9335	.7054	.2369	.0462	.0055	.0004
	3	.9868	.8850	.4551	.1332	.0230	.0022
	4	.9980	.9648	.6733	.2822	.0696	.0096
	5	.9998	.9914	.8369	.4739	.1629	.0318
	6	1.0000	.9983	.9324	.6655	.3081	.0835
	7		.9997	.9767	.8180	.4878	.1796
	8		1.0000	.9933	.9161	.6675	.3238
	9			.9984	.9674	.8139	.5000
	10			.9997	.9895	.9115	.6762
	11			.9999	.9972	.9648	.8204
	12			1.0000	.9994	.9884	.9165
	13				.9999	.9969	.9682
	14				1.0000	.9994	.9904
	15					.9999	.9978

n	x	.05	.10	.20	.30	.40	.50
	16					1.0000	.9996
	17						1.0000
20	0	.3585	.1216	.0115	.0008	.0000	.0000
	1	.7358	.3917	.0692	.0076	.0005	.0000
	2	.9245	.6769	.2061	.0355	.0036	.0002
	3	.9841	.8670	.4114	.1071	.0160	.0013
	4	.9974	.9568	.6296	.2375	.0510	.0059
	5	.9997	.9887	.8042	.4164	.1256	.0207
	6	1.0000	.9976	.9133	.6080	.2500	.0577
	7		.9996	.9679	.7723	.4159	.1316
	8		.9999	.9900	.8867	.5956	.2517
	9		1.0000	.9974	.9520	.7553	.4119
	10			.9994	.9829	.8725	.5881
	11			.9999	.9949	.9435	.7483
	12			1.0000	.9987	.9790	.8684
	13				.9997	.9935	.9423
	14				1.0000	.9984	.9793
	15					.9997	.9941
	16					1.0000	.9987
	17						.9998
	18						1.0000
50	0	.0769	.0052	.0000	.0000	.0000	.0000
	1	.2794	.0338	.0002	.0000	.0000	.0000
	2	.5405	.1117	.0013	.0000	.0000	.0000
	3	.7604	.2503	.0057	.0000	.0000	.0000
	4	.8964	.4312	.0185	.0002	.0000	.0000
	5	.9622	.6161	.0480	.0007	.0000	.0000
	6	.9882	.7702	.1034	.0025	.0000	.0000
	7	.9968	.8779	.1904	.0073	.0001	.0000
	8	.9992	.9421	.3073	.0183	.0002	.0000
	9	.9998	.9755	.4437	.0402	.0008	.0000
	10	1.0000	.9906	.5836	.0789	.0022	.0000
	11		.9968	.7107	.1390	.0057	.0000
	12		.9990	.8139	.2229	.0133	.0002

				p			
n	x	.05	.10	.20	.30	.40	.50
	13		.9997	.8894	.3279	.0280	.0005
	14		.9999	.9393	.4468	.0540	.0013
	15		1.0000	.9692	.5692	.0955	.0033
	16			.9856	.6839	.1561	.0077
	17			.9937	.7822	.2369	.0164
	18			.9975	.8594	.3356	.0325
	19			.9991	.9152	.4465	.0595
	20			.9997	.9522	.5610	.1013
	21			.9999	.9749	.6701	.1611
	22			1.0000	.9877	.7660	.2399
	23				.9944	.8438	.3359
	24				.9976	.9022	.4439
	25				.9991	.9427	.5561
	26				.9997	.9686	.6641
	27				.9999	.9840	.7601
	28				1.0000	.9924	.8389
	29					.9966	.8987
	30					.9986	.9405
	31					.9995	.9675
	32					.9998	.9836
	33					.9999	.9923
	34					1.0000	.9967
	35						.9987
	36						.9995
	37						.9998
	38						1.0000
100	0	.0059	.0000	.0000	.0000	.0000	.0000
	1	.0371	.0003	.0000	.0000	.0000	.0000
	2	.1183	.0019	.0000	.0000	.0000	.0000
	3	.2578	.0078	.0000	.0000	.0000	.0000
	4	.4360	.0237	.0000	.0000	.0000	.0000
	5	.6160	.0576	.0000	.0000	.0000	.0000
	6	.7660	.1172	.0001	.0000	.0000	.0000
	7	.8720	.2061	.0003	.0000	.0000	.0000

				p			
n	x	.05	.10	.20	.30	.40	.50
	8	.9369	.3209	.0009	.0000	.0000	.0000
	9	.9718	.4513	.0023	.0000	.0000	.0000
	10	.9885	.5832	.0057	.0000	.0000	.0000
	11	.9957	.7030	.0126	.0000	.0000	.0000
	12	.9985	.8018	.0253	.0000	.0000	.0000
	13	.9995	.8761	.0469	.0001	.0000	.0000
	14	.9999	.9274	.0804	.0002	.0000	.0000
	15	1.0000	.9601	.1285	.0004	.0000	.0000
	16		.9794	.1923	.0010	.0000	.0000
	17		.9900	.2712	.0022	.0000	.0000
	18		.9954	.3621	.0045	.0000	.0000
	19		.9980	.4602	.0089	.0000	.0000
	20		.9992	.5595	.0165	.0000	.0000
	21		.9997	.6540	.0288	.0000	.0000
	22		.9999	.7389	.0479	.0001	.0000
	23		1.0000	.8109	.0755	.0003	.0000
	24			.8686	.1136	.0006	.0000
	25			.9125	.1631	.0012	.0000
	26			.9442	.2244	.0024	.0000
	27			.9658	.2964	.0046	.0000
	28			.9800	.3768	.0084	.0000
	29			.9888	.4623	.0148	.0000
	30			.9939	.5491	.0248	.0000
	31			.9969	.6331	.0398	.0001
	32			.9984	.7107	.0615	.0002
	33			.9993	.7793	.0913	.0004
	34			.9997	.8371	.1303	.0009
	35			.9999	.8839	.1795	.0018
	36			.9999	.9201	.2386	.0033
	37			1.0000	.9470	.3068	.0060
	38				.9660	.3822	.0105
	39				.9790	.4621	.0176
	40				.9875	.5433	.0284
	41				.9928	.6225	.0443

n	x	p					
		.05	.10	.20	.30	.40	.50
	42				.9960	.6967	.0666
	43				.9979	.7635	.0967
	44				.9989	.8211	.1356
	45				.9995	.8689	.1841
	46				.9997	.9070	.2421
	47				.9999	.9362	.3086
	48				.9999	.9577	.3822
	49				1.0000	.9729	.4602
	50					.9832	.5398
	51					.9900	.6178
	52					.9942	.6914
	53					.9968	.7579
	54					.9983	.8159
	55					.9991	.8644
	56					.9996	.9033
	57					.9998	.9334
	58					.9999	.9557
	59					1.0000	.9716
	60						.9824
	61						.9895
	62						.9940
	63						.9967
	64						.9982
	65						.9991
	66						.9996
	67						.9998
	68						.9999
	69						1.0000

資料來源: 取自 Heinz Kohler (1994), Appendix Table D.

表(4)　波阿松機率表

$$\left[f(x) = \frac{e^{-\lambda}\lambda^x}{x!}, \ x = 0, 1, 2, \cdots, \infty \right]$$

x	.1	.2	.3	.4	.5	.6	.7	.8	.9	1.0
0	.9048	.8187	.7408	.6703	.6065	.5488	.4966	.4493	.4066	.3679
1	.0905	.1637	.2222	.2681	.3033	.3293	.3476	.3595	.3659	.3679
2	.0045	.0164	.0333	.0536	.0758	.0988	.1217	.1438	.1647	.1839
3	.0002	.0011	.0033	.0072	.0126	.0198	.0284	.0383	.0494	.0613
4	.0000	.0001	.0003	.0007	.0016	.0030	.0050	.0077	.0111	.0153
5	.0000	.0000	.0000	.0001	.0002	.0004	.0007	.0012	.0020	.0031
6	.0000	.0000	.0000	.0000	.0000	.0000	.0001	.0002	.0003	.0005
7	.0000	.0000	.0000	.0000	.0000	.0000	.0000	.0000	.0000	.0001

x	1.1	1.2	1.3	1.4	1.5	1.6	1.7	1.8	1.9	2.0
0	.3329	.3012	.2725	.2466	.2231	.2019	.1827	.1653	.1496	.1353
1	.3662	.3614	.3543	.3452	.3347	.3230	.3106	.2975	.2842	.2707
2	.2014	.2169	.2303	.2417	.2510	.2584	.2640	.2678	.2700	.2707
3	.0738	.0867	.0998	.1128	.1255	.1378	.1496	.1607	.1710	.1804
4	.0203	.0260	.0324	.0395	.0471	.0551	.0636	.0723	.0812	.0902
5	.0045	.0062	.0084	.0111	.0141	.0176	.0216	.0260	.0309	.0361
6	.0008	.0012	.0018	.0026	.0035	.0047	.0061	.0078	.0098	.0120
7	.0001	.0002	.0003	.0005	.0008	.0011	.0015	.0020	.0027	.0034
8	.0000	.0000	.0001	.0001	.0001	.0002	.0003	.0005	.0006	.0009
9	.0000	.0000	.0000	.0000	.0000	.0000	.0001	.0001	.0001	.0002

x	2.1	2.2	2.3	2.4	2.5	2.6	2.7	2.8	2.9	3.0
0	.1225	.1108	.1003	.0907	.0821	.0743	.0672	.0608	.0550	.0498
1	.2572	.2438	.2306	.2177	.2052	.1931	.1815	.1703	.1596	.1494
2	.2700	.2681	.2652	.2613	.2565	.2510	.2450	.2384	.2314	.2240
3	.1890	.1966	.2033	.2090	.2138	.2176	.2205	.2225	.2237	.2240
4	.0992	.1082	.1169	.1254	.1336	.1414	.1488	.1557	.1622	.1680
5	.0417	.0476	.0538	.0602	.0668	.0735	.0804	.0872	.0940	.1008
6	.0146	.0174	.0206	.0241	.0278	.0319	.0362	.0407	.0455	.0504

x	λ 2.1	2.2	2.3	2.4	2.5	2.6	2.7	2.8	2.9	3.0
7	.0044	.0055	.0068	.0083	.0099	.0118	.0139	.0163	.0188	.0216
8	.0011	.0015	.0019	.0025	.0031	.0038	.0047	.0057	.0068	.0081
9	.0003	.0004	.0005	.0007	.0009	.0011	.0014	.0018	.0022	.0027
10	.0001	.0001	.0001	.0002	.0002	.0003	.0004	.0005	.0006	.0008
11	.0000	.0000	.0000	.0000	.0000	.0001	.0001	.0001	.0002	.0002
12	.0000	.0000	.0000	.0000	.0000	.0000	.0000	.0000	.0000	.0001

x	λ 3.1	3.2	3.3	3.4	3.5	3.6	3.7	3.8	3.9	4.0
0	.0450	.0408	.0369	.0334	.0302	.0273	.0247	.0224	.0202	.0183
1	.1397	.1304	.1217	.1135	.1057	.0984	.0915	.0850	.0789	.0733
2	.2165	.2087	.2008	.1929	.1850	.1771	.1692	.1615	.1539	.1465
3	.2237	.2226	.2209	.2186	.2158	.2125	.2087	.2046	.2001	.1954
4	.1734	.1781	.1823	.1858	.1888	.1912	.1931	.1944	.1951	.1954
5	.1075	.1140	.1203	.1264	.1322	.1377	.1429	.1477	.1522	.1563
6	.0555	.0608	.0662	.0716	.0771	.0826	.0881	.0936	.0989	.1042
7	.0246	.2078	.0312	.0348	.0385	.0425	.0466	.0508	.0551	.0595
8	.0095	.0111	.0129	.0148	.0169	.0191	.0215	.0241	.0269	.0298
9	.0033	.0040	.0047	.0056	.0066	.0076	.0089	.0102	.0116	.0132
10	.0010	.0013	.0016	.0019	.0023	.0028	.0033	.0039	.0045	.0053
11	.0003	.0004	.0005	.0006	.0007	.0009	.0011	.0013	.0016	.0019
12	.0001	.0001	.0001	.0002	.0002	.0003	.0003	.0004	.0005	.0006
13	.0000	.0000	.0000	.0000	.0001	.0001	.0001	.0001	.0002	.0002
14	.0000	.0000	.0000	.0000	.0000	.0000	.0000	.0000	.0000	.0001

x	λ 4.1	4.2	4.3	4.4	4.5	4.6	4.7	4.8	4.9	5.0
0	.0166	.0150	.0136	.0123	.0111	.0101	.0091	.0082	.0074	.0067
1	.0679	.0630	.0583	.0540	.0500	.0462	.0427	.0395	.0365	.0337
2	.1393	.1323	.1254	.1188	.1125	.1063	.1005	.0948	.0894	.0842
3	.1904	.1852	.1798	.1743	.1687	.1631	.1574	.1517	.1460	.1404
4	.1951	.1944	.1933	.1917	.1898	.1875	.1849	.1820	.1789	.1755
5	.1600	.1633	.1662	.1687	.1708	.1725	.1738	.1747	.1753	.1755
6	.1093	.1143	.1191	.1237	.1281	.1323	.1362	.1398	.1432	.1462
7	.0640	.0686	.0732	.0778	.0824	.0869	.0914	.0959	.1002	.1044

x	4.1	4.2	4.3	4.4	4.5	4.6	4.7	4.8	4.9	5.0
					λ					
8	.0328	.0360	.0393	.0428	.0463	.0500	.0537	.0575	.0614	.0653
9	.0150	.0168	.0188	.0209	.0232	.0255	.0280	.0307	.0334	.0363
10	.0061	.0071	.0081	.0092	.0104	.0118	.0132	.0147	.0164	.0181
11	.0023	.0027	.0032	.0037	.0043	.0049	.0056	.0064	.0073	.0082
12	.0008	.0009	.0011	.0014	.0016	.0019	.0022	.0026	.0030	.0034
13	.0002	.0003	.0004	.0005	.0006	.0007	.0008	.0009	.0011	.0013
14	.0001	.0001	.0001	.0001	.0002	.0002	.0003	.0003	.0004	.0005
15	.0000	.0000	.0000	.0000	.0001	.0001	.0001	.0001	.0001	.0002

x	5.1	5.2	5.3	5.4	5.5	5.6	5.7	5.8	5.9	6.0
					λ					
0	.0061	.0055	.0050	.0045	.0041	.0037	.0033	.0030	.0027	.0025
1	.0311	.0287	.0265	.0244	.0225	.0207	.0191	.0176	.0162	.0149
2	.0793	.0746	.0701	.0659	.0618	.0580	.0544	.0509	.0477	.0446
3	.1348	.1293	.1239	.1185	.1133	.1082	.1033	.0985	.0938	.0892
4	.1719	.1681	.1641	.1600	.1558	.1515	.1472	.1428	.1383	.1339
5	.1753	.1748	.1740	.1728	.1714	.1697	.1678	.1656	.1632	.1606
6	.1490	.1515	.1537	.1555	.1571	.1584	.1594	.1601	.1605	.1606
7	.1086	.1125	.1163	.1200	.1234	.1267	.1298	.1326	.1353	.1377
8	.0692	.0731	.0771	.0810	.0849	.0887	.0925	.0962	.0998	.1033
9	.0392	.0423	.0454	.0486	.0519	.0552	.0586	.0620	.0654	.0688
10	.0200	.0220	.0241	.0262	.0285	.0309	.0334	.0359	.0386	.0413
11	.0093	.0104	.0116	.0129	.0143	.0157	.0173	.0190	.0207	.0225
12	.0039	.0045	.0051	.0058	.0065	.0073	.0082	.0092	.0102	.0113
13	.0015	.0018	.0021	.0024	.0028	.0032	.0036	.0041	.0046	.0052
14	.0006	.0007	.0008	.0009	.0011	.0013	.0015	.0017	.0019	.0022
15	.0002	.0002	.0003	.0003	.0004	.0005	.0006	.0007	.0008	.0009
16	.0001	.0001	.0001	.0001	.0001	.0002	.0002	.0002	.0003	.0003
17	.0000	.0000	.0000	.0000	.0000	.0000	.0001	.0001	.0001	.0001

x	6.1	6.2	6.3	6.4	6.5	6.6	6.7	6.8	6.9	7.0
					λ					
0	.0022	.0020	.0018	.0017	.0015	.0014	.0012	.0011	.0010	.0009
1	.0137	.0126	.0116	.0106	.0098	.0090	.0082	.0076	.0070	.0064
2	.0417	.0390	.0364	.0340	.0318	.0296	.0276	.0258	.0240	.0223

x	6.1	6.2	6.3	6.4	6.5	6.6	6.7	6.8	6.9	7.0
3	.0848	.0806	.0765	.0726	.0688	.0652	.0617	.0584	.0552	.0521
4	.1294	.1249	.1205	.1162	.1118	.1076	.1034	.0992	.0952	.0912
5	.1579	.1549	.1519	.1487	.1454	.1420	.1385	.1349	.1314	.1277
6	.1605	.1601	.1595	.1586	.1575	.1562	.1546	.1529	.1511	.1490
7	.1399	.1418	.1435	.1450	.1462	.1472	.1480	.1486	.1489	.1490
8	.1066	.1099	.1130	.1160	.1188	.1215	.1240	.1263	.1284	.1304
9	.0723	.0757	.0791	.0825	.0858	.0891	.0923	.0954	.0985	.1014
10	.0441	.0469	.0498	.0528	.0558	.0588	.0618	.0649	.0679	.0710
11	.0245	.0265	.0285	.0307	.0330	.0353	.0377	.0401	.0426	.0452
12	.0124	.0137	.0150	.0164	.0179	.0194	.0210	.0227	.0245	.0264
13	.0058	.0065	.0073	.0081	.0089	.0098	.0108	.0119	.0130	.0142
14	.0025	.0029	.0033	.0037	.0041	.0046	.0052	.0058	.0064	.0071
15	.0010	.0012	.0014	.0016	.0018	.0020	.0023	.0026	.0029	.0033
16	.0004	.0005	.0005	.0006	.0007	.0008	.0010	.0011	.0013	.0014
17	.0001	.0002	.0002	.0002	.0003	.0003	.0004	.0004	.0005	.0006
18	.0000	.0001	.0001	.0001	.0001	.0001	.0001	.0002	.0002	.0002
19	.0000	.0000	.0000	.0000	.0000	.0000	.0000	.0001	.0001	.0001

x	7.1	7.2	7.3	7.4	7.5	7.6	7.7	7.8	7.9	8.0
0	.0008	.0007	.0007	.0006	.0006	.0005	.0005	.0004	.0004	.0003
1	.0059	.0054	.0049	.0045	.0041	.0038	.0035	.0032	.0029	.0027
2	.0208	.0194	.0180	.0167	.0156	.0145	.0134	.0125	.0116	.0107
3	.0492	.0464	.0438	.0413	.0389	.0366	.0345	.0324	.0305	.0286
4	.0874	.0836	.0799	.0764	.0729	.0696	.0663	.0632	.0602	.0573
5	.1241	.1204	.1167	.1130	.1094	.1057	.1021	.0986	.0951	.0916
6	.1468	.1445	.1420	.1394	.1367	.1339	.1311	.1282	.1252	.1221
7	.1489	.1486	.1481	.1474	.1465	.1454	.1442	.1428	.1413	.1396
8	.1321	.1337	.1351	.1363	.1373	.1382	.1388	.1392	.1395	.1396
9	.1042	.1070	.1096	.1121	.1144	.1167	.1187	.1207	.1224	.1241
10	.0740	.0770	.0800	.0829	.0858	.0887	.0914	.0941	.0967	.0993
11	.0478	.0504	.0531	.0558	.0585	.0613	.0640	.0667	.0695	.0722
12	.0283	.0303	.0323	.0344	.0366	.0388	.0411	.0434	.0457	.0481
13	.0154	.0168	.0181	.0196	.0211	.0227	.0243	.0260	.0278	.0296

					λ					
x	7.1	7.2	7.3	7.4	7.5	7.6	7.7	7.8	7.9	8.0
14	.0078	.0086	.0095	.0104	.0113	.0123	.0134	.0145	.0157	.0169
15	.0037	.0041	.0046	.0051	.0057	.0062	.0069	.0075	.0083	.0090
16	.0016	.0019	.0021	.0024	.0026	.0030	.0033	.0037	.0041	.0045
17	.0007	.0008	.0009	.0010	.0012	.0013	.0015	.0017	.0019	.0021
18	.0003	.0003	.0004	.0004	.0005	.0006	.0006	.0007	.0008	.0009
19	.0001	.0001	.0001	.0002	.0002	.0002	.0003	.0003	.0003	.0004
20	.0000	.0000	.0001	.0001	.0001	.0001	.0001	.0001	.0001	.0002
21	.0000	.0000	.0000	.0000	.0000	.0000	.0000	.0000	.0001	.0001

					λ					
x	8.1	8.2	8.3	8.4	8.5	8.6	8.7	8.8	8.9	9.0
0	.0003	.0003	.0002	.0002	.0002	.0002	.0002	.0002	.0001	.0001
1	.0025	.0023	.0021	.0019	.0017	.0016	.0014	.0013	.0012	.0011
2	.0100	.0092	.0086	.0079	.0074	.0068	.0063	.0058	.0054	.0050
3	.0269	.0252	.0237	.0222	.0208	.0195	.0183	.0171	.0160	.0150
4	.0544	.0517	.0491	.0466	.0443	.0420	.0398	.0377	.0357	.0337
5	.0882	.0849	.0816	.0784	.0752	.0722	.0692	.0663	.0635	.0607
6	.1191	.1160	.1128	.1097	.1066	.1034	.1003	.0972	.0941	.0911
7	.1378	.1358	.1338	.1317	.1294	.1271	.1247	.1222	.1197	.1171
8	.1395	.1392	.1388	.1382	.1375	.1366	.1356	.1344	.1332	.1318
9	.1256	.1269	.1280	.1290	.1299	.1306	.1311	.1315	.1317	.1318
10	.1017	.1040	.1063	.1084	.1104	.1123	.1140	.1157	.1172	.1186
11	.0749	.0776	.0802	.0828	.0853	.0878	.0902	.0925	.0948	.0970
12	.0505	.0530	.0555	.0579	.0604	.0629	.0654	.0679	.0703	.0728
13	.0315	.0334	.0354	.0374	.0395	.0416	.0438	.0459	.0481	.0504
14	.0182	.0196	.0210	.0225	.0240	.0256	.0272	.0289	.0306	.0324
15	.0098	.0107	.0116	.0126	.0136	.0147	.0158	.0169	.0182	.0194
16	.0050	.0055	.0060	.0066	.0072	.0079	.0086	.0093	.0101	.0109
17	.0024	.0026	.0029	.0033	.0036	.0040	.0044	.0048	.0053	.0058
18	.0011	.0012	.0014	.0015	.0017	.0019	.0021	.0024	.0026	.0029
19	.0005	.0005	.0006	.0007	.0008	.0009	.0010	.0011	.0012	.0014
20	.0002	.0002	.0002	.0003	.0003	.0004	.0004	.0005	.0005	.0006
21	.0001	.0001	.0001	.0001	.0001	.0002	.0002	.0002	.0002	.0003
22	.0000	.0000	.0000	.0000	.0001	.0001	.0001	.0001	.0001	.0001

					λ					
x	9.1	9.2	9.3	9.4	9.5	9.6	9.7	9.8	9.9	10.0
0	.0001	.0001	.0001	.0001	.0001	.0001	.0001	.0001	.0001	.0000
1	.0010	.0009	.0009	.0008	.0007	.0007	.0006	.0005	.0005	.0005
2	.0046	.0043	.0040	.0037	.0034	.0031	.0029	.0027	.0025	.0023
3	.0140	.0131	.0123	.0115	.0107	.0100	.0093	.0087	.0081	.0076
4	.0319	.0302	.0285	.0269	.0254	.0240	.0226	.0213	.0201	.0189
5	.0581	.0555	.0530	.0506	.0483	.0460	.0439	.0418	.0398	.0378
6	.0881	.0851	.0822	.0793	.0764	.0736	.0709	.0682	.0656	.0631
7	.1145	.1118	.1091	.1064	.1037	.1010	.0982	.0955	.0928	.0901
8	.1302	.1286	.1269	.1251	.1232	.1212	.1191	.1170	.1148	.1126
9	.1317	.1315	.1311	.1306	.1300	.1293	.1284	.1274	.1263	.1251
10	.1198	.1210	.1219	.1228	.1235	.1241	.1245	.1249	.1250	.1251
11	.0991	.1012	.1031	.1049	.1067	.1083	.1098	.1112	.1125	.1137
12	.0752	.0776	.0799	.0822	.0844	.0866	.0888	.0908	.0928	.0948
13	.0526	.0549	.0572	.0594	.0617	.0640	.0662	.0685	.0707	.0729
14	.0342	.0361	.0380	.0399	.0419	.0439	.0459	.0479	.0500	.0521
15	.0208	.0221	.0235	.0250	.0265	.0281	.0297	.0313	.0330	.0347
16	.0118	.0127	.0137	.0147	.0157	.0168	.0180	.0192	.0204	.0217
17	.0063	.0069	.0075	.0081	.0088	.0095	.0103	.0111	.0119	.0128
18	.0032	.0035	.0039	.0042	.0046	.0051	.0055	.0060	.0065	.0071
19	.0015	.0017	.0019	.0021	.0023	.0026	.0028	.0031	.0034	.0037
20	.0007	.0008	.0009	.0010	.0011	.0012	.0014	.0015	.0017	.0019
21	.0003	.0003	.0004	.0004	.0005	.0006	.0006	.0007	.0008	.0009
22	.0001	.0001	.0002	.0002	.0002	.0002	.0003	.0003	.0004	.0004
23	.0000	.0001	.0001	.0001	.0001	.0001	.0001	.0001	.0002	.0002
24	.0000	.0000	.0000	.0000	.0000	.0000	.0000	.0001	.0001	.0001

					λ					
x	11	12	13	14	15	16	17	18	19	20
0	.0000	.0000	.0000	.0000	.0000	.0000	.0000	.0000	.0000	.0000
1	.0002	.0001	.0000	.0000	.0000	.0000	.0000	.0000	.0000	.0000
2	.0010	.0004	.0002	.0001	.0000	.0000	.0000	.0000	.0000	.0000
3	.0037	.0018	.0008	.0004	.0002	.0001	.0000	.0000	.0000	.0000
4	.0102	.0053	.0027	.0013	.0006	.0003	.0001	.0001	.0000	.0000
5	.0224	.0127	.0070	.0037	.0019	.0010	.0005	.0002	.0001	.0001

x	λ 11	12	13	14	15	16	17	18	19	20
6	.0411	.0255	.0152	.0087	.0048	.0026	.0014	.0007	.0004	.0002
7	.0646	.0437	.0281	.0174	.0104	.0060	.0034	.0018	.0010	.0005
8	.0888	.0655	.0457	.0304	.0194	.0120	.0072	.0042	.0024	.0013
9	.1085	.0874	.0661	.0473	.0324	.0213	.0135	.0083	.0050	.0029
10	.1194	.1048	.0859	.0663	.0486	.0341	.0230	.0150	.0095	.0058
11	.1194	.1144	.1015	.0844	.0663	.0496	.0355	.0245	.0164	.0106
12	.1094	.1144	.1099	.0984	.0829	.0661	.0504	.0368	.0259	.0176
13	.0926	.1056	.1099	.1060	.0956	.0814	.0658	.0509	.0378	.0271
14	.0728	.0905	.1021	.1060	.1024	.0930	.0800	.0655	.0514	.0387
15	.0534	.0724	.0885	.0989	.1024	.0992	.0906	.0786	.0650	.0516
16	.0367	.0543	.0719	.0866	.0960	.0992	.0963	.0884	.0772	.0646
17	.0237	.0383	.0550	.0713	.0847	.0934	.0963	.0936	.0863	.0760
18	.0145	.0256	.0397	.0554	.0706	.0830	.0909	.0936	.0911	.0844
19	.0084	.0161	.0272	.0409	.0557	.0699	.0814	.0887	.0911	.0888
20	.0046	.0097	.0177	.0286	.0418	.0559	.0692	.0798	.0866	.0888
21	.0024	.0055	.0109	.0191	.0299	.0426	.0560	.0684	.0783	.0846
22	.0012	.0030	.0065	.0121	.0204	.0310	.0433	.0560	.0676	.0769
23	.0006	.0016	.0037	.0074	.0133	.0216	.0320	.0438	.0559	.0669
24	.0003	.0008	.0020	.0043	.0083	.0144	.0226	.0328	.0442	.0557
25	.0001	.0004	.0010	.0024	.0050	.0092	.0154	.0237	.0336	.0446
26	.0000	.0002	.0005	.0013	.0029	.0057	.0101	.0164	.0246	.0343
27	.0000	.0001	.0002	.0007	.0016	.0034	.0063	.0109	.0173	.0254
28	.0000	.0000	.0001	.0003	.0009	.0019	.0038	.0070	.0117	.0181
29	.0000	.0000	.0001	.0002	.0004	.0011	.0023	.0044	.0077	.0125
30	.0000	.0000	.0000	.0001	.0002	.0006	.0013	.0026	.0049	.0083
31	.0000	.0000	.0000	.0000	.0001	.0003	.0007	.0015	.0030	.0054
32	.0000	.0000	.0000	.0000	.0001	.0001	.0004	.0009	.0018	.0034
33	.0000	.0000	.0000	.0000	.0000	.0001	.0002	.0005	.0010	.0020
34	.0000	.0000	.0000	.0000	.0000	.0000	.0001	.0002	.0006	.0012
35	.0000	.0000	.0000	.0000	.0000	.0000	.0000	.0001	.0003	.0007
36	.0000	.0000	.0000	.0000	.0000	.0000	.0000	.0001	.0002	.0004
37	.0000	.0000	.0000	.0000	.0000	.0000	.0000	.0000	.0001	.0002
38	.0000	.0000	.0000	.0000	.0000	.0000	.0000	.0000	.0000	.0001
39	.0000	.0000	.0000	.0000	.0000	.0000	.0000	.0000	.0000	.0001

資料來源：取自 Lee (1993), Appendix Table A2.

表 (5)　標準常態機率表

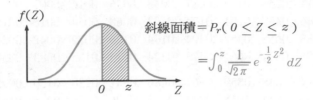

斜線面積 $= P_r(\,0 \le Z \le z\,)$

$= \int_0^z \frac{1}{\sqrt{2\pi}}\, e^{-\frac{1}{2}z^2}\, dZ$

z	.00	.01	.02	.03	.04	.05	.06	.07	.08	.09
.0	.0000	.0040	.0080	.0120	.0160	.0199	.0239	.0279	.0319	.0359
.1	.0398	.0438	.0478	.0517	.0557	.0596	.0636	.0675	.0714	.0753
.2	.0793	.0832	.0871	.0910	.0948	.0987	.1026	.1064	.1103	.1141
.3	.1179	.1217	.1255	.1293	.1331	.1368	.1406	.1443	.1480	.1517
.4	.1554	.1591	.1628	.1664	.1700	.1736	.1772	.1808	.1844	.1879
.5	.1915	.1950	.1985	.2019	.2054	.2088	.2123	.2157	.2190	.2224
.6	.2257	.2291	.2324	.2357	.2389	.2422	.2454	.2486	.2517	.2549
.7	.2580	.2611	.2642	.2673	.2704	.2734	.2764	.2794	.2823	.2852
.8	.2881	.2910	.2939	.2967	.2995	.3023	.3051	.3078	.3106	.3133
.9	.3159	.3186	.3212	.3238	.3264	.3289	.3315	.3340	.3365	.3389
1.0	.3413	.3438	.3461	.3485	.3508	.3531	.3554	.3577	.3599	.3621
1.1	.3643	.3665	.3686	.3708	.3729	.3749	.3770	.3790	.3810	.3830
1.2	.3849	.3869	.3888	.3907	.3925	.3944	.3962	.3980	.3997	.4015
1.3	.4032	.4049	.4066	.4082	.4099	.4115	.4131	.4147	.4162	.4177
1.4	.4192	.4207	.4222	.4236	.4251	.4265	.4279	.4292	.4306	.4319
1.5	.4332	.4345	.4357	.4370	.4382	.4394	.4406	.4418	.4429	.4441
1.6	.4452	.4463	.4474	.4484	.4495	.4505	.4515	.4525	.4535	.4545
1.7	.4554	.4564	.4573	.4582	.4591	.4599	.4608	.4616	.4625	.4633
1.8	.4641	.4649	.4656	.4664	.4671	.4678	.4686	.4693	.4699	.4706
1.9	.4713	.4719	.4726	.4732	.4738	.4744	.4750	.4756	.4761	.4767
2.0	.4772	.4778	.4783	.4788	.4793	.4798	.4803	.4808	.4812	.4817
2.1	.4821	.4826	.4830	.4834	.4838	.4842	.4846	.4850	.4854	.4857
2.2	.4861	.4864	.4868	.4871	.4875	.4878	.4881	.4884	.4887	.4890
2.3	.4893	.4896	.4898	.4901	.4904	.4906	.4909	.4911	.4913	.4916
2.4	.4918	.4920	.4922	.4925	.4927	.4929	.4931	.4932	.4934	.4936
2.5	.4938	.4940	.4941	.4943	.4945	.4946	.4948	.4949	.4951	.4952
2.6	.4953	.4955	.4956	.4957	.4959	.4960	.4961	.4962	.4963	.4974

z	.00	.01	.02	.03	.04	.05	.06	.07	.08	.09
2.7	.4965	.4966	.4967	.4968	.4969	.4970	.4971	.4972	.4973	.4974
2.8	.4974	.4975	.4976	.4977	.4977	.4978	.4979	.4979	.4980	.4981
2.9	.4981	.4982	.4982	.4983	.4984	.4984	.4985	.4985	.4986	.4986
3.0	.4987	.4987	.4987	.4988	.4988	.4989	.4989	.4989	.4990	.4990
3.1	.4990	.4991	.4991	.4991	.4992	.4992	.4992	.4992	.4993	.4993
3.2	.4993	.4993	.4994	.4994	.4994	.4994	.4994	.4995	.4995	.4995
3.3	.4995	.4995	.4995	.4996	.4996	.4996	.4996	.4996	.4996	.4997
3.4	.4997	.4997	.4997	.4997	.4997	.4997	.4997	.4997	.4997	.4998
3.5	.4998									
4.0	.4999									
4.5	.4999									
5.0	.4999									

資料來源: 取自 Lee (1993), Appendix Table A3.

表 (6) 指數分配機率表

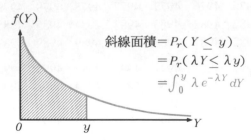

斜線面積 $= P_r(Y \le y)$
$= P_r(\lambda Y \le \lambda y)$
$= \int_0^y \lambda e^{-\lambda Y} dY$

λy	.00	.01	.02	.03	.04	.05	.06	.07	.08	.09
0.0	.0000	.0100	.0198	.0296	.0392	.0488	.0582	.0676	.0769	.0861
0.1	.0952	.1042	.1131	.1219	.1306	.1393	.1479	.1563	.1647	.1730
0.2	.1813	.1894	.1975	.2055	.2134	.2212	.2289	.2366	.2442	.2517
0.3	.2592	.2666	.2739	.2811	.2882	.2953	.3023	.3093	.3161	.3229
0.4	.3297	.3363	.3430	.3495	.3560	.3624	.3687	.3750	.3812	.3874
0.5	.3935	.3995	.4055	.4114	.4173	.4231	.4288	.4345	.4401	.4457
0.6	.4512	.4566	.4621	.4674	.4727	.4780	.4831	.4883	.4934	.4984
0.7	.5034	.5084	.5132	.5181	.5229	.5276	.5323	.5370	.5416	.5462
0.8	.5507	.5551	.5596	.5640	.5683	.5726	.5768	.5810	.5852	.5893
0.9	.5934	.5975	.6015	.6054	.6094	.6133	.6171	.6209	.6247	.6284
1.0	.6321	.6358	.6394	.6430	.6465	.6501	.6535	.6570	.6604	.6638
1.1	.6671	.6704	.6737	.6770	.6802	.6834	.6865	.6896	.6927	.6958
1.2	.6988	.7018	.7048	.7077	.7106	.7135	.7163	.7192	.7220	.7247
1.3	.7275	.7302	.7329	.7355	.7382	.7408	.7433	.7459	.7484	.7509
1.4	.7534	.7559	.7583	.7607	.7631	.7654	.7678	.7701	.7724	.7746
1.5	.7769	.7791	.7813	.7835	.7856	.7878	.7899	.7920	.7940	.7961
1.6	.7981	.8001	.8021	.8041	.8060	.8080	.8099	.8118	.8136	.8155
1.7	.8173	.8191	.8209	.8227	.8245	.8262	.8280	.8297	.8314	.8330
1.8	.8347	.8363	.8380	.8396	.8412	.8428	.8443	.8459	.8474	.8489
1.9	.8504	.8519	.8534	.8549	.8563	.8577	.8591	.8605	.8619	.8633
2.0	.8647	.8660	.8673	.8687	.8700	.8713	.8725	.8738	.8751	.8763
2.1	.8775	.8788	.8800	.8812	.8823	.8835	.8847	.8858	.8870	.8881
2.2	.8892	.8903	.8914	.8925	.8935	.8946	.8956	.8967	.8977	.8987
2.3	.8997	.9007	.9017	.9027	.9037	.9046	.9056	.9065	.9074	.9084
2.4	.9093	.9102	.9111	.9120	.9128	.9137	.9146	.9154	.9163	.9171

λy	.00	.01	.02	.03	.04	.05	.06	.07	.08	.09
2.5	.9179	.9187	.9195	.9203	.9211	.9219	.9227	.9235	.9242	.9250
2.6	.9257	.9265	.9272	.9279	.9286	.9293	.9301	.9307	.9314	.9321
2.7	.9328	.9335	.9341	.9348	.9354	.9361	.9367	.9373	.9380	.9386
2.8	.9392	.9398	.9404	.9410	.9416	.9422	.9427	.9433	.9439	.9444
2.9	.9450	.9455	.9461	.9466	.9471	.9477	.9482	.9487	.9492	.9497
3.0	.9502	.9507	.9512	.9517	.9522	.9526	.9531	.9536	.9540	.9545
3.1	.9550	.9554	.9558	.9563	.9567	.9571	.9576	.9580	.9584	.9588
3.2	.9592	.9596	.9600	.9604	.9608	.9612	.9616	.9620	.9624	.9627
3.3	.9631	.9635	.9638	.9642	.9646	.9649	.9653	.9656	.9660	.9663
3.4	.9666	.9670	.9673	.9676	.9679	.9683	.9686	.9689	.9692	.9695
3.5	.9698	.9701	.9704	.9707	.9710	.9713	.9716	.9718	.9721	.9724
3.6	.9727	.9729	.9732	.9735	.9737	.9740	.9743	.9745	.9748	.9750
3.7	.9753	.9755	.9758	.9760	.9762	.9765	.9767	.9769	.9772	.9774
3.8	.9776	.9779	.9781	.9783	.9785	.9787	.9789	.9791	.9793	.9796
3.9	.9798	.9800	.9802	.9804	.9806	.9807	.9809	.9811	.9813	.9815
4.0	.9817	.9834	.9850	.9864	.9877	.9889	.9899	.9909	.9918	.9926
5.0	.9933	.9939	.9945	.9950	.9955	.9959	.9963	.9967	.9970	.9973
6.0	.9975	.9978	.9980	.9982	.9983	.9985	.9986	.9988	.9989	.9990
7.0	.9991	.9992	.9993	.9993	.9994	.9994	.9995	.9995	.9996	.9996
8.0	.9997	.9997	.9997	.9998	.9998	.9998	.9998	.9998	.9998	.9999
9.0	.9999	.9999	.9999	.9999	.9999	.9999	.9999	.9999	.9999	.9999

資料來源: 取自 Heinz Kohler (1994), Appendix Table I.

表(7)　指數函數表 $[e^{-c}]$

c	e^{-c}	c	e^{-c}	c	e^{-c}
.00	1.000000	1.75	.173774	3.50	.030197
.05	.951229	1.80	.165299	3.55	.028725
.10	.904837	1.85	.157237	3.60	.027324
.15	.860708	1.90	.149569	3.65	.025991
.20	.818731	1.95	.142274	3.70	.024724
.25	.778801	2.00	.135335	3.75	.023518
.30	.740818	2.05	.128735	3.80	.022371
.35	.704688	2.10	.122456	3.85	.021280
.40	.670320	2.15	.116484	3.90	.020242
.45	.637628	2.20	.110803	3.95	.019255
.50	.606531	2.25	.105399	4.00	.018316
.55	.576950	2.30	.100259	4.05	.017422
.60	.548812	2.35	.095369	4.10	.016573
.65	.522046	2.40	.090718	4.15	.015764
.70	.496585	2.45	.086294	4.20	.014996
.75	.472367	2.50	.082085	4.25	.014264
.80	.449329	2.55	.078082	4.30	.013569
.85	.427415	2.60	.074274	4.35	.012907
.90	.406570	2.65	.070651	4.40	.012277
.95	.386741	2.70	.067206	4.45	.011679
1.00	.367879	2.75	.063928	4.50	.011109
1.05	.349938	2.80	.060810	4.55	.010567
1.10	.332871	2.85	.057844	4.60	.010052
1.15	.316637	2.90	.055023	4.65	.009562
1.20	.301194	2.95	.052340	4.70	.009095
1.25	.286505	3.00	.049787	4.75	.008652
1.30	.272532	3.05	.047359	4.80	.008230
1.35	.259240	3.10	.045049	4.85	.007828
1.40	.246597	3.15	.042852	4.90	.007447
1.45	.234570	3.20	.040762	4.95	.007083
1.50	.223130	3.25	.038774	5.00	.006738
1.55	.212248	3.30	.036883	5.05	.006409
1.60	.201897	3.35	.035084	5.10	.006097
1.65	.192050	3.40	.033373	5.15	.005799
1.70	.182684	3.45	.031746	5.20	.005517

c	e^{-c}	c	e^{-c}	c	e^{-c}
5.25	.005248	6.85	.001059	8.45	.000214
5.30	.004992	6.90	.001008	8.50	.000204
5.35	.004748	6.95	.000959	8.55	.000194
5.40	.004517	7.00	.000912	8.60	.000184
5.45	.004296	7.05	.000867	8.65	.000175
5.50	.004087	7.10	.000825	8.70	.000167
5.55	.003887	7.15	.000785	8.75	.000158
5.60	.003698	7.20	.000747	8.80	.000151
5.65	.003518	7.25	.000710	8.85	.000143
5.70	.003346	7.30	.000676	8.90	.000136
5.75	.003183	7.35	.000643	8.95	.000130
5.80	.003028	7.40	.000611	9.00	.000123
5.85	.002880	7.45	.000581	9.05	.000117
5.90	.002739	7.50	.000553	9.10	.000112
5.95	.002606	7.55	.000526	9.15	.000106
6.00	.002479	7.60	.000501	9.20	.000101
6.05	.002358	7.65	.000476	9.25	.000096
6.10	.002243	7.70	.000453	9.30	.000091
6.15	.002133	7.75	.000431	9.35	.000087
6.20	.002029	7.80	.000410	9.40	.000083
6.25	.001930	7.85	.000390	9.45	.000079
6.30	.001836	7.90	.000371	9.50	.000075
6.35	.001747	7.95	.000353	9.55	.000071
6.40	.001661	8.00	.000336	9.60	.000068
6.45	.001581	8.05	.000319	9.65	.000064
6.50	.001503	8.10	.000304	9.70	.000061
6.55	.001430	8.15	.000289	9.75	.000058
6.60	.001360	8.20	.000275	9.80	.000056
6.65	.001294	8.25	.000261	9.85	.000053
6.70	.001231	8.30	.000249	9.90	.000050
6.75	.001171	8.35	.000236	9.95	.000048
6.80	.001114	8.40	.000225	10.00	.000045

資料來源: 取自 Lee (1993), Appendix Table A7.

表 (8A)　卡方分配之卡方值

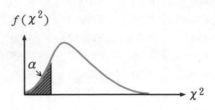

d.f. \ α	.001	.005	.010	.025	.050	.100
1	.000	.000	.000	.001	.004	.016
2	.002	.010	.020	.051	.103	.211
3	.024	.072	.115	.216	.352	.584
4	.091	.207	.297	.484	.711	1.06
5	.210	.412	.554	.831	1.15	1.61
6	.381	.676	.872	1.24	1.64	2.20
7	.598	.989	1.24	1.69	2.17	2.83
8	.857	1.34	1.65	2.18	2.73	3.49
9	1.15	1.73	2.09	2.70	3.33	4.17
10	1.48	2.16	2.56	3.25	3.94	4.87
11	1.83	2.60	3.05	3.82	4.57	5.58
12	2.21	3.07	3.57	4.40	5.23	6.30
13	2.62	3.57	4.11	5.01	5.89	7.04
14	3.04	4.07	4.66	5.63	6.57	7.79
15	3.48	4.60	5.23	6.26	7.26	8.55
16	3.94	5.14	5.81	6.91	7.96	9.31
17	4.42	5.70	6.41	7.56	8.67	10.1
18	4.90	6.26	7.01	8.23	9.39	10.9
19	5.41	6.84	7.63	8.91	10.1	11.7
20	5.92	7.43	8.26	9.59	10.9	12.4
21	6.45	8.03	8.90	10.3	11.6	13.2
22	6.98	8.64	9.54	11.0	12.3	14.0
23	7.53	9.26	10.2	11.7	13.1	14.8
24	8.08	9.89	10.9	12.4	13.8	15.7
25	8.65	10.5	11.5	13.1	14.6	16.5
26	9.22	11.2	12.2	13.8	15.4	17.3

α d.f.	.001	.005	.010	.025	.050	.100
27	9.80	11.8	12.9	14.6	16.2	18.1
28	10.4	12.5	13.6	15.3	16.9	18.9
29	11.0	13.1	14.3	16.0	17.7	19.8
30	11.6	13.8	15.0	16.8	18.5	20.6
35	14.7	17.2	18.5	20.6	22.5	24.8
40	17.9	20.7	22.2	24.4	26.5	29.1
45	21.3	24.3	25.9	28.4	30.6	33.4
50	24.7	28.0	29.7	32.4	34.8	37.7
55	28.2	31.7	33.6	36.4	39.0	42.1
60	31.7	35.5	37.5	40.5	43.2	46.5
65	35.4	39.4	41.4	44.6	47.4	50.9
70	39.0	43.3	45.4	48.8	51.7	55.3
75	42.8	47.2	49.5	52.9	56.1	59.8
80	46.5	51.2	53.5	57.2	60.4	64.3
85	50.3	55.2	57.6	61.4	64.7	68.8
90	54.2	59.2	61.8	65.6	69.1	73.3
95	58.0	63.2	65.9	69.9	73.5	77.8
100	61.9	67.3	70.1	74.2	77.9	82.4

資料來源: 取自 Pfaffenberger and Patterson (1987), Appendix Table B.6.

表(8B)　卡方分配之卡方值

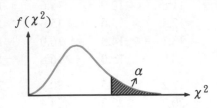

d.f. \ α	.100	.050	.025	.010	.005	.001
1	2.71	3.84	5.02	6.63	7.88	10.8
2	4.61	5.99	7.38	9.21	10.6	13.8
3	6.25	7.81	9.35	11.3	12.8	16.3
4	7.78	9.49	11.1	13.3	14.9	18.5
5	9.24	11.1	12.8	15.1	16.7	20.5
6	10.6	12.6	14.4	16.8	18.5	22.5
7	12.0	14.1	16.0	18.5	20.3	24.3
8	13.4	15.5	17.5	20.1	22.0	26.1
9	14.7	16.9	19.0	21.7	23.6	27.9
10	16.0	18.3	20.5	23.2	25.2	29.6
11	17.3	19.7	21.9	24.7	26.8	31.3
12	18.5	21.0	23.3	26.2	28.3	32.9
13	19.8	22.4	24.7	27.7	29.8	34.5
14	21.1	23.7	26.1	29.1	31.3	36.1
15	22.3	25.0	27.5	30.6	32.8	37.7
16	23.5	26.3	28.8	32.0	34.3	39.3
17	24.8	27.6	30.2	33.4	35.7	40.8
18	26.0	28.9	31.5	34.8	37.2	42.3
19	27.2	30.1	32.9	36.2	38.6	43.8
20	28.4	31.4	34.2	37.6	40.0	45.3
21	29.6	32.7	35.5	38.9	41.4	46.8
22	30.8	33.9	36.8	40.3	42.8	48.3
23	32.0	35.2	38.1	41.6	44.2	49.7
24	33.2	36.4	39.4	43.0	45.6	51.2
25	34.4	37.7	40.6	44.3	46.9	52.6
26	35.6	38.9	41.9	45.6	48.3	54.1

d.f. \ α	.100	.050	.025	.010	.005	.001
27	36.7	40.1	43.2	47.0	49.6	55.5
28	37.9	41.3	44.5	48.3	51.0	56.9
29	39.1	42.6	45.7	49.6	52.3	58.3
30	40.3	43.8	47.0	50.9	53.7	59.7
35	46.1	49.8	53.2	57.3	60.3	66.6
40	51.8	55.8	59.3	63.7	66.8	73.4
45	57.5	61.7	65.4	70.0	73.2	80.1
50	63.2	67.5	71.4	76.2	79.5	86.7
55	68.8	73.3	77.4	82.3	85.7	93.2
60	74.4	79.1	83.3	88.4	92.0	99.6
65	80.0	84.8	89.2	94.4	98.1	106.0
70	85.5	90.5	95.0	100.4	104.2	112.3
75	91.1	96.2	100.8	106.4	110.3	118.6
80	96.6	101.9	106.6	112.3	116.3	124.8
85	102.1	107.5	112.4	118.2	122.3	131.0
90	107.6	113.1	118.1	124.1	128.3	137.2
95	113.0	118.8	123.9	130.0	134.2	143.3
100	118.5	124.3	129.6	135.8	140.2	149.4

資料來源：取自 Pfaffenberger and Patterson (1987), Appendix Table B.6.

表(9) t 分配之 t 值

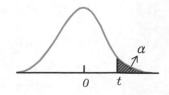

α d.f.	0.40	0.30	0.20	0.10	0.05	0.025	0.01	0.005	0.001	df
1	0.325	0.727	1.376	3.078	6.314	12.706	31.821	63.657	318.309	1
2	0.289	0.617	1.061	1.886	2.920	4.303	6.965	9.925	22.327	2
3	0.277	0.584	0.978	1.638	2.353	3.182	4.541	5.841	10.215	3
4	0.271	0.569	0.941	1.533	2.132	2.776	3.747	4.604	7.173	4
5	0.267	0.559	0.920	1.476	2.015	2.571	3.365	4.032	5.893	5
6	0.265	0.553	0.906	1.440	1.943	2.447	3.143	3.707	5.208	6
7	0.263	0.549	0.896	1.415	1.895	2.365	2.998	3.499	4.785	7
8	0.262	0.546	0.889	1.397	1.860	2.306	2.896	3.355	4.501	8
9	0.261	0.543	0.883	1.383	1.833	2.262	2.821	3.250	4.297	9
10	0.260	0.542	0.879	1.372	1.812	2.228	2.764	3.169	4.144	10
11	0.260	0.540	0.876	1.363	1.796	2.201	2.718	3.106	4.025	11
12	0.259	0.539	0.873	1.356	1.782	2.179	2.681	3.055	3.930	12
13	0.259	0.538	0.870	1.350	1.771	2.160	2.650	3.012	3.852	13
14	0.258	0.537	0.868	1.345	1.761	2.145	2.624	2.977	3.787	14
15	0.258	0.536	0.866	1.341	1.753	2.131	2.602	2.947	3.733	15
16	0.258	0.535	0.865	1.337	1.746	2.120	2.583	2.921	3.686	16
17	0.257	0.534	0.863	1.333	1.740	2.110	2.567	2.898	3.646	17
18	0.257	0.534	0.862	1.330	1.734	2.101	2.552	2.878	3.610	18
19	0.257	0.533	0.861	1.328	1.729	2.093	2.539	2.861	3.579	19
20	0.257	0.533	0.860	1.325	1.725	2.086	2.528	2.845	3.552	20
21	0.257	0.532	0.859	1.323	1.721	2.080	2.518	2.831	3.527	21
22	0.256	0.532	0.858	1.321	1.717	2.074	2.508	2.819	3.505	22
23	0.256	0.532	0.858	1.319	1.714	2.069	2.500	2.807	3.485	23
24	0.256	0.531	0.857	1.318	1.711	2.064	2.492	2.797	3.467	24
25	0.256	0.531	0.856	1.316	1.708	2.060	2.485	2.787	3.450	25
26	0.256	0.531	0.856	1.315	1.706	2.056	2.479	2.779	3.435	26

d.f. \ α	0.40	0.30	0.20	0.10	0.05	0.025	0.01	0.005	0.001	df
27	0.256	0.531	0.855	1.314	1.703	2.052	2.473	2.771	3.421	27
28	0.256	0.530	0.855	1.313	1.701	2.048	2.467	2.763	3.408	28
29	0.256	0.530	0.854	1.311	1.699	2.045	2.462	2.756	3.396	29
30	0.256	0.530	0.854	1.310	1.697	2.042	2.457	2.750	3.385	30
31	0.256	0.530	0.853	1.309	1.696	2.040	2.453	2.744	3.375	31
32	0.255	0.530	0.853	1.309	1.694	2.037	2.449	2.738	3.365	32
33	0.255	0.530	0.853	1.308	1.692	2.035	2.445	2.733	3.356	33
34	0.255	0.529	0.852	1.307	1.691	2.032	2.441	2.728	3.348	34
35	0.255	0.529	0.852	1.306	1.690	2.030	2.438	2.724	3.340	35
36	0.255	0.529	0.852	1.306	1.688	2.028	2.434	2.719	3.333	36
37	0.255	0.529	0.851	1.305	1.687	2.026	2.431	2.715	3.326	37
38	0.255	0.529	0.851	1.304	1.686	2.024	2.429	2.712	3.319	38
39	0.255	0.529	0.851	1.304	1.685	2.023	2.426	2.708	3.313	39
40	0.255	0.529	0.851	1.303	1.684	2.021	2.423	2.704	3.307	40
41	0.255	0.529	0.850	1.303	1.683	2.020	2.421	2.701	3.301	41
42	0.255	0.528	0.850	1.302	1.682	2.018	2.418	2.698	3.296	42
43	0.255	0.528	0.850	1.302	1.681	2.017	2.416	2.695	3.291	43
44	0.255	0.528	0.850	1.301	1.680	2.015	2.414	2.692	3.286	44
45	0.255	0.528	0.850	1.301	1.679	2.014	2.412	2.690	3.281	45
46	0.255	0.528	0.850	1.300	1.679	2.013	2.410	2.687	3.277	46
47	0.255	0.528	0.849	1.300	1.678	2.012	2.408	2.685	3.273	47
48	0.255	0.528	0.849	1.299	1.677	2.011	2.407	2.682	3.269	48
49	0.255	0.528	0.849	1.299	1.677	2.010	2.405	2.680	3.265	49
50	0.255	0.528	0.849	1.299	1.676	2.009	2.403	2.678	3.261	50
51	0.255	0.528	0.849	1.298	1.675	2.008	2.402	2.676	3.258	51
52	0.255	0.528	0.849	1.298	1.675	2.007	2.400	2.674	3.255	52
53	0.255	0.528	0.848	1.298	1.674	2.006	2.399	2.672	3.251	53
54	0.255	0.528	0.848	1.297	1.674	2.005	2.397	2.670	3.248	54
55	0.255	0.527	0.848	1.297	1.673	2.004	2.396	2.668	3.245	55
56	0.255	0.527	0.848	1.297	1.673	2.003	2.395	2.667	3.242	56
57	0.255	0.527	0.848	1.297	1.672	2.002	2.394	2.665	3.239	57
58	0.255	0.527	0.848	1.296	1.672	2.002	2.392	2.663	3.237	58
59	0.254	0.527	0.848	1.296	1.671	2.001	2.391	2.662	3.234	59
60	0.254	0.527	0.848	1.296	1.671	2.000	2.390	2.660	3.232	60

α d.f.	0.40	0.30	0.20	0.10	0.05	0.025	0.01	0.005	0.001	df
61	0.254	0.527	0.848	1.296	1.670	2.000	2.389	2.659	3.229	61
62	0.254	0.527	0.847	1.295	1.670	1.999	2.388	2.657	3.227	62
63	0.254	0.527	0.847	1.295	1.669	1.998	2.387	2.656	3.225	63
64	0.254	0.527	0.847	1.295	1.669	1.998	2.386	2.655	3.223	64
65	0.254	0.527	0.847	1.295	1.669	1.997	2.385	2.654	3.220	65
66	0.254	0.527	0.847	1.295	1.668	1.997	2.384	2.652	3.218	66
67	0.254	0.527	0.847	1.294	1.668	1.996	2.383	2.651	3.216	67
68	0.254	0.527	0.847	1.294	1.668	1.995	2.382	2.650	3.214	68
69	0.254	0.527	0.847	1.294	1.667	1.995	2.382	2.649	3.213	69
70	0.254	0.527	0.847	1.294	1.667	1.994	2.381	2.648	3.211	70
71	0.254	0.527	0.847	1.294	1.667	1.994	2.380	2.647	3.209	71
72	0.254	0.527	0.847	1.293	1.666	1.993	2.379	2.646	3.207	72
73	0.254	0.527	0.847	1.293	1.666	1.993	2.379	2.645	3.206	73
74	0.254	0.527	0.847	1.293	1.666	1.993	2.378	2.644	3.204	74
75	0.254	0.527	0.846	1.293	1.665	1.992	2.377	2.643	3.202	75
76	0.254	0.527	0.846	1.293	1.665	1.992	2.376	2.642	3.201	76
77	0.254	0.527	0.846	1.293	1.665	1.991	2.376	2.641	3.199	77
78	0.254	0.527	0.846	1.292	1.665	1.991	2.375	2.640	3.198	78
79	0.254	0.527	0.846	1.292	1.664	1.990	2.374	2.640	3.197	79
80	0.254	0.526	0.846	1.292	1.664	1.990	2.374	2.639	3.195	80
81	0.254	0.526	0.846	1.292	1.664	1.990	2.373	2.638	3.194	81
82	0.254	0.526	0.846	1.292	1.664	1.989	2.373	2.637	3.193	82
83	0.254	0.526	0.846	1.292	1.663	1.989	2.372	2.636	3.191	83
84	0.254	0.526	0.846	1.292	1.663	1.989	2.372	2.636	3.190	84
85	0.254	0.526	0.846	1.292	1.663	1.988	2.371	2.635	3.189	85
86	0.254	0.526	0.846	1.291	1.663	1.988	2.370	2.634	3.188	86
87	0.254	0.526	0.846	1.291	1.663	1.988	2.370	2.634	3.187	87
88	0.254	0.526	0.846	1.291	1.662	1.987	2.369	2.633	3.185	88
89	0.254	0.526	0.846	1.291	1.662	1.987	2.369	2.632	3.184	89
90	0.254	0.526	0.846	1.291	1.662	1.987	2.368	2.632	3.183	90
91	0.254	0.526	0.846	1.291	1.662	1.986	2.368	2.631	3.182	91
92	0.254	0.526	0.846	1.291	1.662	1.986	2.368	2.630	3.181	92
93	0.254	0.526	0.846	1.291	1.661	1.986	2.367	2.630	3.180	93
94	0.254	0.526	0.845	1.291	1.661	1.986	2.367	2.629	3.179	94

α\d.f.	0.40	0.30	0.20	0.10	0.05	0.025	0.01	0.005	0.001	df
95	0.254	0.526	0.845	1.291	1.661	1.985	2.366	2.629	3.178	95
96	0.254	0.526	0.845	1.290	1.661	1.985	2.366	2.628	3.177	96
97	0.254	0.526	0.845	1.290	1.661	1.985	2.365	2.627	3.176	97
98	0.254	0.526	0.845	1.290	1.661	1.984	2.365	2.627	3.175	98
99	0.254	0.526	0.845	1.290	1.660	1.984	2.365	2.626	3.175	99
100	0.254	0.526	0.845	1.290	1.660	1.984	2.364	2.626	3.174	100
∞	0.253	0.524	0.842	1.282	1.645	1.960	2.326	2.576	3.090	∞

資料來源: 取自 Pfaffenberger and patterson (1987), Appendix Table B.5.

表 (10)　　F 分配之 F 值

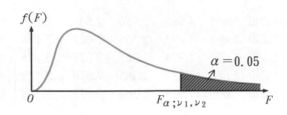

分母自由度	分子自由度 ν_1									
ν_2	1	2	3	4	5	6	7	8	9	10
1	161.4	199.5	215.7	224.6	230.2	234.0	236.8	238.9	240.5	241.9
2	18.51	19.00	19.16	19.25	19.30	19.33	19.35	19.37	19.38	19.40
3	10.13	9.55	9.28	9.12	9.01	8.94	8.89	8.85	8.81	8.79
4	7.71	6.94	6.59	6.39	6.26	6.16	6.09	6.04	6.00	5.96
5	6.61	5.79	5.41	5.19	5.05	4.95	4.88	4.82	4.77	4.74
6	5.99	5.14	4.76	4.53	4.39	4.28	4.21	4.15	4.10	4.06
7	5.59	4.74	4.35	4.12	3.97	3.87	3.79	3.73	3.68	3.64
8	5.32	4.46	4.07	3.84	3.69	3.58	3.50	3.44	3.39	3.35
9	5.12	4.26	3.86	3.63	3.48	3.37	3.29	3.23	3.18	3.14
10	4.96	4.10	3.71	3.48	3.33	3.22	3.14	3.07	3.02	2.98
11	4.84	3.98	3.59	3.36	3.20	3.09	3.01	2.95	2.90	2.85
12	4.75	3.89	3.49	3.26	3.11	3.00	2.91	2.85	2.80	2.75
13	4.67	3.81	3.41	3.18	3.03	2.92	2.83	2.77	2.71	2.67
14	4.60	3.74	3.34	3.11	2.96	2.85	2.76	2.70	2.65	2.60
15	4.54	3.68	3.29	3.06	2.90	2.79	2.71	2.64	2.59	2.54
16	4.49	3.63	3.24	3.01	2.85	2.74	2.66	2.59	2.54	2.49
17	4.45	3.59	3.20	2.96	2.81	2.70	2.61	2.55	2.49	2.45
18	4.41	3.55	3.16	2.93	2.77	2.66	2.58	2.51	2.46	2.41
19	4.38	3.52	3.13	2.90	2.74	2.63	2.54	2.48	2.42	2.38
20	4.35	3.49	3.10	2.87	2.71	2.60	2.51	2.45	2.39	2.35
21	4.32	3.47	3.07	2.84	2.68	2.57	2.49	2.42	2.37	2.32
22	4.30	3.44	3.05	2.82	2.66	2.55	2.46	2.40	2.34	2.30
23	4.28	3.42	3.03	2.80	2.64	2.53	2.44	2.37	2.32	2.27
24	4.26	3.40	3.01	2.78	2.62	2.51	2.42	2.36	2.30	2.25

分母自由度	分子自由度 ν_1									
ν_2	1	2	3	4	5	6	7	8	9	10
25	4.24	3.39	2.99	2.76	2.60	2.49	2.40	2.34	2.28	2.24
26	4.23	3.37	2.98	2.74	2.59	2.47	2.39	2.32	2.27	2.22
27	4.21	3.35	2.96	2.73	2.57	2.46	2.37	2.31	2.25	2.20
28	4.20	3.34	2.95	2.71	2.56	2.45	2.36	2.29	2.24	2.19
29	4.18	3.33	2.93	2.70	2.55	2.43	2.35	2.28	2.22	2.18
30	4.17	3.32	2.92	2.69	2.53	2.42	2.33	2.27	2.21	2.16
40	4.08	3.23	2.84	2.61	2.45	2.34	2.25	2.18	2.12	2.08
60	4.00	3.15	2.76	2.53	2.37	2.25	2.17	2.10	2.04	1.99
120	3.92	3.07	2.68	2.45	2.29	2.17	2.09	2.02	1.96	1.91
∞	3.84	3.00	2.60	2.37	2.21	2.10	2.01	1.94	1.88	1.83

分母自由度	分子自由度 ν_1								
ν_2	12	15	20	24	30	40	60	120	∞
1	243.9	245.9	248.0	249.1	250.1	251.1	252.2	253.3	254.3
2	19.41	19.43	19.45	19.45	19.46	19.47	19.48	19.49	19.50
3	8.74	8.70	8.66	8.64	8.62	8.59	8.57	8.55	8.53
4	5.91	5.86	5.80	5.77	5.75	5.72	5.69	5.66	5.63
5	4.68	4.62	4.56	4.53	4.50	4.46	4.43	4.40	4.36
6	4.00	3.94	3.87	3.84	3.81	3.77	3.74	3.70	3.67
7	3.57	3.51	3.44	3.41	3.38	3.34	3.30	3.27	3.23
8	3.28	3.22	3.15	3.12	3.08	3.04	3.01	2.97	2.93
9	3.07	3.01	2.94	2.90	2.86	2.83	2.79	2.75	2.71
10	2.91	2.85	2.77	2.74	2.70	2.66	2.62	2.58	2.54
11	2.79	2.72	2.65	2.61	2.57	2.53	2.49	2.45	2.40
12	2.69	2.62	2.54	2.51	2.47	2.43	2.38	2.34	2.30
13	2.60	2.53	2.46	2.42	2.38	2.34	2.30	2.25	2.21
14	2.53	2.46	2.39	2.35	2.31	2.27	2.22	2.18	2.13
15	2.48	2.40	2.33	2.29	2.25	2.20	2.16	2.11	2.07
16	2.42	2.35	2.28	2.24	2.19	2.15	2.11	2.06	2.01
17	2.38	2.31	2.23	2.19	2.15	2.10	2.06	2.01	1.96
18	2.34	2.27	2.19	2.15	2.11	2.06	2.02	1.97	1.92
19	2.31	2.23	2.16	2.11	2.07	2.03	1.98	1.93	1.88
20	2.28	2.20	2.12	2.08	2.04	1.99	1.95	1.90	1.84
21	2.25	2.18	2.10	2.05	2.01	1.96	1.92	1.87	1.81

分母自由度	分子自由度 ν_1								
ν_2	12	15	20	24	30	40	60	120	∞
22	2.23	2.15	2.07	2.03	1.98	1.94	1.89	1.84	1.78
23	2.20	2.13	2.05	2.01	1.96	1.91	1.86	1.81	1.76
24	2.18	2.11	2.03	1.98	1.94	1.89	1.84	1.79	1.73
25	2.16	2.09	2.01	1.96	1.92	1.87	1.82	1.77	1.71
26	2.15	2.07	1.99	1.95	1.90	1.85	1.80	1.75	1.69
27	2.13	2.06	1.97	1.93	1.88	1.84	1.79	1.73	1.67
28	2.12	2.04	1.96	1.91	1.87	1.82	1.77	1.71	1.65
29	2.10	2.03	1.94	1.90	1.85	1.81	1.75	1.70	1.64
30	2.09	2.01	1.93	1.89	1.84	1.79	1.74	1.68	1.62
40	2.00	1.92	1.84	1.79	1.74	1.69	1.64	1.58	1.51
60	1.92	1.84	1.75	1.70	1.65	1.59	1.53	1.47	1.39
120	1.83	1.75	1.66	1.61	1.55	1.50	1.43	1.35	1.25
∞	1.75	1.67	1.57	1.52	1.46	1.39	1.32	1.22	1.00

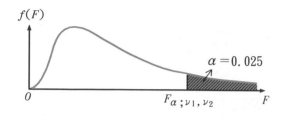

分母自由度	分子自由度 ν_1									
ν_2	1	2	3	4	5	6	7	8	9	10
1	647.8	799.5	864.2	899.6	921.8	937.1	948.2	956.7	963.3	968.6
2	38.51	39.00	39.17	39.25	39.30	39.33	39.36	39.37	39.39	39.40
3	17.44	16.04	15.44	15.10	14.88	14.73	14.62	14.54	14.47	14.42
4	12.22	10.65	9.98	9.60	9.36	9.20	9.07	8.98	8.90	8.84
5	10.01	8.43	7.76	7.39	7.15	6.98	6.85	6.76	6.68	6.62
6	8.81	7.26	6.60	6.23	5.99	5.82	5.70	5.60	5.52	5.46
7	8.07	6.54	5.89	5.52	5.29	5.12	4.99	4.90	4.82	4.76
8	7.57	6.06	5.42	5.05	4.82	4.65	4.53	4.43	4.36	4.30
9	7.21	5.71	5.08	4.72	4.48	4.32	4.20	4.10	4.03	3.96
10	6.94	5.46	4.83	4.47	4.24	4.07	3.95	3.85	3.78	3.72
11	6.72	5.26	4.63	4.28	4.04	3.88	3.76	3.66	3.59	3.53
12	6.55	5.10	4.47	4.12	3.89	3.73	3.61	3.51	3.44	3.37
13	6.41	4.97	4.35	4.00	3.77	3.60	3.48	3.39	3.31	3.25
14	6.30	4.86	4.24	3.89	3.66	3.50	3.38	3.29	3.21	3.15
15	6.20	4.77	4.15	3.80	3.58	3.41	3.29	3.20	3.12	3.06
16	6.12	4.69	4.08	3.73	3.50	3.34	3.22	3.12	3.05	2.99
17	6.04	4.62	4.01	3.66	3.44	3.28	3.16	3.06	2.98	2.92
18	5.98	4.56	3.95	3.61	3.38	3.22	3.10	3.01	2.93	2.87
19	5.92	4.51	3.90	3.56	3.33	3.17	3.05	2.96	2.88	2.82
20	5.87	4.46	3.86	3.51	3.29	3.13	3.01	2.91	2.84	2.77
21	5.83	4.42	3.82	3.48	3.25	3.09	2.97	2.87	2.80	2.73
22	5.79	4.38	3.78	3.44	3.22	3.05	2.93	2.84	2.76	2.70
23	5.75	4.35	3.75	3.41	3.18	3.02	2.90	2.81	2.73	2.67
24	5.72	4.32	3.72	3.38	3.15	2.99	2.87	2.78	2.70	2.64
25	5.69	4.29	3.69	3.35	3.13	2.97	2.85	2.75	2.68	2.61
26	5.66	4.27	3.67	3.33	3.10	2.94	2.82	2.73	2.65	2.59
27	5.63	4.24	3.65	3.31	3.08	2.92	2.80	2.71	2.63	2.57

分母自由度	分子自由度 ν_1									
ν_2	1	2	3	4	5	6	7	8	9	10
28	5.61	4.22	3.63	3.29	3.06	2.90	2.78	2.69	2.61	2.55
29	5.59	4.20	3.61	3.27	3.04	2.88	2.76	2.67	2.59	2.53
30	5.57	4.18	3.59	3.25	3.03	2.87	2.75	2.65	2.57	2.51
40	5.42	4.05	3.46	3.13	2.90	2.74	2.62	2.53	2.45	2.39
60	5.29	3.93	3.34	3.01	2.79	2.63	2.51	2.41	2.33	2.27
120	5.15	3.80	3.23	2.89	2.67	2.52	2.39	2.30	2.22	2.16
∞	5.02	3.69	3.12	2.79	2.57	2.41	2.29	2.19	2.11	2.05

分母自由度	分子自由度 ν_1								
ν_2	12	15	20	24	30	40	60	120	∞
1	976.7	984.9	993.1	997.2	1001	1006	1010	1014	1018
2	39.41	39.43	39.45	39.46	39.46	39.47	39.48	39.49	39.50
3	14.34	14.25	14.17	14.12	14.08	14.04	13.99	13.95	13.90
4	8.75	8.66	8.56	8.51	8.46	8.41	8.36	8.31	8.26
5	6.52	6.43	6.33	6.28	6.23	6.18	6.12	6.07	6.02
6	5.37	5.27	5.17	5.12	5.07	5.01	4.96	4.90	4.85
7	4.67	4.57	4.47	4.42	4.36	4.31	4.25	4.20	4.14
8	4.20	4.10	4.00	3.95	3.89	3.84	3.78	3.73	3.67
9	3.87	3.77	3.67	3.61	3.56	3.51	3.45	3.39	3.33
10	3.62	3.52	3.42	3.37	3.31	3.26	3.20	3.14	3.08
11	3.43	3.33	3.23	3.17	3.12	3.06	3.00	2.94	2.88
12	3.28	3.18	3.07	3.02	2.96	2.91	2.85	2.79	2.72
13	3.15	3.05	2.95	2.89	2.84	2.78	2.72	2.66	2.60
14	3.05	2.95	2.84	2.79	2.73	2.67	2.61	2.55	2.49
15	2.96	2.86	2.76	2.70	2.64	2.59	2.52	2.46	2.40
16	2.89	2.79	2.68	2.63	2.57	2.51	2.45	2.38	2.32
17	2.82	2.72	2.62	2.56	2.50	2.44	2.38	2.32	2.25
18	2.77	2.67	2.56	2.50	2.44	2.38	2.32	2.26	2.19
19	2.72	2.62	2.51	2.45	2.39	2.33	2.27	2.20	2.13
20	2.68	2.57	2.46	2.41	2.35	2.29	2.22	2.16	2.09
21	2.64	2.53	2.42	2.37	2.31	2.25	2.18	2.11	2.04
22	2.60	2.50	2.39	2.33	2.27	2.21	2.14	2.08	2.00
23	2.57	2.47	2.36	2.30	2.24	2.18	2.11	2.04	1.97
24	2.54	2.44	2.33	2.27	2.21	2.15	2.08	2.01	1.94
25	2.51	2.41	2.30	2.24	2.18	2.12	2.05	1.98	1.91

分母自由度	分子自由度 ν_1								
ν_2	12	15	20	24	30	40	60	120	∞
26	2.49	2.39	2.28	2.22	2.16	2.09	2.03	1.95	1.88
27	2.47	2.36	2.25	2.19	2.13	2.07	2.00	1.93	1.85
28	2.45	2.34	2.23	2.17	2.11	2.05	1.98	1.91	1.83
29	2.43	2.32	2.21	2.15	2.09	2.03	1.96	1.89	1.81
30	2.41	2.31	2.20	2.14	2.07	2.01	1.94	1.87	1.79
40	2.29	2.18	2.07	2.01	1.94	1.88	1.80	1.72	1.64
60	2.17	2.06	1.94	1.88	1.82	1.74	1.67	1.58	1.48
120	2.05	1.94	1.82	1.76	1.69	1.61	1.53	1.43	1.31
∞	1.94	1.83	1.71	1.64	1.57	1.48	1.39	1.27	1.00

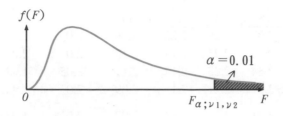

分母自由度	分子自由度 ν_1									
ν_2	1	2	3	4	5	6	7	8	9	10
1	4052	4999.5	5403	5625	5764	5859	5928	5982	6022	6056
2	98.50	99.00	99.17	99.25	99.30	99.33	99.36	99.37	99.39	99.40
3	34.12	30.82	29.46	28.71	28.24	27.91	27.67	27.49	27.35	27.23
4	21.20	18.00	16.69	15.98	15.52	15.21	14.98	14.80	14.66	14.55
5	16.26	13.27	12.06	11.39	10.97	10.67	10.46	10.29	10.16	10.05
6	13.75	10.92	9.78	9.15	8.75	8.47	8.26	8.10	7.98	7.87
7	12.25	9.55	8.45	7.85	7.46	7.19	6.99	6.84	6.72	6.62
8	11.26	8.65	7.59	7.01	6.63	6.37	6.18	6.03	5.91	5.81
9	10.56	8.02	6.99	6.42	6.06	5.80	5.61	5.47	5.35	5.26
10	10.04	7.56	6.55	5.99	5.64	5.39	5.20	5.06	4.94	4.85
11	9.65	7.21	6.22	5.67	5.32	5.07	4.89	4.74	4.63	4.54
12	9.33	6.93	5.95	5.41	5.06	4.82	4.64	4.50	4.39	4.30
13	9.07	6.70	5.74	5.21	4.86	4.62	4.44	4.30	4.19	4.10
14	8.86	6.51	5.56	5.04	4.69	4.46	4.28	4.14	4.03	3.94
15	8.68	6.36	5.42	4.89	4.56	4.32	4.14	4.00	3.89	3.80
16	8.53	6.23	5.29	4.77	4.44	4.20	4.03	3.89	3.78	3.69
17	8.40	6.11	5.18	4.67	4.34	4.10	3.93	3.79	3.68	3.59
18	8.29	6.01	5.09	4.58	4.25	4.01	3.84	3.71	3.60	3.51
19	8.18	5.93	5.01	4.50	4.17	3.94	3.77	3.63	3.52	3.43
20	8.10	5.85	4.94	4.43	4.10	3.87	3.70	3.56	3.46	3.37
21	8.02	5.78	4.87	4.37	4.04	3.81	3.64	3.51	3.40	3.31
22	7.95	5.72	4.82	4.31	3.99	3.76	3.59	3.45	3.35	3.26
23	7.88	5.66	4.76	4.26	3.94	3.71	3.54	3.41	3.30	3.21
24	7.82	5.61	4.72	4.22	3.90	3.67	3.50	3.36	3.26	3.17
25	7.77	5.57	4.68	4.18	3.85	3.63	3.46	3.32	3.22	3.13
26	7.72	5.53	4.64	4.14	3.82	3.59	3.42	3.29	3.18	3.09
27	7.68	5.49	4.60	4.11	3.78	3.56	3.39	3.26	3.15	3.06

分母自由度	分子自由度 ν_1									
ν_2	1	2	3	4	5	6	7	8	9	10
28	7.64	5.45	4.57	4.07	3.75	3.53	3.36	3.23	3.12	3.03
29	7.60	5.42	4.54	4.04	3.73	3.50	3.33	3.20	3.09	3.00
30	7.56	5.39	4.51	4.02	3.70	3.47	3.30	3.17	3.07	2.98
40	7.31	5.18	4.31	3.83	3.51	3.29	3.12	2.99	2.89	2.80
60	7.08	4.98	4.13	3.65	3.34	3.12	2.95	2.82	2.72	2.63
120	6.85	4.79	3.95	3.48	3.17	2.96	2.79	2.66	2.56	2.47
∞	6.63	4.61	3.78	3.32	3.02	2.80	2.64	2.51	2.41	2.32

分母自由度	分子自由度 ν_1								
ν_2	12	15	20	24	30	40	60	120	∞
1	6106	6157	6209	6235	6261	6287	6313	6339	6366
2	99.42	99.43	99.45	99.46	99.47	99.47	99.48	99.49	99.50
3	27.05	26.87	26.69	26.60	26.50	26.41	26.32	26.22	26.13
4	14.37	14.20	14.02	13.93	13.84	13.75	13.65	13.56	13.46
5	9.89	9.72	9.55	9.47	9.38	9.29	9.20	9.11	9.02
6	7.72	7.56	7.40	7.31	7.23	7.14	7.06	6.97	6.88
7	6.47	6.31	6.16	6.07	5.99	5.91	5.82	5.74	5.65
8	5.67	5.52	5.36	5.28	5.20	5.12	5.03	4.95	4.86
9	5.11	4.96	4.81	4.73	4.65	4.57	4.48	4.40	4.31
10	4.71	4.56	4.41	4.33	4.25	4.17	4.08	4.00	3.91
11	4.40	4.25	4.10	4.02	3.94	3.86	3.78	3.69	3.60
12	4.16	4.01	3.86	3.78	3.70	3.62	3.54	3.45	3.36
13	3.96	3.82	3.66	3.59	3.51	3.43	3.34	3.25	3.17
14	3.80	3.66	3.51	3.43	3.35	3.27	3.18	3.09	3.00
15	3.67	3.52	3.37	3.29	3.21	3.13	3.05	2.96	2.87
16	3.55	3.41	3.26	3.18	3.10	3.02	2.93	2.84	2.75
17	3.46	3.31	3.16	3.08	3.00	2.92	2.83	2.75	2.65
18	3.37	3.23	3.08	3.00	2.92	2.84	2.75	2.66	2.57
19	3.30	3.15	3.00	2.92	2.84	2.76	2.67	2.58	2.49
20	3.23	3.09	2.94	2.86	2.78	2.69	2.61	2.52	2.42
21	3.17	3.03	2.88	2.80	2.72	2.64	2.55	2.46	2.36
22	3.12	2.98	2.83	2.75	2.67	2.58	2.50	2.40	2.31
23	3.07	2.93	2.78	2.70	2.62	2.54	2.45	2.35	2.26
24	3.03	2.89	2.74	2.66	2.58	2.49	2.40	2.31	2.21
25	2.99	2.85	2.70	2.62	2.54	2.45	2.36	2.27	2.17

分母自由度	分子自由度 ν_1								
ν_2	12	15	20	24	30	40	60	120	∞
26	2.96	2.81	2.66	2.58	2.50	2.42	2.33	2.23	2.13
27	2.93	2.78	2.63	2.55	2.47	2.38	2.29	2.20	2.10
28	2.90	2.75	2.60	2.52	2.44	2.35	2.26	2.17	2.06
29	2.87	2.73	2.57	2.49	2.41	2.33	2.23	2.14	2.03
30	2.84	2.70	2.55	2.47	2.39	2.30	2.21	2.11	2.01
40	2.66	2.52	2.37	2.29	2.20	2.11	2.02	1.92	1.80
60	2.50	2.35	2.20	2.12	2.03	1.94	1.84	1.73	1.60
120	2.34	2.19	2.03	1.95	1.86	1.76	1.66	1.53	1.38
∞	2.18	2.04	1.88	1.79	1.70	1.59	1.47	1.32	1.00

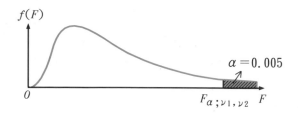

分母自由度	分子自由度 ν_1									
ν_2	1	2	3	4	5	6	7	8	9	10
1	16211	20000	21615	22500	23056	23437	23715	23925	24091	24224
2	198.5	199.0	199.2	199.2	199.3	199.3	199.4	199.4	199.4	199.4
3	55.55	49.80	47.47	46.19	45.39	44.84	44.43	44.13	43.88	43.69
4	31.33	26.28	24.26	23.15	22.46	21.97	21.62	21.35	21.14	20.97
5	22.78	18.31	16.53	15.56	14.94	14.51	14.20	13.96	13.77	13.62
6	18.63	14.54	12.92	12.03	11.46	11.07	10.79	10.57	10.39	10.25
7	16.24	12.40	10.88	10.05	9.52	9.16	8.89	8.68	8.51	8.38
8	14.69	11.04	9.60	8.81	8.30	7.95	7.69	7.50	7.34	7.21
9	13.61	10.11	8.72	7.96	7.47	7.13	6.88	6.69	6.54	6.42
10	12.83	9.43	8.08	7.34	6.87	6.54	6.30	6.12	5.97	5.85
11	12.23	8.91	7.60	6.88	6.42	6.10	5.86	5.68	5.54	5.42
12	11.75	8.51	7.23	6.52	6.07	5.76	5.52	5.35	5.20	5.09
13	11.37	8.19	6.93	6.23	5.79	5.48	5.25	5.08	4.94	4.82
14	11.06	7.92	6.68	6.00	5.56	5.26	5.03	4.86	4.72	4.60
15	10.80	7.70	6.48	5.80	5.37	5.07	4.85	4.67	4.54	4.42
16	10.58	7.51	6.30	5.64	5.21	4.91	4.69	4.52	4.38	4.27
17	10.38	7.35	6.16	5.50	5.07	4.78	4.56	4.39	4.25	4.14
18	10.22	7.21	6.03	5.37	4.96	4.66	4.44	4.28	4.14	4.03
19	10.07	7.09	5.92	5.27	4.85	4.56	4.34	4.18	4.04	3.93
20	9.94	6.99	5.82	5.17	4.76	4.47	4.26	4.09	3.96	3.85
21	9.83	6.89	5.73	5.09	4.68	4.39	4.18	4.01	3.88	3.77
22	9.73	6.81	5.65	5.02	4.61	4.32	4.11	3.94	3.81	3.70
23	9.63	6.73	5.58	4.95	4.54	4.26	4.05	3.88	3.75	3.64
24	9.55	6.66	5.52	4.89	4.49	4.20	3.99	3.83	3.69	3.59
25	9.48	6.60	5.46	4.84	4.43	4.15	3.94	3.78	3.64	3.54
26	9.41	6.54	5.41	4.79	4.38	4.10	3.89	3.73	3.60	3.49
27	9.34	6.49	5.36	4.74	4.34	4.06	3.85	3.69	3.56	3.45

分母自由度	分子自由度 ν_1									
ν_2	1	2	3	4	5	6	7	8	9	10
28	9.28	6.44	5.32	4.70	4.30	4.02	3.81	3.65	3.52	3.41
29	9.23	6.40	5.28	4.66	4.26	3.98	3.77	3.61	3.48	3.38
30	9.18	6.35	5.24	4.62	4.23	3.95	3.74	3.58	3.45	3.34
40	8.83	6.07	4.98	4.37	3.99	3.71	3.51	3.35	3.22	3.12
60	8.49	5.79	4.73	4.14	3.76	3.49	3.29	3.13	3.01	2.90
120	8.18	5.54	4.50	3.92	3.55	3.28	3.09	2.93	2.81	2.71
∞	7.88	5.30	4.28	3.72	3.35	3.09	2.90	2.74	2.62	2.52

分母自由度	分子自由度 ν_1								
ν_2	12	15	20	24	30	40	60	120	∞
1	24426	24630	24836	24940	25044	25148	25253	25359	25465
2	199.4	199.4	199.4	199.5	199.5	199.5	199.5	199.5	199.5
3	43.39	43.08	42.78	42.62	42.47	42.31	42.15	41.99	41.83
4	20.70	20.44	20.17	20.03	19.89	19.75	19.61	19.47	19.32
5	13.38	13.15	12.90	12.78	12.66	12.53	12.40	12.27	12.14
6	10.03	9.81	9.59	9.47	9.36	9.24	9.12	9.00	8.88
7	8.18	7.97	7.75	7.65	7.53	7.42	7.31	7.19	7.08
8	7.01	6.81	6.61	6.50	6.40	6.29	6.18	6.06	5.95
9	6.23	6.03	5.83	5.73	5.62	5.52	5.41	5.30	5.19
10	5.66	5.47	5.27	5.17	5.07	4.97	4.86	4.75	4.64
11	5.24	5.05	4.86	4.76	4.65	4.55	4.44	4.34	4.23
12	4.91	4.72	4.53	4.43	4.33	4.23	4.12	4.01	3.90
13	4.64	4.46	4.27	4.17	4.07	3.97	3.87	3.76	3.65
14	4.43	4.25	4.06	3.96	3.86	3.76	3.66	3.55	3.44
15	4.25	4.07	3.88	3.79	3.69	3.58	3.48	3.37	3.26
16	4.10	3.92	3.73	3.64	3.54	3.44	3.33	3.22	3.11
17	3.97	3.79	3.61	3.51	3.41	3.31	3.21	3.10	2.98
18	3.86	3.68	3.50	3.40	3.30	3.20	3.10	2.99	2.87
19	3.76	3.59	3.40	3.31	3.21	3.11	3.00	2.89	2.78
20	3.68	3.50	3.32	3.22	3.12	3.02	2.92	2.81	2.69
21	3.60	3.43	3.24	3.15	3.05	2.95	2.84	2.73	2.61
22	3.54	3.36	3.18	3.08	2.98	2.88	2.77	2.66	2.55
23	3.47	3.30	3.12	3.02	2.92	2.82	2.71	2.60	2.48
24	3.42	3.25	3.06	2.97	2.87	2.77	2.66	2.55	2.43
25	3.37	3.20	3.01	2.92	2.82	2.72	2.61	2.50	2.38

分母自由度	分子自由度 ν_1								
ν_2	12	15	20	24	30	40	60	120	∞
26	3.33	3.15	2.97	2.87	2.77	2.67	2.56	2.45	2.33
27	3.28	3.11	2.93	2.83	2.73	2.63	2.52	2.41	2.29
28	3.25	3.07	2.89	2.79	2.69	2.59	2.48	2.37	2.25
29	3.21	3.04	2.86	2.76	2.66	2.56	2.45	2.33	2.21
30	3.18	3.01	2.82	2.73	2.63	2.52	2.42	2.30	2.18
40	2.95	2.78	2.60	2.50	2.40	2.30	2.18	2.06	1.93
60	2.74	2.57	2.39	2.29	2.19	2.08	1.96	1.83	1.69
120	2.54	2.37	2.19	2.09	1.98	1.87	1.75	1.61	1.43
∞	2.36	2.19	2.00	1.90	1.79	1.67	1.53	1.36	1.00

資料來源：取自 Lee (1993), Appendix Table A6.

表 (11) 亂數表

列	行									
	1	2	3	4	5	6	7	8	9	10
1	10480	15011	01536	02011	81647	91646	69179	14194	62590	36207
2	22368	46573	25595	85393	30995	89198	27982	53402	93965	34095
3	24130	48360	22527	97265	76393	64809	15179	24830	49340	32081
4	42167	93093	06243	61680	07856	16376	39440	53537	71341	57004
5	37570	39975	81837	16656	06121	91782	60468	81305	49684	60672
6	77921	06907	11008	42751	27756	53498	18602	70659	90655	15053
7	99562	72905	56420	69994	98872	31016	71194	18738	44013	48840
8	96301	91977	05463	07972	18876	20922	94595	56869	69014	60045
9	89579	14342	63661	10281	17453	18103	57740	84378	25331	12566
10	85475	36857	53342	53988	53060	59533	38867	62300	08158	17983
11	28918	69578	88231	33276	70997	79936	56865	05859	90106	31595
12	63553	40961	48235	03427	49626	69445	18663	72695	52180	20847
13	09429	93969	52636	92737	88974	33488	36320	17617	30015	08272
14	10365	61129	87529	85689	48237	52267	67689	93394	01511	26358
15	07119	97336	71048	08178	77233	13916	47564	81056	97735	85977
16	51085	12765	51821	51259	77452	16308	60756	92144	49442	53900
17	02368	21382	52404	60268	89368	19885	55322	44819	01188	65255
18	01011	54092	33362	94904	31273	04146	18594	29852	71585	85030
19	52162	53916	46369	58586	23216	14513	83149	98736	23495	64350
20	07056	97628	33787	09998	42698	06691	76988	13602	51851	46104
21	48663	91245	85828	14346	09172	30168	90229	04734	59193	22178
22	54164	58492	22421	74103	47070	25306	76468	26384	58151	06646
23	32639	32363	05597	24200	13363	38005	94342	28728	35806	06912
24	29334	27001	87637	87308	58731	00256	45834	15398	46557	41135
25	02488	33062	28834	07351	19731	92420	60952	61280	50001	67658
26	81525	72295	04839	96423	24878	82651	66566	14778	76797	14780
27	29676	20591	68086	26432	46901	20849	89768	81536	86645	12659
28	00742	57392	39064	66432	84673	40027	32832	61362	98947	96067
29	05366	04213	25669	26422	44407	44048	37937	63904	45766	66134

列	行									
	1	2	3	4	5	6	7	8	9	10
30	91921	26418	64117	94305	26766	25940	39972	22209	71500	64568
31	00582	04711	87917	77341	42206	35126	74087	99547	81817	42607
32	00725	69884	62797	56170	86324	88072	76222	36086	84637	93161
33	69011	65795	95876	55293	18988	27354	26575	08625	40801	59920
34	25976	57948	29888	88604	67917	48708	18912	82271	65424	69774
35	09763	83473	73577	12908	30883	18317	28290	35797	05998	41688
36	91567	42595	27958	30134	04024	86385	29880	99730	55536	84855
37	17955	56349	90999	49127	20044	59931	06115	20542	18059	02008
38	46503	18584	18845	49618	02304	51038	20655	58727	28168	15475
39	92157	89634	94824	78171	84610	82834	09922	25417	44137	48413
40	14577	62765	35605	81263	39667	47358	56873	56307	61607	49518
41	98427	07523	33362	64270	01638	92477	66969	98420	04880	45585
42	34914	63976	88720	82765	34476	17032	87589	40836	32427	70002
43	70060	28277	39475	46473	23219	53416	94970	25832	69975	94884
44	53976	54914	06990	67245	68350	82948	11398	42878	80287	88267
45	76072	29515	40980	07391	58745	25774	22987	80059	39911	96189
46	90725	52210	83974	29992	65831	38857	50490	83765	55657	14361
47	64364	67412	33339	31926	14883	24413	59744	92351	97473	89286
48	08962	00358	31662	25388	61642	34072	81249	35648	56891	69352
49	95012	68379	93526	70765	10592	04542	76463	54328	02349	17247
50	15664	10493	20492	38391	91132	21999	59516	81652	27195	48223
51	16408	81899	04153	53381	79401	21438	83035	92350	36693	31238
52	18629	81953	05520	91962	04739	13092	97662	24822	94730	06496
53	73115	35101	47498	87637	99016	71060	88824	71013	18735	20286
54	57491	16703	23167	49323	45021	33132	12544	41035	80780	45393
55	30405	83946	23792	14422	15059	45799	22716	19792	09983	74353
56	16631	35006	85900	98275	32388	52390	16815	69298	82732	38480
57	96773	20206	42559	78985	05300	22164	24369	54224	35083	19687
58	38935	64202	14349	82674	66523	44133	00697	35552	35970	19124
59	31624	76384	17403	53363	44167	64486	64758	75366	76554	31601
60	78919	19474	23632	27889	47914	02584	37680	20801	72152	39339

列	行									
	1	2	3	4	5	6	7	8	9	10
61	03931	33309	57047	74211	63445	17361	62825	39908	05607	91284
62	74426	33278	43972	10119	89917	15665	52872	73823	73144	88662
63	09066	00903	20795	95452	92648	45454	09552	88815	16553	51125
64	42238	12426	87025	14267	20979	04508	64535	31355	86064	29472
65	16153	08002	26504	41744	81959	65642	74240	56302	00033	67107
66	21457	40742	29820	96783	29400	21840	15035	34537	33310	06116
67	21581	57802	02050	89728	17937	37621	47075	42080	97403	48626
68	55612	78095	83197	33732	05810	24813	86902	60397	16489	03264
69	44657	66999	99324	51281	84463	60563	79312	93454	68876	25471
70	91340	84979	46949	81973	37949	61023	43997	15263	80644	43942
71	91227	21199	31935	27022	84067	05462	35216	14486	29891	68607
72	50001	38140	66321	19924	72163	09538	12151	06878	91903	18749
73	65390	05224	72958	28609	81406	39147	25549	48542	42627	45233
74	27504	96131	83944	41575	10573	08619	64482	73923	36152	05184
75	37169	94851	39117	89632	00959	16487	65536	49071	39782	17095
76	11508	70225	51111	38351	19444	66499	71945	05422	13442	78675
77	37449	30362	06694	54690	04052	53115	62757	95348	78662	11163
78	46515	70331	85922	38329	57015	15765	97161	17869	45349	61796
79	30986	81223	42416	58353	21532	30502	32305	86482	05174	07901
80	63798	64995	46583	09785	44160	78128	83991	42865	92520	83531
81	82486	84846	99254	67632	43218	50076	21361	64816	51202	88124
82	21885	32906	92431	09060	64297	51674	64126	62570	26123	05155
83	60336	98782	07408	53458	13564	59089	26445	29789	85205	41001
84	43937	46891	24010	25560	86355	33941	25786	54990	71899	15475
85	97656	63175	89303	16275	07100	92063	21942	18611	47348	20203
86	03299	01221	05418	38982	55758	92237	26759	86367	21216	98442
87	79626	06486	03574	17668	07785	76020	79924	25651	83325	88428
88	85636	68335	47539	03129	65651	11977	02510	26113	99447	68645
89	18039	14367	61337	06177	12143	46609	32989	74014	64708	00533
90	08362	15656	60627	36478	65648	16764	53412	09013	07832	41574
91	79556	29068	04142	16268	15387	12856	66227	38358	22478	73373
92	92608	82674	27072	32534	17075	27698	98204	63863	11951	34648

列	行									
	1	2	3	4	5	6	7	8	9	10
93	23982	25835	40055	67006	12293	02753	14827	23235	35071	99704
94	09915	96306	05908	97901	28395	14186	00821	80703	70426	75647
95	59037	33300	26695	62247	69927	76123	50842	43834	86654	70959
96	42488	78077	69882	61657	34136	79180	97526	43092	04098	73571
97	46764	86273	63003	93017	31204	36692	40202	35275	57306	55543
98	03237	45430	55417	63282	90816	17349	88298	90183	36600	78406
99	86591	81482	52667	61582	14972	90053	89534	76036	49199	43716
100	38534	01715	94964	87288	65680	43772	39560	12918	86537	62738

資料來源: 取自 Mendenhall, Reinmuth and Beaver (1993), Appendix Table 11.

表 (12)　　Hartley h-統計量的臨界值

$1 - \alpha = .95$

n	\multicolumn{11}{c}{r}
	2	3	4	5	6	7	8	9	10	11	12
3	39.0	87.5	142	202	266	333	403	475	550	626	704
4	15.4	27.8	39.2	50.7	62.0	72.9	83.5	93.9	104	114	124
5	9.60	15.5	20.6	25.2	29.5	33.6	37.5	41.1	44.6	48.0	51.4
6	7.15	10.8	13.7	16.3	18.7	20.8	22.9	24.7	26.5	28.2	29.9
7	5.82	8.38	10.4	12.1	13.7	15.0	16.3	17.5	18.6	19.7	20.7
8	4.99	6.94	8.44	9.70	10.8	11.8	12.7	13.5	14.3	15.1	15.8
9	4.43	6.00	7.18	8.12	9.03	9.78	10.5	11.1	11.7	12.2	12.7
10	4.03	5.34	6.31	7.11	7.80	8.41	8.95	9.45	9.91	10.3	10.7
11	3.72	4.85	5.67	6.34	6.92	7.42	7.87	8.28	8.66	9.01	9.34
13	3.28	4.16	4.79	5.30	5.72	6.09	6.42	6.72	7.00	7.25	7.48
16	2.86	3.54	4.01	4.37	4.68	4.95	5.19	5.40	5.59	5.77	5.93
21	2.46	2.95	3.29	3.54	3.76	3.94	4.10	4.24	4.37	4.49	4.59
31	2.07	2.40	2.61	2.78	2.91	3.02	3.12	3.21	3.29	3.36	3.39
61	1.67	1.85	1.96	2.04	2.11	2.17	2.22	2.26	2.30	2.33	2.36
∞	1.00	1.00	1.00	1.00	1.00	1.00	1.00	1.00	1.00	1.00	1.00

$1 - \alpha = .99$

n	\multicolumn{11}{c}{r}
	2	3	4	5	6	7	8	9	10	11	12
3	199	448	729	1036	1362	1705	2063	2432	2813	3204	3605
4	47.5	85	120	151	184	216	249	281	310	337	361
5	23.2	37	49	59	69	79	89	97	106	113	120
6	14.9	22	28	33	38	42	46	50	54	57	60
7	11.1	15.5	19.1	22	25	27	30	32	34	36	37
8	8.89	12.1	14.5	16.5	18.4	20	22	23	24	26	27
9	7.50	9.9	11.7	13.2	14.5	15.8	16.9	17.9	18.9	19.8	21
10	6.54	8.5	9.9	11.1	12.1	13.1	13.9	14.7	15.3	16.0	16.6
11	5.85	7.4	8.6	9.6	10.4	11.1	11.8	12.4	12.9	13.4	13.9
13	4.91	6.1	6.9	7.6	8.2	8.7	9.1	9.5	9.9	10.2	10.6
16	4.07	4.9	5.5	6.0	6.4	6.7	7.1	7.3	7.5	7.8	8.0

n	r										
	2	3	4	5	6	7	8	9	10	11	12
21	3.32	3.8	4.3	4.6	4.9	5.1	5.3	5.5	5.6	5.8	5.9
31	2.63	3.0	3.3	3.4	3.6	3.7	3.8	3.9	4.0	4.1	4.2
61	1.96	2.2	2.3	2.4	2.4	2.5	2.5	2.6	2.6	2.7	2.7
∞	1.00	1.0	1.0	1.0	1.0	1.0	1.0	1.0	1.0	1.0	1.0

資料來源: 取自 Pfaffenberger and Patterson (1987), Appendix Table B.9.

表(13)　Z_r 與 r 的關聯 $\left[Z_r = \frac{1}{2}\ln\frac{1+r}{1-r}\right]$

z	.00	.01	.02	.03	.04	.05	.06	.07	.08	.09
.0	.0000	.0100	.0200	.0300	.0400	.0500	.0599	.0699	.0798	.0898
.1	.0997	.1096	.1194	.1293	.1391	.1489	.1587	.1684	.1781	.1878
.2	.1974	.2070	.2165	.2260	.2355	.2449	.2543	.2636	.2729	.2821
.3	.2913	.3004	.3095	.3185	.3275	.3364	.3452	.3540	.3627	.3714
.4	.3800	.3885	.3969	.4053	.4136	.4219	.4301	.4382	.4462	.4542
.5	.4621	.4700	.4777	.4854	.4930	.5005	.5080	.5154	.5227	.5299
.6	.5370	.5441	.5511	.5581	.5649	.5717	.5784	.5850	.5915	.5980
.7	.6044	.6107	.6169	.6231	.6291	.6352	.6411	.6469	.6527	.6584
.8	.6640	.6696	.6751	.6805	.6858	.6911	.6963	.7014	.7064	.7114
.9	.7163	.7211	.7259	.7306	.7352	.7398	.7443	.7487	.7531	.7574
1.0	.7616	.7658	.7699	.7739	.7779	.7818	.7857	.7895	.7932	.7969
1.1	.8005	.8041	.8076	.8110	.8144	.8178	.8210	.8243	.8275	.8306
1.2	.8337	.8367	.8397	.8426	.8455	.8483	.8511	.8538	.8565	.8591
1.3	.8617	.8643	.8668	.8693	.8717	.8741	.8764	.8787	.8810	.8832
1.4	.8854	.8875	.8896	.8917	.8937	.8957	.8977	.8996	.9015	.9033
1.5	.9052	.9069	.9087	.9104	.9121	.9138	.9154	.9170	.9186	.9202
1.6	.9217	.9232	.9246	.9261	.9275	.9289	.9302	.9316	.9329	.9342
1.7	.9354	.9367	.9379	.9391	.9402	.9414	.9425	.9436	.9447	.9458
1.8	.9468	.9478	.9488	.9498	.9508	.9518	.9527	.9536	.9545	.9554
1.9	.9562	.9571	.9579	.9587	.9595	.9603	.9611	.9619	.9626	.9633
2.0	.9640	.9647	.9654	.9661	.9668	.9674	.9680	.9687	.9693	.9699
2.1	.9705	.9710	.9716	.9722	.9727	.9732	.9738	.9743	.9748	.9753
2.2	.9757	.9762	.9767	.9771	.9776	.9780	.9785	.9789	.9793	.9797
2.3	.9801	.9805	.9809	.9812	.9816	.9820	.9823	.9827	.9830	.9834
2.4	.9837	.9840	.9843	.9846	.9849	.9852	.9855	.9858	.9861	.9863
2.5	.9866	.9869	.9871	.9874	.9876	.9879	.9881	.9884	.9886	.9888
2.6	.9890	.9892	.9895	.9897	.9899	.9901	.9903	.9905	.9906	.9908
2.7	.9910	.9912	.9914	.9915	.9917	.9919	.9920	.9922	.9923	.9925
2.8	.9926	.9928	.9929	.9931	.9932	.9933	.9935	.9936	.9937	.9938
2.9	.9940	.9941	.9942	.9943	.9944	.9945	.9946	.9947	.9949	.9950
3.0	.9951									
4.0	.9993									
5.0	.9999									

資料來源: 取自 Pfaffenberger and Patterson (1987), Appendix Table B.18.

註: 表中最左一行、最上一列是 Z_r 的值, 表身的數值是 Z_r 對應的 r 值。例如當 $Z_r = 1.25$ 時, 其對應的 r 值是 0.8483。

表 (14)　史皮爾曼 (Spearman) 檢定統計量的臨界值

n	$\alpha = .100$	.050	.025	.010	.005	.001
4	.8000	.8000				
5	.7000	.8000	.9000	.9000		
6	.6000	.7714	.8286	.8857	.9429	
7	.5357	.6786	.7450	.8571	.8929	.9643
8	.5000	.6190	.7143	.8095	.8571	.9286
9	.4667	.5833	.6833	.7667	.8167	.9000
10	.4424	.5515	.6364	.7333	.7818	.8667
11	.4182	.5273	.6091	.7000	.7455	.8364
12	.3986	.4965	.5804	.6713	.7273	.8182
13	.3791	.4780	.5549	.6429	.6978	.7912
14	.3626	.4593	.5341	.6220	.6747	.7670
15	.3500	.4429	.5179	.6000	.6536	.7464
16	.3382	.4265	.5000	.5824	.6324	.7265
17	.3260	.4118	.4853	.5637	.6152	.7083
18	.3148	.3994	.4716	.5480	.5975	.6904
19	.3070	.3895	.4579	.5333	.5825	.6737
20	.2977	.3789	.4451	.5203	.5684	.6586
21	.2909	.3688	.4351	.5078	.5545	.6455
22	.2829	.3597	.4241	.4963	.5426	.6318
23	.2767	.3518	.4150	.4852	.5306	.6186
24	.2704	.3435	.4061	.4748	.5200	.6070
25	.2646	.3362	.3977	.4654	.5100	.5962
26	.2588	.3299	.3894	.4564	.5002	.5856
27	.2540	.3236	.3822	.4481	.4915	.5757
28	.2490	.3175	.3749	.4401	.4828	.5660
29	.2443	.3113	.3685	.4320	.4744	.5567
30	.2400	.3059	.3620	.4251	.4665	.5479

資料來源: 取自 Pfaffenberger and Patterson (1987), Appendix Table B.14.

註:　1.表中最上一列是機率值 (α)，表身的數值是 r_s 大於或等於該數值的機率為 α。例如，當 $n = 10$, $\alpha = 0.05$，其對應的 r_s 值為 0.5515，這表示: $P_r(r_s \geq 0.5515) = 0.05$ (當 $n = 10$)。

　　　2.當 $n > 30$ 時，$r_s \dot\sim N\left(0, \dfrac{1}{n-1}\right)$。

表(15) 杜賓－華森(Durbin-Watson) d-統計量的臨界值

$$\alpha = .05$$

n	K									
	1		2		3		4		5	
	d_L	d_U	d_L	d_U	d_L	d_U	d_L	d_U	d_L	d_U
15	1.08	1.36	0.95	1.54	0.82	1.75	0.69	1.97	0.56	2.21
16	1.10	1.37	0.98	1.54	0.86	1.73	0.74	1.93	0.62	2.15
17	1.13	1.38	1.02	1.54	0.90	1.71	0.78	1.90	0.67	2.10
18	1.16	1.39	1.05	1.53	0.93	1.69	0.82	1.87	0.71	2.06
19	1.18	1.40	1.08	1.53	0.97	1.68	0.86	1.85	0.75	2.02
20	1.20	1.41	1.10	1.54	1.00	1.68	0.90	1.83	0.79	1.99
21	1.22	1.42	1.13	1.54	1.03	1.67	0.93	1.81	0.83	1.96
22	1.24	1.43	1.15	1.54	1.05	1.66	0.96	1.80	0.86	1.94
23	1.26	1.44	1.17	1.54	1.08	1.66	0.99	1.79	0.90	1.92
24	1.27	1.45	1.19	1.55	1.10	1.66	1.01	1.78	0.93	1.90
25	1.29	1.45	1.21	1.55	1.12	1.66	1.04	1.77	0.95	1.89
26	1.30	1.46	1.22	1.55	1.14	1.65	1.06	1.76	0.98	1.88
27	1.32	1.47	1.24	1.56	1.16	1.65	1.08	1.76	1.01	1.86
28	1.33	1.48	1.26	1.56	1.18	1.65	1.10	1.75	1.03	1.85
29	1.34	1.48	1.27	1.56	1.20	1.65	1.12	1.74	1.05	1.84
30	1.35	1.49	1.28	1.57	1.21	1.65	1.14	1.74	1.07	1.83
31	1.36	1.50	1.30	1.57	1.23	1.65	1.16	1.74	1.09	1.83
32	1.37	1.50	1.31	1.57	1.24	1.65	1.18	1.73	1.11	1.82
33	1.38	1.51	1.32	1.58	1.26	1.65	1.19	1.73	1.13	1.81
34	1.39	1.51	1.33	1.58	1.27	1.65	1.21	1.73	1.15	1.81
35	1.40	1.52	1.34	1.58	1.28	1.65	1.22	1.73	1.16	1.80
36	1.41	1.52	1.35	1.59	1.29	1.65	1.24	1.73	1.18	1.80
37	1.42	1.53	1.36	1.59	1.31	1.66	1.25	1.72	1.19	1.80
38	1.43	1.54	1.37	1.59	1.32	1.66	1.26	1.72	1.21	1.79
39	1.43	1.54	1.38	1.60	1.33	1.66	1.27	1.72	1.22	1.79
40	1.44	1.54	1.39	1.60	1.34	1.66	1.29	1.72	1.23	1.79
45	1.48	1.57	1.43	1.62	1.38	1.67	1.34	1.72	1.29	1.78
50	1.50	1.59	1.46	1.63	1.42	1.67	1.38	1.72	1.34	1.77
55	1.53	1.60	1.49	1.64	1.45	1.68	1.41	1.72	1.38	1.77

n	K									
	1		2		3		4		5	
	d_L	d_U	d_L	d_U	d_L	d_U	d_L	d_U	d_L	d_U
60	1.55	1.62	1.51	1.65	1.48	1.69	1.44	1.73	1.41	1.77
65	1.57	1.63	1.54	1.66	1.50	1.70	1.47	1.73	1.44	1.77
70	1.58	1.64	1.55	1.67	1.52	1.70	1.49	1.74	1.46	1.77
75	1.60	1.65	1.57	1.68	1.54	1.71	1.51	1.74	1.49	1.77
80	1.61	1.66	1.59	1.69	1.56	1.72	1.53	1.74	1.51	1.77
85	1.62	1.67	1.60	1.70	1.57	1.72	1.55	1.75	1.52	1.77
90	1.63	1.68	1.61	1.70	1.59	1.73	1.57	1.75	1.54	1.78
95	1.64	1.69	1.62	1.71	1.60	1.73	1.58	1.75	1.56	1.78
100	1.65	1.69	1.63	1.72	1.61	1.74	1.59	1.76	1.57	1.78

資料來源: 取自 Newbold (1991), Appendix Table 10.

註: K 是自變數的個數。

$$\alpha = .01$$

n	K									
	1		2		3		4		5	
	d_L	d_U	d_L	d_U	d_L	d_U	d_L	d_U	d_L	d_U
15	0.81	1.07	0.70	1.25	0.59	1.46	0.49	1.70	0.39	1.96
16	0.84	1.09	0.74	1.25	0.63	1.44	0.53	1.66	0.44	1.90
17	0.87	1.10	0.77	1.25	0.67	1.43	0.57	1.63	0.48	1.85
18	0.90	1.12	0.80	1.26	0.71	1.42	0.61	1.60	0.52	1.80
19	0.93	1.13	0.83	1.26	0.74	1.41	0.65	1.58	0.56	1.77
20	0.95	1.15	0.86	1.27	0.77	1.41	0.68	1.57	0.60	1.74
21	0.97	1.16	0.89	1.27	0.80	1.41	0.72	1.55	0.63	1.71
22	1.00	1.17	0.91	1.28	0.83	1.40	0.75	1.54	0.66	1.69
23	1.02	1.19	0.94	1.29	0.86	1.40	0.77	1.53	0.70	1.67
24	1.04	1.20	0.96	1.30	0.88	1.41	0.80	1.53	0.72	1.66
25	1.05	1.21	0.98	1.30	0.90	1.41	0.83	1.52	0.75	1.65
26	1.07	1.22	1.00	1.31	0.93	1.41	0.85	1.52	0.78	1.64
27	1.09	1.23	1.02	1.32	0.95	1.41	0.88	1.51	0.81	1.63
28	1.10	1.24	1.04	1.32	0.97	1.41	0.90	1.51	0.83	1.62
29	1.12	1.25	1.05	1.33	0.99	1.42	0.92	1.51	0.85	1.61
30	1.13	1.26	1.07	1.34	1.01	1.42	0.94	1.51	0.88	1.61
31	1.15	1.27	1.08	1.34	1.02	1.42	0.96	1.51	0.90	1.60
32	1.16	1.28	1.10	1.35	1.04	1.43	0.98	1.51	0.92	1.60
33	1.17	1.29	1.11	1.36	1.05	1.43	1.00	1.51	0.94	1.59
34	1.18	1.30	1.13	1.36	1.07	1.43	1.01	1.51	0.95	1.59
35	1.19	1.31	1.14	1.37	1.08	1.44	1.03	1.51	0.97	1.59
36	1.21	1.32	1.15	1.38	1.10	1.44	1.04	1.51	0.99	1.59
37	1.22	1.32	1.16	1.38	1.11	1.45	1.06	1.51	1.00	1.59
38	1.23	1.33	1.18	1.39	1.12	1.45	1.07	1.52	1.02	1.58
39	1.24	1.34	1.19	1.39	1.14	1.45	1.09	1.52	1.03	1.58
40	1.25	1.34	1.20	1.40	1.15	1.46	1.10	1.52	1.05	1.58
45	1.29	1.38	1.24	1.42	1.20	1.48	1.16	1.53	1.11	1.58
50	1.32	1.40	1.28	1.45	1.24	1.49	1.20	1.54	1.16	1.59
55	1.36	1.43	1.32	1.47	1.28	1.51	1.25	1.55	1.21	1.59
60	1.38	1.45	1.35	1.48	1.32	1.52	1.28	1.56	1.25	1.60
65	1.41	1.47	1.38	1.50	1.35	1.53	1.31	1.57	1.28	1.61
70	1.43	1.49	1.40	1.52	1.37	1.55	1.34	1.58	1.31	1.61

n	K									
	1		2		3		4		5	
	d_L	d_U	d_L	d_U	d_L	d_U	d_L	d_U	d_L	d_U
75	1.45	1.50	1.42	1.53	1.39	1.56	1.37	1.59	1.34	1.62
80	1.47	1.52	1.44	1.54	1.42	1.57	1.39	1.60	1.36	1.62
85	1.48	1.53	1.46	1.55	1.43	1.58	1.41	1.60	1.39	1.63
90	1.50	1.54	1.47	1.56	1.45	1.59	1.43	1.61	1.41	1.64
95	1.51	1.55	1.49	1.57	1.47	1.60	1.45	1.62	1.42	1.64
100	1.52	1.56	1.50	1.58	1.48	1.60	1.46	1.63	1.44	1.65

資料來源: 取自 Newbold (1991), Appendix Table 10.

参 考 書 目

1. Aigner, D. J. (1971) *Basic Econometrics*, Englewood Cliffs, N.J.: Prentice-Hall, Inc.

2. Anderson, D. R., D. J. Sweeney and T. A. Williams (1993) *Statistics for Business and Economics* (5th ed.), New York: West Publishing Company.

3. Berenson, M. L. and D. M. Levine (1992) *Basic Business Statistics, Concepts and Applications* (5th ed.), Englewood Cliffs, N.J.: Prentice Hall, Inc.

4. Burr, I. W. (1974) *Applied Statistical Methods*, New York: Academic Press.

5. Clopper, C.J. and E.S. Pearson (1934) "The Use of Confidence of Fiducial Limits," *Biometrika,* 26, 404–413.

6. Gibra, I. N. (1973) *Probability and Statistical Inference for Scientists and Engineers*, Englewood Cliffs, N.J.: Prentice-Hall, Inc.

7. Gujarati, D. (1978) *Basic Econometrics*, New York: McGraw-Hill Book Company.

8. Hogg, R. V. and A. T. Craig (1965) *Introduction to Mathematical Statistics* (2nd ed.), New York: The Macmillan Company.

9. Hogg, R. V. and E. A. Tanis (1983) *Probability and Statistical Inference*, New York: Macmillan Publishing Co., Inc.

10. Kmenta, J. (1971) *Elements of Econometrics*, New York: The Macmillan Company.

11. Kohler, Heinz (1994) *Statistics for Business and Economics* (3rd ed.), New York: HarperCollins College Publishers.

12. Larsen, R. J. and M. L. Marx (1986) *An Introduction to Mathematical Statistics and Its Application* (2nd ed.), London: Prentice-Hall International, Inc.

13. Lee, C. F. (1993) *Statistics for Business and Financial Economics*, Lexington,

Mass.: D. C. Heath and Company.

14. Mendenhall, W., J. E. Reinmuth and R. Beaver (1993) *Statistics for Management and Economics*, Boston, Mass.: PWS-Kent Publishing Company.

15. *Minitab Reference Manual: PC Version, Release 8 (1991), Minitab Inc.,* Reading, Ma: Addison–Wesley Publishing Co.

16. Morrison, D. F. (1983) *Applied Linear Statistical Methods*, Englewood Cliffs, N.J.: Prentice-Hall, Inc.

17. Neter, J., W. Wasserman and M. H. Kutner (1985) *Applied Linear Statistical Models: Regression, Analysis of Variance, and Experimental Designs,* Homewood, Illinois: Richard D. Irwin, Inc.

18. Neter, J., W. Wasserman and G. A. Whitmore (1993) *Applied Statistics* (4th ed.), Boston, Mass.: Allyn and Bacon, Inc.

19. Newbold, Paul (1991) *Statistics for Business and Economics* (3rd ed.), London: Prentice-Hall International, Inc.

20. Ott, L., R. F. Larson and W. Mendenhall (1987) *Statistics: A Tool for the Social Science* (4th ed.), Boston, Mass.: Duxbury Press.

21. Pfaffenberger, R. C. and R. J. H. Patterson (1987) *Statistics for Business and Economics* (3rd ed.), Homewood, Illinois: Richard D. Irwin, Inc.

22. Pindyck, R. S. and D. L. Rubinfeld (1981) *Econometric Models and Economic Forecasts* (2nd ed.), New York: McGraw-Hill Book Company.

23. Ramanathan, R. (1992) *Introductory Econometrics with Application*, New York: The Dryden Press.

24. Wonnacott, T. and R. J. Wonnacott (1977, 1990) *Introductory Statistics for Business and Economics*, New York: John Wiley & Sons.

漢文索引

■

Alpha 風險（或顯著水準，α）　5,6

Beta 風險 (β)　5,6

Clopper and Pearson 圖　77

P 值　20,61

White 檢定　369

■　一畫

一般化差分方程式　391

一般化最小平方法 (GLS)　390

一階自我相關　371

■　二畫

二元常態分配　269

二元常態隨機變數　268

二次式模型　350

■　三畫

大母體的平均數　102

大母體的變異數　102,176

大樣本之樣本平均數　105

干擾項（或誤差項）　174

■ 四畫

不定式　342

不確定區間　376

內插　212

巴特力檢定法　119

■ 五畫

加權最小平方法　369

包含一個不重要的解釋變數　333

卡方檢定　399

外推　212

平均因素差值平方和 (MSF)　106,132

平均集區差值平方和 (MSB)　132

平均機遇差值平方和 (MSE)　106,132

平均總差值平方和 (MST)　106,132

母體之標準差化迴歸係數　339

母體多元判定係數 ($\mathbb{R}^2_{Y|X,Z}$)　292,294

母體判定係數　278,280

母體迴歸平面　232

母體迴歸係數　174

母體迴歸參數　174

母體迴歸模型　171

母體迴歸變異數　176

■ 六畫

交互影響　129

共同的母體比例　80

列聯表　426

　列聯表的檢定　426

列聯係數　429

因素影響　129

多元判定係數　292

　母體多元判定係數 $(\mathbb{R}^2_{Y|X,Z})$　292,294

　樣本多元判定係數 (R^2)　295,297

　調整的樣本多元判定係數 $(\overline{R}^2)$　362

成對隨機抽樣　72

自我相關問題　370,390

■ 七畫

作業特性函數　24

克拉默爾 V　431

判定係數　278

　母體判定係數 $(\mathbb{R}^2)$　278,280

　樣本判定係數 (R^2)　282,284

判定區間（或拒絕區間）　8

判定點（或分界點）　10,61

完全的關聯　432

完全隨機試驗　126

序列的隨機變數　416

杜賓—華森檢定　373

決策規則（或行動規則）　8

　最適決策規則　10

貝塔係數　337,338

■　八畫

固定影響的模型　104

彼此獨立的隨機抽樣　72

忽略一個重要的解釋變數　327

直接影響（或邊際影響）　254,337

近似的檢定方法　433

非自我相關　175,326

非直線型　350

■　九畫

信任區間　121,123

　信任區間的檢定方法　19

　聯立信任區間　123

　單一信任區間　121

信任帶　206

哈特雷檢定法　118

型 I 錯誤　5,6

型 II 錯誤　5,6

契夫的聯立信任區間法　124,141

相關分析　268

相關係數　268

史皮爾曼母體等級相關係數 (ρ_s)　304

史皮爾曼樣本等級相關係數 (r_s)　304,305,369

樣本相關係數（或皮爾森相關係數）　272

■ 十畫

倒數型的模型　356

差值　102

因素差值（或能由因素解釋的差值）　102

差值形式　235,237

迴歸差值　279

機遇差值（或不能由因素解釋的差值）　102,279

總差值　102

差值平方和　103

因素差值平方和（或因素變異, SSF）　103,106

機遇差值平方和（或機遇變異, SSE）　103,106

總差值平方和（或總變異, SST）　103,106

時間數列資料　367

迴歸分析方法　170

一般的多元直線型迴歸分析　230

多元迴歸分析（或複迴歸分析）　171

簡單直線型迴歸分析　172

簡單迴歸分析　171

迴歸係數標準誤　215

迴歸係數標準誤估計式　215

高氏—馬可夫定理　189

■ 十一畫

假設 3

　　虛無假設 3

　　對立假設 4

　　複合假設 3

　　簡單假設 3

假設檢定 1

　　P值檢定法 22

　　古典的假設檢定方法 19

　　信任區間檢定法 19

密切程度 268

■ 十二畫

區間 8

　　拒絕區間（或判定區間） 8

　　接受區間 8

參考組 361

接受區間 8

混合的樣本比例 80

統計上的風險 213

統計假設（或假設） 1

　　統計假設的檢定（或假設的檢定） 1

設定 325

　　設定錯誤 325,326,349

連續化校正 407,428

陳述（或宣稱，假設）　1

最大概似法 (MLE)　177,190

最小平方估計式　349

最佳直線不偏誤法（BLUE）　177,185

最適決策規則　10

單一信任區間　121

散佈圖　349

普通最小平方法（或最小平方法，OLS）　177,178,184,234

殘差值　179

　　殘差值的散佈圖　364,370

　　殘差值變異數（或樣本迴歸變異數）　195,196

　　標準化殘差值　364

無相關　328

無效的模型之風險　213

無關聯　432

結　312

虛擬變數（或雙類別變數）　356,357

量化的變數　356

間接影響　254

集區　127

　　集區影響　129

　　集區隨機試驗　127

■ 十三畫

預先選定的變數　175

預期（或理論）次數　401

預期的聯合次數　420

預測　202

預測誤差　207

■ 十四畫

數學轉換　272

■ 十五畫

影響方向　170

樣本多元相關係數 (R) 　298

樣本迴歸線　174

樣本數相等　147

標準方程式　180,237

線性重合　325

　　完全線性重合　341

　　高度線性重合　344

　　線性重合的問題　344

質化（或類別）變數　326,356

■ 十六畫

橫斷面資料　367

獨立變數（或自變數，解釋變數）　170

隨手畫法　177

隨機影響的模型　104

■ 十七畫

應變數（或倚變數，被解釋變數）　170

檢定　12

　White檢定　369

　巴特力檢定法　119

　卡方檢定　399

　左端檢定　12

　右端檢定　12

　列聯表的檢定　426

　杜賓—華森檢定　373

　兩端檢定　12

　哈特雷檢定　118

　配適度的檢定　399

　塗基檢定　143

　獨立性的檢定　399,416

檢力函數 $(1 - \beta)$　24

檢定能力（或檢力）　7

檢定統計量　8

總影響　255

聯立信任區間　123

■ 十八畫

雙對數的母體迴歸模型　354

■ 十九畫

邊際影響（或直接影響）　232,254,336,358

類別的隨機變數　416

■ 二十三畫

變異數不齊一性　367

變異數分析方法 (ANOVA)　101

　一因素變異數分析法　112

　二因素變異數分析法　145

　變異數分析表　112

變異數齊一性　104,175,326,367

變異數膨脹因式 (VIF)　345

顯著水準 (α)　5,6

■ 二十五畫

觀察（或實際）次數　401

觀察的聯合次數　419

英漢對照索引

■ A

Acceptance Region 接受區間　8

Alpha Risk (or Significant Level, α) Alpha風險 (或顯著水準)　5,6

Analysis of Variance (ANOVA) 變異數分析方法　101

　～ Table (ANOVA Table) 變異數分析表　112

　　One Factor ～　一因素變異數分析法　112

　　Two Factor ～　二因素變異數分析法　145

Approximate Methods for Tests 近似的檢定方法　433

Autocorrelation Problem 自我相關問題　370,390

■ B

Balanced Sample 樣本數相等　147

Bartlett Test 巴特力檢定法　119

Best Linear Unbiased Estimation Method (BLUE) 最佳直線不偏誤法
　177,185

Beta Coefficient 貝塔係數　337,338

Beta Risk (β) Beta 風險　5,6

Bivariate Normal Distribution 二元常態分配　269

Bivariate Normal Random Variables 二元常態隨機變數　268

Block 集區　127

　～ Effect 集區影響　129

～ Randomized Experiment 集區隨機試驗　127

▦ C

Categorical (or Nominal) Random Variable 類別的隨機變數　416

Chi-Square Tests 卡方檢定　399

Clopper and Pearson Charts　Clopper and Pearson 圖　77

Coefficient of Determination 判定係數　278

　　Population　～ ($\mathbb{R}^2$) 母體判定係數　278,280

　　Sample ～ (R^2) 樣本判定係數　282,284

Coefficient of Multiple Determination 多元判定係數　292

　　Adjusted Sample ～ ($\overline{R}^2$) 調整的樣本多元判定係數　362

　　Population ～ ($\mathbb{R}^2_{Y|X,Z}$) 母體多元判定係數　292,294

　　Sample ～ (R^2) 樣本多元判定係數　295,297

Common Population Proportion 共同的母體比例　80

Completely Randomized Experiment 完全隨機試驗　126

Confidence Belt 信任帶　206

Confidence Interval 信任區間　121,123

　　～ Method of Hypothesis Testing 信任區間檢定法　19

　　Simultaneous ～ 單一信任區間　121

　　Single ～ 聯立信任區間　123

Contingency Coefficient 列聯係數　429

Contingency Table 列聯表　426

　　～ Tests 列聯表的檢定　426

Correlation Analysis 相關分析　268

Correlation Coefficient 相關係數　268

　　Sample ～ (or Pearson's Product-Moment ～)樣本相關係數 (或皮爾森

相關係數)　272

Spearman's Population Rank ～ (ρ_s) 史皮爾曼母體等級相關係數　304

Spearman's Sample Rank ～ (r_s) 史皮爾曼樣本等級相關係數　304,305,369

Cramer's V 克拉默爾 V　431

Critical (or Rejection) Region 判定區間 (或拒絕區間)　8

Critical Point 判定點 (或分界點)　10,61

Cross-Section Data 橫斷面資料　367

■ **D**

Decision Rule (or Action Rule) 決策規則 (或行動規則)　8

　Optimum ～　最適決策規則　10

Dependent (or Explained) Variable 應變數 (或倚變數, 被解釋變數)　170

Deviation 差值　102

　Total ～　總差值　102

　～ due to Error (or Deviation Unexplained) 機遇差值 (或不能由因素解
　　釋的差值)　102,279

　～ due to Factor (or Deviation Explained by Factor) 因素差值 (或能由因
　　素解釋的差值)　102

　～ due to Regression 迴歸差值　279

　～ Form 差值形式　235,237

Direct Effect 直接影響 (或邊際影響)　254,337

Direction 影響方向　170

Disturbance Term (or Error Term) 干擾項 (或誤差項)　174

Dummy Variable (or Binary Variable) 虛擬變數 (或雙類別變數)　356,357

Durbin-Watson Test 杜賓—華森檢定　373

■ E

Expected Frequency 預期(或理論)次數　401

Expected Joint Frequency 預期的聯合次數　420

Extrapolation 外推　212

■ F

Factor Effect 因素影響　129

First-Order Autocorrelation 一階自我相關　371

Fixed Effect Model 固定影響的模型　104

Forecasting Error 預測誤差　207

Freehand Method 隨手畫法　177

■ G

Gauss-Markov Theorem 高氏─馬可夫定理　189

Generalized Difference Equation 一般化差分方程式　391

Generalized Least Square (GLS) 一般化最小平方法　390

Grand Population Mean 大母體的平均數　102

Grand Population Variance 大母體的變異數　102,176

Grand Sample Mean 大樣本之樣本平均數　105

■ H

Hartley Test 哈特雷檢定法　118

Heterocedasticity 變異數不齊一性　367

Homogeneity of Variance 變異數齊一性　104,367

Homoscedasticity 變異數齊一性　175,326,367

Hypothesis Testing 假設檢定　1

Classical Method of ～ 古典的假設檢定方法　19

Confidence Interval Method of ～ 信任區間檢定法　19

P-Value Method of ～ P值檢定法　22

Hypothesis 假設　3

Alternative ～ 對立假設　4

Composite ～ 複合假設　3

Null ～ 虛無假設　3

Simple ～ 簡單假設　3

■ I

Inclusion of an Irrelevant Explanatory Variable 包含一個不重要的解釋變
數　333

Independent (or Explanatory) Variable 獨立變數 (或自變數，解釋變數)
170

Independent Random Sampling 彼此獨立的隨機抽樣　72

Indeterminate Expression 不定式　342

Indeterminate Zone 不確定區間　376

Indirect Effect 間接影響　254

Interaction Effect 交互影響　129

Interpolation 內插　212

■ J

■ K

■ L

Least-Square Estimator 最小平方估計式　349

Log-Log Model 雙對數的母體迴歸模型 354

■ M

Marginal Effect 邊際影響 (或直接影響) 232,254,336,358

Mathematical Transformation 數學轉換 272

Maximum Likelihood Estimation Method (MLE) 最大概似法 177,190

Mean Squares Block (MSB) 平均集區差值平方和 132

Mean Squares Error (MSE) 平均機遇差值平方和 106,132

Mean Squares Factor (MSF) 平均因素差值平方和 106,132

Mean Squares Total (MST) 平均總差值平方和 106,132

Multicollinearity 線性重合 325

　　High ～ 高度線性重合 344

　　Perfect ～ 完全線性重合 341

　　Problems of ～ 線性重合的問題 344

■ N

No Association 無關聯 432

Nonautocorrelation 非自我相關 175,326

Nonlinear 非直線型 350

Normal Equations 標準方程式 180,237

■ O

Observed Frequency 觀察 (或實際)次數 401

Observed Joint Frequency 觀察的聯合次數 419

Omission of an Important Explanatory Variable 忽略一個重要的解釋變數
　　327

Operating Characteristic Function 作業特性函數 24

Optimum Decision Rule 最適決策規則　10

Ordinal Scale Random Variable 序列的隨機變數　416

Ordinary Least Squares Method (OLS) 普通最小平方法 (或最小平方法)
　　177,178,184,234

■ P

P-Value P值　20,61

Paired (or Matched) Random Sampling 成對隨機抽樣　72

Perfect Association 完全的關聯　432

Pooled Sample Proportion 混合的樣本比例　80

Population Coefficient of Determination 母體判定係數　278,280

Population Coefficient of Multiple Determination 母體多元判定係數 ($\mathbb{R}^2_{Y|X,Z}$)
　　292,294

Population Regression Coefficient 母體迴歸係數　174

Population Regression Model 母體迴歸模型　171

Population Regression Plane 母體迴歸平面　232

Population Regression Parameters 母體迴歸參數　174

Population Regression Variance 母體迴歸變異數　176

Population Standardized Regression Coefficient 母體之標準差化迴歸係數
　　339

Power Function $(1 - \beta)$　檢力函數　24

Power of the Test 檢定能力 (或檢力)　7

Predetermined Variable 預先選定的變數　175

Predict 預測　202

■ Q

Quadratic Model 二次式模型　350

Qualitative (or Categorized) Variable 質化 (或類別)變數　326,356

Quantitative Variable 量化的變數　356

■ R

Random Effect Model 隨機影響的模型　104

Reciprocal Model 倒數型的模型　356

Reference Group 參考組　361

Region 區間　8

　　Acceptance ∼ 接受區間　8

　　Rejection (or Critical) ∼ 拒絕區間 (或判定區間)　8

Regression Analysis 迴歸分析方法　170

　　General Multiple Linear ∼ 一般的多元直線型迴歸分析　230

　　Multiple ∼ 多元迴歸分析 (或複迴歸分析)　171

　　Simple ∼ 簡單迴歸分析　171

　　Simple Linear ∼ 簡單直線型迴歸分析　172

Residuals 殘差值　179

　　∼ Plot 殘差值的散佈圖　364,370

　　∼ Variance (or Sample Regression Variance) 殘差值變異數 (或樣本迴歸變異數)　195,196

　　Standardized ∼ 標準化殘差值　364

Risk of Invalid Model 無效的模型之風險　213

■ **S**

Sample Coefficient of Multiple Correlation (R) 樣本多元相關係數　298

Sample Regression Line 樣本迴歸線　174

Scatter Diagram 散佈圖　349

Scheffé Method 契夫的聯立信任區間法　124,141

Significant Level (α) 顯著水準　5,6

Simultaneous Confidence Intervals 聯立信任區間　123

Single Confidence Interval 單一信任區間　121

Specification 設定　325

　～ Error 設定錯誤　325,326,349

Standard Error of Regression Coefficient 迴歸係數標準誤　215

　Estimated ～ 迴歸係數標準誤估計式　215

Statement (or Claim, Assumption) 陳述（或宣稱, 假設）　1

Statistical Hypothesis 統計假設（或假設）　1

　～ Testing 統計假設的檢定（或假設的檢定）　1

Statistical Risk 統計上的風險　213

Strength (of the Positive Effect of X on Y) 密切程度　268

Sum of Squares 差值平方和　103

　～ due to Error (SSE) 機遇差值平方和 (或機遇變異)　103,106

　～ due to Factor (SSF) 因素差值平方和 (或因素變異)　103,106

　～ Total (SST) 總差值平方和 (或總變異)　103,106

■ **T**

Test 檢定　12

　Bartlett ～ 巴特力檢定法　119

Chi-Square ～ 卡方檢定　399

Contingency Table ～ 列聯表的檢定　426

Durbin-Watson ～ 杜賓—華森檢定　373

Hartley ～ 哈特雷檢定　118

Left-Sided ～ 左端檢定　12

Right-Sided ～ 右端檢定　12

～ for Goodness-of-Fit 配適度的檢定　399

～ for Statistical Independence 獨立性的檢定　399,416

Two-Sided ～ 兩端檢定　12

Tukey ～ 塗基檢定　143

White ～ White檢定　369

Test Statistic 檢定統計量　8

Tie 結　312

Time-Series Data 時間數列資料　367

Total Effect 總影響　255

Type Ⅰ Error 型Ⅰ錯誤　5,6

Type Ⅱ Error 型Ⅱ錯誤　5,6

■ U

Uncorrelated 無相關　328

■ V

Variance Inflationary Factor (VIF) 變異數膨脹因式　345

■ W

Weighted Least Square Method 加權最小平方法　369

■ **X**

■ **Y**

Yate's Correction for Continuity 連續化校正　407,428

■ **Z**

練習題解答

第十章

10–1 略。

10–3 1.型 I 錯誤; α。 2.型 II 錯誤; β。 3.α 增加, β 減少。

10–5 1. $\begin{cases} H_0: & \mu_A - \mu_B \geq 12 \\ H_1: & \mu_A - \mu_B < 12。 \end{cases}$

2.若機器之性能是以產品之瑕疵率 (p) 測度, 則

    a. $\begin{cases} H_0: & p_甲 = p_乙 \\ H_1: & p_甲 \neq p_乙。 \end{cases}$

    b. $\begin{cases} H_0: & p_甲 \leq p_乙 \\ H_1: & p_甲 > p_乙。 \end{cases}$

3.令 σ_1 表示該城市過去年溫度之標準差 $(\sigma_1 = 10°C)$

    σ_2 表示該城市最近年溫度之標準差, 則

    $\begin{cases} H_0: & \sigma_2 \geq \sigma_1 (= 10°C) \\ H_1: & \sigma_2 < \sigma_1 (= 10°C)。 \end{cases}$

4.按題意, 若令 p 表示產品的不良率, 則 $p \leq 0.01$ 時, 機器是在正常狀態下, 所以本題要檢定的一組假設是:

    $\begin{cases} H_0: & p \leq 0.01 \\ H_1: & p > 0.01。 \end{cases}$

10–7 1.略。

2.作業特性曲線 (β) 及檢力曲線 $(1 - \beta)$ 圖 (略)。

3.作業特性曲線 (β) 上移, 檢力曲線 $(1 - \beta)$ 下移。理由 (略)。

10–9 $n = 50$, $\overline{X}_0 = 77$, $\sigma = 9$, $\alpha = 0.05$, 且

    $\begin{cases} H_0: & \mu \leq 74 \\ H_1: & \mu > 74 \ (右端檢定) \end{cases}$

(i) P – Value 方法

$$\because \quad P_r - \text{Value} = P_r(\overline{X} \geq \overline{X}_0 | H_0 \text{ 為真})$$

$$= P_r\left(Z \geq \frac{77 - 74}{9/\sqrt{50}}\right)$$

$$= P_r(Z \geq 2.36)$$

$$= 0.0091 < \alpha = 0.05$$

$\therefore$ 拒絕 H_0，接受 H_1（因教學方法不同而有所進步）。

(ii) 古典檢定法

首先找出判定點 $\overline{X}_*$ 之值。

$$\overline{X}_* = \mu + Z_\alpha \frac{\sigma}{\sqrt{n}} = 74 + 1.64 \frac{9}{\sqrt{50}} = 76.0874$$

而 $\because \quad \overline{X}_0 = 77 > \overline{X}_* = 76.0874$

$\therefore$ 拒絕 H_0，接受 H_1（因教學方法不同而有所進步）。

(iii) 信任區間檢定法

因對立假設 $H_1 : \mu > 74$，所以採只有下界的一端區間估計法，
而得到 μ 在 0.95 信任水準下的信任區間為：

$$\mu \geq \overline{X}_0 - Z_\alpha \frac{\sigma}{\sqrt{n}} = 77 - 1.64 \frac{9}{\sqrt{50}}$$

$$= 77 - 2.0874$$

$$= 74.9126$$

而由於該區間未把「$H_0 : \mu = 74$」包含在內，所以拒絕 H_0，接
受 H_1（因教學方法不同而有所進步）。

第十一章

11-1 非；

(i) 小樣本之下，以 p_0'，採 Clopper and Pearson Chart，對母體比例

(p) 進行區間估計。一般而言，p 之信任區間的中心點都不是 p_0'

（除非 $p_0' = 0.5$）。

(ii) 大樣本之下，依中央極限定理 (CLT)，

$$p' \sim N\left(p, \frac{pq}{n}\right)$$

母體比例 (p) 的信任區間為 $p_0' \pm Z_{\frac{\alpha}{2}} \sqrt{\dfrac{p_0' q_0'}{n}}$，所以其中心點為 p_0'。

11–3 $n = 25$ ，$\overline{X}_0 = 7.4$ ，$s_X = 0.84$ ，且

$$\begin{cases} H_0 : \mu \geq 7.5 \\ H_1 : \mu < 7.5 \ （左端檢定） \end{cases}$$

(i) 古典檢定法

$\because \quad \dfrac{\overline{X} - \mu}{\frac{s_X}{\sqrt{n}}} \sim t_{n-1}$

而 $\quad t_0 = \dfrac{\overline{X}_0 - \mu}{\frac{s_X}{\sqrt{n}}} = \dfrac{7.4 - 7.5}{\frac{0.84}{\sqrt{25}}} = -0.595$

又 $\because \quad t_* = -t_{0.05, 24} = -1.711$

$\Longrightarrow t_0 > t_* \longrightarrow A_0$

$\therefore \quad$ 在顯著水準為 0.05 時，接受 $H_0 : \mu \geq 7.5$。

(ii) P-value 檢定法及信任區間檢定法（略）。

11–5 $n_1 = 12$ ，$\overline{X}_1 = 85$ ，$s_1 = 3.5$

$n_2 = 16$ ，$\overline{X}_2 = 79$ ，$s_2 = 5.5$

$n_3 = 25$ ，$\overline{X}_3 = 89$ ，$s_3 = 7$

且知 $\quad \sigma_1 = \sigma_2 = \sigma_3$ ，$\alpha = 0.05$。

1. $\begin{cases} H_0 : \mu_1 - \mu_2 = 0 \\ H_1 : \mu_1 - \mu_2 \neq 0 \ （兩端檢定） \end{cases}$

$$\therefore \quad \frac{(\overline{X}_1 - \overline{X}_2) - (\mu_1 - \mu_2)}{\sqrt{s_P^2 \left(\dfrac{1}{n_1} + \dfrac{1}{n_2}\right)}} \sim t_{n_1+n_2-2}$$

而
$$s_P^2 = \frac{(n_1 - 1)s_1^2 + (n_2 - 1)s_2^2}{n_1 + n_2 - 2} = 22.6346$$

又
$$t_0 = \frac{(85 - 79) - (0)}{\sqrt{(22.6346)\left(\dfrac{1}{12} + \dfrac{1}{16}\right)}}$$

$$= 3.3025 > t_* = t_{0.05,26} = 2.056$$

$\therefore$ 拒絕 H_0，接受 H_1，亦即以為「甲、乙兩班學生之抽考成績有顯著差異」。

2. $\begin{cases} H_0 : \mu_3 - \mu_2 \geq 5 \\ H_1 : \mu_3 - \mu_2 < 5 \quad (左端檢定) \end{cases}$

$$\therefore \quad \frac{(\overline{X}_3 - \overline{X}_2) - (\mu_3 - \mu_2)}{\sqrt{s_P^2 \left(\dfrac{1}{n_2} + \dfrac{1}{n_3}\right)}} \sim t_{n_2+n_3-2}$$

而
$$s_P^2 = \frac{(n_2 - 1)s_2^2 + (n_3 - 1)s_3^2}{n_2 + n_3 - 2} = 41.7885$$

又
$$t_0 = \frac{(89 - 79) - 5}{\sqrt{(41.7885)\left(\dfrac{1}{16} + \dfrac{1}{25}\right)}}$$

$$= 2.4159 > t_* = -t_{0.05,39} = -1.685$$

$\therefore$ 接受 H_0，亦即接受丙班學生之宣稱。

11-7 $p_1' = 0.40$ ， $p_2' = 0.32$ ， $\alpha = 0.10$ ， 且

$\begin{cases} H_0 : p_1 = p_2 (= p) \\ H_1 : p_1 \neq p_2 \quad (兩端檢定) \end{cases}$

$$\therefore \quad \frac{(p_1' - p_2') - (p_1 - p_2)}{\sqrt{\dfrac{p_1 q_1}{n_1} + \dfrac{p_2 q_2}{n_2}}} \sim N(0,1) \quad (\because n_1, n_2 \longrightarrow \infty)$$

而在 H_0 為真時，$\dfrac{(p_1' - p_2') - (0)}{\sqrt{pq\left(\dfrac{1}{n_1} + \dfrac{1}{n_2}\right)}} \sim N(0, 1)$

又 p 之值未知，因此以

$$\hat{p} = \frac{n_1 p_1' + n_2 p_2'}{n_1 + n_2} = \frac{40 + 32}{200} = 0.36$$

去估計 p，以

$$\hat{q} = 1 - \hat{p}(= 1 - 0.36 = 0.64)$$

去估計 q。

$$\therefore \quad Z_0 = \frac{(p_1' - p_2') - (0)}{\sqrt{\hat{p}\hat{q}\left(\dfrac{1}{n_1} + \dfrac{1}{n_2}\right)}} = \frac{(0.40 - 0.32) - (0)}{\sqrt{(0.36)(0.64)\left(\dfrac{1}{100} + \dfrac{1}{100}\right)}}$$

$$= 1.1782 < {_R}Z_* = Z_{\frac{\alpha}{2}} = Z_{0.05} = 1.64$$

$\Longrightarrow$ 接受 H_0，即在顯著水準為 10% 時，接受「兩地區民眾對其政見的支持比例沒有顯著差異」的說法。

11-9　令 $D = X - Y, \begin{cases} X : \text{廣告後收入} \\ Y : \text{廣告前收入} \end{cases}$

則 $D_i = 3, -4, -2, 15, 10, 9, 10, 13, -3, -2$

$\Longrightarrow \overline{D}_0 = 4.9 \quad , \quad s_D^2 = 52.989$

又 $\begin{cases} H_0 : \mu_X \le \mu_Y \\ H_1 : \mu_X > \mu_Y \end{cases}$ 或 $\begin{cases} H_0 : \mu_D \le 0 \\ H_1 : \mu_D > 0 \end{cases}, \quad \mu_D = \mu_X - \mu_Y$

而因為 $\dfrac{\overline{D} - \mu_D}{\sqrt{\dfrac{s_D^2}{n}}} \sim t_{n-1}$　，所以

1.(i) $\quad t_0 = \dfrac{\overline{D} - (0)}{\sqrt{\dfrac{s_D^2}{n}}} = \dfrac{4.9 - (0)}{\sqrt{\dfrac{52.989}{10}}} = 2.1287$

$$t_* = t_{\alpha, n-1} = t_{0.05, 9} = 1.833$$

$$\Longrightarrow t_0 > t_*$$

$\Longrightarrow$ 接受 H_1 ，即在 0.05 的顯著水準下，接受「廣告後有增加收入」的宣稱。

(ii) P 值 $= P_r(\overline{D} \geq \overline{D}_0 | H_0$ 為真$)$

$$= P_r \left(t \geq \frac{\overline{D}_0 - (0)}{\sqrt{\dfrac{s_D^2}{n}}} \right) = P_r(t \geq t_0) = P_r(t \geq 2.1287)$$

而 $\because$ $P_r(t_9 \geq 1.833) = 0.05$ ， $P_r(t_9 \geq 2.262) = 0.025$

$\therefore P_r(t_9 \geq 2.1218)$ 之值介於 $0.025 \sim 0.05$

$\Longrightarrow 0.025 < P$ 值 < 0.05。

2. 不需要。

第十二章

12–1 略。

12–3 1.

一因素變異數分析表

變異來源	差值平方和	自由度	平均差值平方和	F 值
因　素	$\text{SSF}_0 = 308.6783$	3	$\text{MSF}_0 = 102.8928$	$F_0 = \dfrac{\text{MSF}_0}{\text{MSE}_0}$
誤　差	$\text{SSE}_0 = 1872.2755$	24	$\text{MSE}_0 = 78.0115$	$= 1.3189$
總變異	$\text{SST}_0 = 2180.9538$	27		

2. $\begin{cases} H_0: \ \mu_1 = \mu_2 = \mu_3 = \mu_4 \\ H_1: \ H_0 \ 不真 \end{cases}$

$\because$ $\quad F_0 = 1.3189 < F_* = F_{0.05;3,24} = 3.01$

$\therefore$ 接受 H_0，即在顯著水準 0.05 下，接受「教師的講授效果無差別」的說法。

12–5 $\begin{cases} H_0: \ \mu_A = \mu_B = \mu_C = \mu_D \\ H_1: \ H_0 \ 不真 \end{cases}$

$\because \ \mathrm{MSF} = \dfrac{\sum n_i(\overline{x}_i - \overline{\overline{x}})^2}{r-1}$ ，而 $\overline{\overline{x}} = 70$

$\Longrightarrow \mathrm{MSF}_0 = \dfrac{1200}{3} = 400$

$\mathrm{MSE} = \dfrac{\sum \sum (x_{ij} - \overline{x}_i)^2}{\sum n_i - r}$

$\Longrightarrow \mathrm{MSE}_0 = \dfrac{21021}{196} = 107.25$

$\therefore \ F_0 = \dfrac{\mathrm{MSF}_0}{\mathrm{MSE}_0} = \dfrac{400}{107.25} = 3.7296 > F_* = F_{0.05;3,196} \doteq 2.6$

$\Longrightarrow$ 拒絕 H_0，接受 H_1。

12–7 略。

12–9 1.(a) $\begin{cases} H_0: \ \sigma^2_{A_1} = \sigma^2_{A_2} = \sigma^2_{A_3} \\ H_1: \ H_0 \ 不真 \end{cases}$ ， $\alpha = 1\%$

$\overline{X}_{A_1} = 32$ ， $s^2_{A_1} = 26.5$ ， $n_{A_1} = 5,$

$\sum\limits_{j=1}^{n_{A_1}} (X_{A_1 j} - \overline{X}_{A_1})^2 = (n_{A_1} - 1)s^2_{A_1} = 106$

$\overline{X}_{A_2} = 37$ ， $s^2_{A_2} = 17.5$ ， $n_{A_2} = 5,$

$\sum\limits_{j=1}^{n_{A_2}} (X_{A_2 j} - \overline{X}_{A_2})^2 = (n_{A_2} - 1)s^2_{A_2} = 70$

$\overline{X}_{A_3} = 27$ ， $s^2_{A_3} = 6$ ， $n_{A_3} = 5,$

$\sum\limits_{j=1}^{n_{A_3}} (X_{A_3 j} - \overline{X}_{A_3})^2 = (n_{A_3} - 1)s^2_{A_3} = 24$

$h_0 = \dfrac{\max s_i^2}{\min s_j^2} = \dfrac{26.5}{6} = 4.4167 < h_* = h_{5,3;0.01} = 37$

$\Longrightarrow$ 接受 H_0，以為 $\sigma^2_{A_1} = \sigma^2_{A_2} = \sigma^2_{A_3}$。

(b) $\begin{cases} H_0: \ \mu_{A_1} = \mu_{A_2} = \mu_{A_3} \\ H_1: \ H_0 \ 不真 \end{cases}$ $\Longleftrightarrow$ $\begin{cases} H_0: \ \dfrac{E(\mathrm{MSF})}{\sigma^2} = 1 \\ H_1: \ \dfrac{E(\mathrm{MSF})}{\sigma^2} > 1 \end{cases}$

$$\overline{\overline{X}} = 32 \quad , \quad r = 3 \quad , \quad \alpha = 5\%$$

$$\text{MSF} = \frac{\sum\limits_{i=1}^{r}\sum\limits_{j=1}^{n_i}(\overline{X}_i - \overline{\overline{X}})^2}{r-1} = \frac{\sum\limits_{i=1}^{r} n_i(\overline{X}_i - \overline{\overline{X}})^2}{r-1} = \frac{250}{2} = 125$$

$$\text{MSE} = \frac{\sum\limits_{i=1}^{r}\sum\limits_{j=1}^{n_i}(X_{ij} - \overline{X}_i)^2}{\sum\limits_{i=1}^{r}(n_i - 1)} = \frac{\sum\limits_{i=1}^{r}(n_i - 1)s_i^2}{\sum\limits_{i=1}^{r} n_i - r} = \frac{200}{12} = 16.6667$$

$$\Longrightarrow F_0 = \frac{\text{MSF}}{\text{MSE}} = 7.5 > F^*_{r-1, \sum\limits_{i=1}^{r}(n_i-1);\alpha} = F^*_{2,12;0.05} = 3.89$$

$\Longrightarrow$ 拒絕 H_0，以為三機器之生產速度有差異。

2.(a)$\mu_{A_1} - \mu_{A_2}$ 之信任區間：

$$(\overline{X}_{A_1} - \overline{X}_{A_2}) \pm t_{\sum\limits_{i=1}^{r} n_i - r; \frac{\alpha}{2}} \sqrt{\text{MSE}\left(\frac{1}{n_{A_1}} + \frac{1}{n_{A_2}}\right)}$$

$$= (32 - 37) \pm t_{12;0.025} \sqrt{16.6667\left(\frac{1}{5} + \frac{1}{5}\right)}$$

$$= -5 \pm 2.179 \sqrt{16.6667\left(\frac{1}{5} + \frac{1}{5}\right)}$$

$$= -5 \pm 5.6262 = -10.6262 \sim 0.6262 \quad (\text{此區間包括 } 0 \text{ })$$

$\Longrightarrow A_1$ 與 A_2 機器之生產速度無顯著差異。

(b)$\mu_{A_2} - \mu_{A_3}$ 之信任區間：

$$(\overline{X}_{A_2} - \overline{X}_{A_3}) \pm t_{\sum\limits_{i=1}^{r} n_i - r; \frac{\alpha}{2}} \sqrt{\text{MSE}\left(\frac{1}{n_{A_2}} + \frac{1}{n_{A_3}}\right)}$$

$$= (37 - 27) \pm t_{12;0.025} \sqrt{16.6667\left(\frac{1}{5} + \frac{1}{5}\right)}$$

$$= 10 \pm 2.179 \sqrt{16.6667\left(\frac{1}{5} + \frac{1}{5}\right)}$$

$$= 10 \pm 5.6262 = 4.3738 \sim 15.6262 \quad (\text{此區間不包括 } 0 \text{ })$$

$\Longrightarrow A_2$ 與 A_3 機器之生產速度有顯著差異。

(c)$\mu_{A_1} - \mu_{A_3}$ 之信任區間：

$$(\overline{X}_{A_1} - \overline{X}_{A_3}) \pm t_{\sum\limits_{i=1}^{r} n_i - r; \frac{\alpha}{2}} \sqrt{\text{MSE}\left(\frac{1}{n_{A_1}} + \frac{1}{n_{A_3}}\right)}$$

$$= (32 - 27) \pm t_{12;0.025} \sqrt{16.6667\left(\frac{1}{5} + \frac{1}{5}\right)}$$

$$= 5 \pm 2.179 \sqrt{16.6667\left(\frac{1}{5} + \frac{1}{5}\right)}$$

$$= 5 \pm 5.6262 = -0.6262 \sim 10.6262 \quad (\text{此區間包括 } 0)$$

$\Longrightarrow A_1$ 與 A_3 機器之生產速度無顯著差異。

3.(a)$\mu_{A_1} - \mu_{A_2}$ 之信任區間：

$$(\overline{X}_{A_1} - \overline{X}_{A_2}) \pm \sqrt{(r-1)F_{r-1, \sum\limits_{i=1}^{r} n_i - r; \alpha}} \sqrt{\text{MSE}\left(\frac{1}{n_{A_1}} + \frac{1}{n_{A_2}}\right)}$$

$$= (32 - 37) \pm \sqrt{2 \cdot F_{2,12;0.05}} \sqrt{16.6667\left(\frac{1}{5} + \frac{1}{5}\right)}$$

$$= -5 \pm \sqrt{2 \cdot (3.89)} \sqrt{16.6667\left(\frac{1}{5} + \frac{1}{5}\right)}$$

$$= -5 \pm 7.2019 = -12.2019 \sim 2.2019 \quad (\text{此區間包括 } 0)$$

$\Longrightarrow A_1$ 與 A_2 機器之生產速度無顯著差異。

(b)$\mu_{A_2} - \mu_{A_3}$ 之信任區間：

$$(\overline{X}_{A_2} - \overline{X}_{A_3}) \pm \sqrt{(r-1)F_{r-1, \sum\limits_{i=1}^{r} n_i - r; \alpha}} \sqrt{\text{MSE}\left(\frac{1}{n_{A_2}} + \frac{1}{n_{A_3}}\right)}$$

$$= (37 - 27) \pm \sqrt{2 \cdot F_{2,12;0.05}} \sqrt{16.6667\left(\frac{1}{5} + \frac{1}{5}\right)}$$

$$= 10 \pm \sqrt{2 \cdot (3.89)} \sqrt{16.6667\left(\frac{1}{5} + \frac{1}{5}\right)}$$

$$= 10 \pm 7.2019 = 2.7981 \sim 17.2019 \quad (\text{此區間不包括 } 0)$$

$$\Longrightarrow A_2 \text{ 與 } A_3 \text{ 機器之生產速度有顯著差異。}$$

(c)$\mu_{A_1} - \mu_{A_3}$ 之信任區間：

$$(\overline{X}_{A_1} - \overline{X}_{A_3}) \pm \sqrt{(r-1)F_{r-1, \sum\limits_{i=1}^{r} n_i - r; \alpha}} \sqrt{\text{MSE}\left(\frac{1}{n_{A_1}} + \frac{1}{n_{A_3}}\right)}$$

$$= (32 - 27) \pm \sqrt{2 \cdot F_{2,12;0.05}} \sqrt{16.6667\left(\frac{1}{5} + \frac{1}{5}\right)}$$

$$= 5 \pm \sqrt{2 \cdot (3.89)} \sqrt{16.6667\left(\frac{1}{5} + \frac{1}{5}\right)}$$

$$= 5 \pm 7.2019 = -2.2019 \sim 12.2019 \quad (\text{此區間包括 } 0)$$

$$\Longrightarrow A_1 \text{ 與 } A_3 \text{ 機器之生產速度無顯著差異。}$$

第十三章

13-1 略。

13-3 $\hat{Y} = \hat{\alpha} + \hat{\beta}X$，現欲 $\min \sum(Y - \hat{Y})^2 = \sum e^2 = \sum(Y - \hat{\alpha} - \hat{\beta}X)^2$

$$\Longrightarrow \begin{cases} \dfrac{\partial \sum e^2}{\partial \hat{\alpha}} = -2\sum(Y - \hat{\alpha} - \hat{\beta}X) = 0 \\ \dfrac{\partial \sum e^2}{\partial \hat{\beta}} = -2\sum X(Y - \hat{\alpha} - \hat{\beta}X) = 0 \end{cases}$$

整理可得標準方程式如下

$$\Longrightarrow \begin{cases} n\hat{\alpha} + \hat{\beta}\sum X = \sum Y & \cdots\cdots\cdots\cdots(1) \\ \hat{\alpha}\sum X + \hat{\beta}\sum X^2 = \sum XY & \cdots\cdots\cdots\cdots(2) \end{cases}$$

1.(i) $\overline{\hat{Y}} = \dfrac{\sum \hat{Y}}{n} = \dfrac{\sum(\hat{\alpha} + \hat{\beta}X)}{n} = \dfrac{\sum Y}{n} = \overline{Y}$ （由標準方程式(1)可知）。

(ii) $\hat{Y} = \hat{\alpha} + \hat{\beta}X \Longrightarrow \sum \hat{Y} = n\hat{\alpha} + \hat{\beta}\sum X \Longrightarrow \overline{\hat{Y}} = \hat{\alpha} + \hat{\beta}\overline{X} = \overline{Y}$

故必通過 $(\overline{X}, \overline{Y})$ 點。

2.由標準方程式(1), (2)可知:

$$\begin{cases} \sum e = \sum(Y - \hat{Y}) = \sum(Y - \hat{\alpha} - \hat{\beta}X) = 0 \Longrightarrow \overline{e} = 0 \\ \sum Xe = \sum X(Y - \hat{Y}) = \sum X(Y - \hat{\alpha} - \hat{\beta}X) = 0 \end{cases}$$

故 $\sum(X - \overline{X})(e - \overline{e}) = \sum(X - \overline{X})e = \sum Xe - \overline{X}\sum e = 0$。

3. $\sum(\hat{Y} - \overline{\hat{Y}})(e - \overline{e}) = \sum(\hat{Y} - \overline{\hat{Y}})e = \sum \hat{Y}e - \overline{\hat{Y}}\sum e = \sum \hat{Y}e$

$$= \sum(\hat{\alpha} + \hat{\beta}X)e = \hat{\alpha}\sum e + \hat{\beta}\sum Xe = 0。$$

13–5 1. (i) linear $Y_i = \alpha + \beta X_i + \varepsilon_i$;

(ii) X_i is fixed, nonstochastic（非隨機性）;

(iii) $E(\varepsilon_i) = 0$, $\mathrm{Var}(\varepsilon_i) = \sigma^2$ for all $\quad i = 1, 2, \cdots, n$;

(iv) $E(\varepsilon_i\varepsilon_k) = 0$, 但 $i \neq k$, 即 $\varepsilon_i, \varepsilon_k$ 彼此獨立。

2.若 $\tilde{\alpha}$ 為 α 之 BLUE, 則 $\tilde{\alpha}$ 須滿足下列條件:

(i) $\tilde{\alpha} = \sum\limits_{i=1}^{n} a_i Y_i$;　(ii) $E(\tilde{\alpha}) = \alpha$;　(iii) $\mathrm{Var}(\tilde{\alpha})$ 為 minimum。

因

$$E(\tilde{\alpha}) = E\left(\sum_{i=1}^{n} a_i Y_i\right) = E\left(\sum_{i=1}^{n} a_i(\alpha + \beta X_i + \varepsilon_i)\right)$$

$$= E\left(\alpha \sum_{i=1}^{n} a_i + \beta \sum_{i=1}^{n} a_i X_i + \sum_{i=1}^{n} a_i \varepsilon_i\right)$$

$$= \alpha \sum_{i=1}^{n} a_i + \beta \sum_{i=1}^{n} a_i X_i + \sum_{i=1}^{n} a_i E(\varepsilon_i)$$

（因 X_i is predetermined）

$$= \alpha \sum_{i=1}^{n} a_i + \beta \sum_{i=1}^{n} a_i X_i + 0 = \alpha$$

（因 $E(\varepsilon_i) = 0$）

故限制條件　$\begin{cases} \sum\limits_{i=1}^{n} a_i = 1 \\ \sum\limits_{i=1}^{n} a_i X_i = 0 \end{cases}$

因

$$\text{Var}(\tilde{\alpha}) = \text{Var}\left(\sum_{i=1}^{n} a_i Y_i\right) = \sum_{i=1}^{n} a_i^2 \text{Var}(Y_i) = \sigma^2 \sum_{i=1}^{n} a_i^2$$

故目標方程式為:

$$\min \sum_{i=1}^{n} a_i^2 \sigma^2$$

$$\Longrightarrow \quad \mathcal{L} = \sum_{i=1}^{n} a_i^2 \sigma^2 - \lambda_1 \left(\sum_{i=1}^{n} a_i - 1\right) - \lambda_2 \left(\sum_{i=1}^{n} a_i X_i\right)$$

$$\frac{\partial \mathcal{L}}{\partial a_i} = 2a_i \sigma^2 - \lambda_1 - \lambda_2 X_i = 0 \Longrightarrow a_i = \frac{1}{2\sigma^2}(\lambda_1 + \lambda_2 X_i) \qquad (1)'$$

$$\frac{\partial \mathcal{L}}{\partial \lambda_1} = -\left(\sum_{i=1}^{n} a_i - 1\right) = 0 \quad \Longrightarrow \sum_{i=1}^{n} a_i = 1 \qquad (2)'$$

$$\frac{\partial \mathcal{L}}{\partial \lambda_2} = -\left(\sum_{i=1}^{n} a_i X_i\right) = 0 \quad \Longrightarrow \sum_{i=1}^{n} a_i X_i = 0 \qquad (3)'$$

由 (1)' (2)' 式得

$$\sum_{i=1}^{n} a_i = \frac{1}{2\sigma^2}\left(n\lambda_1 + \lambda_2 \sum_{i=1}^{n} X_i\right) = 1 \qquad (4)'$$

由 (1)' (3)' 式得

$$\sum_{i=1}^{n} a_i X_i = \frac{1}{2\sigma^2}\left(\lambda_1 \sum_{i=1}^{n} X_i + \lambda_2 \sum_{i=1}^{n} X_i^2\right) = 0 \qquad (5)'$$

由 (4)' (5)' 式得

$$\lambda_1 = \frac{2\sigma^2 \sum_{i=1}^{n} X_i^2}{n \sum_{i=1}^{n} X_i^2 - \left(\sum_{i=1}^{n} X_i\right)^2}$$

$$\lambda_2 = \frac{-2\sigma^2 \left(\sum_{i=1}^{n} X_i\right)}{n \sum_{i=1}^{n} X_i^2 - \left(\sum_{i=1}^{n} X_i\right)^2}$$

代入 $(1)' \implies a_i = \dfrac{1}{2\sigma^2}(\lambda_1 + \lambda_2 X_i) = \dfrac{\sum\limits_{i=1}^{n} X_i^2 - \left(\sum\limits_{i=1}^{n} X_i\right) X_i}{n\sum\limits_{i=1}^{n} X_i^2 - \left(\sum\limits_{i=1}^{n} X_i\right)^2}$

得

$$\tilde{\alpha} = \sum_{i=1}^{n} a_i Y_i = \sum_{i=1}^{n} Y_i \left(\frac{\sum\limits_{i=1}^{n} X_i^2 - \left(\sum\limits_{i=1}^{n} X_i\right) X_i}{n\sum\limits_{i=1}^{n} X_i^2 - \left(\sum\limits_{i=1}^{n} X_i\right)^2} \right)$$

$$= \frac{\sum\limits_{i=1}^{n} X_i^2 \sum\limits_{i=1}^{n} Y_i - \sum\limits_{i=1}^{n} X_i \sum\limits_{i=1}^{n} X_i Y_i}{n\sum\limits_{i=1}^{n} X_i^2 - \left(\sum\limits_{i=1}^{n} X_i\right)^2} = \hat{\alpha}$$

13–7 $\hat{Y} = \hat{\alpha} + \hat{\beta}X$ ，$Y^* = c_1 + c_2 Y$ ，$X^* = d_1 + d_2 X$

1.　　　$y^* = Y^* - \overline{Y}^* = c_1 + c_2 Y - c_1 - c_2 \overline{Y} = c_2 y$

$x^* = X^* - \overline{X}^* = d_1 + d_2 X - d_1 - d_2 \overline{X} = d_2 x$

$\hat{\beta}^* = \dfrac{\sum x^* y^*}{\sum (x^*)^2} = \dfrac{\sum c_2 d_2 xy}{\sum (d_2 x)^2} = \dfrac{c_2 d_2 \sum xy}{d_2^2 \sum x^2} = \dfrac{c_2}{d_2} \dfrac{\sum xy}{\sum x^2} = \dfrac{c_2}{d_2}\hat{\beta}$

$\hat{\alpha}^* = \overline{Y}^* - \hat{\beta}^* \overline{X}^* = c_1 + c_2 \overline{Y} - \dfrac{c_2}{d_2}\hat{\beta}(d_1 + d_2 \overline{X})$

$= c_2(\overline{Y} - \hat{\beta}\overline{X}) + c_1 - \dfrac{c_2 d_1}{d_2}\hat{\beta}$

$\implies \hat{\alpha}^* = c_2 \hat{\alpha} + c_1 - \dfrac{c_2 d_1}{d_2}\hat{\beta}$。

2.　　　$X^* = 10X$，　$Y^* = Y \longrightarrow c_2 = 1$，　$d_2 = 10$，　$c_1 = d_1 = 0$

$\implies \hat{\beta}^* = \dfrac{c_2}{d_2}\hat{\beta} = \dfrac{1}{10}\hat{\beta} \implies$ 斜率變為原來的 $\dfrac{1}{10}$。

3.　　　$\hat{\alpha}^* = c_2 \hat{\alpha} + c_1 - \dfrac{c_2 d_1}{d_2}\hat{\beta} = \hat{\alpha} \implies$ 截距不變。

4.　　　$Y^* = 10Y$，　$X^* = X \longrightarrow c_1 = d_1 = 0$，　$c_2 = 10$，　$d_2 = 1$

$\implies \hat{\beta}^* = 10\hat{\beta}$，　$\hat{\alpha}^* = 10\hat{\alpha} \implies$ 斜率與截距均變為原來的10

倍。

13-9 $n = 20$, $\sum X = 400 \longrightarrow \overline{X} = \dfrac{\sum X}{n} = 20$

$\sum x^2 = \sum X^2 - n\overline{X}^2 = 200 \longrightarrow \sum X^2 = 8200$

$\sum Y^2 = 51000,\ \sum y^2 = \sum Y^2 - n\overline{Y}^2 = 1000 \longrightarrow \overline{Y} = 50$

1. $\because$ $\hat{\beta} = \dfrac{\sum xy}{\sum x^2} = \dfrac{400}{200} = 2$, $\hat{\alpha} = \overline{Y} - \hat{\beta}\overline{X} = 50 - 2 \cdot 20 = 10$

$\implies$ $\hat{Y} = 10 + 2X$。

2. $\hat{\beta} \sim N\left(\beta, \dfrac{\sigma^2}{\sum x^2}\right)$, $\hat{\alpha} \sim N\left(\alpha, \dfrac{\sigma^2 \sum X^2}{n \sum x^2}\right)$, 因 σ^2 未知而以 $s_{Y|X}^2$ 估計 σ^2

$$s_{Y|X}^2 = \frac{1}{n-2}\left(\sum y^2 - \hat{\beta}\sum xy\right) = \frac{1}{18}(1000 - 2 \cdot 400) = 11.1111$$

- α 之信任區間為

$$\hat{\alpha} \pm t_{n-2;\frac{\alpha}{2}} \sqrt{\frac{s_{Y|X}^2 \sum X^2}{n \sum x^2}} = 10 \pm 2.101\sqrt{\frac{(8200)(11.1111)}{20 \cdot 200}}$$

$= 10 \pm 10.0272 = -0.0272 \sim 20.0272$

- β 之信任區間為

$$\hat{\beta} \pm t_{n-2;\frac{\alpha}{2}} \sqrt{\frac{s_{Y|X}^2}{\sum x^2}} = 2 \pm 2.101\sqrt{\frac{11.1111}{200}}$$

$= 2 \pm 0.4952 = 1.5048 \sim 2.4952$

3.(a) $\begin{cases} H_0: & \alpha = 0 \\ H_1: & \alpha \neq 0 \end{cases} \implies$ 兩端檢定, 顯著水準 0.05

$$t_0 = \frac{\hat{\alpha} - 0}{\sqrt{\dfrac{s_{Y|X}^2 \sum X^2}{n \sum x^2}}} = \frac{10}{\sqrt{\dfrac{(11.1111)(8200)}{20 \cdot 200}}}$$

$= 2.0953 <\ _R t_* = t_{0.025,18} = 2.101$

$\implies$ 接受 H_0, 即在顯著水準為 0.05 時, 接受「$\alpha=0$」的假設。

(b) $\begin{cases} H_0: & \beta = 0 \\ H_1: & \beta \neq 0 \end{cases} \implies$ 兩端檢定, 顯著水準 0.05

$$t_0 = \frac{\hat{\beta} - 0}{\sqrt{\dfrac{s_{Y|X}^2}{\sum x^2}}} = \frac{2}{\sqrt{\dfrac{11.1111}{200}}}$$

$$= 8.4853 > {}_R t_* = t_{0.025,18} = 2.101$$

⟹ 拒絕 H_0，即在顯著水準為 0.05 時，拒絕「$\beta = 0$」的假設。

4. $\hat{Y}_0 = \hat{\alpha} + \hat{\beta} X_0 \sim N\left(\mu_{Y|X_0}, \sigma^2\left(\dfrac{1}{n} + \dfrac{x_0^2}{\sum x^2}\right)\right)$

- $\mu_{Y|X=5}$ 之信任區間為

$$\hat{Y}_0 \pm t_{n-2;\frac{\alpha}{2}} \sqrt{s_{Y|X}^2 \left(\frac{1}{n} + \frac{x_0^2}{\sum x^2}\right)}$$

$$= (10 + 2 \cdot 5) \pm 2.101 \sqrt{11.1111\left(\frac{1}{20} + \frac{15^2}{200}\right)}$$

$$= 20 \pm 7.5914 = 12.4086 \sim 27.5914$$

- $\mu_{Y|X=8}$ 之信任區間為

$$\hat{Y}_0 \pm t_{n-2;\frac{\alpha}{2}} \sqrt{s_{Y|X}^2 \left(\frac{1}{n} + \frac{x_0^2}{\sum x^2}\right)}$$

$$= (10 + 2 \cdot 8) \pm 2.101 \sqrt{11.1111\left(\frac{1}{20} + \frac{12^2}{200}\right)}$$

$$= 26 \pm 6.1454 = 19.8546 \sim 32.1454 。$$

5. $f = \hat{Y}_0 - Y_0 \sim N\left(0, \sigma^2\left(\dfrac{1}{n} + \dfrac{x_0^2}{\sum x^2} + 1\right)\right)$

$Y_{X=5}$ 之信任區間為

$$\hat{Y}_0 \pm t_{n-2;\frac{\alpha}{2}} \sqrt{s_{Y|X}^2 \left(\frac{1}{n} + \frac{x_0^2}{\sum x^2} + 1\right)}$$

$$= (10 + 2 \cdot 5) \pm 2.101 \sqrt{11.1111\left(\frac{1}{20} + \frac{15^2}{200} + 1\right)}$$

$$=20 \pm 10.3284 = 9.6716 \sim 30.3284。$$

6. • $\mu_{Y|X=5}$ 之區間寬度 $= 2(7.5914) = 15.1828$ ·····················(a)

$\mu_{Y|X=8}$ 之區間寬度 $= 2(6.1454) = 12.2908$ ·····················(b)

$Y_{X=5}$ 之區間寬度 $= 2(10.3284) = 20.6568$ ·····················(c)

$\Longrightarrow$ (b) < (a)< (c)

• (b) < (a)係因 X_0 位置不同所致，即 $|X - \overline{X}|$ 愈大， x_0^2 即愈大， 故區間寬度亦愈大。

(c)的變異數為 $\sigma^2 \left(1 + \dfrac{1}{n} + \dfrac{x_0^2}{\sum x^2} \right) > \sigma^2 \left(\dfrac{1}{n} + \dfrac{x_0^2}{\sum x^2} \right)$， 故其區間寬度較大。

13–11 略。

第十四章

14–1 1. $\because$ $C^* = 0.1C$ ， $Y^* = 0.01Y$ ， $A^* = A$

$\longrightarrow$ $c^* = C^* - \overline{C}^* = 0.1c$

$y^* = Y^* - \overline{Y}^* = 0.01y$

$a^* = a$

而多元迴歸模型 $C^* = \alpha^* + \beta^* Y^* + \delta^* A + \varepsilon^*$ 中：

$$\hat{\beta}^* = \frac{\sum a^2 \sum y^* c^* - \sum y^* a \sum ac^*}{\sum y^{*^2} \sum a^2 - (\sum y^* a)^2}$$

$$= \frac{\sum a^2 (0.01)(0.1) \sum yc - (0.01) \sum ya (0.1) \sum ac}{(0.01)^2 \sum y^2 \sum a^2 - (0.01)^2 (\sum ya)^2}$$

$$= \frac{(0.01)(0.1)[\sum a^2 \sum yc - \sum ya \sum ac]}{(0.01)^2 [\sum y^2 \sum a^2 - (\sum ya)^2]}$$

$$= 10 \cdot \frac{\sum a^2 \sum yc - \sum ya \sum ac}{\sum y^2 \sum a^2 - (\sum ya)^2}$$

$$= 10 \cdot \hat{\beta} = 10(0.723) = 7.23$$

$$\hat{\delta}^* = 0.1\hat{\delta} \quad (\text{證明略})$$

$$= 0.1(0.425) = 0.0425$$

$$\hat{\alpha}^* = \overline{C}^* - \hat{\beta}^*\overline{Y}^* - \hat{\delta}^*\overline{A}$$

$$= 0.1\overline{C} - 10\hat{\beta}(0.01\overline{Y}) - 0.1\hat{\delta}\overline{A}$$

$$= 0.1[\overline{C} - \hat{\beta}\overline{Y} - \hat{\delta}\overline{A}]$$

$$= 0.1\hat{\alpha} = 0.1(278) = 27.8$$

$$\Longrightarrow \hat{C}^* = 27.8 + 7.23Y^* + 0.0425A。$$

2. $\because \quad \hat{C}^* = 27.8 + 7.23Y^* + 0.0425A$

$$= 27.8 + 7.23(0.01Y) + 0.0425A$$

$$= \frac{1}{10}(278 + 0.723Y + 0.425A)$$

$$= \frac{1}{10}\hat{C} = (0.1)\hat{C}$$

$\therefore \quad s^2_{C^*|Y^*,A} = \dfrac{1}{n-2}\sum(C^* - \hat{C}^*)^2$

$$= \frac{1}{n-2}\sum[(0.1)^2(C - \hat{C})^2]$$

$$= (0.1)^2 \frac{1}{n-2}\sum(C - \hat{C})^2$$

$$= (0.1)^2 \cdot s^2_{C|Y,A}$$

而 $\quad s^2_{\hat{\beta}^*} = \dfrac{s^2_{C^*|Y^*,A}\sum a^2}{\sum y^{*2}\sum a^2 - (\sum y^*a)^2}$

$$= \frac{(0.1)^2 s^2_{C|Y,A}\sum a^2}{(0.01)^2[\sum y^2\sum a^2 - (\sum ya)^2]}$$

$$= 100 s^2_{\hat{\beta}}$$

$\therefore \quad \dfrac{\hat{\beta}^*}{\sqrt{s^2_{\hat{\beta}^*}}} = \dfrac{10\hat{\beta}}{\sqrt{100 s^2_{\hat{\beta}}}} = \dfrac{\hat{\beta}}{\sqrt{s^2_{\hat{\beta}}}}$

$\Longrightarrow$衡量單位的改變不會影響原模型中有關迴歸係數之假設
的檢定。

14-3 1.可以; 證明如下:

$$\because \quad \hat{\beta} = \frac{\sum xy}{\sum x^2}$$

而$\because$ $\quad \sum x^2 = \sum X^2 - n\overline{X}^2 = n_2 - n\left(\frac{n_2}{n}\right)^2$

$$= n_2\left(1 - \frac{n_2}{n}\right) = n_2\left(\frac{n - n_2}{n}\right) = \frac{n_2 n_1}{n}$$

$$\sum xy = \sum XY - n\overline{X}\,\overline{Y}$$

$$= \sum_{i=1}^{n_2} Y_{2i} - n\left(\frac{n_2}{n}\right)\left(\frac{n_1\overline{Y}_1 + n_2\overline{Y}_2}{n}\right)$$

$$= n_2\overline{Y}_2 - \frac{n_2(n_1\overline{Y}_1 + n_2\overline{Y}_2)}{n}$$

$$= \frac{nn_2\overline{Y}_2 - n_1 n_2\overline{Y}_1 - n_2^2\overline{Y}_2}{n}$$

$$= \frac{n_1 n_2}{n}(\overline{Y}_2 - \overline{Y}_1)$$

$$\therefore \quad \hat{\beta} = \overline{Y}_2 - \overline{Y}_1$$

又 $\quad \hat{\alpha} = \overline{Y} - \hat{\beta}\overline{X} = \frac{n_1\overline{Y}_1 + n_2\overline{Y}_2}{n} - (\overline{Y}_2 - \overline{Y}_1)\cdot\frac{n_2}{n}$

$$= \frac{n_1\overline{Y}_1 + n_2\overline{Y}_2 - n_2\overline{Y}_2 + n_2\overline{Y}_1}{n}$$

$$= \frac{\overline{Y}_1(n_1 + n_2)}{n}$$

$$= \frac{\overline{Y}_1 \cdot n}{n} = \overline{Y}_1 \text{。}$$

2. $\quad s_{\hat{\beta}}^2 = \frac{s_{Y|X}^2}{\sum x^2}$

而$\because$ $\quad s_{Y|X}^2 = \frac{1}{n-2}\left[\sum Y^2 - \hat{\alpha}\sum Y - \hat{\beta}\sum XY\right]$

$$=\frac{1}{n-2}\left[\sum_{i=1}^{n_1} Y_{1i}^2 + \sum_{i=1}^{n_2} Y_{2i}^2 - \overline{Y}_1(n_1\overline{Y}_1 + n_2\overline{Y}_2) - (\overline{Y}_2\right.$$

$$\left.-\overline{Y}_1)\left(\sum_{i=1}^{n_2} Y_{2i}\right)\right]$$

$$=\frac{1}{n-2}\left[\sum_1^{n_1} Y_{1i}^2 + \sum_1^{n_2} Y_{2i}^2 - n_1\overline{Y}_1^2 - n_2\overline{Y}_1\overline{Y}_2 - n_2\overline{Y}_2^2 + n_2\overline{Y}_1\overline{Y}_2\right]$$

$$(\because \sum Y_{2i} = n_2\overline{Y}_2)$$

$$=\frac{1}{n-2}\left[(\sum Y_{1i}^2 - n_1\overline{Y}_1^2) + (\sum Y_{2i}^2 - n_2\overline{Y}_2^2)\right]$$

$$=\frac{1}{n_1+n_2-2}\left[\sum_{i=1}^{n_1}(Y_{1i} - \overline{Y}_1)^2 + \sum_{i=1}^{n_2}(Y_{2i} - \overline{Y}_2)^2\right]$$

$$=s_P^2$$

$$\sum x^2 = \frac{n_1 n_2}{n}$$

$$\therefore \quad s_{\hat{\beta}}^2 = \frac{s_P^2}{\dfrac{n_1 n_2}{n}} = s_P^2\left(\frac{n_1 + n_2}{n_1 n_2}\right) = s_P^2\left(\frac{1}{n_1} + \frac{1}{n_2}\right)。$$

14–5 1.
$$s_{C|Y}^2 = \frac{1}{n_* - 2}[\sum c^2 - \hat{\beta}\sum yc]$$

$$=\frac{1}{102-2}[150 - (0.8)(80)]$$

$$(\because \hat{\beta} = \frac{\sum yc}{\sum y^2} \longrightarrow \sum yc = \hat{\beta}\cdot\sum y^2 \longrightarrow \sum yc = (0.8)(100) = 80)$$

$$=0.86$$

又　$\begin{cases} H_0: & \beta = 0 \\ H_1: & \beta \neq 0 \end{cases}$ （兩端檢定）

而$\because$　$t_0 = \dfrac{\hat{\beta} - (0)}{\sqrt{\dfrac{s_{C|Y}^2}{\sum y^2}}} = \dfrac{0.8}{\sqrt{\dfrac{0.86}{100}}}$

$$=8.6266 > {}_R t_* = t_{0.025;100} = 1.984$$

$\therefore$拒絕 H_0，即在 0.05 的顯著水準下，拒絕「$\beta = 0$」的宣稱。

2.因　　$r_{CN} = \dfrac{\sum cn}{\sqrt{\sum c^2}\sqrt{\sum n^2}}$, $r_{YN} = \dfrac{\sum yn}{\sqrt{\sum y^2}\sqrt{\sum n^2}}$

故　　$\hat{b}_1 = \dfrac{\sum yc \sum n^2 - (\sum yn)(\sum nc)}{\sum y^2 \sum n^2 - (\sum yn)^2} = \dfrac{\sum yc \sum n^2 - (\sum yn)(\sum nc)}{\sum y^2 \sum n^2(1 - r_{YN}^2)}$

$= -5.5609$

$\hat{b}_2 = \dfrac{\sum y^2 \sum nc - (\sum yn)(\sum yc)}{\sum y^2 \sum n^2 - (\sum yn)^2} = \dfrac{\sum y^2 \sum nc - (\sum yn)(\sum yc)}{\sum y^2 \sum n^2(1 - r_{YN}^2)}$

$= 3.7474$。

3.不需要，如上小題求算過程可知。

第十五章

15–1 $\hat{\beta} = \dfrac{\sum xy}{\sum x^2}$　$\hat{\beta}^* = \dfrac{\sum xy}{\sum y^2}$

1.是。因　$\hat{\beta} = \dfrac{\sum xy}{\sum x^2} = \dfrac{\sum xy}{\sqrt{\sum x^2}\sqrt{\sum y^2}} \dfrac{\sqrt{\sum y^2}}{\sqrt{\sum x^2}} = r_{XY} \dfrac{\sqrt{\frac{1}{n-1}\sum y^2}}{\sqrt{\frac{1}{n-1}\sum x^2}}$

$= r_{XY} \dfrac{s_Y}{s_X}$。

2.是。因　$\hat{\beta}^* = \dfrac{\sum xy}{\sum y^2} = \dfrac{\sum xy}{\sqrt{\sum x^2}\sqrt{\sum y^2}} \dfrac{\sqrt{\sum x^2}}{\sqrt{\sum y^2}} = r_{XY} \dfrac{\sqrt{\frac{1}{n-1}\sum x^2}}{\sqrt{\frac{1}{n-1}\sum y^2}}$

$= r_{XY} \dfrac{s_X}{s_Y}$。

3.是。因　$\hat{\beta}\hat{\beta}^* = \dfrac{\sum xy}{\sum x^2} \dfrac{\sum xy}{\sum y^2} = \left(\dfrac{\sum xy}{\sqrt{\sum x^2}\sqrt{\sum y^2}}\right)^2 = r_{XY}^2$

$\left(\text{或}\quad \hat{\beta}\hat{\beta}^* = \left(r_{XY}\dfrac{s_Y}{s_X}\right)\left(r_{XY}\dfrac{s_X}{s_Y}\right) = r_{XY}^2\right)$。

4.非。因　$\hat{\beta}^* = r_{XY}\dfrac{s_X}{s_Y}$, $\dfrac{1}{\hat{\beta}} = \dfrac{1}{r_{XY}}\dfrac{s_X}{s_Y}$,

故除非　$r_{XY} = \pm 1(\text{or } r_{XY}^2 = 1)$，否則 $\hat{\beta}^* \neq \dfrac{1}{\hat{\beta}}$。

15–3 $n = 35,\ r = 0.6$

(i) $\begin{cases} H_0 : \rho = 0.5 \\ H_1 : \rho \neq 0.5 \end{cases}$, $\alpha = 0.05$, $Z_r \sim N\left(Z_\rho, \dfrac{1}{n-3} \right)$

$$Z_r = \frac{1}{2} \ln \left(\frac{1+r}{1-r} \right) = 0.6931, \ Z_\rho = \frac{1}{2} \ln \left(\frac{1+\rho}{1-\rho} \right) = 0.5493$$

$$\Longrightarrow Z_0 = \frac{Z_r - Z_\rho}{\sqrt{\dfrac{1}{n-3}}} = 0.8135 \ 介於 \pm Z^*_{\frac{\alpha}{2}} = \pm Z^*_{0.025} = \pm 1.96 \ 間$$

$\Longrightarrow A_0$，即在顯著水準為 0.05 時，接受「$\rho = 0.5$」的假設。

(ii) Z_ρ 的信任區間為：

$$Z_r \pm Z_{\frac{\alpha}{2}} \sqrt{\frac{1}{n-3}} = 0.6931 \pm 1.96 \sqrt{\frac{1}{32}}$$

$$= 0.6931 \pm 0.3465$$

$$= 0.3466 \sim 1.0396$$

$$\Longrightarrow 0.3466 \leq \frac{1}{2} \ln \left(\frac{1+\rho}{1-\rho} \right) \leq 1.0396 \Longrightarrow 2.0001 \leq \frac{1+\rho}{1-\rho} \leq 7.9981$$

$$\Longrightarrow 0.3334 \leq \rho \leq 0.7777$$

（或查附錄表⒀，$0.35 \leq Z_\rho \leq 1.04 \Longrightarrow 0.3364 \leq \rho \leq 0.7779$）。

15-5 $\overline{X}_1 = 3.5$, $\overline{X}_2 = 3.5$, $\overline{Y} = 15.206875$, $n = 16$

$\sum X_1 X_2 = 196$, $\sum X_1 Y = 912.17$, $\sum X_2 Y = 865.7$

$\sum X_1^2 = 216$, $\sum X_2^2 = 216$, $\sum Y^2 = 3897.2351$

$\Longrightarrow \sum x_1^2 = 20$, $\sum y^2 = 197.2503$, $\sum x_2^2 = 20$

$\sum x_1 y = 60.585$, $\sum x_2 y = 14.115$, $\sum x_1 x_2 = 0$

1. $\hat{\beta}_1 = \dfrac{\sum x_1 y \sum x_2^2 - \sum x_1 x_2 \sum x_2 y}{\sum x_1^2 \sum x_2^2 - (\sum x_1 x_2)^2} = \dfrac{1211.7}{400} = 3.02925$

$\hat{\beta}_2 = \dfrac{\sum x_1^2 \sum x_2 y - \sum x_1 x_2 \sum x_1 y}{\sum x_1^2 \sum x_2^2 - (\sum x_1 x_2)^2} = \dfrac{282.3}{400} = 0.70575$

$\hat{\beta}_0 = \overline{Y} - \hat{\beta}_1 \overline{X}_1 - \hat{\beta}_2 \overline{X}_2 = 2.134375$

$\Longrightarrow \hat{Y} = 2.134375 + 3.02925 X_1 + 0.70575 X_2$

2. $s^2_{Y|X_1,X_2} = \dfrac{1}{n-3}(\sum y^2 - \hat{\beta}_1 \sum x_1 y - \hat{\beta}_2 \sum x_2 y) = 0.2893$

$\implies s^2_{\hat{\beta}_1} = \dfrac{s^2_{Y|X_1,X_2} \sum x_2^2}{\sum x_1^2 \sum x_2^2 - (\sum x_1 x_2)^2} = \dfrac{5.786}{400} = 0.0145 \implies s_{\hat{\beta}_1} = 0.1204$

$s^2_{\hat{\beta}_2} = \dfrac{s^2_{Y|X_1,X_2} \sum x_1^2}{\sum x_1^2 \sum x_2^2 - (\sum x_1 x_2)^2} = \dfrac{5.786}{400} = 0.0145 \implies s_{\hat{\beta}_2} = 0.1204$

3. SSE$= \sum(Y - \hat{Y})^2 = \sum e^2 = (\sum y^2 - \hat{\beta}_1 \sum x_1 y - \hat{\beta}_2 \sum x_2 y) = 3.7616$

SST$= \sum(Y - \overline{Y})^2 = \sum y^2 = 197.2503$

變異來源	平方和	自由度	平方和之平均	F
迴　歸	193.4887	$K - 1 = 2$	96.7444	$F_0 = \dfrac{\text{MSR}}{\text{MSE}}$
誤　差	3.7616	$n - K = 13$	0.2893	$= 334.4086$
總變異	197.2503	$n - 1 = 15$		

4. $R^2_{Y|X_1,X_2} = \dfrac{\sum \hat{y}^2}{\sum y^2} = \dfrac{\text{SSR}}{\text{SST}} = 0.9809$

5. $\begin{cases} H_0: & \beta_1 = \beta_2 = 0 \\ H_1: & H_0 \text{ 不真} \end{cases} \iff \begin{cases} H_0: & \mathbb{R}^2_{Y|X_1,X_2} = 0 \\ H_1: & \mathbb{R}^2_{Y|X_1,X_2} \neq 0 \end{cases}$

$\implies F_0 = \dfrac{\dfrac{R^2}{K-1}}{\dfrac{1-R^2}{n-K}} = \dfrac{0.9809/2}{(1 - 0.9809)/13}$

$= 333.8141 > F_* = F_{0.05;2,13} = 3.81$

$\left(又 \quad F_0 = \dfrac{\dfrac{R^2}{K-1}}{\dfrac{1-R^2}{n-K}} = \dfrac{\text{MSR}}{\text{MSE}} \right)$

$\implies A_1$，即在顯著水準 0.05 時，拒絕「$\beta_1 = \beta_2 = 0$」的假設。

15-7 $Y = \alpha + \beta X + \varepsilon$ ， $n = 20$ ， $\overline{X} = 10$ ， $\overline{Y} = 15$

$s_X = 5$ ， $s_Y = 8$ ， $r_{XY} = 0.5$

$\implies \overline{X} = 10 \implies \sum X = 200, \overline{Y} = 15 \implies \sum Y = 300$

$$s_X^2 = 25 = \frac{1}{n-1}\sum(X - \overline{X})^2 \implies \sum x^2 = 19 \cdot 25 = 475$$

$$s_Y^2 = 64 = \frac{1}{n-1}\sum(Y - \overline{Y})^2 \implies \sum y^2 = 19 \cdot 64 = 1216$$

$$r_{XY} = \frac{\sum xy}{\sqrt{\sum x^2}\sqrt{\sum y^2}} = 0.5 \implies \sum xy = 380$$

1.(a)$\hat{\beta} = \dfrac{\sum xy}{\sum x^2} = 0.8$, $\hat{\alpha} = \overline{Y} - \hat{\beta}\overline{X} = 7$

$\implies \hat{Y} = 7 + 0.8X$

(b)(i) 迴歸分析法 $\begin{cases} H_0 : & \beta = 0 \\ H_1 : & \beta \neq 0 \end{cases}$

$$\implies s_{Y|X}^2 = \frac{1}{n-2}(\sum y^2 - \hat{\beta}\sum xy) = \frac{912}{18} = 50.6667$$

$$\implies t_0 = \frac{\hat{\beta}}{\sqrt{\dfrac{s_{Y|X}^2}{\sum x^2}}} = 2.4495 > {}_R t_* = t_{0.025;18} = 2.101$$

$\implies A_1$, 即拒絕「X 對 Y 無線性影響」的說法。

(ii) 相關分析法 $\begin{cases} H_0 : & \mathbb{R}^2 = 0 \\ H_1 : & \mathbb{R}^2 \neq 0 \end{cases}$

$$\implies F_0 = \frac{r^2}{\dfrac{1-r^2}{n-2}} = 6 > F_* = F_{0.05;1,18} = 4.41$$

$\implies A_1$, 即拒絕「X 對 Y 無線性影響」的假設。

(iii) 二法相同，因為

$$\frac{\hat{\beta}}{\sqrt{\dfrac{s_{Y|X}^2}{\sum x^2}}} = \frac{\dfrac{\sum xy}{\sum x^2}}{\sqrt{\dfrac{\sum e^2}{n-2}\bigg/\sum x^2}} = \frac{\dfrac{\sum xy}{\sum x^2}}{\sqrt{\dfrac{\sum y^2 - \sum \hat{y}^2}{n-2}\bigg/\sum x^2}}$$

$$= \frac{\dfrac{\sum xy}{\sqrt{\sum x^2}\sqrt{\sum y^2}}}{\sqrt{\dfrac{\sum y^2 - \sum \hat{y}^2}{\sum y^2}\bigg/(n-2)}} = \frac{r}{\sqrt{\dfrac{1-r^2}{n-2}}} \sim t_{n-2}$$

$$\Longrightarrow t^2_{\frac{\alpha}{2};n-2} = \dfrac{r^2}{\dfrac{1-r^2}{n-2}} = F_{\alpha;1,n-2}$$

(c)$\mu_{Y|X=10}$ 之點估計值為:

$$\hat{Y}_0 = \hat{\alpha} + \hat{\beta}X_0 = 15 \quad (\text{百元})$$

(d)Y_0之信任區間為:

$$\hat{Y}_0 \pm t_{n-2;\frac{\alpha}{2}} \sqrt{s^2_{Y|X}\left(\frac{1}{n} + \frac{x_0^2}{\sum x^2} + 1\right)}$$

$$=15 \pm 2.101\sqrt{(50.6667)\left(\frac{1}{20} + 0 + 1\right)}$$

$$=15 \pm 15.3243 = -0.3243 \sim 30.3243 \,(\text{百元})$$

2.必須有「常態分配」之假設。理由(略)。

3.$\begin{cases} H_0: & \delta = 0 \\ H_1: & \delta \neq 0 \end{cases}$, $\hat{Y} = \hat{\alpha} + \hat{\beta}X + \hat{\delta}W$ (而 $\mu_{Y|X,W} = \alpha + \beta X + \delta W$)

$R^2_{Y|X,W} = 0.7$

$$\Longrightarrow F_0 = \dfrac{(R^2_{Y|X,W} - r^2_{XY})/3 - 2}{(1 - R^2_{Y|X,W})/n - 3} = \dfrac{0.7 - 0.25}{\dfrac{1-0.7}{17}} = 25.5 > F_* =$$

$F_{0.05;1,17} = 4.45$

$\Longrightarrow A_1$,即接受「$\delta \neq 0$」的假設,亦即在顯著水準為 0.05 時,某丙的看法要被接受。

15–9 X, Y 的等級 (Rank) 資料如下:

X	Y	R_X	R_Y	$d = R_X - R_Y$	d^2
3.1	50	5	5	0	0
2.5	20	8	8	0	0
4.45	62	4	2	2	4
2.75	30	7	7	0	0
5	75	1.5	1	0.5	0.25
5	60	1.5	3.5	-2	4
2.9	42	6	6	0	0
4.75	60	3	3.5	-0.5	0.25
					$\sum d^2 = 8.5$

而 $\begin{cases} H_0 : \rho_s = 0 \ (\ X, Y\ 彼此獨立無關) \\ H_1 : \rho_s \neq 0 \end{cases}$

又 $\because \quad {}_0 r_s = 1 - \dfrac{6 \sum d^2}{n(n^2 - 1)} = 1 - \dfrac{6(8.5)}{8(8^2 - 1)}$

$\qquad\qquad = 1 - 0.1012 = 0.8988 > {}_R r_s^* = 0.7143$

$\qquad (\alpha = 0.05, n = 8,\ 查附錄表 (14),\ 得\ {}_R r_s^* = 0.7143)$

$\therefore$ 採 A_1, 即「$\rho_s = 0\ (\ X, Y\ 彼此獨立無關)$」的假設在 0.05 的顯著水準下被拒絕。

15–11 (i) 就簡單迴歸分析而言, 所謂樣本判定係數 (r^2) 就是指 Y 的「總變異」中, 能由「X 對 Y 之直線型影響所解釋的變異」所占的比例, 即

$$r^2 = \frac{\text{SSR}}{\text{SST}} = \frac{\sum (\hat{Y} - \overline{Y})^2}{\sum (Y - \overline{Y})^2} = \frac{\sum \hat{y}^2}{\sum y^2}$$

(ii) $r^2 = 0 \Longrightarrow \hat{Y}_i = \overline{Y}$

$\qquad \Longrightarrow$ 樣本迴歸直線為一條水平線 $(\overline{Y})$。

第十六章

16–1 1.略。

2.略。

3.(i) ∵ $r_{YN} = 0.98$, $r_{YN}^2 = 0.9604 \longrightarrow 1$

∴ 有線性重合的問題。

(ii) 因 $b_2 = \dfrac{2}{3} b_1$

$\Longrightarrow C = b_0 + b_1 Y + b_2 N + \varepsilon_*$

$= b_0 + b_1 Y + \dfrac{2}{3} b_1 N + \varepsilon_*$

$= b_0 + b_1 \left(Y + \dfrac{2}{3} N \right) + \varepsilon_*$

$= b_0 + b_1 W + \varepsilon_*$ （令 $W = Y + \dfrac{2}{3} N$）

$\Longrightarrow$ 以普通最小平方法對上式估計，可得 $\hat{b}_1$，而後再得 $\hat{\hat{b}}_2 = \dfrac{2}{3} \hat{b}_1$。

4.(i) 可利用貝塔係數 (Beta Coefficient) 加以判斷。

(ii) $\text{Beta}(\hat{b}_1) = \hat{b}_1 \cdot \dfrac{s_Y}{s_c} = (-5.5609) \dfrac{\sqrt{\dfrac{100}{101}}}{\sqrt{\dfrac{150}{101}}} = -4.5405$

$\text{Beta}(\hat{b}_2) = \hat{b}_2 \cdot \dfrac{s_N}{s_c} = (3.7474) \dfrac{\sqrt{\dfrac{300}{101}}}{\sqrt{\dfrac{150}{101}}} = 5.2996$

∵ $|\text{Beta}(\hat{b}_1)| < |\text{Beta}(\hat{b}_2)|$

∴ 相對而言，人口對消費額有較重要之影響。

16–3 $\mu_{Y|E,D} = \beta_0 + \beta_1 E + \beta_2 D$, $D = \begin{cases} 1, & \text{都市} \\ 0, & \text{鄉村} \end{cases}$

1.當 $D = 1$,

$\mu_{Y|E,D=1} = \beta_0 + \beta_1 E + \beta_2 = (\beta_0 + \beta_2) + \beta_1 E$

當 $D = 0$,

$$\mu_{Y|E,D=0} = \beta_0 + \beta_1 E$$

$\Longrightarrow \beta_1$ 表示不管是都市或是鄉村之家庭，家長教育年數 (E) 對家
長所得 (Y) 的邊際影響。

β_2 表示都市與鄉村家庭，家長所得平均水準之差（當教育水
準相同時）。

2.利用 8 個家庭的資料，以普通最小平方法 (OLS) 對多元母體迴
歸模型

$$\mu_{Y|E,D} = \beta_0 + \beta_1 E + \beta_2 D \text{加以估計，}$$

得到

$$\hat{\beta}_1 = 730.4$$

$$\hat{\beta}_2 = 1626$$

$$\hat{\beta}_0 = -2765$$

$$\Longrightarrow \hat{Y} = -2765 + 730.4 E + 1626 D \quad , \quad R^2 = 0.696$$
$$\phantom{\Longrightarrow \hat{Y} = } (-0.59) \quad (1.93) \quad (0.86)$$

（註：括弧內是 t 值。）

16–5 (i) 若令 $\hat{Y} = \hat{\alpha}_* + \hat{\beta}_* X$ 是正確模型

$$Y = \alpha_* + \beta_* X + \varepsilon_* \cdots\cdots\cdots\cdots\cdots\cdots\cdots\cdots\cdots\cdots\cdots\cdots\cdots(1)$$

的 OLS，則 $E(\hat{\hat{\beta}}_*) = \beta_*$

又令 $\hat{Y} = \hat{\alpha} + \hat{\beta} X + \hat{\delta} Z$ 是錯誤模型

$$Y = \alpha + \beta X + \delta Z + \varepsilon \cdots\cdots\cdots\cdots\cdots\cdots\cdots\cdots\cdots\cdots\cdots(2)$$

的 OLS，

則 $\because \quad \hat{\beta} = \dfrac{\sum z^2 \sum xy - \sum xz \sum yz}{\sum x^2 \sum z^2 - (\sum xz)^2}$

$$= \dfrac{\sum z^2 \sum x(\beta_* x + \varepsilon'_*) - \sum xz \sum z(\beta_* x + \varepsilon'_*)}{\sum x^2 \sum z^2 - (\sum xz)^2}$$

$$= \dfrac{\beta_* \sum z^2 \sum x^2 + \sum z^2 \sum x\varepsilon'_* - \beta_*(\sum xz)^2 - \sum xz \sum z\varepsilon'_*}{\sum x^2 \sum z^2 - (\sum xz)^2}$$

$$=\beta_* + \frac{\sum z^2 \sum x\varepsilon_* - \sum xz \sum z\varepsilon_*}{\sum x^2 \sum z^2 - (\sum xz)^2}$$

$$\therefore \quad E(\hat{\beta}) = E\left[\beta_* + \frac{\sum z^2 \sum x\varepsilon_* - \sum xz \sum z\varepsilon_*}{\sum x^2 \sum z^2 - (\sum xz)^2}\right]$$

$$(\because \sum x\varepsilon'_* = \sum x(\varepsilon_* - \overline{\varepsilon}_*)$$

$$= \sum x\varepsilon_* - \overline{\varepsilon}_* \sum x$$

$$= \sum x\varepsilon_* \qquad 同理,\quad \sum z\varepsilon'_* = \sum z\varepsilon_*)$$

$$= \beta_*$$

$\Longrightarrow \hat{\beta}$ 仍然是正確模型(1)之迴歸係數 (β_*) 的不偏誤估計式。

$\Longrightarrow \hat{\beta}$ 與 $\hat{\hat{\beta}}_*$ 都是 β_* 的不偏誤估計式。

(ii)若採用同一組樣本資料，以 OLS 分別對模型(1)及(2)加以估計，

則 $\hat{\hat{\beta}}_* = \hat{\beta} + \hat{\delta} \cdot \hat{d}$, $\hat{d} = \dfrac{\sum xz}{\sum x^2}$

（參見第十四章（註 9 ））

$$\therefore \quad \hat{\beta} = \hat{\hat{\beta}}_* - \hat{\delta} \cdot \hat{d}$$

16–7 略。

第十七章

17–1 根據題意，得:

X	O_i	P_i	E_i	O_i^2/E_i
0	25	0.0625	31.25	20.00
1	120	0.2500	125.00	115.20
2	175	0.3750	187.50	163.33
3	130	0.2500	125.00	135.20
4	50	0.0625	31.25	80.00
	500	1.0000	500.00	513.73

1. $\because \quad C_0(= \chi_0^2) = \sum \dfrac{O_i^2}{E_i} - n = 513.73 - 500 = 13.73$

 而 $\quad C_*(= \chi_*^2) = \chi_{\alpha,\nu}^2 = \chi_{0.05,5-1}^2 = 9.49$

 $\Longrightarrow C_0 > C_*$

 $\therefore$ 拒絕「X 呈二項分配」的假設，亦即上述的資料不符合「X 呈二項分配」的假設（顯著水準為 5%）。

2. 查附錄表 (8B)，得

$$P_r(\chi_4^2 \geq 13.13) = 0.01$$

$$P_r(\chi_4^2 \geq 14.9) = 0.005$$

 而 $\because \quad 13.13 < C_0 = 13.73 < 14.9$

 $\therefore \quad 0.005 < P$ 值 < 0.01。

17–2 根據資料，求得 $\overline{Y} = 100$ ， $s_Y = 20.82$

$\therefore$

Y	O_i	$\hat{P}_i$	$\hat{E}_i$	$\dfrac{(O_i - \hat{E}_i)^2}{\hat{E}_i}$
40 以下	1	0.002	1.00	9.3204
40~60	24	0.0254	12.70	
60~80	52	0.1411	70.55	4.8774
80~100	147	0.3315	165.75	2.1210
100~120	200	0.3315	165.75	7.0773
120~140	75	0.0254	70.55	0.2807
140 以上	1	0.0274	13.70	11.7730
	500	1.0000	500.00	35.4498

 而 $\quad C_0(= \chi_0^2) = \sum \dfrac{(O_i - \hat{E}_i)^2}{\hat{E}_i} = 35.4498$

 $\quad C_*(= \chi_*^2) = \chi_{\alpha,\nu}^2 = \chi_{0.05,6-1-2}^2 = \chi_{0.05,3}^2 = 7.81$

 $\Longrightarrow C_0 > C_*$

∴在顯著水準為 5% 時，上面的資料不符合「臺北市家庭的消費

支出呈常態分配」的說法。

17–3 根據資料，得列聯表如下：

對興建核四廠的看法　　　　教育程度	贊成	不贊成	無意見	合計
大學或研究所	20(16.67)	14(20)	16(13.33)	50
高中、職	30(25)	28(30)	17(20)	75
初中或以下	0(8.33)	18(10)	7(6.67)	25
合　計	50	60	40	150

$1. \because \quad C_0(= \chi_0^2) = \sum_i \sum_j \frac{O_{ij}^2}{\hat{E}_{ij}} - n$

$$= 169.3297 - 150 = 19.3297$$

$$C_*(= \chi_*^2) = \chi_{\alpha;(r-1)(k-1)}^2 = \chi_{0.05,4}^2 = 9.49$$

$$\Longrightarrow C_0 > C_*$$

∴拒絕「X, Y 彼此獨立無關」的假設（顯著水準為 5%）。

$2. X, Y$ 彼此間的關聯程度可用列聯係數或克拉默爾 V 加以測度。

(i) 列聯係數 $= \sqrt{\dfrac{C_0}{C_0 + n}} = \sqrt{\dfrac{19.3297}{19.3297 + 150}} = \sqrt{0.1142} = 0.3379$

(ii) 克拉默爾 $V = \sqrt{\dfrac{C_0}{n(q-1)}} = \sqrt{\dfrac{19.3297}{150(3-1)}} = \sqrt{0.0644} = 0.2538$

17–4 （略）。

17–5 （略）。

統計學　　張光昭、莊瑞珠、黃必祥、廖本煌、齊學平／著

　　本書適合一般初學者閱讀。全書包含 11 章，每章皆附習題：第 1 章為統計學的預備知識。第 2 章介紹統計學的基本概念與重要名詞術語，仔細閱讀可建立統計學的基本觀念。第 3 至 5 章，屬於機率學的範圍，介紹隨機變數之概念及統計學常用的機率分布。第 6 章介紹抽樣分布之概念及中央極限定理。從第 7 章開始，正式進入統計學的兩大主軸，分別是第 7、8 章的估計理論與假設檢定。第 9、10 章分別討論迴歸分析、實驗設計與變異數分析。

　　最後，由於統計學的計算問題往往十分繁複，因此在第 11 章介紹統計軟體 EXCEL 的應用，以期讀者能將統計理論與方法付諸實際的計算。

初級統計學　　呂岡玶、楊佑傑／著

　　本書以非理論的方式切入，避開艱澀難懂的公式和符號，而以直覺且淺顯的文字闡述統計的觀念，再佐以實際例子說明。本書以應用的觀點出發，呈現統計為一種有用的工具，讓讀者瞭解統計可以幫助我們解決很多週遭的問題。其應用的領域涵蓋社會科學、生物、醫學、農業等自然科學，還有工程科學及經濟、財務等商業上的應用。

總體經濟學　　蕭文宗／著

　　總體經濟學重視總體經濟政策之效果，因此本書除了討論政府財政政策與貨幣政策之效果外，亦探討政府課稅及補貼對勞動供給、投資及總體經濟的影響；臺灣屬於小型開放經濟體，因此本書特別加強開放經濟體系的基本概念、理論之介紹與探討。

　　為求理論與實際生活銜接，本書於各章末的「經濟話題」中探討臺灣與各國現今所面臨的經濟問題，另外為使讀者較容易瞭解理論的重點，本書使用較多的圖形，並於圖形中配合簡要的說明。

旅運經營與管理　　張瑞奇／著

　　本書命名為「旅運經營與管理」，內容著重於旅行業的產品包裝、臺灣旅行社的設立與經營模式，以及旅行社的服務與管理。除此之外，與旅行業業務相關的觀光服務產業，如：航空業、飯店業、餐飲業等，也都有相當深入的說明。因此適合從事旅遊相關業者參考，以期能提升旅遊服務品質。本書同時也考慮到消費者的需求，提供相當多元化的旅遊知識供旅遊消費者參考，並解析常見的旅遊糾紛。

國際貿易實務詳論　　張錦源／著

　　買賣的原理、原則為貿易實務的重心，貿易條件的解釋、交易條件的內涵、契約成立的過程、契約條款的訂定要領等，均為學習貿易實務者所不可或缺的知識。本書對此均予詳細介紹，期使讀者實際從事貿易時能駕輕就熟。國際間每一宗交易，從初步接洽開始，經報價、接受、訂約，以迄交貨、付款為止，其間有相當錯綜複雜的過程。本書按交易過程先後作有條理的說明，期使讀者對全部交易過程能獲得一完整的概念。除了進出口貿易外，對於託收、三角貿易、轉口貿易、相對貿易、整廠輸出、OEM貿易、經銷、代理、寄售等特殊貿易，本書亦有深入淺出的介紹。